板書で見る 全単元の授業のすべて 国語 小学校1年 下

中村和弘 監修
岡﨑智子・福田淳佑 編著

東洋館出版社

まえがき

令和２年度に完全実施となる小学校の学習指導要領では、これからの時代に求められる資質・能力や教育内容が示されました。

この改訂を受け、これからの国語科では、

・子供たちが言語活動を通して「言葉による見方・考え方」を働かせながら学習に取り組むことができるようにする。

・単元の目標／評価を、〔知識及び技能〕と〔思考力、判断力、表現力等〕のそれぞれの指導事項を結び付けて設定し、それらの資質・能力が確実に身に付くよう学習過程を工夫する。

・子供たちにとって「主体的・対話的で深い学び」が実現するよう、単元の構成や教材の扱い、言語活動の設定などを工夫する。

などの授業づくりが求められています。

一方で、こうした授業を実現していくためには、いくつかの難しさを抱えているように思います。例えば、言語活動が重視されるあまり、「国語科の授業で肝心なのは、言葉や言葉の使い方などを学ぶことである」という共通認識が薄れているように感じます。あるいは、活動には取り組ませているけれども、今日の学習でどのような言葉の力が付いたのかが、教師にも子供たちにも自覚的ではない授業が見られます。

国語科の授業を通して、「どんな力が付けばよいのか」「何を教えればよいのか」という肝心な部分で、困っている先生方が多いのではないかと感じています。

本書は、「板書をどうすればいいのか」という悩みに答えながら、同時に、国語科の授業で「どんな力が付けばよいのか」「何を教えればよいのか」というポイントを、単元ごとに分かりやすく具体的に示しています。いわば、国語科の授業づくりの手引き書でもあることが特徴です。

この板書シリーズは、2005年の初版刊行以来、毎日の授業づくりに寄り添う実践書として多くの先生方に活用されてきました。そして、改訂を重ねるたびに、板書の仕方はもちろん、「もっとうまく国語の授業ができるようになりたい」という先生方の要望に応えられる内容と質を備えられるよう、改善されてきました。

今回、平成29年告示の学習指導要領に対応する新シリーズを作るに当たっても、そうした点を大切にして、検討を重ねてきました。

日々教室で子供たちと向き合う先生方に、「こういうふうに授業を進めていけばよいのか」「指導のポイントは、こういうところにあるのか」「自分でもこんな工夫をしてみたい」と国語科の授業づくりの楽しさを感じながらご活用いただければ幸いです。

令和２年３月吉日

中村　和弘

本書活用のポイント―単元構想ページ―

本書は、各学年の全単元について、単元全体の構想と各時間の板書のイメージを中心とした本時案を紹介しています。各単元の冒頭にある単元構想ページの活用のポイントは次のとおりです。

教材名と指導事項、関連する言語活動例

本書の編集に当たっては、令和２年発行の光村図書出版の国語教科書を参考にしています。まずは、各単元で扱う教材とその時数、さらにその下段に示した学習指導要領に即した指導事項や関連する言語活動例を確かめましょう。

単元の目標

単元の目標を総括目標として示しています。各単元で身に付けさせたい資質・能力の全体像を押さえておきましょう。

評価規準

ここでは、指導要録などの記録に残すための評価を取り上げています。本書では、❶❷のように記録に残すための評価は色付きの丸数字で統一して示しています。本時案の評価で色付きの丸数字が登場したときには、本ページの評価規準と併せて確認することで、より単元全体を意識した授業づくりができるようになります。

おおきな　かぶ　（6時間扱い）

〔知識及び技能〕(1)ク　〔思考力、判断力、表現力等〕C読むことイ、エ　関連する言語活動例C(2)イ

単元の目標

・場面の様子について、登場人物の行動を中心に想像を広げながら読むことができる。
・繰り返しの言葉やリズムを考えながら、声に出して読むことができる。

評価規準

知識・技能	❶語のまとまりや言葉の響きなどに気を付けて音読している。（(知識及び技能)(1)ク）
思考・判断・表現	❷「読むこと」において場面の様子や登場人物の行動など、話の内容の大体を捉えている。（(思考力・判断力・表現力) C イ） ❸「読むこと」において場面の様子に着目して、登場人物の行動を具体的に想像している。（(思考力・判断力・表現力) C エ）
主体的に学習に取り組む態度	❹進んで場面の様子から登場人物の行動を具体的に想像し、学習の見通しをもって、想像したことや考えたことを音読で表現しようとしている。

単元の流れ

次	時	主な学習活動	評価
一	1	教師の範読後、全文を読み、物語の場面や登場人物や出てくる順番を確かめる。 初発の感想を書く。	
二	2	学習の見通しをもつ 初発の感想から、話の特徴やおもしろいところを共有し、学習課題を考える。 繰り返しの言葉を見つけ、その効果を考える。	❷
	3	かぶを抜こうとするときや助けを呼ぼうとするときの、登場人物の行動や気持ちを想像する。 繰り返し出てくる言葉の意味の違いを考え、音読の仕方を工夫する。	❶
	4	かぶが抜けないときやかぶを抜こうとするときの、登場人物の行動や気持ちを想像する。 つなぎ言葉の意味の違いを考え、音読の仕方を工夫する。 かぶが抜けた理由について話し合う。	❸
三	5・6	役割を決めて、音読の練習をする。 音読発表会をする。 学習を振り返る 学習の振り返りをする。	❹

おおきな　かぶ
202

単元の流れ

単元の目標や評価規準を押さえた上で、授業をどのように展開していくのかの大枠をここで押さえます。各展開例は学習活動ごとに構成し、それぞれに対応する評価をその右側の欄に対応させて示しています。

ここでは、「評価規準」で挙げた記録に残すための評価のみを取り上げていますが、本時案では必ずしも記録には残さない、指導に生かす評価も示しています。本時案での詳細かつ具体的な評価の記述と併せて確認することで、指導と評価の一体化を意識することが大切です。

また、学習の見通しをもつ 学習を振り返るという見出しが含まれる単元があります。見通しをもたせる場面と振り返りを行う場面を示すことで、教師が子供の学びに向かう姿を見取ったり、子供自身が自己評価を行う機会を保障したりすることに活用できるようにしています。

授業づくりのポイント

〈単元で育てたい資質・能力〉

本単元のねらいは、場面の様子から想像したことを音読で表現する力を育むことである。

そのために、登場人物の行動や会話に着目し、具体的に登場人物の様子や気持ちを想像できるようにする。想像したことを音読で表現することで、繰り返し出てくる言葉の意味やリズムのよさなどに気付くことができるようにする。

具体例

○おじいさんはかぶの種をまくときに、「あまい　あまい　かぶに　なれ。おおきな　おおきな　かぶに　なれ。」と言っている。「あまい　かぶに　なれ。」ではなく「あまい　あまい」や「おおきな　おおきな」と２回同じ言葉を繰り返している。このことから、このときのおじいさんの気持ちを考えさせたい。

〈教材・題材の特徴〉

「おおきな　かぶ」は、反復表現と登場人物が現れる順序が特徴的な話であり、その繰り返しの効果がおもしろさを引き出している教材である。

登場人物が次の登場人物を呼んでくる同じ展開の繰り返し、「うんとこしょ、どっこいしょ。」という同じ掛け声の繰り返し、「○○が□□をひっぱって」という行動描写の繰り返し、「それでも〜ぬけません」「まだまだ〜ぬけません」等の接続詞や副詞を使った同じ状況の繰り返しがある。言葉の繰り返しは、イメージと意味を強調する効果がある。

登場人物が現れる順序は、自分よりも力が弱いものを呼んでくる設定が繰り返される。大きなかぶを抜こうとしているのに対して、どんどん力が小さい登場人物が登場することで、かぶが抜けてほしいという思いと果たしてかぶは抜けるのかという緊張感があいまって、読み手は作品に引き込まれていく。最後に小さな力のねずみの参加でかぶが抜ける意外性とともに、みんなで協力することの大切さや小さな存在の大きな役割という価値も見いだすことができる。

具体例

○「うんとこしょ、どっこいしょ。」は６回繰り返される。１回ごとにかぶを引っ張る人数が増えるとともに、かぶを抜きたいという気持ちが強くなっていく。このことを踏まえ、どのように音読することがふさわしいのかと、表現方法を考えさせていく。

○「○○が□□をひっぱって」という表現が繰り返されることで、文章にリズムのよさが生まれる。登場人物の動作と会話のタイミングなどを具体的に想像させていく。

〈言語活動の工夫〉

話の繰り返される展開や繰り返し出てくる言葉に着目し、その効果のおもしろさを味わえるように言語活動を設定する。そのために、場面ごとに区切って読むのではなく、話全体を何度も通読することで、繰り返される言葉の意味の違いや効果を読み取り、音読の表現に生かせるようにする。また、繰り返される言葉が生み出す心地よいリズムによって、読み手は、自然と身体も動きだすであろう。動作化も取り入れながら、場面の様子を具体的に想像できるようにするとよい。

具体例

○話の世界を具体的に想像できるように、気持ちや会話を書き込めるようなワークシートを用意する。また、具体的に動作化できるように立体的なかぶを用意するなど工夫する。

○どのような音読表現がよいかについて、友達同士がアドバイスできる学習環境も整えたい。

203

授業づくりのポイント

ここでは、本単元の授業づくりのポイントを取り上げています。

全ての単元において〈単元で育てたい資質・能力〉を解説しています。単元で育てたい資質・能力を確実に身に付けさせるために、気を付けたいポイントや留意点に触れています。授業づくりに欠かせないポイントを押さえておきましょう。

他にも、単元や教材文の特性に合わせて〈教材・題材の特徴〉〈言語活動の工夫〉〈他教材や他教科との関連〉〈子供の作品やノート例〉〈並行読書リスト〉などの内容を適宜解説しています。これらの解説を参考にして、学級の実態を生かした工夫を図ることが大切です。各項目では解説に加え、具体例も挙げていますので、併せてご確認ください。

本書活用のポイント―本時案ページ―

単元の各時間の授業案は、板書のイメージを中心に、目標や評価、学習の進め方などを合わせて見開きで構成しています。各単元の本時案ページの活用のポイントは次のとおりです。

本時の目標

本時の目標を総括目標として示しています。単元冒頭ページとは異なり、各時間の内容により即した目標を示していますので、「授業の流れ」などと併せてご確認ください。

本時の主な評価

ここでは、各時間における評価について２種類に分類して示しています。それぞれの意味は次のとおりです。

○❶❷などの色付き丸数字が付いている評価

指導要録などの記録に残すための評価を表しています。単元冒頭ページにある「単元の流れ」の表に示された評価と対応しています。各時間の内容に即した形で示していますので、具体的な評価のポイントを確認することができます。

○「・」の付いている評価

必ずしも記録に残さない、指導に生かす評価を表しています。以降の指導に反映するための教師の見取りとして大切な視点です。指導との関連性を高めるためにご活用ください。

資料等の準備

ここでは、板書をつくる際に準備するとよいと思われる絵やカード等について、箇条書きで示しています。なお、💿の付いているものについては、本書付録の DVD にデータが収録されています。

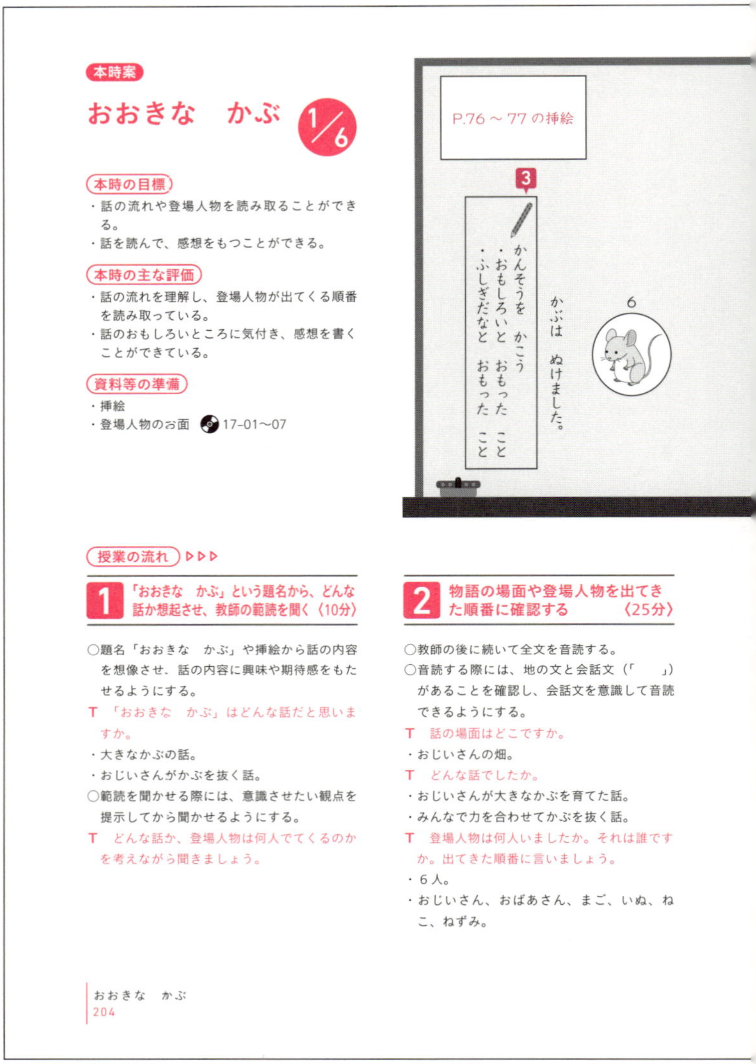
本時案

おおきな　かぶ　1/6

本時の目標
・話の流れや登場人物を読み取ることができる。
・話を読んで、感想をもつことができる。

本時の主な評価
・話の流れを理解し、登場人物が出てくる順番を読み取っている。
・話のおもしろいところに気付き、感想を書くことができている。

資料等の準備
・挿絵
・登場人物のお面　💿 17-01～07

P.76 ～ 77 の挿絵

6

かぶは　ぬけました。

3
かんそうを　かこう
・おもしろいと　おもった　こと
・ふしぎだなと　おもった　こと

授業の流れ ▷▷▷

1 「おおきな　かぶ」という題名から、どんな話か想起させ、教師の範読を聞く〈10分〉

○題名「おおきな　かぶ」や挿絵から話の内容を想像させ、話の内容に興味や期待感をもたせるようにする。
T 「おおきな　かぶ」はどんな話だと思いますか。
・大きなかぶの話。
・おじいさんがかぶを抜く話。
○範読を聞かせる際には、意識させたい観点を提示してから聞かせるようにする。
T どんな話か、登場人物は何人でてくるのかを考えながら聞きましょう。

2 物語の場面や登場人物を出てきた順番に確認する〈25分〉

○教師の後に続いて全文を音読する。
○音読する際には、地の文と会話文（「　」）があることを確認し、会話文を意識して音読できるようにする。
T 話の場面はどこですか。
・おじいさんの畑。
T どんな話でしたか。
・おじいさんが大きなかぶを育てた話。
・みんなで力を合わせてかぶを抜く話。
T 登場人物は何人いましたか。それは誰ですか。出てきた順番に言いましょう。
・６人。
・おじいさん、おばあさん、まご、いぬ、ねこ、ねずみ。

おおきな　かぶ
204

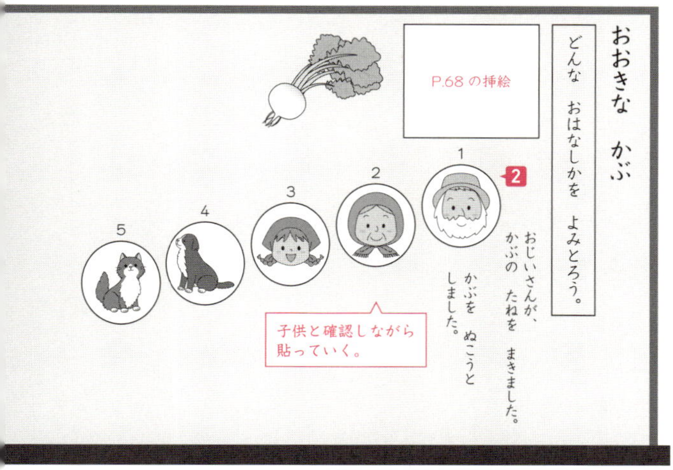
おおきな　かぶ
どんな　おはなしかを　よみとろう。
P.68 の挿絵
2
1
2
3
4
5
おじいさんが、
かぶの　たねを　まきました。
かぶを　ぬこうと
しました。
子供と確認しながら
貼っていく。

3 物語を読んだ感想を書く〈10分〉

○観点（おもしろいと思ったこと・不思議だなと思ったことなど）を示して感想を書かせるようにする。
・何回も「うんとこしょ、どっこいしょ。」と言っていておもしろい。
・なかなかかぶが抜けなくて、どきどきした。
・みんなでかぶを引っ張って、かぶが抜けてよかった。
・どうして、ねずみが引っ張ってかぶが抜けたのだろう。

よりよい授業へのステップアップ

範読の工夫

低学年の子供への教師の範読は、子供が話を理解したり、話の世界に浸ったりする手助けとなるため重要である。地の文と会話文の表現の違いが分かるように音読し、「誰が何をしたのか」「だれが何と言ったのか」など、登場人物の行動や話の展開を理解できるように工夫する。

掲示物の工夫

話の流れや登場人物の順番を理解できるように挿絵などの掲示物を効果的に使うようにしたい。

第1時
205

本時の板書例

子供たちの学びを活性化させ、授業の成果を視覚的に確認するための板書例を示しています。学習活動に関する項立てだけでなく、子供の発言例なども示すことで、板書全体の構成をつかみやすくなっています。

板書に示されている12などの色付きの数字は、「授業の流れ」の各展開と対応しています。どのタイミングで何を提示していくのかを確認し、板書を効果的に活用することを心掛けましょう。

色付きの吹き出しは、板書をする際の留意点です。実際の板書では、テンポよくまとめる必要がある部分があったり、反対に子供の発言を丁寧に記していく必要がある部分があったりします。留意点を参考にすることで、メリハリをつけて板書を作ることができるようになります。

その他、色付きの文字で示された部分は実際の板書には反映されない部分です。黒板に貼る掲示物などが当たります。

これらの要素をしっかりと把握することで、授業展開と一体となった板書を作り上げることができます。

よりよい授業へのステップ

ここでは、本時の指導についてポイントを絞って解説しています。授業を行うに当たって、子供がつまずきやすいポイントやさらに深めたい内容について、各時間の内容に即して実践的に示しています。よりよい授業づくりのために必要な視点を押さえましょう。

授業の流れ

1時間の授業をどのように展開していくのかについて示しています。

各展開例について、主な学習活動とともに目安となる時間を示しています。導入に時間を割きすぎたり、主となる学習活動に時間を取れなかったりすることを避けるために、時間配分もしっかりと確認しておきましょう。

各展開は、T：教師の発問や指示等、・：予想される子供の反応例、◯：留意点等の3つの内容で構成されています。この展開例を参考に、各学級の実態に合わせてアレンジを加え、より効果的な授業展開を図ることが大切です。

板書で見る全単元の授業のすべて
国語 小学校１年下
もくじ

1 第１学年における授業づくりのポイント

2 第１学年の授業展開

1

第１学年における授業づくりのポイント

「主体的・対話的で深い学び」を目指す授業づくりのポイント

1 国語科における「主体的・対話的で深い学び」の実現

平成29年告示の学習指導要領では、国語科の内容は育成を目指す資質・能力の３つの柱の整理を踏まえ、〔知識及び技能〕と〔思考力、判断力、表現力等〕から編成されている。これらの資質・能力は、国語科の場合は言語活動を通して育成される。

つまり、子供の取り組む言語活動が充実したものであれば、その活動を通して、教師の意図した資質・能力は効果的に身に付くということになる。逆に、子供にとって言語活動がつまらなかったり気が乗らなかったりすると、資質・能力も身に付きにくいということになる。

ただ、どんなに言語活動が魅力的であったとしても、あるいは子供が熱中して取り組んだとしても、それらを通して肝心の国語科としての資質・能力が身に付かなければ、本末転倒ということになってしまう。

このように、国語科における学習活動すなわち言語活動は、きわめて重要な役割を担っている。その言語活動の質を向上させていくための視点が、「主体的・対話的で深い学び」ということになる。学習指導要領の「指導計画作成上の配慮事項」では、次のように示されている。

> 単元など内容や時間のまとまりを見通して、その中で育む資質・能力の育成に向けて、児童の主体的・対話的で深い学びの実現を図るようにすること。その際、言葉による見方・考え方を働かせ、言語活動を通して、言葉の特徴や使い方などを理解し自分の思いや考えを深める学習の充実を図ること。

ここにあるように、「主体的・対話的で深い学び」の実現は、「資質・能力の育成に向けて」工夫されなければならない点を確認しておきたい。

2 主体的な学びを生み出す

例えば、「読むこと」の学習では、子供の読む力は、何度も文章を読むことを通して高まる。ただし、「読みましょう」と教師に指示されて読むよりも、「どうしてだろう」と問いをもって読んだり、「こんな点を考えてみよう」と目的をもって読んだりした方が、ずっと効果的である。問いや目的は、子供の自発的な読みを促してくれる。

教師からの「〇場面の人物の気持ちを考えましょう」という指示的な学習課題だけでは、こうした自発的な読みが生まれにくい。「〇場面の人物の気持ちは、前の場面と比べてどうか」「なぜ、変化したのか」「AとBと、どちらの気持ちだと考えられるか」など、子供の問いや目的につながる課題や発問を工夫することが、主体的な学びの実現へとつながる

この点は、「話すこと・聞くこと」や「書くこと」の授業でも同じである。「まず、こう書きましょう」「書けましたか。次はこう書きましょう」という指示の繰り返しで書かせていくと、活動がいつの間にか作業になってしまう。それだけではなく、「どう書けばいいと思う？」「前にどんな書き方を習った？」「どう工夫して書けばいい文章になるだろう？」などのように、子供に問いかけ、考えさせながら書かせていくことで、主体的な学びも生まれやすくなる。

3 対話的な学びを生み出す

対話的な学びとして、グループで話し合う活動を取り入れても、子供たちに話し合いたいことがなければ、形だけの活動になってしまう。活動そのものが大切なのではなく、何かを解決したり考えたりする際に、１人で取り組むだけではなく、近くの友達や教師などの様々な相手に、相談したり自分の考えを聞いてもらったりすることに意味がある。

そのためには、例えば、「疑問（○○って、どうなのだろうね？）」「共感や共有（ねえ、聞いてほしいんだけど……）」「目的（いっしょに、○○しよう！）」「相談（○○をどうしたらいいのかな）」などをもたせることが有用である。その上で、何分で話し合うのか（時間）、誰と話し合うのか（相手）、どのように話し合うのか（方法や形態）といったことを工夫するのである。

また、国語における対話的な学びでは、相手や対象に「耳を傾ける」ことが大切である。相手の言っていることにしっかり耳を傾け、「何を言おうとしているのか」という意図など考えながら聞くということである。

大人でもそうだが、思っていることや考えていることなど、頭の中の全てを言葉で言い表すことはできない。だからこそ、聞き手は、相手の言葉を手がかりにしながら、その人がうまく言葉にできていない思いや考え、意図を汲み取って聞くことが大切になってくる。

聞くとは、受け止めることであり、フォローすることである。聞き手がそのように受け止めてくれることで、話し手の方も、うまく言葉にできなくても口を開くことができる。対話的な学びとは、話し手と聞き手とが、互いの思いや考えをフォローし合いながら言語化する共同作業である。対話することを通して、思いや考えが言葉になり、そのことが思考を深めることにつながる。

国語における対話的な学びの場面では、こうした言葉の役割や対話をすることの意味などに気付いていくことも、言葉を学ぶ教科だからこそ、大切にしていきたい。

4 深い学びを生み出す

深い学びを実現するには、言葉による見方・考え方を働かせ、言語活動を通して国語科としての資質・能力を身に付けることが欠かせない（「言葉による見方・考え方」については、次ページを参照）。授業を通して、子供の中に、言葉や言葉の使い方についての発見や更新が生まれるということである。

国語の授業は、言語活動を通して行われるため、どうしても活動することが目的化しがちである。だからこそ、読むことでも書くことでも、「どのような言葉や言葉の使い方を学習するために、この活動を行っているのか」を、常に意識して授業を考えていくことが最も大切である。

そのためには、例えば、学習指導案の本時の目標と評価を、できる限り明確に書くようにすることが考えられる。「○場面を読んで、人物の気持ちを想像する」という目標では、どのような語句や表現に着目し、どのように想像させるのかがはっきりしない。教材研究などを通して、この場面で深く考えさせたい叙述や表現はどこなのかを明確にすると、学習する内容も焦点化される。つまり、本時の場面の中で、どの語句や表現に時間をかけて学習すればよいかが見えてくる。全部は教えられないので、扱う内容の焦点化を図るのである。焦点化した内容について、課題の設定や言語活動を工夫して、子供の学びを深めていく。言葉や言葉の使い方についての、発見や更新を促していく。評価についても同様で、何がどのように読めればよいのかを、子供の姿で考えることでより具体的になる。

このように、授業のねらいが明確になり、扱う内容が焦点化されると、その部分の学習が難しい子供への手立ても、具体的に用意することができる。どのように助言したり、考え方を示したりすればその子供の学習が深まるのかを、個別に具体的に考えていくのである。

「言葉による見方・考え方」を働かせる授業づくりのポイント

1 「言葉を学ぶ」教科としての国語科の授業

国語科は「言葉を学ぶ」教科である。

物語を読んで登場人物の気持ちについて話し合っても、説明文を読んで分かったことを新聞にまとめても、その言語活動のさなかに、「言葉を学ぶ」ことが子供の中に起きていなければ、国語科の学習に取り組んだとは言いがたい。

「言葉を学ぶ」とは、普段は意識することのない「言葉」を学習の対象とすることであり、これもまたあまり意識することのない「言葉の使い方」（話したり聞いたり書いたり読んだりすること）について、意識的によりよい使い方を考えたり向上させたりしていくことである。

例えば、国語科で「ありの行列」という説明的文章を読むのは、アリの生態や体の仕組みについて詳しくなるためではない。その文章が、どのように書かれているかを学ぶために読む。だから、文章の構成を考えたり、説明の順序を表す接続語に着目したりする。あるいは、「問い」の部分と「答え」の部分を、文章全体から見付けたりする。

つまり、国語科の授業では、例えば、文章の内容を読み取るだけでなく、文章中の「言葉」の意味や使い方、効果などに着目しながら、筆者の書き方の工夫を考えたりすることなどが必要である。また、文章を書く際にも、構成や表現などを工夫し、試行錯誤しながら相手や目的に応じた文章を書き進めていくことなどが必要となってくる。

2 言葉による見方・考え方を働かせるとは

平成29年告示の学習指導要領では、小学校国語科の教科の目標として「言葉による見方・考え方を働かせ、言語活動を通して、国語で正確に理解し適切に表現する資質・能力を次のとおり育成することを目指す」とある。その「言葉による見方・考え方を働かせる」ということついて、『小学校学習指導要領解説　国語編』では、次のように説明されている。

> 言葉による見方・考え方を働かせるとは、児童が学習の中で、対象と言葉、言葉と言葉との関係を、言葉の意味、働き、使い方等に着目して捉えたり問い直したりして、言葉への自覚を高めることであると考えられる。様々な事象の内容を自然科学や社会科学等の視点から理解することを直接の学習目的としない国語科においては、言葉を通じた理解や表現及びそこで用いられる言葉そのものを学習対象としている。このため、「言葉による見方・考え方」を働かせることが、国語科において育成を目指す資質・能力をよりよく身に付けることにつながることとなる。

一言でいえば、言葉による見方・考え方を働かせるとは、「言葉」に着目し、読んだり書いたりする活動の中で、「言葉」の意味や働き、その使い方に目を向け、意識化していくことである。

前に述べたように、「ありの行列」という教材を読む場合、文章の内容の理解のみを授業のねらいとすると、理科の授業に近くなってしまう。もちろん、言葉を通して内容を正しく読み取ることは、国語科の学習として必要なことである。しかし、接続語に着目したり段落と段落の関係を考えたりと、文章中に様々に使われている「言葉」を捉え、その意味や働き、使い方などを検討していくことが、言葉による見方・考え方を働かせることにつながる。子供たちに、文章の内容への興味をもたせるとともに、書かれている「言葉」を意識させ、「言葉そのもの」に関心をもたせることが、国語科の授業では大切となる。

3 〔知識及び技能〕と〔思考力、判断力、表現力等〕

言葉による見方・考え方を働かせながら、文章を読んだり書いたりさせるためには、〔知識及び技能〕の事項と〔思考力、判断力、表現力等〕の事項とを組み合わせて、授業を構成していくことが必要となる。文章の内容ではなく、接続語の使い方や文末表現への着目、文章構成の工夫や比喩表現の効果など、文章の書き方に目を向けて考えていくためには、そもそもそういった種類の「言葉の知識」が必要である。それらは主に〔知識及び技能〕の事項として編成されている。

一方で、そうした知識は、ただ知っているだけでは、読んだり書いたりするときに生かされてこない。例えば、文章構成に関する知識を使って、今読んでいる文章について、構成に着目してその特徴や筆者の工夫を考えてみる。あるいは、これから書こうとしている文章について、様々な構成の仕方を検討し、相手や目的に合った書き方を工夫してみる。これらの「読むこと」や「書くこと」などの領域は、〔思考力、判断力、表現力等〕の事項として示されているので、どう読むか、どう書くかを考えたり判断したりする言語活動を組み込むことが求められている。

このように、言葉による見方・考え方を働かせながら読んだり書いたりするには、「言葉」に関する知識・技能と、それらをどう駆使して読んだり書いたりすればいいのかという思考力や判断力などの、両方の資質・能力が必要となる。単元においても、〔知識及び技能〕の事項と〔思考力、判断力、表現力等〕の事項とを両輪のように組み合わせて、目標／評価を考えていくことになる。先に引用した『解説』の最後に、「『言葉による見方・考え方』を働かせることが、国語科において育成を目指す資質・能力をよりよく身に付けることにつながる」としているのも、こうした理由からである。

4 他教科等の学習を深めるために

もう１つ大切なことは、言葉による見方・考え方を働かせることが、各教科等の学習にもつながってくる点である。一般的に、学習指導要領で使われている「見方・考え方」とは、その教科の学びの本質に当たるものであり、教科固有のものであるとして説明されている。ところが、言葉による見方・考え方は、他教科等の学習を深めることとも関係してくる。

これまで述べてきたように、国語科で文章を読むときには、書かれている内容だけでなく、どう書いてあるかという「言葉」の面にも着目して読んだり考えたりしていくことが大切であった。

この「言葉」に着目し、意味を深く考えたり、使い方について検討したりすることは、社会科や理科の教科書や資料集を読んでいく際にも、当然つながっていくものである。例えば、言葉による見方・考え方が働くということは、社会の資料集や理科の教科書を読んでいるときにも、「この言葉の意味は何だろう、何を表しているのだろう」と、言葉と対象の関係を考えようとしたり、「この用語と前に出てきた用語とは似ているが何が違うのだろう」と言葉どうしを比較して検討しようとしたりするということである。

教師が、「その言葉の意味を調べてみよう」「用語同士を比べてみよう」と言わなくても、子供自身が言葉による見方・考え方を働かせることで、そうした学びを自発的にスタートさせることができる。国語科で、言葉による見方・考え方を働かせながら学習を重ねてきた子供たちは、「言葉」を意識的に捉えられる「構え」が生まれている。それが他の教科の学習の際にも働くのである。

言語活動に取り組ませる際に、どんな「言葉」に着目させて、読ませたり書かせたりするのかを、教材研究などを通してしっかり捉えておくことが大切である。

学習評価のポイント

1 国語科における評価の観点

各教科等における評価は、平成29年告示の学習指導要領に沿った授業づくりにおいても、観点別の目標準拠評価の方式である。学習指導要領に示される各教科等の目標や内容に照らして、子供の学習状況を評価するということであり、評価の在り方としてはこれまでと大きく変わることはない。

ただし、その学習指導要領そのものが、「知識及び技能」「思考力、判断力、表現力等」「学びに向かう力、人間性等」の資質・能力の３つの柱で、目標や内容が構成されている。そのため、観点別学習状況の評価についても、この３つの柱に基づいた観点で行われることとなる。

国語科の評価観点も、これまでの５観点から次の３観点へと変更される。

「（国語への）関心・意欲・態度」 「話す・聞く能力」 「書く能力」 「読む能力」 「（言語についての）知識・理解（・技能）」	→	「知識・技能」 「思考・判断・表現」 「主体的に学習に取り組む態度」

2 「知識・技能」「思考・判断・表現」の評価規準

国語科の評価観点のうち、「知識・技能」と「思考・判断・表現」については、それぞれ学習指導要領に示されている〔知識及び技能〕と〔思考力、判断力、表現力等〕と対応している。

例えば、低学年の「話すこと・聞くこと」の領域で、夏休みにあったことを紹介する単元があり、次の２つの指導事項を身に付けることになっていたとする。

・音節と文字との関係、アクセントによる語の意味の違いなどに気付くとともに、姿勢や口形、発声や発音に注意して話すこと。　〔知識及び技能〕(1)イ
・相手に伝わるように、行動したことや経験したことに基づいて、話す事柄の順序を考えること。　〔思考力、判断力、表現力等〕A 話すこと・聞くことイ

この単元の学習評価を考えるには、これらの指導事項が身に付いた状態を示すことが必要である。したがって、評価規準は次のように設定される。

「知識・技能」	姿勢や口形、発声や発音に注意して話している。
「思考・判断・表現	「話すこと・聞くこと」において、相手に伝わるように、行動したことや経験したことに基づいて、話す事柄の順序を考えている。

このように、「知識・技能」と「思考・判断・表現」の評価については、単元で扱う指導事項の文末を「〜こと」から「〜している」として置き換えると、評価規準を作成することができる。その際、単元で育成したい資質・能力に照らして、指導事項の文言の一部を用いて評価規準を作成する場合もあることに気を付けたい。また、「思考・判断・表現」の評価を書くにあたっては、例のように、冒頭に「『話すこと・聞くこと』において」といった領域名を明記すること（「書くこと」「読む

こと」も同様）も必要である。

3 「主体的に学習に取り組む態度」の評価規準

一方で、「主体的に学習に取り組む態度」の評価については、指導事項の文言をそのまま使うということができない。学習指導要領では、「学びに向かう力、人間性等」については教科の目標や学年の目標に示されてはいるが、指導事項としては記載されていないからである。そこで、「主体的に学習に取り組む態度」の評価規準は、それぞれの単元で、育成する資質・能力と言語活動に応じて、次のように作成する必要がある。

「主体的に学習に取り組む態度」の評価規準は、次の①～④の内容で構成される（〈　〉内は当該内容の学習上の例示）。

①粘り強さ〈積極的に、進んで、粘り強く等〉
②自らの学習の調整〈学習の見通しをもって、学習課題に沿って、今までの学習を生かして等〉
③他の２観点において重点とする内容（特に、粘り強さを発揮してほしい内容）
④当該単元（や題材）の具体的な言語活動（自らの学習の調整が必要となる具体的な言語活動）

先の低学年の「話すこと・聞くこと」の単元の場合でいえば、この①～④の要素に当てはめてみると、例えば、①は「進んで」、②は「今までの学習を生かして」、③は「相手に伝わるように話す事柄の順序を考え」、④は「夏休みの出来事を紹介している」とすることができる。

この①～④の文言を、語順などを入れ替えて自然な文とすると、この単元での「主体的に学習に取り組む態度」の評価規準は、

「主体的に学習に取り組む態度」	進んで相手に伝わるように話す事柄の順序を考え、今までの学習を生かして、夏休みの出来事を紹介しようとしている。

と設定することができる。

4 評価の計画を工夫して

学習指導案を作る際には、「単元の指導計画」などの欄に、単元のどの時間にどのような言語活動を行い、どのような資質・能力の育成をして、どう評価するのかといったことを位置付けていく必要がある。評価規準に示した子供の姿を、単元のどの時間でどのように把握し記録に残すかを、計画段階から考えておかなければならない。

ただし、毎時間、全員の学習状況を把握して記録していくということは、現実的には難しい。そこで、ABC といった記録に残す評価活動をする場合と、記録には残さないが、子供の学習の様子を捉え指導に生かす評価活動をする場合との、二つの学習評価の在り方を考えるとよい。

記録に残す評価は、評価規準に示した子供の学習状況を、原則として言語活動のまとまりごとに評価していく。そのため、単元のどのタイミングで、どのような方法で評価するかを、あらかじめ計画しておく必要がある。一方、指導に生かす評価は、毎時間の授業の目標などに照らして、子供の学習の様子をそのつど把握し、日々の指導の工夫につなげていくことがポイントである。

こうした２つの学習評価の在り方をうまく使い分けながら、子供の学習の様子を捉えられるようにしたい。

板書づくりのポイント

1 縦書き板書の意義

国語科の板書のポイントの１つは、「縦書き」ということである。教科書も縦書き、ノートも縦書き、板書も縦書きが基本となる。

また、学習者が小学生であることから、板書が子供たちに与える影響が大きい点も見過ごすことができない。整わない板書、見にくい板書では子供たちもノートが取りにくい。また、子供の字は教師の字の書き方に似てくると言われることもある。

教師の側では、電子黒板やデジタル教科書を活用し、いわば「書かないで済む板書」の工夫ができるが、子供たちのノートは基本的に手書きである。教師の書く縦書きの板書は、子供たちにとっては縦書きで字を書いたりノートを作ったりするときの、欠かすことのできない手がかりとなる。

デジタル機器を上手に使いこなしながら、手書きで板書を構成することのよさを再確認したい。

2 板書の構成

基本的には、黒板の右側から書き始め、授業の展開とともに左向きに書き進め、左端に最後のまとめなどがくるように構成していく。板書は45分の授業を終えたときに、今日はどのような学習に取り組んだのかが、子供たちが一目で分かるように書き進めていくことが原則である。

黒板の右側　授業の始めに、学習日、単元名や教材名、本時の学習課題などを書く。学習課題は、色チョークで目立つように書く。

黒板の中央　授業の展開や学習内容に合わせて、レイアウトを工夫しながら書く。上下二段に分けて書いたり、教材文の拡大コピーや写真や挿絵のコピーも貼ったりしながら、原則として左に向かって書き進める。チョークの色を決めておいたり（白色を基本として、課題や大切な用語は赤色で、目立たせたい言葉は黄色で囲むなど）、矢印や囲みなども工夫したりして、視覚的にメリハリのある板書を構成していく。

黒板の左側　授業も終わりに近付き、まとめを書いたり、今日の学習の大切なところを確認したりする。

3 教具を使って

(1) 短冊など

画用紙などを縦長に切ってつなげ、学習課題や大切なポイント、キーワードとなる教材文の一部などを事前に用意しておくことができる。チョークで書かずに短冊を貼ることで、効率的に授業を進めることができる。ただ、子供たちが短冊をノートに書き写すのに時間がかかったりするなど、配慮が必要なこともあることを知っておきたい。

(2) ミニホワイトボード

グループで話し合ったことなどを、ミニホワイトボードに短く書かせて黒板に貼っていくと、それらを見ながら、意見を仲間分けをしたり新たな考えを生み出したりすることができる。専用のものでなくても、100円ショップなどに売っている家庭用ホワイトボードの裏に、板磁石を両面テープで貼るなどして作ることもできる。

(3) 挿絵や写真など

物語や説明文を読む学習の際に、場面で使われている挿絵をコピーしたり、文章中に出てくる写真や図表を拡大したりして、黒板に貼っていく。物語の場面の展開を確かめたり、文章と図表との関係を考えたりと、いろいろな場面で活用できる。

(4) ネーム磁石

クラス全体で話し合いをするときなど、子供の発言を教師が短くまとめ、板書していくことが多い。そのとき、板書した意見の上や下に、子供の名前を書いた磁石も一緒に貼っていく。そうすると、誰の意見かが一目で分かる。子供たちも「前に出た○○さんに付け加えだけど……」のように、黒板を見ながら発言をしたり、意見をつなげたりしやすくなる。

4 黒板の左右に

(1) 単元の学習計画や本時の学習の流れ

単元の指導計画を子供向けに書き直したものを提示することで、この先、何のためにどのように学習を進めるのかという見通しを、子供たちももつことができる。また、今日の学習が全体の何時間目に当たるのかも、一目で分かる。本時の授業の進め方も、黒板の左右の端や、ミニホワイトボードなどに書いておくこともできる。

(2) スクリーンや電子黒板

黒板の上に広げるロール状のスクリーンを使用する場合は、当然その分だけ、板書のスペースが少なくなる。電子黒板などがある場合には、教材文などは拡大してそちらに映し、黒板のほうは学習課題や子供の発言などを書いていくことができる。いずれも、黒板とスクリーン（電子黒板）という二つをどう使い分け、どちらにどのような役割をもたせるかなど、意図的に工夫すると互いをより効果的に使うことができる。

(3) 教室掲示を工夫して

教材文を拡大コピーしてそこに書き込んだり、挿絵などをコピーしたりしたものは、その時間の学習の記録として、教室の背面や側面などに掲示していくことができる。前の時間にどんなことを勉強したのか、それらを見ると一目で振り返ることができる。また、いわゆる学習用語などは、そのつど色画用紙などに書いて掲示していくと、学習の中で子供たちが使える言葉が増えてくる。

5 上達に向けて

(1) 板書計画を考える

本時の学習指導案を作るときには、板書計画も合わせて考えることが大切である。本時の学習内容や活動の進め方とどう連動しながら、どのように板書を構成していくのかを具体的にイメージすることができる。

(2) 自分の板書を撮影しておく

自分の授業を記録に取るのは大変だが、「今日は、よい板書ができた」というときには、板書だけ写真に残しておくとよい。自分の記録になるとともに、印刷して次の授業のときに配れば、前時の学習を振り返る教材として活用することもできる。

(3) 同僚の板書を参考にする

最初から板書をうまく構成することは、難しい。誰もが見よう見まねで始め、工夫しながら少しずつ上達していく。校内でできるだけ同僚の授業を見せてもらい、板書の工夫を学ばせてもらうとよい。時間が取れないときも、通りがかりに廊下から黒板を見させてもらうだけでも勉強になる。

〈第１学年及び第２学年　指導事項／言語活動一覧表〉

教科の目標

	言葉による見方・考え方を働かせ、言語活動を通して、国語で正確に理解し適切に表現する資質・能力を次のとおり育成することを目指す。
知識及び技能	(1)　日常生活に必要な国語について、その特質を理解し適切に使うことができるようにする。
思考力、判断力、表現力等	(2)　日常生活における人との関わりの中で伝え合う力を高め、思考力や想像力を養う。
学びに向かう力、人間性等	(3)　言葉がもつよさを認識するとともに、言語感覚を養い、国語の大切さを自覚し、国語を尊重してその能力の向上を図る態度を養う。

学年の目標

知識及び技能	(1)　日常生活に必要な国語の知識や技能を身に付けるとともに、我が国の言語文化に親しんだり理解したりすることができるようにする。
思考力、判断力、表現力等	(2)　順序立てて考える力や感じたり想像したりする力を養い、日常生活における人との関わりの中で伝え合う力を高め、自分の思いや考えをもつことができるようにする。
学びに向かう力、人間性等	(3)　言葉がもつよさを感じるとともに、楽しんで読書をし、国語を大切にして、思いや考えを伝え合おうとする態度を養う。

〔知識及び技能〕

（１）言葉の特徴や使い方に関する事項

(1)　言葉の特徴や使い方に関する次の事項を身に付けることができるよう指導する。	
言葉の働き	ア　言葉には、事物の内容を表す働きや、経験したことを伝える働きがあることに気付くこと。
話し言葉と書き言葉	イ　音節と文字との関係、アクセントによる語の意味の違いなどに気付くとともに、姿勢や口形、発声や発音に注意して話すこと。 ウ　長音、拗（よう）音、促音、撥（はつ）音などの表記、助詞の「は」、「へ」及び「を」の使い方、句読点の打ち方、かぎ（「 」）の使い方を理解して文や文章の中で使うこと。また、平仮名及び片仮名を読み、書くとともに、片仮名で書く語の種類を知り、文や文章の中で使うこと。
漢字	エ　第１学年においては、別表の学年別漢字配当表*（以下「学年別漢字配当表」という。）の第１学年に配当されている漢字を読み、漸次書き、文や文章の中で使うこと。第２学年においては、学年別漢字配当表の第２学年までに配当されている漢字を読むこと。また、第１学年に配当されている漢字を書き、文や文章の中で使うとともに、第２学年に配当されている漢字を漸次書き、文や文章の中で使うこと。
語彙	オ　身近なことを表す語句の量を増し、話や文章の中で使うとともに、言葉には意味による語句のまとまりがあることに気付き、語彙を豊かにすること。
文や文章	カ　文の中における主語と述語との関係に気付くこと。
言葉遣い	キ　丁寧な言葉と普通の言葉との違いに気を付けて使うとともに、敬体で書かれた文章に慣れること。
表現の技法	（第５学年及び第６学年に記載あり）
音読、朗読	ク　語のまとまりや言葉の響きなどに気を付けて音読すること。

＊…学年別漢字配当表は、『小学校学習指導要領（平成29年告示）』（文部科学省）を参照のこと

（２）情報の扱い方に関する事項

(2)　話や文章に含まれている情報の扱い方に関する次の事項を身に付けることができるよう指導する。	
情報と情報との関係	ア　共通、相違、事柄の順序など情報と情報との関係について理解すること。
情報の整理	（第３学年以上に記載あり）

（３）我が国の言語文化に関する事項

(3)　我が国の言語文化に関する次の事項を身に付けることができるよう指導する。	
伝統的な言語文化	ア　昔話や神話・伝承などの読み聞かせを聞くなどして、我が国の伝統的な言語文化に親しむこと。 イ　長く親しまれている言葉遊びを通して、言葉の豊かさに気付くこと。
言葉の由来や変化	（第３学年以上に記載あり）
書写	ウ　書写に関する次の事項を理解し使うこと。 (ア)姿勢や筆記具の持ち方を正しくして書くこと。 (イ)点画の書き方や文字の形に注意しながら、筆順に従って丁寧に書くこと。 (ウ)点画相互の接し方や交わり方、長短や方向などに注意して、文字を正しく書くこと。
読書	エ　読書に親しみ、いろいろな本があることを知ること。

〔思考力、判断力、表現力等〕

A　話すこと・聞くこと

	(1)　話すこと・聞くことに関する次の事項を身に付けることができるよう指導する。	
話すこと	話題の設定 情報の収集 内容の検討	ア　身近なことや経験したことなどから話題を決め、伝え合うために必要な事柄を選ぶこと。
	構成の検討 考えの形成	イ　相手に伝わるように、行動したことや経験したことに基づいて、話す事柄の順序を考えること。
	表現 共有	ウ　伝えたい事柄や相手に応じて、声の大きさや速さなどを工夫すること。
聞くこと	話題の設定 情報の収集	【再掲】ア　身近なことや経験したことなどから話題を決め、伝え合うために必要な事柄を選ぶこと。
	構造と内容の把握 精査・解釈 考えの形成 共有	エ　話し手が知らせたいことや自分が聞きたいことを落とさないように集中して聞き、話の内容を捉えて感想をもつこと。
話し合うこと	話題の設定 情報の収集 内容の検討	【再掲】ア　身近なことや経験したことなどから話題を決め、伝え合うために必要な事柄を選ぶこと。
	話合いの進め方の検討 考えの形成 共有	オ　互いの話に関心をもち、相手の発言を受けて話をつなぐこと。
(2)　(1)に示す事項については、例えば、次のような言語活動を通して指導するものとする。		
	言語活動例	ア　紹介や説明、報告など伝えたいことを話したり、それらを聞いて声に出して確かめたり感想を述べたりする活動。 イ　尋ねたり応答したりするなどして、少人数で話し合う活動。

B　書くこと

(1)　書くことに関する次の事項を身に付けることができるよう指導する。	
題材の設定 情報の収集 内容の検討	ア　経験したことや想像したことなどから書くことを見付け、必要な事柄を集めたり確かめたりして、伝えたいことを明確にすること。
構成の検討	イ　自分の思いや考えが明確になるように、事柄の順序に沿って簡単な構成を考えること。
考えの形成 記述	ウ　語と語や文と文との続き方に注意しながら、内容のまとまりが分かるように書き表し方を工夫すること。
推敲	エ　文章を読み返す習慣を付けるとともに、間違いを正したり、語と語や文と文との続き方を確かめたりすること。
共有	オ　文章に対する感想を伝え合い、自分の文章の内容や表現のよいところを見付けること。
(2)　(1)に示す事項については、例えば、次のような言語活動を通して指導するものとする。	
言語活動例	ア　身近なことや経験したことを報告したり、観察したことを記録したりするなど、見聞きしたことを書く活動。 イ　日記や手紙を書くなど、思ったことや伝えたいことを書く活動。 ウ　簡単な物語をつくるなど、感じたことや想像したことを書く活動。

C　読むこと

(1)　読むことに関する次の事項を身に付けることができるよう指導する。	
構造と内容の把握	ア　時間的な順序や事柄の順序などを考えながら、内容の大体を捉えること。 イ　場面の様子や登場人物の行動など、内容の大体を捉えること。
精査・解釈	ウ　文章の中の重要な語や文を考えて選び出すこと。 エ　場面の様子に着目して、登場人物の行動を具体的に想像すること。
考えの形成	オ　文章の内容と自分の体験とを結び付けて、感想をもつこと。
共有	カ　文章を読んで感じたことや分かったことを共有すること。
(2)　(1)に示す事項については、例えば、次のような言語活動を通して指導するものとする。	
言語活動例	ア　事物の仕組みを説明した文章などを読み、分かったことや考えたことを述べる活動。 イ　読み聞かせを聞いたり物語などを読んだりして、内容や感想などを伝え合ったり、演じたりする活動。 ウ　学校図書館などを利用し、図鑑や科学的なことについて書いた本などを読み、分かったことなどを説明する活動。

第１学年の指導内容と身に付けたい国語力

1 第１学年の国語力の特色

小学校第１学年は小学校教育において基盤となる、〔知識及び技能〕〔思考力、判断力、表現力等〕の育成が肝要となる。その際には、〔学びに向かう力、人間性等〕の態度の育成も見据えた学習環境をデザインしていく必要がある。入学段階において、子供たちの言葉への興味・関心や、その経験に個人差がある。指導者は、このことを十分に理解した上で、学びの場を設けていくようにする。

〔知識及び技能〕に関する目標は、全学年を通して共通である。第１学年では今後の基盤となることを念頭において育成をしていくべきだろう。言葉を学ぶのは、日常生活で、よりよい言語生活を営むためということを、頭だけの理解ではなく実感することのできる場を設けるようにしたい。

〔思考力、判断力、表現力等〕に関する目標では、「順序立てて考える力」と「感じたり想像したりする力」を養い、「伝え合う力」を高めることと、「自分の思いや考え」をもつことが示されている。これらの力は、「日常生活における人との関わりの中」で生きていく力である。

〔学びに向かう力、人間性等〕では、「言葉をもつよさを感じる」「楽しんで読書」をすることなどが示されている。これは、先の２つの柱の育成の原動力となるものであるとともに、今後の小学校生活の基礎となる部分であることをよく理解した上で学習を進めていくようにする。

2 第１学年の学習指導内容

〔知識及び技能〕

学習指導要領では「⑴言葉の特徴や使い方に関する事項」「⑵情報の扱い方に関する事項」「⑶我が国の言語文化に関する事項」から構成されている。〔思考力、判断力、表現力等〕で構成されているものと別個に指導をしたり、先に〔知識及び技能〕を身に付けるという順序性をもたせたりするものではないことに留意をするようにする。

「⑴言葉の特徴や使い方に関する事項」では、正確性や具体性があることを「よさ」として認識させることが大切である。また、日常的かつ継続的に取り扱うことで習熟していくことも同様である。語彙指導の重要性も学習指導要領改訂時に指摘をされている。個人差がある第１学年の子供の学力差の背景に語彙の量と質があるという指摘である。量的な学びに終始するだけではなく、質的な学びも忘れてはならない。

教科書上巻では、文字の表記や助詞の使い方、句読点の打ち方などの内容が示されている「⑴ウ」に重点を置いた教材が多く配置されている。今後の言語活動の基礎となる部分であることを意識した丁寧な指導をしていくようにするとよい。

「⑵情報の扱い方に関する事項」では、情報と情報の関係について、「共通」「相違」「事柄の順序」という３つのキーワードを念頭に置くようにする。

教科書にある『くちばし』『うみの　かくれんぼ』『じどう車くらべ』『どうぶつの　赤ちゃん』は、同じような文章構成で、複数のものを比較しながら説明をしている文章である。これらの教材と、〔思考力、判断力、表現力等〕の指導内容と関連付けた指導ができるだろう。

「⑶我が国の言語文化に関する事項」には、「伝統的な言語文化」の項に、「言語文化に親しむ」「言葉の豊かさに気付く」という文言がある。「読書」の項にも「読書に親しみ」という言葉がある。第１学年での学びが第２学年の学びをより充実させるとともに、今後の小学校生活における学びの豊かさにつながっていく。

1年生の教科書では「⑶イ（言葉の豊かさ）」と「⑶エ（読書）」に重点が置かれた教材が多く配置されている。これらの教材では、子供たち自身でも楽しみ方を見いだせるような工夫をしていきたい。

〔思考力、判断力、表現力等〕

①Ａ話すこと・聞くこと

低学年の「話すこと」では、「身近なことや経験したいこと」から話題を設定し、様々な相手を想定して相手に伝わるように「話す事柄の順序を考えること」が示されている。実際の場において、表現を身に付けていくようにするとよい。学習指導要領解説には、「自分の伝えたいことを表現できたという実感を味わわせ、工夫して話そうとする態度へとつなぐことが大切である。」と書かれている。

1年生の学習初期の中心は話す言語活動である。『あつまって　はなそう』では、同じ動物を好きな友達と話す活動がある。好きなものについて、自分と同じ気持ちの友達と話すことは、ただ楽しい活動であるだけではなく、安心感を伴った活動ともなる。1年生の子供にとって、「安心感」は学びにおいて大事な要素である。

「聞くこと」では、「話し手が知らせたいことや自分が聞きたいことを落とさないように集中して聞き、話の内容を捉えて感想をもつこと。」が示されている。話し手の立場で大切であったことが、聞き手の立場でも同様に大切にされている。感想については、教師が手本を示したりしながら少しずつ言えるように導いていくとよい。

「話し合うこと」では、「互いの話に関心をもつ」ことが示されている。これは、話し合いにおいて前提となる態度である。

本書では、教科書の最初の教材である『いい　てんき』の単元目標として、「挿絵をもとに気付きや想像を広げ、相手の発言を受けて話をつなぐことができる」ことを挙げている。最初の教材で「Ａ⑴オ」の指導事項に触れていることに注目をしたい。一般にコミュニケーション能力というと、自分の思いや考えを発信することに目が向きがちであるが、まずは相手の言葉を受け止めることを重視しているのである。1年生の子供は自分の考えを伝えるということに熱心になる傾向があり、時に、自分の発言が終わったら、友達の意見に関心を示さないという姿も見せる。教室における学びというのは、自分だけで完結するのではなく、友達とともにつくっていくものであることを示すことには、大きな意義がある。

「Ａ⑵イ　尋ねたり応答したりするなどして、少人数で話し合う活動。」を想定した教材の配置は下巻からである。「ともだちの　こと、しらせよう」という教材では、友達に質問をしたり、それに応えたりする活動に取り組む。「ものの名まえ」では、お店屋さんごっこをする中で、「お店屋さん」と「お客さん」という役割に応じた会話をしていくことになる。これらの学習に至るまでに、態度とともに、力を育てておくようにする。

②Ｂ書くこと

書くという行為は、話すことと比べると難しさを感じる子供が多い。第1学年の子供においては、それを感じる度合いも大きくなる。指導者はこのことを念頭においた上で指導に当たる必要があるだろう。教科書でも、書く活動は話す活動の後に設定されている。書く活動に取り組む際には、何を書くのかを明確にした、丁寧な指導が必要である。本書では、『おおきく　なった』で、書く際の観点を子供にもたせることに重点をおいた単元計画を設定し、『すきな　もの、なあに』では、「話すこと・聞くこと」での学びと関連をさせた計画としている。

学習指導要領では、書くよさを子供が実感できるように「情報の収集」に重点が置かれている。子供に負担のないように書くことが見つけられるようにするとよい。「構成の検討」では、「自分の思いや考えが明確になるように」構成を考えることが示され、「考えの形成」でも「内容のまとまりが分かるように」書くことが示されている。両者に共通しているのは、自分の考えの明確化である。「推敲」では、文章を読み返す行為の習慣化が重要事項となっている。「共有」の項にある「自分の文章の内容や表現のよいところ」が示しているのは、具体性である。

一連の学びの成果を生かす教材として下巻には「いい　こと　いっぱい、一年生」が位置付けられている。１年生最後の「書く活動」を見据えた上で、学びを積み重ねていくようにするとよい。教科書には「絵日記」の形が例示されている。日々の活動として絵日記に取り組み、１年生最初の絵日記と最後の絵日記を読み比べることで、自身の成長を感じさせることもできる。

「書くこと」に限ることではないが、１年後のゴールのイメージをもって、学びを積み重ねていくことができるようになると、より充実した学級経営を進めていけるようにもなる。

③Ｃ読むこと

学習指導要領では、「構造と内容の把握」から「精査・解釈」という流れで指導事項が示されている。物語文であれ、説明的文章であれ、「構造と内容の把握」では、「内容の大体を捉えること」が示されている。しかし、これは文章をあっさりと読んで終わるということではなく、内容の大体を捉えた上で、叙述に即した理解と解釈を進めていくという思考の流れを示したものである。叙述を頼りとして読みを構築していくことを、第１学年の時期にこそ確かめておく必要がある。

「考えの形成」では、「文章の内容と自分の体験を結び付けて、感想をもつ」とある。子供の体験は子供それぞれである。それによって読んだ感想にも違いが出るだろう。それらを「共有」する際には、互いの感想を尊重し合う態度をもって行うように場をつくるようにする。

１年生教材では物語文が説明的文章よりも多く配置されている。それらの教材では、「Ｃ⑴イ」の指導事項に重点が置かれている。それらを指導していく上で、挿絵も１年生にとっては重要な要素である。

最初の教材である『いい　てんき』は、「話すこと・聞くこと」に重点を置いた教材ではあるものの、挿絵から様々なことを読み取り、想像をすることができるということを、子供に意識付けることができる。これは、子供が親しんでいる絵本と同じである。子供たちが国語の学習で読む最初の教材である『はなの　みち』も挿絵から文章には書かれていないことを読み取ることができる。

ただ、授業者は、子供たちの読みの根拠が、文章にあるのか、挿絵にあるのか、それとも両方にあるのかをきちんと整理して、子供の発言を受け止める必要がある。根拠となるものがそろっていないと、子供の意見がかみ合わない場合があるからである。また、子供に自分の読みの根拠がどこにあるのかを伝えていくことで、読みの観点をもたせることにもつなげることができるだろう。「文から分かることを探してみよう」「絵から分かることを探してみよう」などと、観点を明確にした問いを発してもよいだろう。

物語文は下巻になると上巻よりも分量が増えてくる。読みを構築していく上で、読み取っておく必要のある事柄も、それに合わせて増えてくる。前提となる叙述を読み飛ばしてしまっていたり、意識から抜け落ちてしまっていたりすると、子供の読みに妥当性がなくなってしまう。

１年生最後の物語文『ずうっと、ずっと、大すきだよ』では、主人公と犬の交流を丁寧に読み取っていかないと、読後感に差が出てしまうことが危惧される。

説明的文章として配置されているのは、『くちばし』『うみの　かくれんぼ』『じどう車くらべ』『どうぶつの　赤ちゃん』の４つである。これらの文章上の特徴は、①の「⑵情報の扱い方に関する事項」の項でも述べたように、同じ文章構成で複数のものを説明しているというところである。繰り返しを通して、子供はその文の役割を学んでいくのである。

『くちばし』で、「問いかけの文」と「答えの文」という役割を知り、『うみの　かくれんぼ』でもその学びを活かすことができる。また、「答えの文」の内容を補足する「説明の文」という役割にも気付くことができるだろう。その学びは、「じどう車くらべ」を読む際にも生かされていく。『どうぶつの　赤ちゃん』では、「C⑴ウ」に指導の重点が置かれている。この力は、教材文以外の図書資料を読む際にも生かされる。本書では「表」を用いることで、読み取った情報を整理する活動を示している。「表」にすることで、同系統の情報を比較することも容易になる。２年次以降の説明的文章を読んでいく際にも有効である。

一つ一つの教材をよく読める手立てを用意するだけではなく、次の教材につながる手立てを意識していくことが、子供の豊かな学びを生むことになる。

3 第１学年における国語科の学習指導の工夫

第１学年の子供にとって、小学校で学ぶこと、取り組むことの多くが初めてのことである。新しいことを学ぶという意欲もあるが、同時に「やり方が分からない」「間違えたらどうしよう」という不安もある。新しいことに取り組む際には、教師が手本や他の子供の活動の様子を見せたりするなど、丁寧な指導を心掛けるようにする。また、既に指導したことであっても、丁寧な指導は継続していく必要がある。

①話すこと・聞くことにおける授業の工夫について

【正確に伝えるための土台づくり】第１学年では自分の思いを伝えられる力を身に付けることが求められている。その土台となるのが、正確な「姿勢や口形、発声や発音」である。授業の開始時に短い詩の音読を行ったりして、継続的に身に付けていけるように工夫をするとよい。家庭学習として保護者の協力を仰ぐ際には、どのような点に気を付けてほしいのかをあらかじめ伝えておくようにする。

また、少人数で話すときと学級全体に向けて話すときなど、場に応じた声量についても指導をするようにする。

【少人数での会話】ペアや３、４人の少人数グループで会話をする機会を授業の中に取り入れる。自分の考えを伝えることができたり、友達の話をしっかりと聞くことができたりという実感をもたせるようにする。考えの交流だけではなく、授業時における相談の場としても機能させることができる。習慣化することで、学習に迷ったとき、互いに教え合い学び合う風土をつくることもできる。

【全体の場での発表】第１学年の子供であっても、学級全体の前で話をするということには緊張を伴うものである。そういった緊張を和らげる方法の一つとして、あらかじめ話をする内容を決めておくというものである。「書くこと」の学習で書いた作文などを読ませるのもよい。

②書くことにおける授業の工夫について

【題材集めの習慣化】書くことの学習でつまずきを覚える子供の多くは、「何を書いたらよいのか分からない」という不安をもっている。書くことの学習に先立って、学級で「伝えたいこと」「教えてあげたいこと」などを集め、掲示しておくとよい。これらは学級の財産となると同時に、日常的に題材を探すことを習慣とすることが期待できる。

【文章構造の視覚化】「はじめ・なか・おわり」という文章構成の際には、「なか」の部分を明らかに大きくしたワークシートなどを用意することで、どこを厚く記述すればよいのかが子供に明確になる。構成ごとに文字数を変えたワークシート（例：始、終15文字　中：40文字）を用意することも有効である。

【作品の交流】 子供たちが「書いてよかった」と思えるのは、自分が書いたものに対して、友達からの反応があったときである。学級掲示としたり、学級文集としてまとめたりするなどして、互いの作品を読み合う機会を設けるようにする。朝の会のスピーチの材とするのもよい。

③読むことにおける授業の工夫について

【音読】 声に出して読むことは、低学年期の子供にとって内容を理解するのに有効である。第１学年の文章教材の多くは短いものが多いので、授業の始まりでは全文の音読をするとよい。音読が内容理解に有効である理由の第一が、その言葉を自分が理解できているのかどうかが、子供自身にも明確になることである。目で追っているときには、飛ばして読めてしまうが、声に出す限り、それをすることができない。教師にとっても、子供の音読に耳を傾けることで、子供自身の理解を確かめることができる。

そして、必ずしも斉読をしなくてもよい。子供それぞれに合った速さがあるからである。また、斉読であると自分が声を出さなくても大丈夫だという思いを子供が抱いてしまう危惧もある。

【劇化・動作化】 読み取ったことを劇にしたり、動作として表したりするためには、正確な理解が必要である。音読同様に、教師は、劇化・動作化をしている姿から、その子供の理解を確かめることもできる。体を動かすことは低学年期の子供にとって自然な行為である。そのため、体を動かすことに注意が向くあまり、叙述から離れた動きとなってしまうことも多い。常に、自分の動きと叙述を確かめさせるようにするとよい。

【文章内容の視覚化】 低学年教材において、写真や絵は情報として大きな役割を担っている。子供自身もそこから多くの情報を得ながら、内容を捉えている。板書をする際にも、それらを積極的に活用していくとよい。説明的文章の構成や物語の内容を整理する際にも、図や表、矢印、吹き出しなど、視覚的な板書を心掛けるようにする。

④語彙指導や読書指導などにおける授業の工夫について

【生活に生かす】 語彙指導において、量的な学びは多く行われてきた。しかし、言葉を集めて終わりにしては、質的な学びとはならない。新しく獲得した語彙を、意図的に使う場を設けることが肝要である。短文作りなどを通して、使い方を習熟できるようにする。

【意図的な選書】 この時期の子供たちには毎日の読み聞かせを実施したい。もちろん学校事情に応じた形で構わない。選書については意図をもってするようにしたい。学習している教材に関連したものだけではなく、あえて子供が手に取らないような絵本を選ぶのもよい。読み聞かせの後には、内容理解の定着を確かめるような質問はせず、子供の素直な感想を大切にすることで、子供と読書との距離を近づけることができる。

2

第 1 学年の授業展開

おもいうかべながら　よもう

くじらぐも　8時間扱い

〔知識及び技能〕(1)ウ、ク〔思考力、判断力、表現力等〕C読むことイ、エ　関連する言語活動例C(2)イ

単元の目標

・物語を、場面の様子や登場人物の行動を思い浮かべながら読むことができる。
・物語から想像をした場面の様子や登場人物の行動を声に出して読むことができる。

評価規準

知識・技能	❶かぎ（「」）の使い方を理解し、文章を読むときに気を付けたり、文の中で使ったりしている。(〔知識及び技能〕(1)ウ) ❷語のまとまりや言葉の響きなどに気を付けて音読をしている。(〔知識及び技能〕(1)ク)
思考・判断・表現	❸「読むこと」において、場面の様子や登場人物の行動など、内容のだいたいを捉えている。(〔思考力、判断力、表現力等〕Cイ) ❹「読むこと」において、場面の様子に着目をして、登場人物の行動を具体的に想像している。(〔思考力、判断力、表現力等〕Cエ)
主体的に学習に取り組む態度	❺進んで物語を読み、場面の様子や登場人物の行動を想像することを楽しんだり、学習課題に沿って読み方を友達と考えたりしようとしている。

単元の流れ

次	時	主な学習活動	評価
一	1	学習の見通しをもつ 全文を読み、物語に対しての感想をもつ。	
二	2	教科書P.4～7を読む。 登場人物たちの様子を想像する。かぎ（「」）の使い方を確かめる。	❶❸
	3	教科書P.8～9を読む。 会話文の読み方の工夫を考える。	
	4	教科書P.10～11を読む。 登場人物たちの台詞を想像する。	❹
	5	教科書P.12～13を読む。 場面の様子を想像する。	❸
三	6 7	『くじらぐも』の読み方を考える。 発表会に向けて、前時に考えた読みの練習をする。	❺
	8	学習を振り返る 『くじらぐも』の音読発表会を開く。	❷

授業づくりのポイント

〈単元で育てたい資質・能力〉

本単元では、場面の様子を想像し、登場人物の行動やそのときの気持ちを考える力を養いたい。

教材文には、「元気よく」という様子を表す言葉はあるが、「うれしそうに」「楽しそうに」と言った、気持ちを表す言葉はない。だからこそ、場面の様子や登場人物の行動から、登場人物の気持ちを想像する力を養うことに適している。

具体例

○子供たちのまねをする雲のくじらの様子から、気持ちを想像させる。また、雲のくじらを「おうい」と呼ぶ子供たちの様子から、くじらぐもに対する好意に気付かせるようにする。

〈教材・題材の特徴〉

校庭で体操をしている子供たちのもとに、大きくて真っ白い、雲のくじらがやってくることから、物語は始まる。そして、子供たちは、雲のくじらの背中に乗り、空の旅を楽しむという話である。物語の設定は、１年生の子供たちにとっては親しみやすく、「自分もこんな体験をしてみたい」と思わせるものである。

叙述においては、先述したとおり、気持ちを表す言葉がない。気持ちを想像する手掛かりは行動と会話文における台詞となる。

また、子供たちにとっては、挿絵も作品世界に浸るための大きな手掛かりである。たくさんの子供たちが描かれており、子供はその中の一人に自己を投影することもできるだろう。挿絵から、表情や気持ち、どんな言葉を発しているのかを、子供たちが自由に想像することもできる。

具体例

○「大きなくじらが現れたとき、みんなはどんなことを言うかな」と、場面の様子から登場人物の気持ちを想像させる問いを発する。

○「あの　くじらは、きっと　がっこうが　すきなんだね。」という台詞から、子供たちから見たくじらぐもが、楽しそうにまねをしていたことを読み取らせる。

○教科書 P.10〜11の挿絵から、子供たちがどのようなことを話していそうかや、どんな景色が見えていそうかなどを想像させる。

〈学びの場づくりの工夫〉

１年生の子供が物語世界に浸るとき、教室環境を工夫したり、教室以外の適切な学習場所の選択をしたりすることで、それを支援することができる。本教材であれば、教室内に空をイメージさせる掲示物を用意したり、くじらぐもを再現したりしてもよいだろう。学校の実態に応じて、図工の授業でくじらぐもに関係のある作品づくりをすることも考えられる。

晴れた日には、実際に外に出て、空に浮かぶくじらぐもや、雲に乗って空の旅をしている自分を子供たちに想像させてもいいだろう。

具体例

○教室の天井近くに、工作をしたくじらぐもを掲示し、それに向かって台詞を言わせる。

本時案

くじらぐも

1/8

本時の目標

・『くじらぐも』を通して読み、物語について感想をもつことができる。

本時の主な評価

・『くじらぐも』を読み、物語についての感想をもっている。

資料等の準備

・教科書の挿絵を拡大したもの

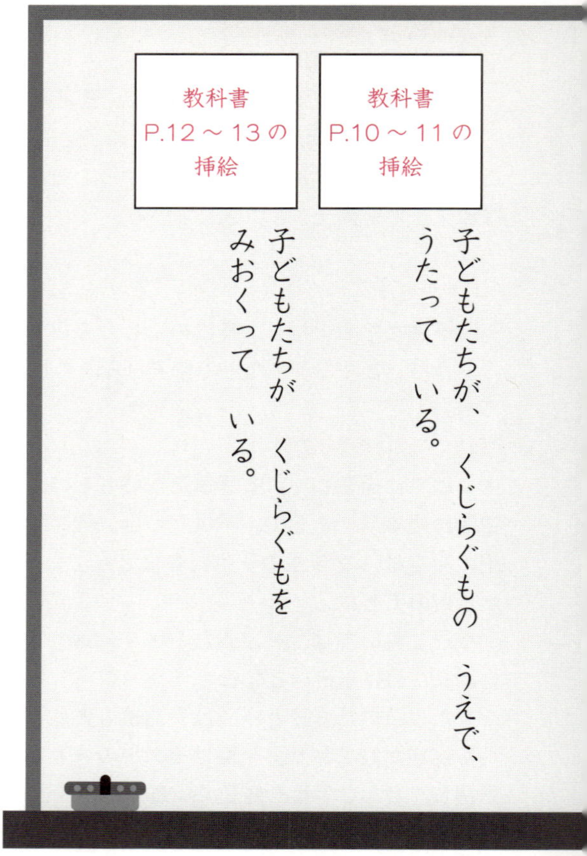

教科書 P.10～11の 挿絵
教科書 P.12～13の 挿絵
子どもたちが、 くじらぐもの うえで、
うたって いる。
子どもたちが くじらぐもを
みおくって いる。

授業の流れ

1 空に浮かぶ雲について経験を想起する 〈10分〉

T　空には雲が浮かんでいます。その雲が何かの形に見えたことがありませんか。

・雲がどのような形に見えたのかを発言する。
・雲を見たときの気持ちや思ったことを発言する。

○「先生は、雲がわたがしに見えて、どんな味なのかと思ったことがあります」のように、子供に投げかけるときに、教師の体験談をきっかけとしてもよい。

○また、一枚の雲の写真を見せて、そこから想像を広げさせてもよいだろう。

2 『くじらぐも』を読む 〈10分〉

T　これから、『くじらぐも』という物語を読みます。どんなお話だと思いますか。

・題名から想起されることを発言する。
「くじらのような雲が出てくる話」「雲みたいにふかふかしたくじらが出てくる話」「雲がくじらになって、旅をする話」など。
・教師の範読を聞く。

くじらぐも

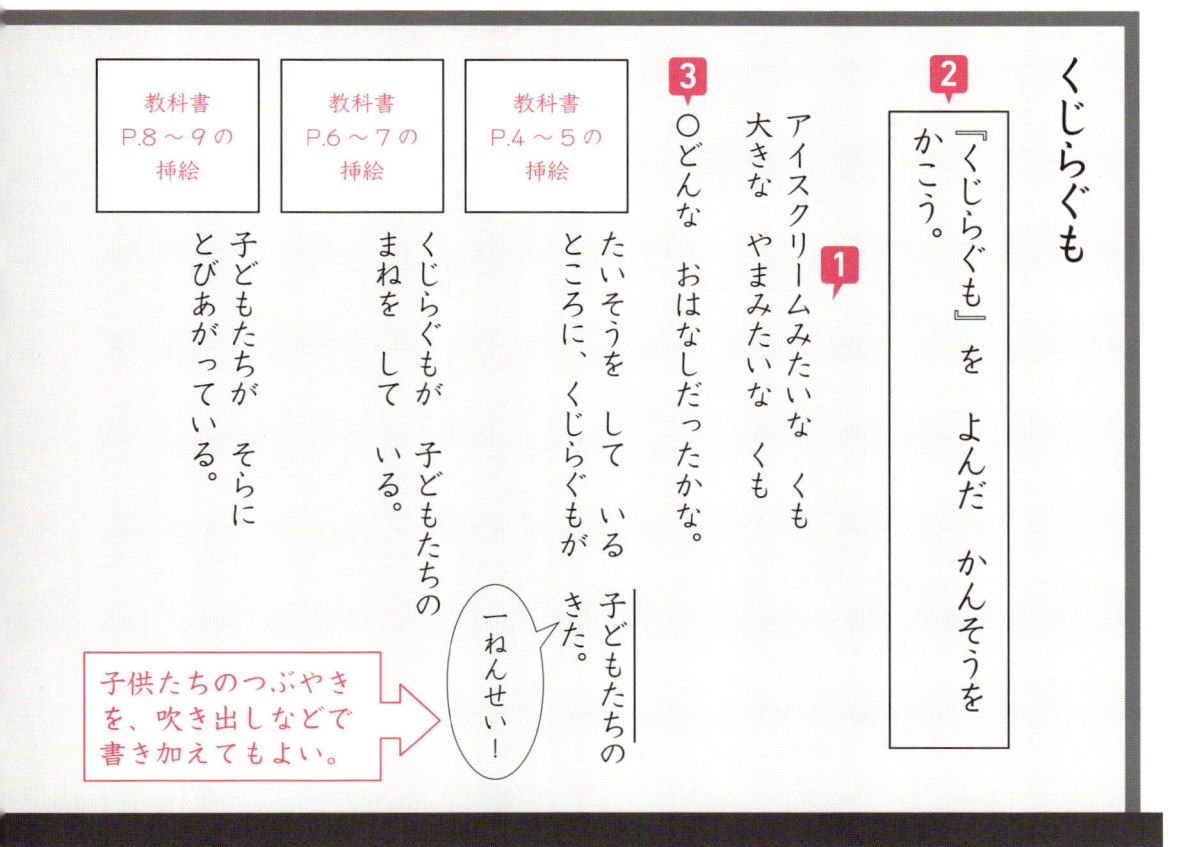

2 『くじらぐも』を よんだ かんそうを かこう。

1 アイスクリームみたいな くも
大きな やまみたいな くも

3 ○どんな おはなしだったかな。

教科書 P.4～5の挿絵

たいそうを して いる 子どもたちの
ところに、くじらぐもが きた。

一ねんせい！

教科書 P.6～7の挿絵

くじらぐもが 子どもたちの
まねを して いる。

教科書 P.8～9の挿絵

子どもたちが そらに
とびあがって いる。

子供たちのつぶやきを、吹き出しなどで書き加えてもよい。

3 それぞれの場面の出来事を確かめる〈15分〉

T　それでは、どのようなお話だったか、絵を見ながら確かめていきましょう。

T　この絵は、くじらぐもと子供たちが何をしている場面ですか。

○子どもの発言を受けてまとめていくとよい。

・（P.4～5）体操をしている子供たちのところに、くじらぐもがやってくる。

・（P.6～7）くじらぐもが、子供たちのまねをしている。

・（P.8～9）子供たちが空に飛び上がっている。

・（P.10～11）子供たちがくじらぐもの上で歌っている。

・（P.12～13）子供たちがくじらぐもを見送っている。

4 読み聞かせを聞いた感想を発表する〈10分〉

T　それでは、『くじらぐも』を読んだ感想を、ノートに書きましょう。

○感想が抽象的な子供には、「どの場面でそう思ったの」などの声掛けをして、具体的な記述を促す。

○感想をもつのが難しい子供には、好きな場面を選ばせるなどの支援をするとよい。

本時案

くじらぐも

2/8

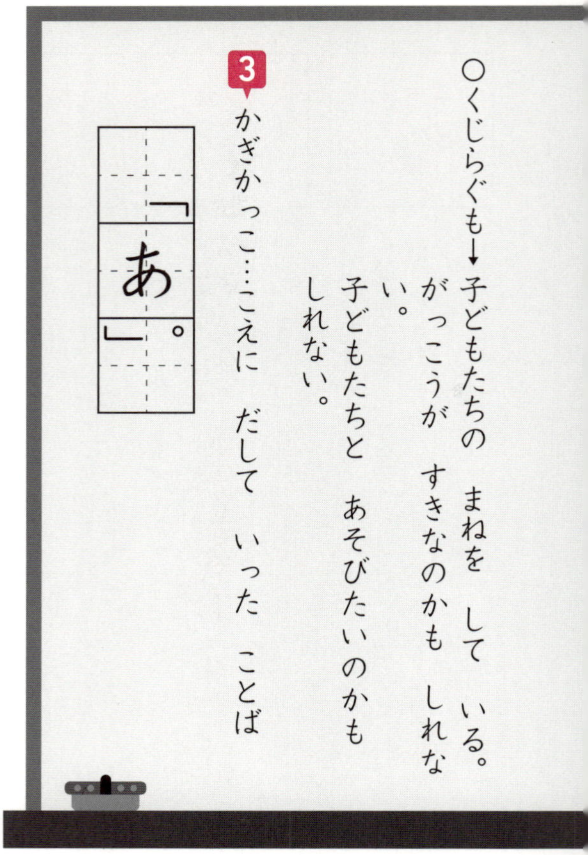
○くじらぐも→子どもたちの　まねを　して　いる。
がっこうが　すきなのかも　しれない。
子どもたちと　あそびたいのかも　しれない。
3
かぎかっこ…こえに　だして　いった　ことば
「あ」。

本時の目標

・教科書 P. 4 〜 7 を読み、登場人物たちの様子を想像することができる。
・「」の中の言葉が、人物の発話であることや、文の中での使い方や書き方を理解することができる。

本時の主な評価

❶「　」の使われ方や使い方を理解している。【知・技】
❸教科書 P. 4 〜 7 の登場人物たちの様子を想像している。【思・判・表】

資料等の準備

・教科書 P. 4 〜 7 の挿絵を拡大したもの
・十字リーダーのついたマスを拡大したもの

授業の流れ ▷▷▷

1 教科書 P. 4 の部分を読み、登場人物たちの様子を想像する 〈10分〉

T　まず、教科書の 4 ページを先生が読みます。その後、自分で声に出して読みましょう。
○まずは、教師の範読を聞かせてから、個々に音読をさせる。周りよりも早く読み終わった子供には、もう一度繰り返すようにあらかじめ指示を出しておく。全員が読み終わったのを確認してから、次の活動に移る。
T　ここに出てくる登場人物たちの様子を想像しましょう。
・子供たちに関わる発言をする。
・くじらぐもに関わる発言をする。
○子供たちの発言に「どんな様子？」など適宜声を掛け、具体性をもたせていくとよい。

2 教科書 P. 5 〜 7 を読み、登場人物たちの様子を想像する 〈15分〉

T　それでは、教科書の 5 ページから 7 ページを読みます。その後、自分で声に出して読みましょう。
○活動1と同じようにする。学級の実態に応じて、 1 ページごとに読むようにしてもよい。
T　この場面での、登場人物たちの様子を想像しましょう。
・子供たちや先生に関わる発言をする。
・くじらぐもに関わる発言をする。
T　子供たちはくじらぐもに何かを言っていますね。どんなことを言っていると思いますか。
○　場面の様子や子供たちの言葉を想像させる際に、23ページの具体例に記した問いを発して、子供たちの想像を促すとよい。

くじらぐも

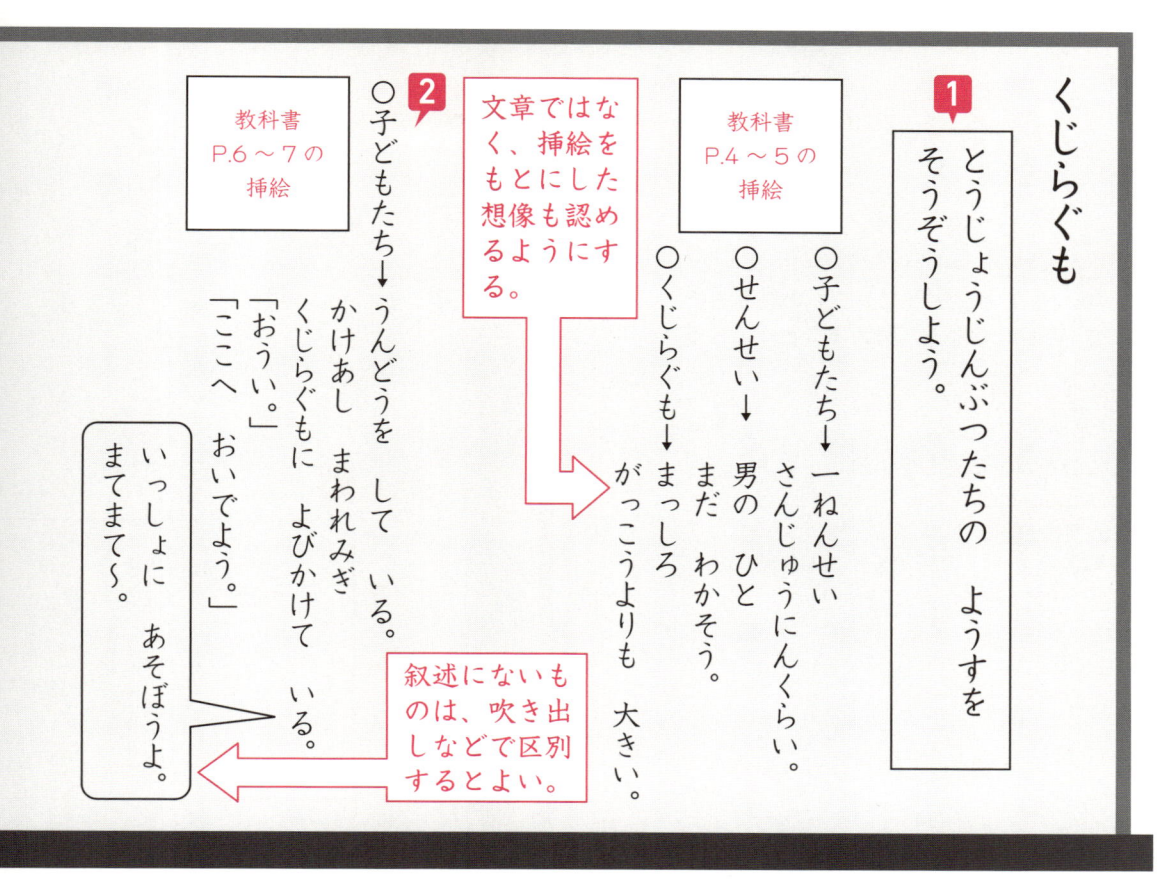

1 とうじょうじんぶつたちの　ようすを
そうぞうしよう。

〇子どもたち→一ねんせい
さんじゅうにんくらい。

〇せんせい→ 男の　ひと
まだ　わかそう。

〇くじらぐも→まっしろ
がっこうよりも　大きい。

教科書
P.4〜5の
挿絵

文章ではなく、挿絵をもとにした想像も認めるようにする。

2 〇子どもたち→うんどうを　して　いる。
かけあし　まわれみぎ
くじらぐもに　よびかけて　いる。
「おうい。」
「ここへ　おいでよう。」

いっしょに　あそぼうよ。
まてまて〜。

叙述にないものは、吹き出しなどで区別するとよい。

教科書
P.6〜7の
挿絵

3 「」の使い方を確かめる。学習感想を書く　〈15分〉

T　お話の中に出てきた記号をかぎかっこといいます。誰かが声に出して言ったことが書いてあります。

　始めのかっこは、右下のマスに書きます。終わりのかっこは、左上のマスに書きます。そのとき、丸（句点）は、右上のマスに書きます。

〇一度ノートに練習をさせて、教師の説明を理解しているかを確かめる。

T　今日の授業で、あなたが登場人物たちの様子でどんな想像をしたのかを書きましょう。

・子供たちは、くじらぐもがまねをしたから驚いたと思う。

・くじらぐもは、子供が好きなんだと思う。

よりよい授業へのステップアップ

内容を理解するための音読指導の工夫

　全員で一斉に読む「斉読」は、表現方法の１つとして取り組むのはよいが、文章内容を理解させる際の音読では避けたほうがよい。周りに合わせることに意識が向き、内容理解がおろそかになる場合がある。内容を理解するための音読は個々で行わせたほうが教育効果は期待できる。

　低学年の子供は黙読よりも音読のほうが内容を理解しやすい。この傾向は、中学年頃まで続くと言われている。

本時案

くじらぐも

3/8

本時の目標

・「天までとどけ、一、二、三」の読み方の工夫を、場面に合わせて考えることができる。

本時の主な評価

・「天までとどけ、一、二、三」の読み方を場面に合わせて工夫している。

資料等の準備

・教科書 P. 8 ～ 9 の挿絵を拡大したもの

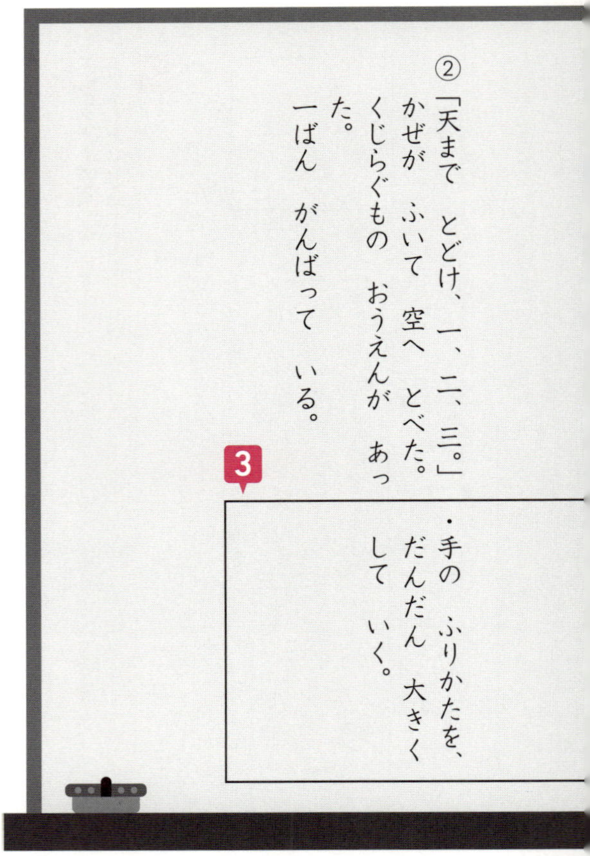

②
「天まで　とどけ、一、二、三。」
かぜが　ふいて　空へ　とべた。
くじらぐもの　おうえんが　あった。
一ばん　がんばって　いる。
3
・手の　ふりかたを、
だんだん　大きく
して　いく。

授業の流れ ▷▷▷

1 教科書 P. 8 ～ 9 を読み、同じ台詞が繰り返されていることに気が付く 〈10分〉

T　まず、教科書の 8 ～ 9 ページを先生が読みます。その後、自分で声に出して読みましょう。

T　この場面では、かぎかっこが多く使われています。どの言葉がだれの言葉か確かめましょう。

・「天まで　とどけ、一、二、三。」は、子供たちが言っている。

・「もっと　たかく。もっと　たかく。」は、くじらぐもが言っている。

○ここで、それぞれ同じ台詞しか発していないことに気が付かせる。

2 「天まで　とどけ、一、二、三。」の台詞が発せられている状況の違いを確かめる 〈20分〉

T　「天まで　とどけ、一、二、三。」は、三回出てきますね。どれも全部同じ言い方でいいでしょうか。

・一度目：ジャンプは30センチであること。

・二度目：ジャンプが50センチになっている。
　くじらぐもの応援の後の台詞。

・三度目：風が吹いて、子供たちを空に吹き飛ばしている。
　くじらぐもの二度目の応援の後の台詞。

○一度目は、30センチのジャンプだが、決して小さな声で言っているわけではない。教科書 P. 7 に「男の子も、女の子も　はりきりました。」という叙述がある。

くじらぐも

1 「天まで　とどけ、一、二、三。」の
よみかたの　くふうを　かんがえよう。

教科書
P.8～9の
挿絵

○子どもたち
「天まで　とどけ、一、二、三。」
○くじらぐも
「もっと　たかく。もっと　たかく。」

2

①「天まで　とどけ、一、二、三。」
三十センチしか　ジャンプして
いない。
かんたんに　とどくと　おもって
いる。

②「天まで　とどけ、一、二、三。」
五十センチくらいの　ジャンプ。
くじらぐもの　おうえんが　あった。
一かいめより　がんばって　いる。

・だんだんと、こえを　大きく　する。
・こえを　だす　ひとを　ふやして　いく。
・「天まで」を　すこしずつ　のばして　よむ。
・「いち」を「い～ち」って　のばして　いく。

読み方を変化させる部分を分かりやすく板書していく。

3 「天まで　とどけ、一、二、三。」の台詞が発せられている状況の違いを確かめる　〈15分〉

T　それぞれの「天までとどけ、一、二、三。」の読み方の工夫を考えましょう。

・声の大きさを変える工夫をする。
・声に出して読む人数を変える工夫をする。
・間の開け方を変える工夫をする。
・「いち」を「い～ち」など言葉の読み方を変える工夫をする。
・輪の大きさを変える工夫をする。
・つないだ手の振り方を変える工夫する。

○この時期の子供であれば、自然と動作が伴った工夫も生まれてくるだろう。教室のスペースをつくるなど、子供の工夫実現のための支援をする。

よりよい授業へのステップアップ

繰り返しの表現への着目

1年生の説明的文章では、子供たちの内容理解を助けるための工夫として、言葉や表現、文の構成の繰り返しがよく見られる。

物語文では、学年を問わず、同じ言葉や表現の繰り返しが見られる。読者に場面の印象を強くさせたり、一種のおもしろみを感じさせたりする効果がある。本教材では、子供たちの「くじらぐもに乗りたい」という思いが強まっていることを効果的に伝えている。

本時案

くじらぐも

4/8

本時の目標

・教科書 P.10〜11を読み、くじらぐもにのっている子供たちの台詞や見えているものを想像することができる。

本時の主な評価

❹教科書 P.10〜11の子供たちの台詞や見えているものを想像している。【思・判・表】

資料等の準備

・教科書 P.10〜11の挿絵を拡大したもの
・ワークシート 01-01〜02
・ワークシートを拡大したもの

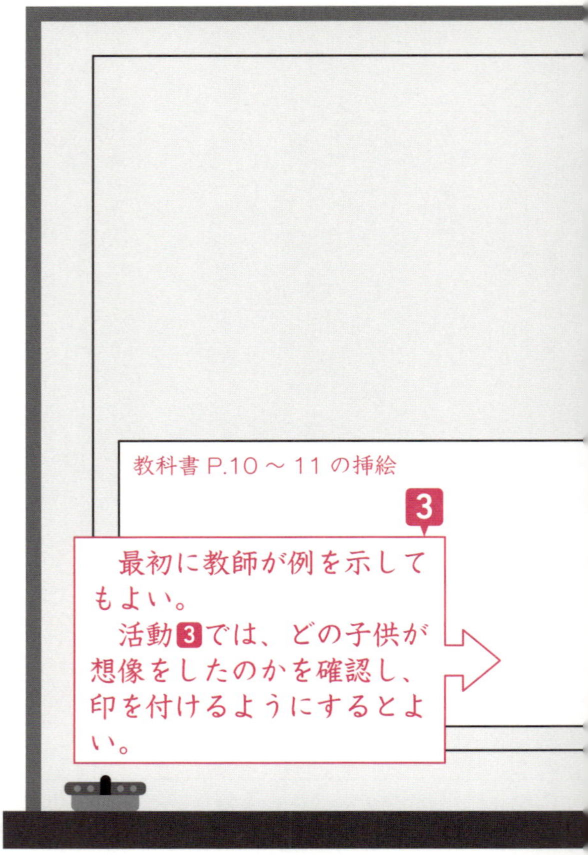

教科書 P.10 ~ 11 の挿絵
3
最初に教師が例を示してもよい。
活動3では、どの子供が想像をしたのかを確認し、印を付けるようにするとよい。

授業の流れ ▷▷▷

1 教科書 P.10〜11を読み、場面の様子を理解する 〈10分〉

T まず、教科書の10〜11ページを先生が読みます。その後、自分で声に出して読みましょう。
T この場面の様子を確かめましょう。
・子供たちがくじらぐもの上に乗っている。
・子供たちが飛び跳ねたり、楽しそうにしていたりする。
・子供たちが歌を歌っている。
・くじらぐもが、海や山、村など様々な場所に行っている。
○叙述と挿絵のどちらから考えをもっていてもかまわない。ただ、発言した子供には、どちらからそう考えたのかは確かめるとよい。

2 教科書 P.10〜11の子供たちの様子を想像する 〈20分〉

T この場面で子供たちが話していることや見ているものを想像してみましょう。
・子供たちがどのような言葉を発しているのかを考える。
・子供たちが見えているものについて考える。
・子供たちが友達としていることを考える。
○ワークシートに直接記入させることで、どの子供のことを想像すればよいのかを明確にさせる。
○子供たちは、台詞の背景にあることを豊かに想像している。机間指導をしながら、その台詞を書いた理由を聞くことで、子供理解を深めることができる。

くじらぐも

くじらぐもに　のった　こどもたちが
はなして　いる　ことや　みて　いる
ものを　そうぞうしよう。

1

教科書
P.10～11の
挿絵

くじらぐもの　うえに　のってる。
たのしそう。
とびはねてる。
いろいろな　ところに　いって　いる。

2

くじらぐも
○くじらぐもに　のった　子どもたちが　はなして
いる　ことや　みて　いる　ものを　そうぞうしよう。
ねん　くみ　なまえ（　　　）

3 想像したことを交流する　〈15分〉

T　どのような想像をしたのか、友達と交流しましょう。

○全体での交流の前に、隣の友達や周りの友達とワークシートを見せ合う。

T　では、みんなの前で想像したことを話してくれる人はいますか。

○台詞だけではなく、その背景にある想像も合わせて語らせるとよい。

よりよい授業へのステップアップ

物語との同化

本教材は、学習する子供たちと同年齢の子供たちが登場する。また個別に名前が与えられているわけでもなく、読み手が、物語と自分を同化しやすいつくりとなっている。子供たちは、作中の子供たちになりきって想像をしている。

授業を受けている子供たち自身の分身を登場させてもいい。事前に子供たちの全身像の写真を撮っておき、それをワークシートに貼るなどの工夫も考えられる。

本時案

くじらぐも

5/8

本時の目標

・教科書 P.12〜13を読み、場面の様子や登場人物の行動を読み取ることができる。

本時の主な評価

❸教科書 P.12〜13の場面の様子や登場人物の行動を読み取っている。【思・判・表】

資料等の準備

・教科書 P.12〜13の挿絵を拡大したもの

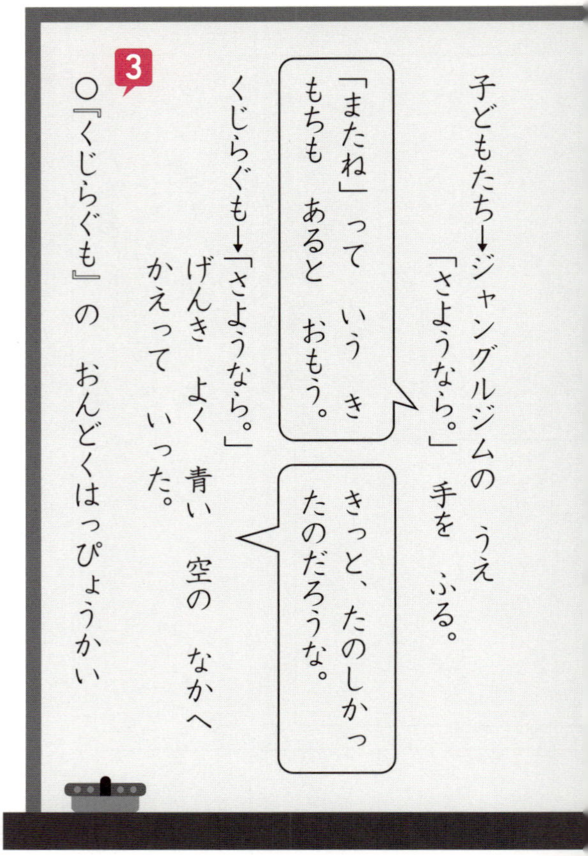

子どもたち↓ジャングルジムの　うえ
「さようなら。」　手を　ふる。
「またね」って　いう　きもちも　あると　おもう。
きっと、たのしかったのだろうな。
くじらぐも↓「さようなら。」
げんき　よく　青い　空の　なかへ
かえって　いった。
3
○『くじらぐも』の　おんどくはっぴょうかい

授業の流れ ▷▷▷

1 教科書 P.12〜13を読み、場面の様子を確かめる 〈10分〉

T　まず、教科書の12〜13ページを先生が読みます。その後、自分で声に出して読みましょう。

T　この場面の様子を確かめましょう。

・子供たちとくじらぐもの別れの場面である。

・別れの場面ではあるが、悲しい雰囲気はない。

・４時間目が終わったときである。

○ここでは、場面の様子については大体の捉えでかまわない。次の活動で、叙述を基に詳しく場面を読んでいく。

2 教科書 P.12〜13について叙述を基にして読んでいく 〈25分〉

T　この場面の時間はどれくらいですか。

・先生が「おひるだ」と言っているから、12時くらい。

・４時間目の終わりのチャイムが鳴っているから、12時15分くらい（学校の実態に応じる）。

T　子供たちやくじらぐもはどのような様子ですか。

・くじらぐもは、けっこうすぐに帰っている。お別れは寂しくないのかな。

・くじらぐもは、元気よく帰っている。

・子供たちはジャングルジムの上で手を振っている。思いっ切り振っているのかな。

○叙述を基に読み取った内容について、どのように感じたかも合わせて聞いていく。

くじらぐも

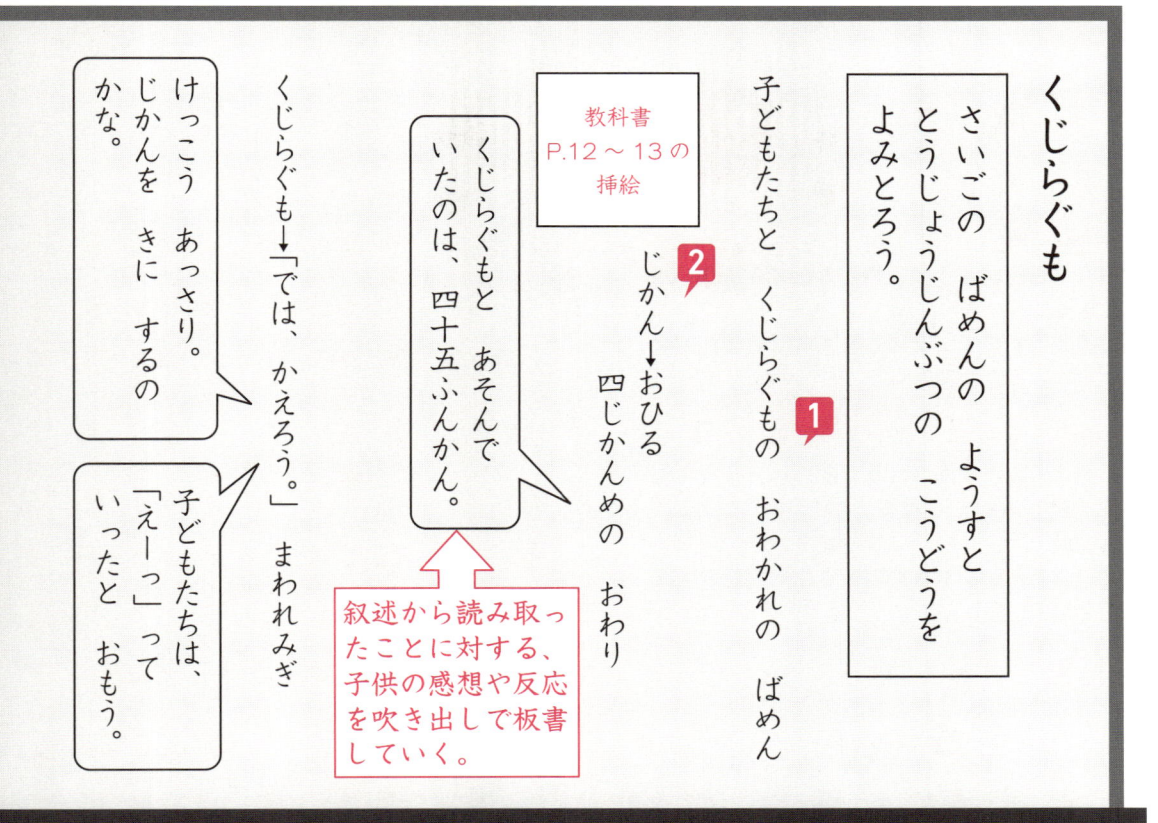

さいごの　ばめんの　ようすと
とうじょうじんぶつの　こうどうを
よみとろう。

1 子どもたちと　くじらぐもの　おわかれの　ばめん

教科書
P.12～13の
挿絵

2 じかん→おひる
四じかんめの　おわり

くじらぐもと　あそんで
いたのは、四十五ふんかん。

叙述から読み取ったことに対する、子供の感想や反応を吹き出しで板書していく。

くじらぐも→「では、かえろう。」　まわれみぎ

けっこう　あっさり。
じかんを　きに　するの
かな。

子どもたちは、
「えーっ」って
いったと　おもう。

3 次時からの活動の見通しをもつ〈10分〉

T　みんなで一生懸命に学習をした『くじらぐも』。学習したことを活かせるような音読発表会をしましょう。

○学級の実態に応じて、グループをつくるとよい。子供たちと相談をしてもよいだろう。読みたい場面を選ばせ、同じ場面を選んだ子供同士でグループをつくってもよい。読みたい場面を選ばせる際に、選ばれなかった場面があってもかまわない。

よりよい授業へのステップアップ

「自由＝なんでもあり」ではない

子供たちが自由に想像をする余地がこの作品には多い。「では、かえろう。」とくじらぐもが言ったときの子供たちの様子を想像させることができる。「さようなら。」以外の台詞を付け足すことも考えられる。

ただし、自由だからといって、物語の世界観を壊すような想像は認められない。前述の「では、かえろう。」の後で「早く帰りたかったんだ」のような後ろ向きな想像は、教室に一時の笑いを生むかもしれないが、適切な想像とは言えない。

本時案

くじらぐも

6・7/8

本時の目標

・選んだ場面に合う音読の仕方を考えることができる。
・発表会に向けて、友達と考えた音読の仕方を練習することができる。

本時の主な評価

❺友達と選んだ場面に合う音読の仕方を考えたり、楽しみながら練習をしたりしている。【態度】
・言葉のまとまりや言葉の響きに気を付けて音読をしている。

資料等の準備

・教科書の挿絵を拡大したもの
・ワークシート 01-03
・模造紙

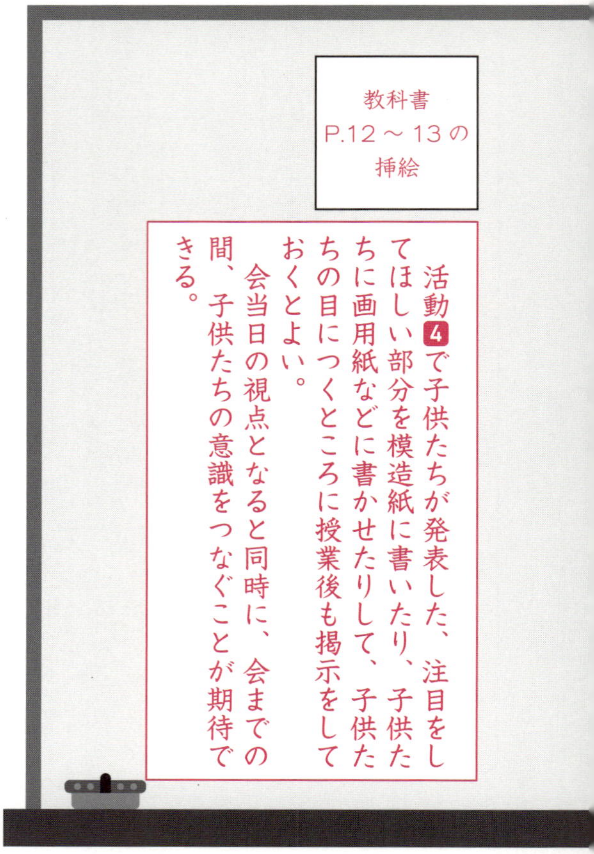

教科書
P.12～13の
挿絵
活動4で子供たちが発表した、注目をしてほしい部分を模造紙に書いたり、子供たちに画用紙などに書かせたりして、子供たちの目につくところに授業後も掲示をしておくとよい。
会当日の視点となると同時に、会までの間、子供たちの意識をつなぐことが期待できる。

授業の流れ ▷▷▷

1 音読発表会に向けて、これまでの学習を振り返る 〈第6時〉

T 今日は、音読発表会に向けた準備を始めます。その前に、『くじらぐも』というお話を振り返りましょう。
○教科書の挿絵を貼り、子供たちが物語を想起しやすいように支援をする。
・それぞれの場面について発言をする。
「子供たちが体操をしているところにくじらぐもがやってきた」
「子供たちがくじらぐもの上に乗った」
「くじらぐもに乗って、いろいろところに行った」
「ジャングルジムのところでお別れをした」
○場面を振り返る際に、学習したときの感想や反応も想起させ、楽しみながら読んでいたときの気持ちも思い起こさせたい。

2 友達と音読の仕方を考える 〈第6時〉

T それでは、友達と選んだ場面に合う、音読の仕方を考えていきます。
3時間目に、「天まで とどけ、一、二、三。」の読み方を考えたときのことを思い出してください。どのような工夫を考えましたか。
・声の大きさを変える。
・声に出して読む人数を変える。
・間の開け方を変える。
・言葉の読み方を変える。
・動作を変える工夫。
○第3時のことを想起させる。その他に、「読む速さを変える」などの工夫も考えられる。
○動作を入れることや、文章にはない台詞を付け足すことを認めてもよいだろう。

くじらぐも

おんどくはっぴょうかいに　むけて、
おんどくの　しかたを　かんがえよう。

1

教科書 P.4～5の挿絵

教科書 P.6～7の挿絵

教科書 P.8～9の挿絵

教科書 P.10～11の挿絵

2

【おんどくの　くふう】

○こえの　大きさを　かえる。
○こえに　だして　よむ　にんずうを　かえる。
○あいだを　あけて　よむ。
○ことばの　よみかたを　かえる。
○うごきを　かえる。
○よむ　はやさを　かえる。
○じぶんたちで　かんがえた　せりふを　いれる。

模造紙に書いて、授業後も教室に掲示をしておくと、子供たちが常時学習を振り返る環境をつくることができる。また、今後の音読指導にも活用することができる。

3 音読発表会に向けて練習をする〈第7時〉

T それでは、それぞれのグループで考えた音読の仕方の練習をしましょう。

その前に、友達に意見を聞いてみたいことのあるグループはありますか。

○工夫の仕方に迷っているグループだけではなく、自分たちの工夫をみんなに教えたいというグループからの発言であっても認める。

・グループごとに練習をする。

○子供たちの練習風景を録画・録音できる環境があるのであれば、積極的に活用するとよい。子供たちが自分たちの音読を客観視するきっかけとなる。

4 他のグループに、音読発表会のときに注目をしてほしい部分を伝える〈第7時〉

T 次の時間はいよいよ音読発表会です。自分たちのグループの発表のときに、特に気を付けて聞いてほしいところを教えてください。

○すぐに聞くのではなく、一旦、グループで相談の時間を取る。

・自分たちの発表で特に注目をしてほしいところを発表する。

○子供の発言したことを模造紙に書くか、子供たち自身に画用紙などに書かせ、授業後も常時掲示しておけるようにするとよい。

本時案

くじらぐも

8/8

本時の目標

・言葉やその響きに気を付けたり、読み方を工夫したりして、物語を声に出して読むことができる。

本時の主な評価

❷言葉やその響きに気を付けたり、読み方を工夫したりして、物語を声に出して読んでいる。【知・技】

資料等の準備

・子供たちが自分たちの発表で注目をしてほしいポイントを前時に記録した模造紙など
・ワークシート 💿01–04

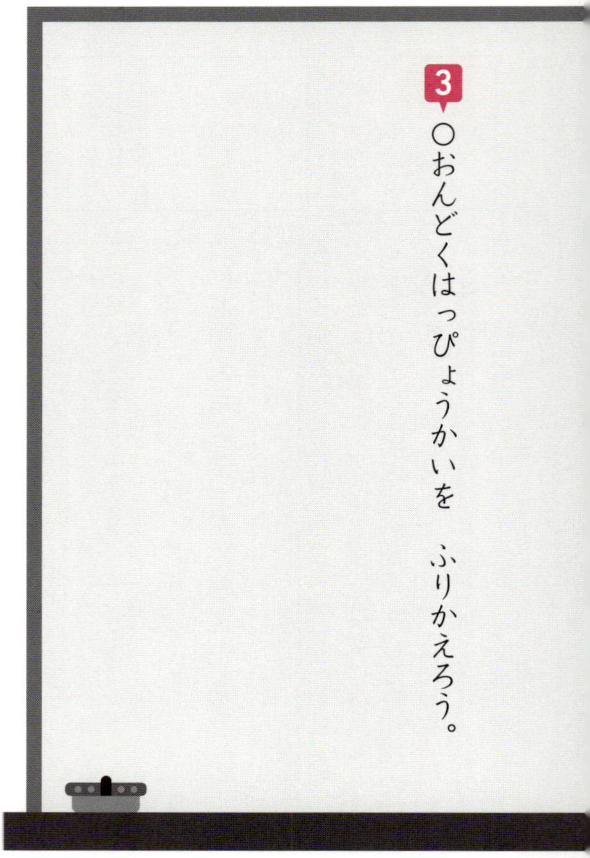
3
○おんどくはっぴょうかいを　ふりかえろう。

授業の流れ ▷▷▷

1 本時の目的を確かめる 〈5分〉

T 今日は、いよいよ音読発表会です。
　発表をするグループは、練習でがんばったことが、出せるといいですね。聞いている人たちは、注目をしてほしいポイントに気を付けて、発表を聞きましょう。

○発表グループの数によって、発表に30分かからないと判断ができる場合であれば、ここで最後の練習時間を取ってもいいだろう。

2 音読発表会を行う 〈30分〉

T それでは、音読発表会を始めます。

・グループごとに、音読をする。
・発表を聞いた感想を発言する。

○感想については、人数をあらかじめ2～3人と決めておくと、時間管理が容易になる。感想発表の工夫として、「次のグループの子供が必ず言う」といった制約を与えてもよい。

○教師のコメントでは、子供が気付いていない価値について言及できるように、いくつかの視点をもっておくようにするとよい。

くじらぐも

1 おんどくはっぴょうかいを　しよう。

2 前時に、子供たちが自分たちの発表で注目をしてほしいポイントを記録した模造紙。
※画用紙などに記録をした際は、それを掲示する。

3 音読発表会を振り返る　〈10分〉

T　とてもすてきな音読発表会になりました。自分たちの発表を振り返りましょう。

・ワークシートに、自分たちの発表の振り返りを記述する。

よりよい授業へのステップアップ

子供へのコメントのための準備

子供が成果を発表する場において、教師のコメントが子供に与える影響は大きい。子供たち自身が気付いていないような価値を見いだし、それについてコメントすることが理想だろう。「グループ間の信頼関係が垣間見えた瞬間」「練習時からの成長」「さりげない仲間へのフォロー」「子供が意図していないところで生まれている表現のよさ」などがざっと挙げられる。

事前に、自分の中で視点をもって、子供の発表に臨むように心掛けたい。

資料

1 第４時資料　ワークシート 01-01

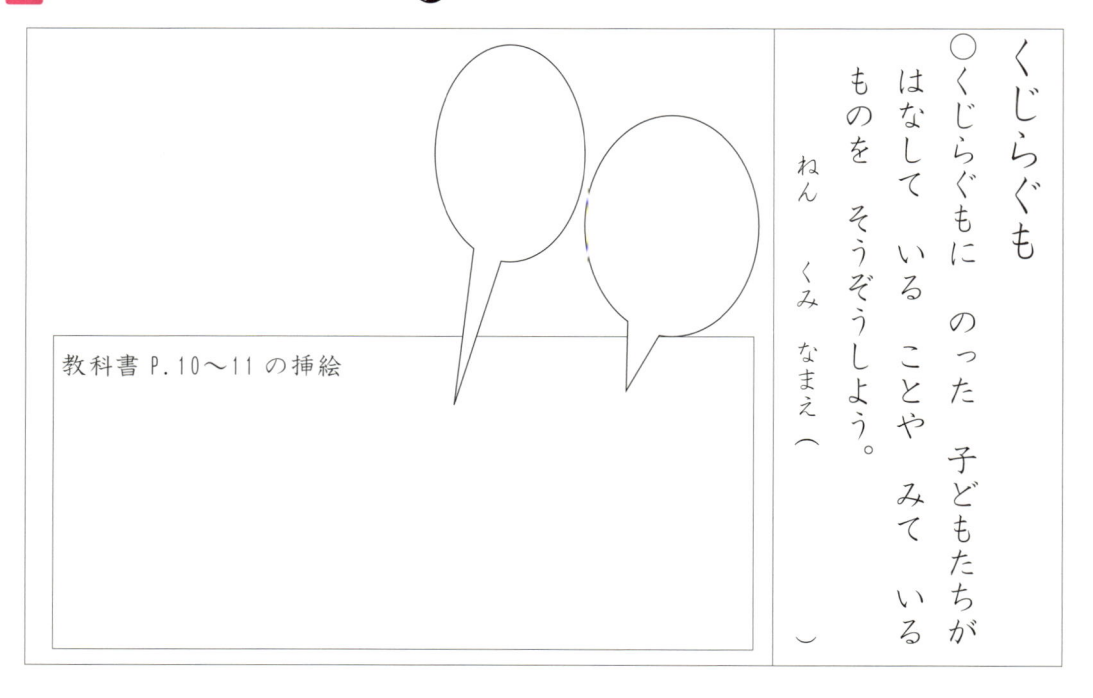

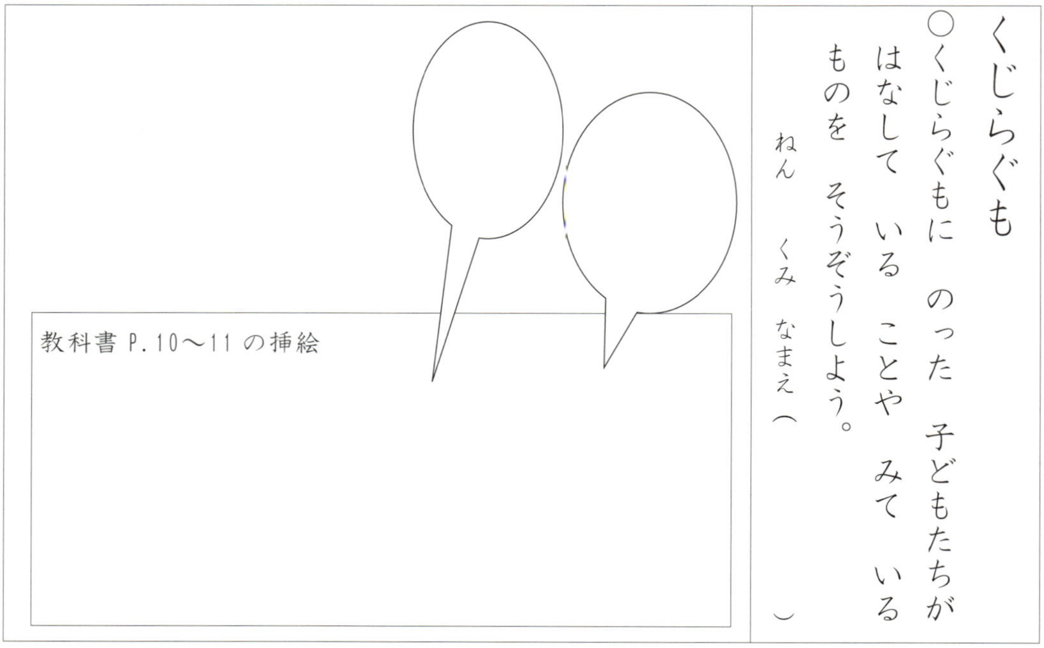
くじらぐも
○くじらぐもに　のった　子どもたちが
はなして　いる　ことや　みて　いる
ものを　そうぞうしよう。
ねん　くみ　なまえ（　　）
教科書P.10〜11の挿絵

2 第４時資料　ワークシート　記入例 01-02

４つの吹き出しは子供に書き方を示すためのもの。子供の想像に合わせて追加をさせる。

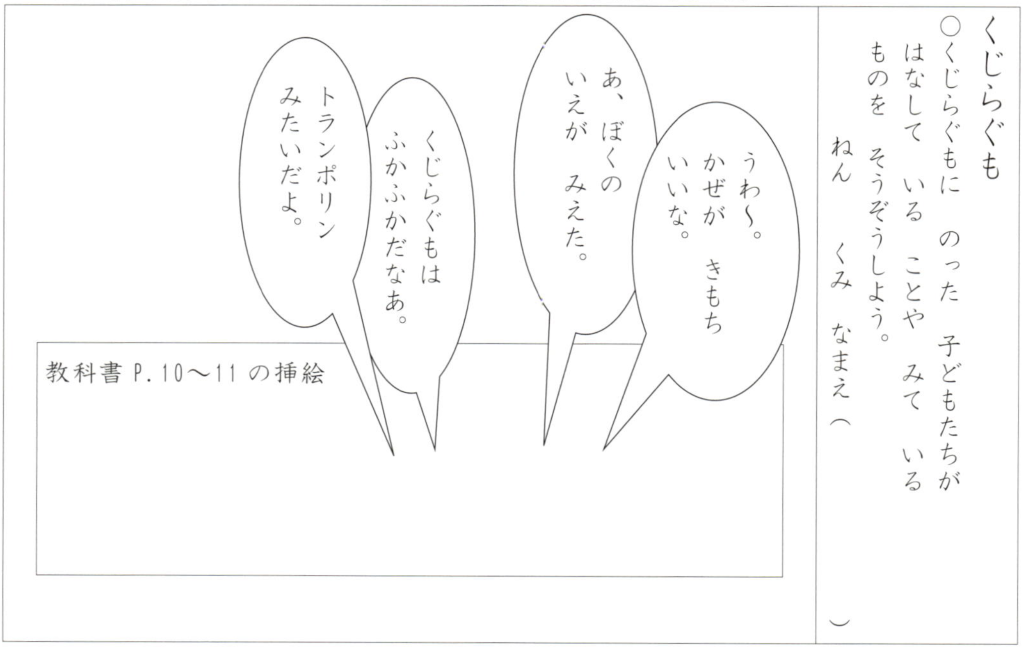
くじらぐも
○くじらぐもに　のった　子どもたちが
はなして　いる　ことや　みて　いる
ものを　そうぞうしよう。
ねん　くみ　なまえ（　　）
うわ〜。かぜが　きもち　いいな。
あ、ぼくの　いえが　みえた。
くじらぐもは　ふかふかだなあ。
トランポリン　みたいだよ。
教科書P.10〜11の挿絵

3 第6・7時資料 01-03

くじらぐも

○おんどくはっぴょうかいに　むけて　おんどくの　しかたを　かんがえよう。

ねん　くみ　なまえ（　　　）

4 第8時資料　ワークシート 01-04

くじらぐも

○おんどくはっぴょうかいを　しよう。

ねん　くみ　なまえ（　　　）

○はっきりと　した　こえで　よむ　ことが　できた。

よく　できた　　できた　　あまり　できなかった　　できなかった

○れんしゅうで　かんがえた　くふうを　して　よむ　ことが　できた。

よく　できた　　できた　　あまり　できなかった　　できなかった

○ちゅうもくを　して　ほしい　ポイントが　ともだちに　つたわった。

よく　つたわった　　つたわった　　あまり　つたわらなかった　　つたわらなかった

○グループと　して　いい　はっぴょうが　できた。

よく　できた　　できた　　あまり　できなかった　　できなかった

○じゆうに　かんそうを　かきましょう。

しらせたいな、見せたいな　10時間扱い

〔知識及び技能〕(1)ウ　〔思考力、判断力、表現力等〕B書くことア、エ　関連する言語活動例B(2)ア

単元の目標

・経験したことの中から書くことを見つけ、必要な事柄を集めて伝えたいことを明確にして書くことができる。

評価規準

知識・技能	❶言葉には、事物の内容を表す働きや、経験したことを伝える働きがあることに気付いている。(〔知識及び技能〕(1)ウ)
思考・判断・表現	❷「書くこと」において、経験したことから書くことを見つけ、必要な事柄を集めたり確かめたりして、伝えたいことを明確にしている。(〔思考力、判断力、表現力等〕Bア) ❸「書くこと」において、文章を読み返す習慣を付けるとともに、間違いを正したり、語と語や文と文との続き方を確かめたりしている。(〔思考力、判断力、表現力〕Bエ)
主体的に学習に取り組む態度	❹進んで書くことを見つけ、必要な事柄を集めたり確かめたりして、見通しをもって、伝えたいことを書こうとしている。

単元の流れ

次	時	主な学習活動	評価
一	1	学習の見通しをもつ 日頃の学習や生活を振り返り、学校にいる生き物や、学校で見つけたものの中から、家の人に知らせたいことを決める。	
二	2	知らせたいものの絵を描き、見つけたことを短い言葉で書く。	❷
	3 4	教科書P.18、19を見て、短い言葉で書いたことをどのように文にするかを考え、文にして短冊カードに書く。	❹
	5	教科書P.19を見て始めと終わりの文を考える。	❸
	6	短冊カードを並び替えて各順序を決め、始めと終わりの文を考えて文章にまとめる。	❸
	7 8	書いた文章を声に出して読み返し、間違いを正したりよりよく伝わるように直したりして推敲し清書をする。	❸
三	9	書いた文章を友達と読み合い、自分の文章のよいところを伝え合う。	
	10	学習を振り返る 単元の学習を振り返る。	❶

授業づくりのポイント

〈単元で育てたい資質・能力〉

本単元のねらいは、経験したことから書くことを見つけ、書くための材料を集めたり確かめたりして伝えたいことを明確にする力を育むことである。そのためには、これまでの学校生活での経験を十分に想起し、知らせたいものや見せたいものを見つけることが大切である。また、見つけた事柄の中から、必要なものを選んで書くことができるようにする。

具体例

○生活科の学習で季節のものを見つけに行ったときの写真や、学校で飼っている生き物の写真、それらと触れ合っている様子の写真を見せることで、これまで子供が日常生活の中で発見したことを想起できるようにする。

○書くための材料を集めるために、知らせたいものを観察する。観察するときには、生活科で生き物を観察したときの「色」「形」「大きさ」「手触り」「動き」などの視点を生かすようにする。観察したことを絵と短い言葉で書き出す。書き出した事柄の中から知らせたいことを伝えるために必要な事柄を確かめ、取捨選択して書くことができるようにする。

〈他教材や他教科との関連〉

生活科の学習で、学校探検をしたときのことや、生き物や植物を育てた経験とを関連させて指導することができる。子供は、日頃の学習や日常生活の中で発見したことを、教師や身近な大人に話すことが好きである。本単元では、話して伝えることの他にも文章で書いて伝わる喜びを味わわせたい。そのために、子供の日頃の興味・関心をしっかりと捉え、「知らせたい、見せたい」という思いをもてる題材を選ばせることが大切である。

具体例

○学校で飼っている生き物を集めて、実際に手に取って観察できるものがあると、より子供の興味・関心を引き出すことができる。

○生活科の学校探検の学習と関連させ、学校には自分の教室以外にも様々な教室があることを知り、「自分が伝えたい教室について知らせよう」という題材でも書くことができる。

○上巻「おおきく　なった」では、観察の観点を基に取材し、短い言葉で書くことを学習している。本単元では、観察の観点を基に取材し、その中から選択して文章で書くことにつなげる。

本時案

しらせたいな、見せたいな　1/10

本時の目標

・学校にいるものや学校で見つけたものを家の人に知らせる文章を書くことへの関心をもち、知らせたいことを決めることができる。

本時の主な評価

・学校にいるものや学校で見つけたものを家の人に知らせる文章を書くことへの関心をもち、知らせたいことを決めている。

資料等の準備

・学校探検に行ったときの写真や学校で飼っている生き物と触れ合っているときの写真

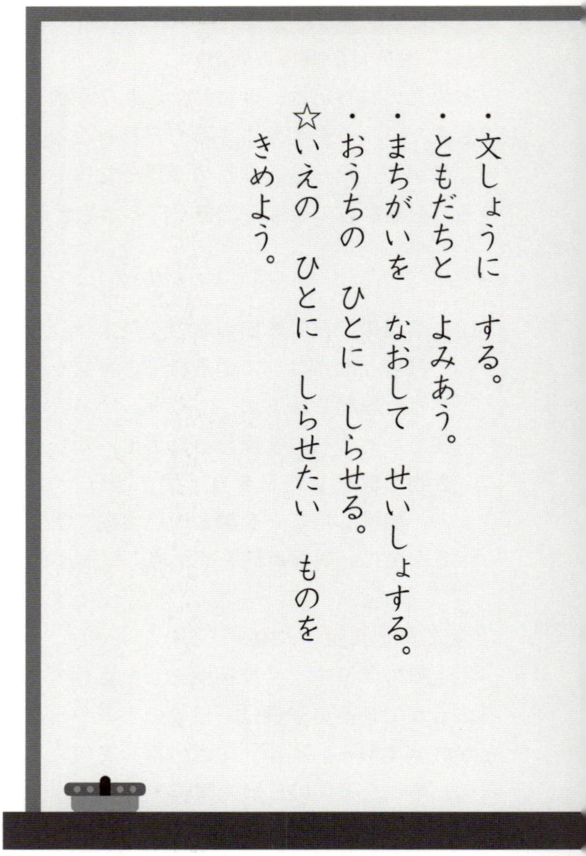
・文しょうに　する。
・ともだちと　よみあう。
・まちがいを　なおして　せいしょうする。
・おうちの　ひとに　しらせる。
☆いえの　ひとに　しらせたい　ものを
きめよう。

授業の流れ

1 これまでの経験を振り返る　〈15分〉

T　（学校探検に行ったときの写真や学校で飼っている生き物と触れ合っているときの写真を見せながら）学校にいる生き物や、学校で見つけたものがたくさんありますね。特に心に残っていることはありますか。

・ハムスターを初めて触ってかわいかったです。

・生活科の時間にやった落ち葉集めが大変だったけど楽しかったです。

・学校探検で行った理科室にガイコツがあって怖かったです。

○これまで学習した写真の他にも、そのとき学校に咲いている植物や、見られる生き物の写真を見せて、関心をもたせることもできる。

2 家の人に文章に書いて伝えるための学習計画を立てる　〈15分〉

T　いろいろな発見をしていますね。みんなが見つけたことをどうしたいですか。

・お母さんに伝えたいです。

・理科室の不思議は知らないと思うから、いつも先生に日記を書いているみたいに文章で書いて知らせたいです。

T　では、家の人に文章を書いて知らせるためには、どんなことが必要ですか。

・観察します。

・どんなことを知らせたらよいかを書きます。

○1でハムスターの写真に吹き出しで書いた「ハムスターはかわいい」だけでよいかを聞き、上巻「おおきく　なった」と関連させ、観察しないと伝わらないことを想起させる。

しらせたいな、見せたいな

2

学校に　いる　いきものや　学校で
見つけた　ものを　文しょうに　かいて
おうちの　ひとに　しらせよう。

1

・かって　いる　いきもの・どうぶつと
あそんだよ。

経験したときの気持ちを板書する。

うさぎ

モルモット

ハムスター

かわいい

・しょくぶつを　そだてたよ。

・学校たんけん

ミニトマト

あさがお

がいこつ

ガイコツ　こわい

2

学しゅうけいかくを　たてよう。
・しらせたい　ものを　きめる。
・かんさつする。

3 知らせたいものを決める 〈15分〉

T　学校にいる生き物や学校で見つけたもので、家の人に知らせたいものを考えてノートに書きましょう。

・飼っているカメのことを伝えたいです。
・理科室にはガイコツがいたことを知らせたいです。

T　家の人がよく分かるように伝えるためにはどうしたらよいでしょう。

・もう一度見たいです。
・詳しく書きます。

T　次の時間は、もう一度知らせたいものをよく観察しましょう。

よりよい授業へのステップアップ

書きたいと思う題材選びの工夫

「教科書に載っているから、知らせよう」という流れではなく、日々の生活や生活科など他教科の学習の中から、子供が「知らせたいな、見せたいな」という気持ちを抱くことが、文章を書くために大切なことである。そのために、活動しているときの写真を見せることで、そのときの気持ちを思い起こしやすくする。頭の中だけで考えるよりも、イメージが浮かびやすいようにする。学級で見つけたことなどをたっぷり話しながら題材を選ばせたい。

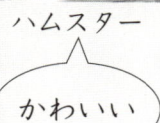

本時案

しらせたいな、見せたいな

2/10

本時の目標

・知らせたいものの絵を描き、知らせるために必要なことを集めて、短い言葉で書くことができる。

本時の主な評価

❷知らせたいものを書くために必要なことを集めて書いている。【思・判・表】

資料等の準備

・教科書 P.18の拡大
・ワークシートの拡大　02-01

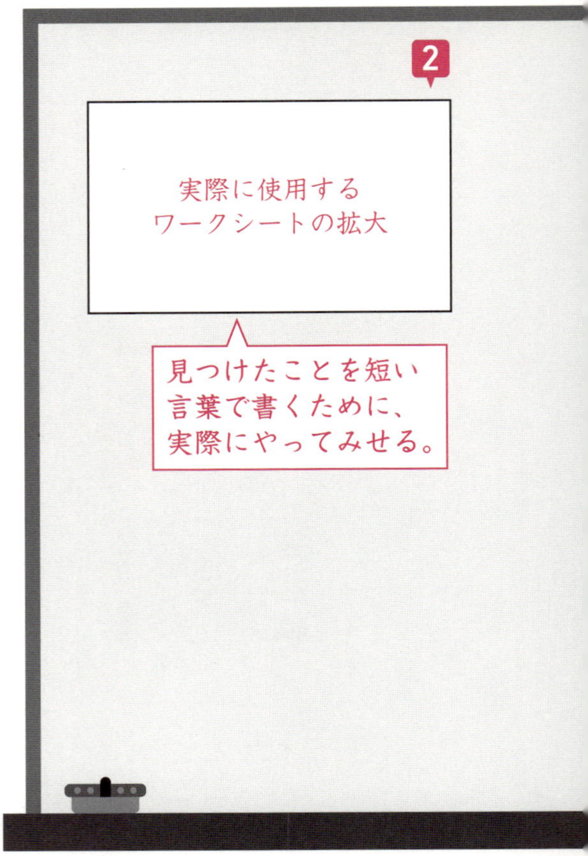
2
実際に使用する
ワークシートの拡大
見つけたことを短い
言葉で書くために、
実際にやってみせる。

授業の流れ ▷▷▷

1　知らせたいものを詳しく書くための観点を考える　〈10分〉

T　おうちの人が「見てみたい」と思えるように知らせるためには、詳しく書くことが必要でしたね。詳しく書くためには、どんなところを観察するとよいですか。教科書18ページを見て考えましょう。

・色。
・形。
・大きさ。
・触った感じ。
・動き。
・様子。

○生活科の学習経験や上巻「おおきく　なった」を想起させ観点を出し合い、教科書P.18を見て補足するとよい。

2　観点を基に観察したことを、短い言葉で書く方法を知る　〈15分〉

T　よく見たことを忘れないようにするために、教科書18ページではどのようにしてしますか。

・見つけたことを絵から線を引いて書いています。
・短い言葉で書いています。

T　絵を描いたら、よく見たところを、絵から線を引いて短い言葉で書いてみましょう。短い言葉で書くことを「メモ」と言います。

○1で挙がった観点は必ず入れるようにする。板書をして、自分で確認できるようにワークシートにポイントを書き込めるようにしておく。

しらせたいな、見せたいな

1

しらせたい　ものを　よく　見て、
しらせるために　ひつような　ことを
かこう。

教科書 P.18
モルモットのもこ拡大図

〈見る　ポイント〉
・いろ
・かたち
・大きさ
・さわった　かんじ
・うごき
・ようす

3 知らせたいものの絵と、見つけたことを短い言葉で書く　〈20分〉

T　知らせたいものをよく見て、大きく絵を描きに行きましょう。描けたら、短い言葉で見つけたことも書きましょう。

○目や口など、細かいところまで見ることが大切なので、大きく描くように指導する。図画工作科ではないので、丁寧に色を塗るよりも、特徴を捉えて描くようにさせる。細かいところは、言葉で書かせるようにする。

よりよい授業へのステップアップ

観察するときの工夫

詳しく書くためには、そのための材料がいる。本単元では、観察した内容が書く材料になるので、観察がとても大切である。植物を育てて観察したときのことを振り返りながら、どんなところを見ればよいのか観察のポイントを共有する時間を設けるようにしたい。観察のポイントを一つ一つチェックするように指導して、書くための材料が揃うようにする。

本時案

しらせたいな、見せたいな　3・4/10

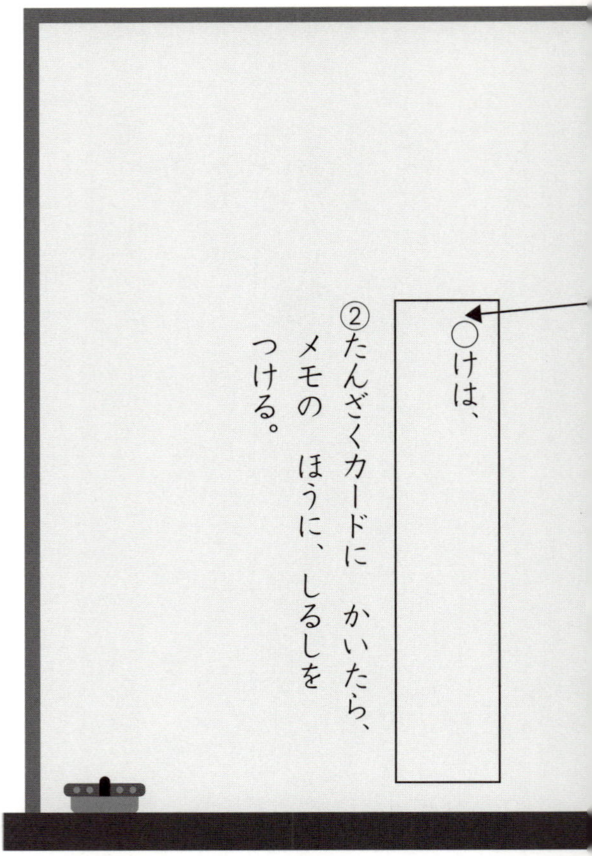
○けは、
②たんざくカードに　かいたら、
メモの　ほうに、　しるしを
つける。

本時の目標

・知らせるために必要な事柄を確かめて、文章にすることができる。

本時の主な評価

❹知らせるために集めた必要な事柄を、確かめて、進んで書こうとしている。【態度】

資料等の準備

・教科書 P.18と P.19の拡大
・色分けした短冊カード　02-02

授業の流れ ▷▷▷

1　P.18と P.19の例文を音読して比べ、短い言葉から文章にする書き方を考える〈第 3 時〉

T　18ページと19ページを見て気付いたことはありますか。
・18ページのメモと違って、「です。」「ます。」が付いていて丁寧です。
・まとまりに分かれています。
・体のどこの場所かが分かるように、「毛は、」「目は、」とはじめに書かれています。
T　文章だけで、生き物を想像するためには、体のどこの場所のことかが分かるように、「○○は、△△です。」という書き方で書くといいですね。
○文章の書き方で気付くことを、子供に発見させながら板書するとよい。

2　短い言葉（メモ）で書いていないことも、書いてよいことを知る〈第 3 時〉

T　もこの毛のところで、「もこのけは、ふわふわです。」と「もこのけは、ふわふわしていて、とてもやわらかいです。」という文を比べてみると、どちらが伝わりやすいですか。
・「やわらかいです」があったほうが触ってみたくなる。
・イメージがしやすい。
・目のことについても「かわいいです」はメモには書かれていないけど、「かわいいです」があると気持ちが伝わるな。
T　メモに書いていないことでも、感想を書くと、読む人により伝わりますね。
○様子を表す言葉やオノマトペなどを入れることができるように、言葉集めをするとよい。

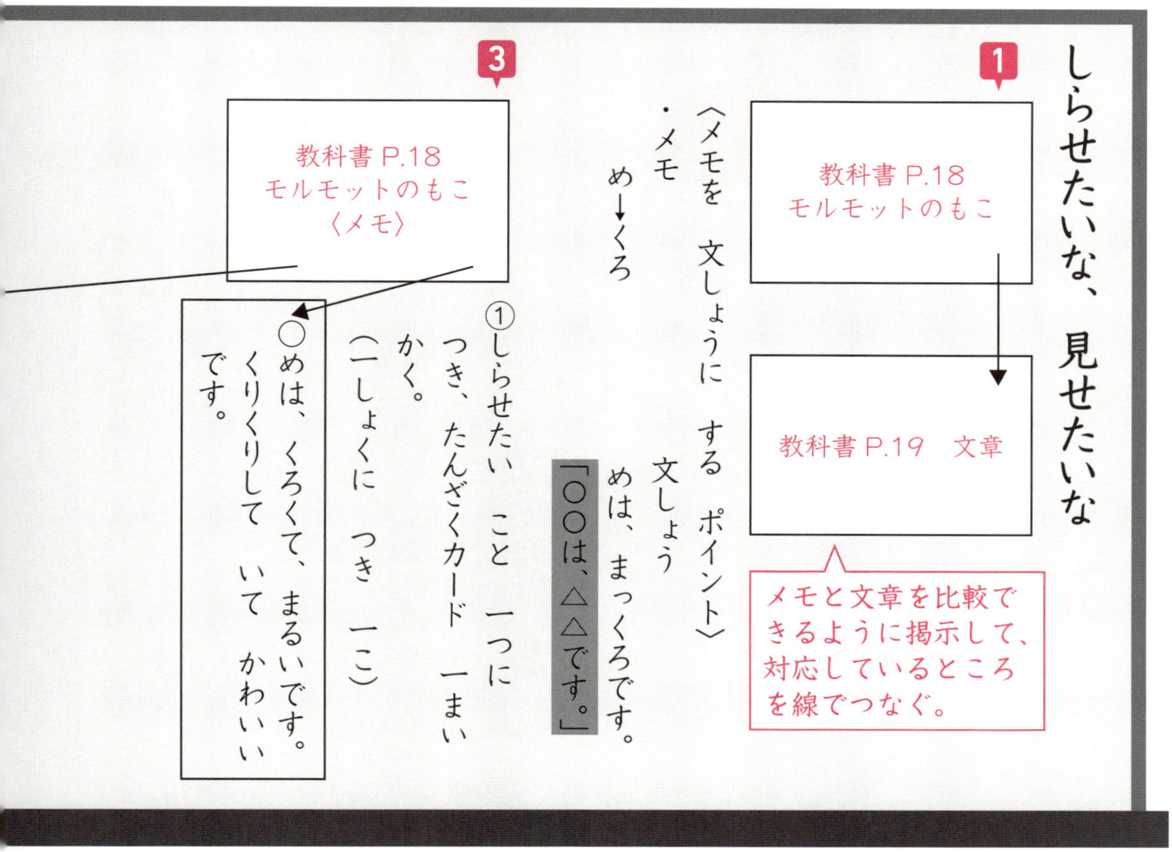
しらせたいな、見せたいな
1
教科書 P.18
モルモットのもこ
教科書 P.19　文章
メモと文章を比較できるように掲示して、対応しているところを線でつなぐ。
〈メモを　文しょうに　する　ポイント〉
・メモ
め→くろ
文しょう
めは、まっくろです。
「○○は、△△です。」
①しらせたい　こと　一つに　つき、たんざくカード　一まい　かく。
（一しょくに　つき　一こ）
3
教科書 P.18
モルモットのもこ
〈メモ〉
○めは、くろくて、まるいです。くりくりして　いて　かわいい　です。

3 短冊カードの書き方を知る〈第４時〉

T　知らせたいこと１つにつき、１枚の短冊カードに書きましょう。例えば、目について知らせる文章は、緑色の短冊カードに書きます。毛について知らせたいことは青色の短冊カードに書きます。

・１枚の短冊カードが１つのまとまりになるんだね。

T　文章にするときのポイントを見ながら、１枚一緒にやってみましょう。先生の作ったメモを見てください。ハムスターのメモを文章にするとどうなりますか。

・ハムスターの目のメモは、「まるい」と書いてあるので、「めは、まるいです。」

・「まるくてかわいいです。」はどうですか。

4 短冊カードに書く〈第４時〉

T　メモに書いてあることを短冊カードに書いたら、メモに印を付けていくと書き忘れずに済みますよ。

T　短冊カードを配ります。足りなければ、また別の色を後からもらいましょう。

○机間指導をしながら、手が止まっている子供には、書き方の例を示したり、声を掛けたりして文章に書き換えることが苦にならないように支援する。

○マス目のついた短冊カードを用意して、実態に応じて１マス目に○を書いて、空けることが分かるようにする。また、段落を変えて書くときに、分かりやすくするため、１つの項目ごとに色の違う短冊に書くようにする。

本時案

しらせたいな、見せたいな　5/10

本時の目標

・教科書の例文を基に、始めと終わりの文を考え、語と語や文と文との続き方を確かめることができる。

本時の主な評価

❸教科書の例文を基に、始めと終わりの文を考え、語と語や文と文との続き方を確かめている。【思・判・表】

資料等の準備

・色分けした短冊カード　02–02

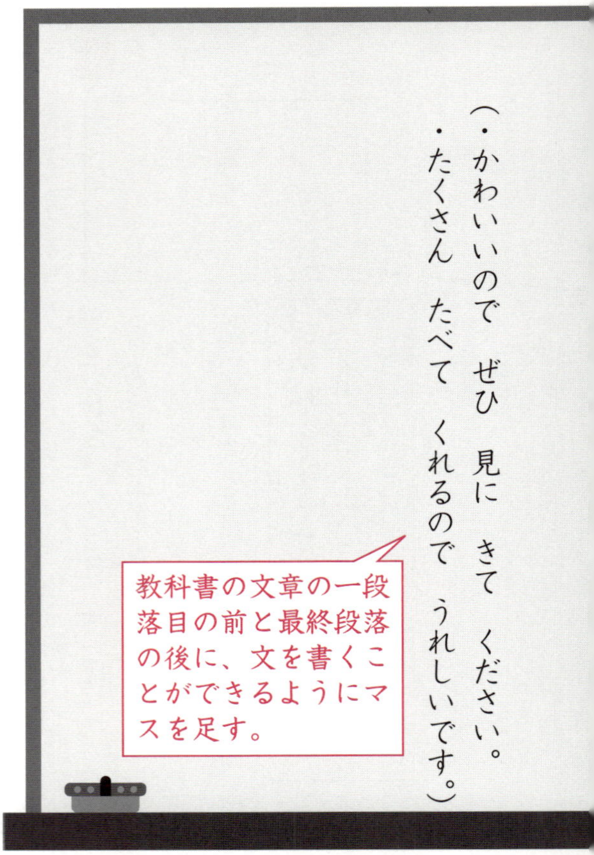
（・かわいいので　ぜひ　見に　きて　ください。
・たくさん　たべて　くれるので　うれしいです。）
教科書の文章の一段落目の前と最終段落の後に、文を書くことができるようにマスを足す。

授業の流れ ▷▷▷

1 めあてを確認し、教科書の例文を視写する〈15分〉

T　短冊カードができ上がりました。今日は、分かりやすく伝えるためには、この短冊カードをどのようにつなげたりするとよいのか、教科書19ページの文章から学習しましょう。まずは、音読をします。その次に、心の中で読みながら、ノートに書きましょう。

○視写する前に、複数回音読して、敬体の文に体が慣れるようにする。

2 教科書の文章は、何がどのような順番で書いてあるかを考える〈15分〉

T　教科書の文章を写して気付いたことはありますか。

・毛の色を一番最初に書いています。
・４つのことが書かれています。
・モルモットの体について先に書いて、後から様子を書いています。
・知らせたい内容が変わるとき、行が変わっています。
・毛の色と触った感じは続けて書いてあります。

T　どうしてこの順番にしたのでしょう。

・本物を見ていないから、どんな動物かを想像しやすいようにしたのだと思います。
・分かりやすく伝えるためです。

しらせたいな、見せたいな

2

たんざくカードを　どのように　つなげたら　よいか　きょうかしょの　文しょうから　かんがえよう。

・け→め→はなの　まわり→えさを　やった　ときの　ようす。
・からだの　ようすを　さきに　かいて　いる。

どんな　どうぶつかが　わかりやすい。

3

はじめと　おわりの　文を　かんがえよう。

（・学校で　モルモットを　かって　います。
・しいくごやに　モルモットが　います。）

教科書 P.19 の
文章を拡大

3 教科書の文章の書き出しと最後の文を考える 〈15分〉

T　文章を読んで何か付け足したいところはありますか。題名と名前の後の書き出しはどのようにしたらよいでしょうか。付け足してみましょう。

・何のモルモットなのか紹介する文があるといいと思います。

・学校のどこにいるかを書いたらいいと思います。

T　最後も何か書いたほうがいいですよね。みんななら何を書きますか。付け足してみましょう。

・「かわいいので、ぜひ見に来てください」はどうでしょう。

・ぼくだったら「こういうところが好きです」と、知らせたい理由を書きます。

よりよい授業へのステップアップ

順序の工夫

文章を書くときに順序が大切であることを学習することができる。これまで学習してきた文章などを振り返り、伝えたいことによって順序を変えられることを押さえる。決めた順序の理由を交流してもよい。

書き出しと最後の文の工夫

書き出しや最後の文があるのとないのとでは、読み手に与える印象も変わることに気付かせたい。いくつか文例を出して考えさせるとよい。

本時案

しらせたいな、見せたいな

6/10

本時の目標

・短冊カードを伝えたい順序に並び替えて、語と語や文と文との続き方を確かめながら文章に書くことができる。

本時の主な評価

❸短冊カードを伝えたい順序に並び替えて、語と語や文と文との続き方を確かめながら文章を書いている。【思・判・表】

資料等の準備

・色分けした短冊カード　02–02

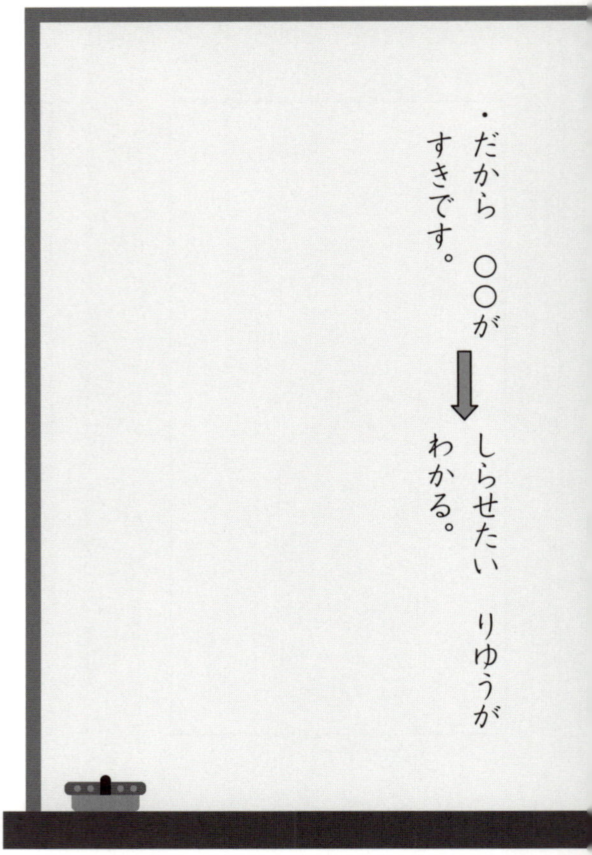
・だから　○○が
すきです。
しらせたい　りゆうが
わかる。

授業の流れ ▷▷▷

1 短冊カードを並び替えて、自分が書く文章の構成を考える〈10分〉

○前時の学習を振り返り、文章の構成を確かめる。

T　家の人によく伝わるには、どの順番で書いたらよいかを考えて、短冊を並び替えましょう。順序を決めたら、短冊に番号を振りましょう。並び替えたら一度自分で読んでみましょう。

2 始めと終わりに書く文を考える〈15分〉

T　「はじめ」にはどんなことを書くかを考えて短冊に書きましょう。

・学校探検で理科室に行きました。

・学校で飼っているうさぎのことを知らせます。

T　最後に話をまとめるときはどのように書きますか。

・「かわいいので、ぜひ見に来てください」と書きたいです。

・「こういうところが好きです」と知らせたい理由を書きます。

しらせたいな、見せたいな

たんざくカードを　ならびかえて、文しょうを　かこう。

1 たんざくカードを　ならびかえる。

①めは、まるくて　くろいです。

②はなの　まわりには、ながい　けが　はえて　います。

実際に短冊を動かしながら説明する。

2 はじめと　おわりの　文を　かんがえよう。

（はじめ）

・学校に　ハムスターが　います。

・おちばを　ひろいに　いきました。

・学校たんけんで、りかしつを　見に　いきました。

しょうかい

おもいで

（おわり）

・ぜひ　見に　きて　ください。

↓ 見に　いきたく　なる。

3 順序を決めた短冊カードを見て、文章にまとめる 〈20分〉

T　短冊カードを書く順番に並べ、「はじめ」と「おわり」を入れて読み、友達に聞いてもらいましょう。付け足すところがあれば、付け足してから、ノートに文章を書きましょう。

・最後に、「ぜひ一緒に探しましょう」と入れているところがいいと思いました。

・書き出しに、どこで見つけた生き物なのかを入れるといいと思います。

T　読む人が読みやすいように、丁寧に正しく書きましょう。

○短冊カードを見ながらそのまま書き写すことで、文章がまとまるようにできる。出し合った「はじめ」と「おわり」の例文を黒板に掲示しておくとよい。

よりよい授業へのステップアップ

順序の工夫

本時では文章を書くときに順序が大切であることを学習する。これまで学習してきた文章などを振り返り、伝えたいことによって順序を変えられることに気付かせたい。決めた順序の理由を交流してもよい。

書き出しの工夫

書き出しがあるのとないのとでは、読み手に与える印象も変わることを押さえたい。いくつか文例を出して考えさせるとよい。

本時案

しらせたいな、見せたいな　7・8/10

本時の目標

・書いた文章を読み返し、間違いを正したり、文のつながりを確かめたりすることができる。

本時の主な評価

❸書いた文章を読み返し、間違いを正したり、文のつながりを確かめたりしている。【思・判・表】

資料等の準備

・色分けした短冊カード　02–02

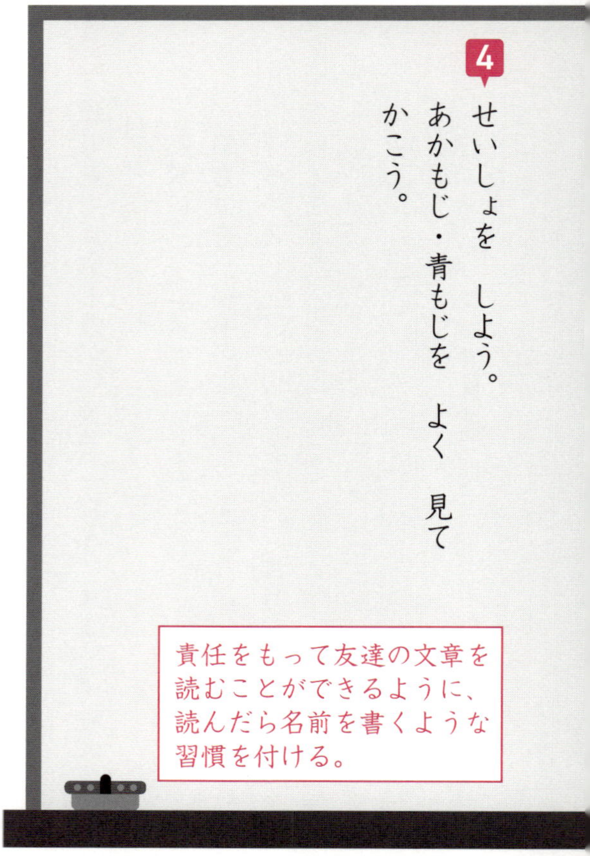
4
せいしょを　しよう。
あかもじ・青もじを　よく　見て
かこう。
責任をもって友達の文章を読むことができるように、読んだら名前を書くような習慣を付ける。

授業の流れ ▷▷▷

1 文章を見直すときのポイントを考える　〈第 7 時〉

T　見直すときにどんなところを確認するとよいですか。

・文の終わりに丸がついているかです。

・点を付けたほうが読みやすいところはあるかです。

・「は」「を」「へ」の使い方が正しくできているかです。

・段落が分けて書いてあるかです。

2 声に出して読み返し、間違いを正したり、よりよく伝わるように直したりする　〈第 7 時〉

T　ノートに書いた文章を声に出して読み返しましょう。

　教科書20ページを見ながら、読み返して確認できたものに丸をしましょう。間違いがあったら赤色鉛筆で正しましょう。

○読み返した数をレ点や正の字で書くなど、視覚的に分かるようにして、読み返す習慣を付けるようにする。

○間違いも学びになるので、消さずに赤色鉛筆で直すようにする。

しらせたいな、見せたいな

かいた 文しょうを よみかえして
まちがいを なおそう。

1 〈よみかえす ポイント〉
・文の おわりには、まる（。）が
ついて いるか。
・てん（、）を つけた ほうが
よみやすい ところは あるか。
・「は」「を」「へ」を 正しく つかって
いるか。
・だんらくを つけて いるか。

P.20 に書いてあることや、P.19 の例文から考えたことを書く。

2 こえに だして よみかえしましょう。
↓ まちがいに きづきやすい。
よんだら きょうかしょに チェックしよう。（レ）
☆まちがいは あかで なおす。

3 ペアで よみあいましょう。
よんだら サインを しよう。

3 ペアで交換して読み合い、間違いを正したり、よりよく伝わるように直したりする 〈第８時〉

T 今日は、ペアで書いた文章を交換して読み合いましょう。読み返すポイントにチェックを入れながら、読みましょう。読んだら、読んだ人が分かるようにサインを書きます。

・間違いがあったら直していいですか。

T 間違いがあったら、青色で直してあげましょう。分かりやすかったところも伝えることができたらいいですね。

○書いた文章を友達に読んでもらったり、読んだりすることで、正確に書く意識をもち、読み返す習慣を付けるようにする。

4 清書する 〈第８時〉

T 自分で直した赤字と友達が直してくれた青字を見ながら、正しく書きましょう。心の中で読みながら書くと間違えずに書くことができます。

○実態に応じて、教材提示装置などを使用して、実際に下書きの用紙から本番の用紙にどのように書くのか手本を見せられるとよい。

本時案

しらせたいな、見せたいな　9/10

本時の目標

・書いた文章に対する感想を伝え合い、自分の文章の内容や表現のよいところを見つけることができる。

本時の主な評価

・書いた文章に対する感想を伝え合い、自分の文章や内容の表現のよいところを見つけようとしている。

資料等の準備

・教科書 P.19の拡大
・付箋（カード）の拡大（掲示用）
・付箋（カード）

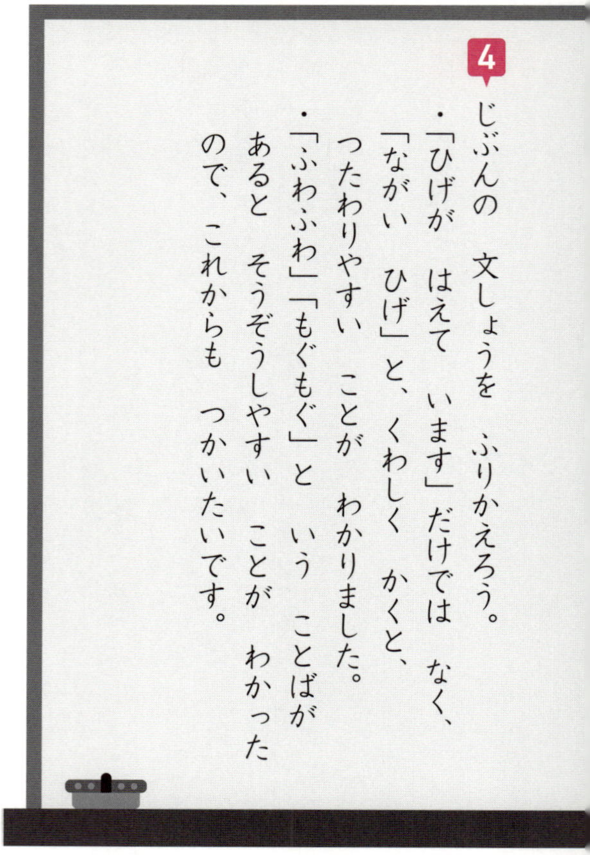
4
じぶんの　文しょうを　ふりかえろう。
・「ひげが　はえて　います」だけでは　なく、
「ながい　ひげ」と、くわしく　かくと、
つたわりやすい　ことが　わかりました。
・「ふわふわ」「もぐもぐ」と　いう　ことばが
あると　そうぞうしやすい　ことが　わかった
ので、これからも　つかいたいです。

授業の流れ ▷▷▷

1 本時のめあてを知る 〈5分〉

T 知らせたいことを文章にまとめることができました。今日は、友達と読み合う予定でしたね。読んだらどうしたいですか。

・ここがいいねって言ってあげます。

T よいところを言ってもらえたら、何が分かりますか。

・ここが伝わるんだなと思えます。

T 自分の書いた文章のよいところを見つけることができるということですね。

T では、今日は友達と読み合って「自分の文章のよいところを見つけよう」がめあてになりますね。

○友達が書いた文章を読むことも、勉強になる。書いたものは先生だけではなく友達と交流できるよさを日頃から実感させておくとよい。

2 例文を基に、よいところの伝え方を考える 〈15分〉

T 「よかったです」「分かりやすかったです」だけだと何がよかったか伝わらないですね。19ページの教科書の文章のよいところを見つけて、どうしていいなと思ったのかノートに書いてみましょう。

・「ふわふわ」という言葉がモルモットを見ていなくても触った感じが分かりやすい。

・「目は真っ黒です」というところがよく見ているなと思いました。

・「ひげが生えています」だけではなくて長いと書いてあるので詳しくていいなと思います。

○友達の文章を読むときに、どのような観点で読めばよいのかを知ったうえで読むことができるようにする。

しらせたいな、見せたいな

1 じぶんの 文しょうの よい ところを 見つけよう。

2 よい ところとは?

教科書 P.19 の文章

子供が挙げたよいところの文章に線を引く。

・「ふわふわ」→そうぞうしやすい。
・めは まっくろ→よく 見て いるな。
・「やわらかい」→さわって みたく なる。

3
むらたさんへ
「ふわふわしていて、とてもやわらかいです。」という「ふわふわ」ということばが、モルモットを見ていなくても、わかりやすくていいなとおもいました。わたしもさわってみたくなりました。
○○より

3 友達の書いた文章を読み合い、よいところを付箋に書く 〈15分〉

T　ペアで文章を交換して読み合いましょう。読み終わったらよいところを付箋に書きます。
　教科書のむらたこうきさんに、みんなが見つけたよいところを付箋に書くと、「むらたさんへ 『ふわふわしていてやわらかいです』という『ふわふわ』ということばがモルモットを見ていなくてもわかりやすくていいなとおもいました。わたしもさわってみたくなりました。」というように書けますね。

○実態に応じて、グループにしたり自由に立ち歩いたりして読み合えるようにする。

4 もらった付箋を読み、学習感想を書く 〈10分〉

T　友達と文章を読み合ってみて、どんな、自分の文章のよいところを見つけることができましたか。

・「じぶんのしらないいきもののことをしることができました。」と書いてくれていたので、自分の知らせたいこと、見つけたことを書いてよかったなと思いました。
・細かく観察して書くと伝わりやすくなるんだなと思ったので、これからも詳しく書けるようにしたいです。
・おうちの人にも読んでもらって感想をもらいたいです。

○文章にして伝えるよさを子供の言葉から価値付けたい。

本時案

しらせたいな、見せたいな 10/10

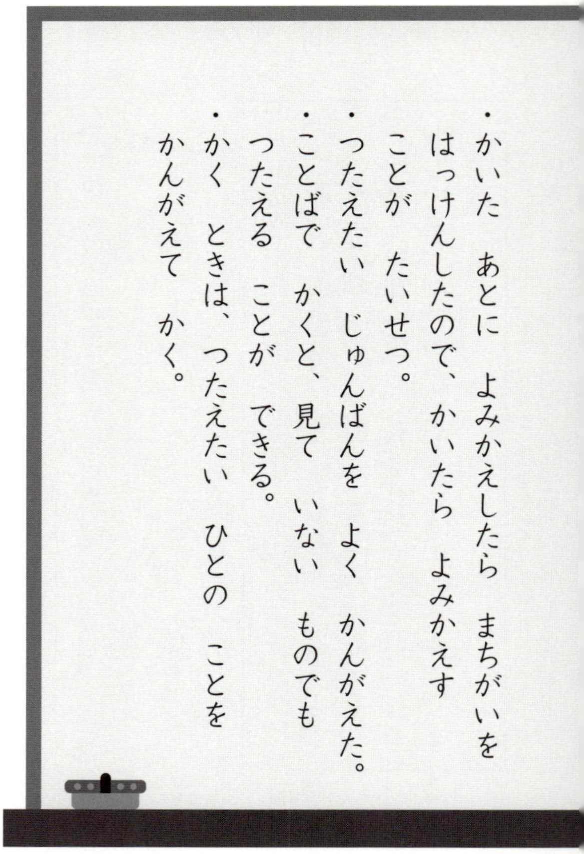

・かいた　あとに　よみかえしたら　まちがいを
はっけんしたので、かいたら　よみかえす
ことが　たいせつ。
・つたえたい　じゅんばんを　よく　かんがえた。
・ことばで　かくと、見て　いない　ものでも
つたえる　ことが　できる。
・かく　ときは、つたえたい　ひとの　ことを
かんがえて　かく。

本時の目標

・家の人に読んでもらった感想を受けて、学習を振り返ることで、言葉には事物の内容を表す働きや経験したことを伝える働きがあることに気付くことができる。

本時の主な評価

❶家の人に読んでもらった感想を受けて、学習を振り返ることで、言葉には事物の内容を表す働きや経験したことを伝える働きがあることに気付いている。【知・技】

資料等の準備

・家の人が書いた感想

授業の流れ ▷▷▷

1 家の人に読んでもらった感想を読む〈10分〉

○第９時から少し時間をあけて、全員に感想が届いてから、第10時に入る。

T　みんなが一生懸命書いた文章を、家の人が読んで感想を書いてくれました。読んでみましょう。

T　家の人からのもらった感想の中でうれしかったことを発表しましょう。

・「学校で飼っているカメを見たことがなかったけれど、文章を読んだら想像がついて、実際に見てみたいと思いました」と書かれていてうれしかったです。

2 家の人が書いてくれた感想から、書くことのよさ、書くときに大切なことを考える〈25分〉

T　家の人が書いてくれた感想を読んで、書いてよかったなと思うことや、書くときに大切だなと思ったことはありますか。ノートに書きましょう。書いたら発表しましょう。

・「じゅんばんにかいてあってわかりやすかったです」と書いてあったので、これから文章を書くときにも気を付けたいと思いました。

・詳しく書くと、伝わりやすいから、「ふわふわ」とか「もぐもぐ」という言葉をたくさん知りたいです。

○実態に応じて、どういうことを考えればよいかが分かるよう数人を先に発表させたり、一例をみんなで考えたりしてから個人で書かせるとよい。

しらせたいな、見せたいな

学しゅうを　ふりかえり、かく　ことの
よさを　かんがえよう。

1
☆かく　ときに　たいせつな　こと

2
・「じゅんばんに　かいて　あって
　わかりやすかった。」

⇦
文しょうを　かく　ときにも　じゅんばんに
きを　つけたい。

・くわしく　かくと、つたわりやすい。

⇦
「ふわふわ」とか「もぐもぐ」と　いう　ことばを
たくさん　しりたい。

書くときのポイントをもう一度確認して、付け足してもよい。模造紙などに書き、教室に掲示しておくと、また書くときの参考になる。

3
たんげんを　ふりかえって

3 単元の学習を振り返り、感想を書く〈10分〉

T　一生懸命、書いた文章が家の人にきちんと伝わりましたね。話すことで伝えるだけではなく、書いて伝えることにもよいところがありました。学習を振り返っての感想や頑張ったところをノートに書きましょう。

・一度書いた後に読み返したら、間違いを発見したので、書いたら読み返すことが大切だと思いました。
・伝える順番をよく考えました。知らせたいことを言葉で伝えられることが分かりました。

○文章を書くときに気を付けたポイントは、読み手の人によりよく伝えるためであることに気付かせる。

よりよい授業へのステップアップ

感想をもらえるようにする工夫

保護者に感想を書いてもらうために、あらかじめ感想用紙を複数枚渡して依頼したり、保護者会の時間などを活用して様々な人に読んでもらったりして、感想をもらえるようにする。

書いたことが相手にしっかりと伝わった経験や書いてよかったなという成就感を味わわせたい。その思いがまた書いてみようという意欲につながり、書くことが好きな子供を育てることにつながる。

資料

1 第2時資料　ワークシート 02-01

ワークシート

ねん　くみ　なまえ(　　　　　　　　)

☆よく 見て えを かこう。

2 第４〜８時資料　短冊カード 02-02

たんざくカード

ねん　くみ　なまえ（　　　　　　　）

まちがいを　なおそう　（2時間扱い）

〔知識及び技能〕(1)ウ〔思考力、判断力、表現力等〕B(1)エ

単元の目標

・書いた文章を読み返したり、間違いを正しく直したりすることができる。

評価規準

知識・技能	❶助詞の「は」「へ」「を」の使い方を理解し、文章の中で使っている。（〔知識及び技能〕(1)ウ）
思考・判断・表現	❷「書くこと」において、文章を読み返す習慣を付けるとともに、間違いを正したり、語と語や文の続き方を確かめたりする。（〔思考力、判断力、表現力等〕B(1)エ）
主体的に学習に取り組む態度	❸進んで表記の間違いを探し、学習課題に沿って、助詞を使った文章を正しく書こうとしている。

単元の流れ

時	主な学習活動	評価
1	学習の見通しをもつ 普段書いている文章の中での間違い例を自分の作文あるいは日記を読み返して見つけ、発表する。 教材文を読み、間違いを直す。 正しい文章をプリントに写す。 写した文章を音読する。	❶ ❷
2	最近あったことを思い出して簡単な文章を書く。 自分が書いた文章を読み直し、間違いがあれば直す。（赤鉛筆で修正） 学習を振り返る 友達と交換し読み合う。間違いがあれば付箋をつけて直す。	❷ ❸

授業づくりのポイント

〈単元で育てたい資質・能力〉

本単元のねらいは、書いた文章を読み返し、間違いなどに気付き修正する習慣を付けることである。このような推敲の力を付けるためには日常的に書いた文章を音読したり、丁寧に読み返したりする経験の積み重ねが必要になる。

本単元では、まず、助詞「は・を・へ」を正しく使用していない小作文を題材に、間違いを見つけ正しく直す。その後、自分で文章を書いて読み返し、さらに友達と読み合うことを通して、文章を完成させる。この2つの活動を通して、読み直すことの大切さを感じることができ、他者に読んでもらうことによって自分が気付かなかった点を補ってもらえる。こうした経験を通して、自分が書いた文章を慎重に読み返すことの重要性を認識させたい。

具体例

○この時期の子供は、日々の日記指導や行事作文などを通して、文章を書く機会は豊富にあると思われる。しかし、教師の修正はあっても、自分自身で慎重に書いた文章を読み返し、修正した経験は多くはないと思われる。そこで本単元の学習を機会に日々書いた文章を読み返し、自分で修正し完成させる習慣を付けるようにさせたい。

〈教材・題材の特徴〉

日記が題材となっているので、これをきっかけにして、経験したことを書く作文指導や日記指導を始めるのに適した教材である。

具体例

○この教材をきっかけに日常的に、日記指導や作文指導を継続的に行っていくことが必要となる。日記については提出があったその日の返却すること、間違いの修正はもちろん、一言でもよいので必ずコメントを入れることが子供の励みにつながる。

○ここでの学習だけに止まらず、日頃から視写や聴写の活動を行い、(例えば、漢字の小テストなどは聴写で行うなど)注意深く文章を書くことを習慣化させたい。

〈言語活動の工夫〉

本単元では日記文から間違いを見つけ修正する活動から始め、次に自分の書いた文章を推敲する活動を行う。そのうえで友達同士で文章を読み合う時間を設定する。子供は、自分の文章については読み飛ばしてしまうことがままあるが、友達の文章は注意深く読もうとする。その経験を通して、自分の書いた文章も慎重に読み返すことが大切であることに気付かせたい。

具体例

○文章を自分自身で推敲するとともに、友達と交換して読み合う活動も行うので、互いに認め合える日頃の学級づくりも重要となる。

○書いた文章を音読する習慣ももちろん大切である、音読カードなどで保護者の協力を得つつ継続的に取り組めるようにしたい。

本時案

まちがいを なおそう　1/2

本時の目標

・普段書いている自分の日記や作文の中から間違いを見つけることができる。
・音読することで文章の間違いに気付き、正しく書き直すことができる。

本時の主な評価

❶助詞「は」「へ」「を」の使い方を理解し、文章の中で使うことができる。【知・技】
❷文章を読み直す習慣をつけるとともに、間違いを正したり、語と語や文と文との続き方を確かめたりする。【思・判・表】
・語のまとまりや言葉の響きなどに気を付けて音読している。

資料等の準備

・教科書 P.21の拡大コピー

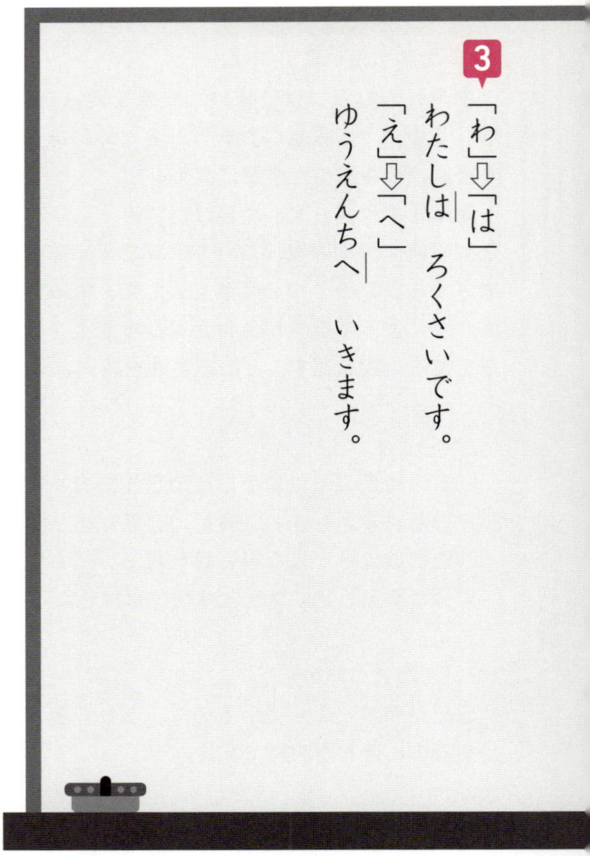
3
「わ」⇩「は」
わたしは　ろくさいです。
「え」⇩「へ」
ゆうえんちへ　いきます。

授業の流れ ▷▷▷

1 教材文の日記を読み、間違っている文字を直す〈15分〉

T　教科書を見てください。このような文章を「日記」と言います。
○教師が範読し、その後連れ読み、そして2人ほど指名して音読させる。
T　どうでしたか、何か気付きましたか。
・「は」と書くところが「わ」になっているところがあります。
・「を」が「お」になっているところがあります。
○子供に発表させ、黒板に掲示した拡大したプリントに赤字で修正していく。

2 直した文章を試写して音読する〈15分〉

T　みんなの力で正しい文章に直すことができました。プリントに正しくなった文章を写しましょう。
T　それでは、正しく書き直せた文章を音読しましょう。
○「は」は、「わ」と同じ発音だが、「を」については「wo」と発音することを注意したい。

まちがいを　なおそう

文の　なかの　まちがいを　正しく
なおそう。

1

教科書
P.21の教材文

あきの　ものお　～あきの　ものを
こうえんえ　～こうえんへ
おちばお　～おちばを
いろわ　～いろは

教材文コピーの横に、赤で直しを入れる。

2

（みんなの　文しょうの　なかの　まちがいは?）
①わたしは、の「は」を「わ」と　かいて　いる。
②えんぴつを、の「を」を「お」と　かいて　いる。
③学校へ、の「へ」を「え」と　かいて　いる。

3 自分の書いた文章を書き直す〈15分〉

T　みんなの書いたものは、先生が読んで間違いを直していますが、今日は、今まで勉強したことを生かして自分で読んで直してみましょう。まずは声に出して読みましょう。

T　何か間違いに気付きましたか。

・「わたしは」の「は」を「わ」と書いていました。
・「えんぴつを」の「を」を「お」と書いていました。
・「学校へ」の「へ」を「え」と書いていました。

○ここでは、日記など簡単な文章があればそれを用い、その他の生活科のカードや日々の学習感想を用いることも考えられる。

○第２時のために、最近の出来事の中から簡単な文章を書くことを課題として出しておく。

よりよい授業へのステップアップ

読み直す習慣付けのための工夫

助詞「は」「を」「へ」についてはなかなか間違いが直らない子供も少なくない。日常的に作文を書いた後は自分で読み直す習慣を付けさせたい。日記指導では、自分で読み直した印を文章の末尾や紙面上に付けさせるなどの手立てをしたい。

本時案

まちがいを なおそう

2/2

本時の目標

・書いた文を読み返し、正しく直すことができる。
・助詞「は」「へ」「を」を正しく使って文を書くことができる。

本時の主な評価

❷文章を読み返す習慣を付けるとともに、間違いを正したり、語と語や文の書き方を確かめたりしている【思・判・表】
❸助詞の使い方を理解し、積極的に文章を書こうとしている。【態度】

資料等の準備

・赤で修正した教科書 P.21のコピー

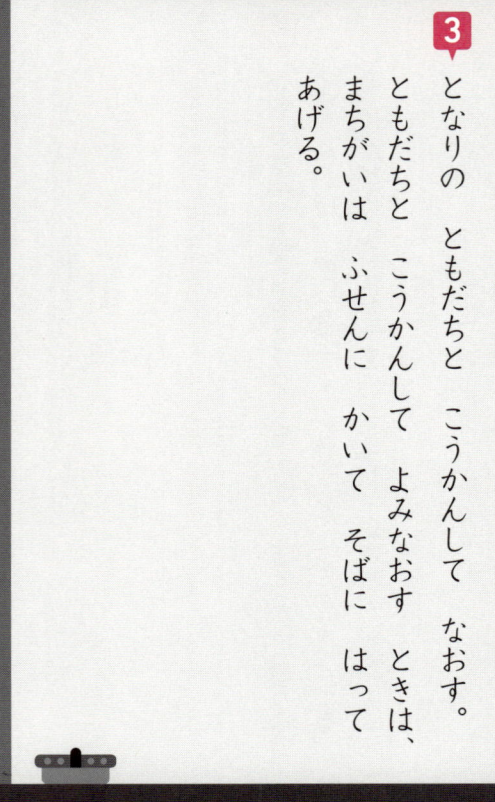

3
となりの　ともだちと　こうかんして　なおす。
ともだちと　こうかんして　よみなおす　ときは、
まちがいは　ふせんに　かいて　そばに　はって
あげる。

授業の流れ ▷▷▷

1 自分の書いた作文を読んで、間違っているところがないか読み返す 〈5分〉

T　今日は書いてきた文章をまず自分で読み返しましょう。その後で友達と読み合って直しがあれば直していきます。
　気を付けるところは黒板に貼ってあるように、「は」「を」「へ」が正しく使えているかです。

2 自分の書いた文章を修正する 〈30分〉

T　赤鉛筆を持って、自分の書いた作文を読み返しましょう。自分が書いた文章でも一字一字しっかり見直しましょう。間違いがあったら消さずに赤鉛筆で直しましょう。指で書いた文字の横を押さえながら確かめましょう。
T　注意するのはどんなところですか。
・前に勉強したように「は」「へ」「を」が正しく書けているかです。
T　いいですね。では、まずは「は」、次に「へ」、最後に「を」と三回は読んでいきましょう。
T　他にはありますか。
・文の終わりに「。」があるかです。
○間違いを消さないところがポイント。それによって自分の間違いの傾向をつかめる。

まちがいを　なおそう

文を　ともだちと　よみあって　なおそう。

1 じぶんで　よみなおす。

↓

2 じぶんで　かいた　文しょうを　なおす。

赤で修正済みの教科書P.21のコピー

☆よみなおす　ときの　ポイント

①「わ」と「は」、「お」と「を」、「え」と「へ」が　正しく　かけて　いるか。

②文の　おわりに　「。」が　あるか。

③小さい　「っ」が　ぬけて　いないか。

☆なおす　ときの　きまり

じぶんで　よみなおす　ときは　まちがいを　けさずに　あかえんぴつで　なおす。

3 隣の人と作文を交換して互いに読み合い間違いを直す　〈10分〉

T　自分で読み返してみてどうでしたか。

・自分だと間違いに気付きにくいと思います。

T　では、どうしたら間違いが発見できるでしょうね。

・友達に読んでもらうといいと思います。

T　そうですね。友達に読んでもらうと、自分が気付かなかったところに気付いてもらえると思います。次は隣の友達と交換して読み合いましょう。間違いがあったら付箋に書いて、間違った部分の近くに貼ってあげましょう。

○間違いは悪いことでなく、あくまで文章を完全なものにしていくために直すことを強調して作業に入らせたい。

よりよい授業へのステップアップ

日記指導について

何気ない日常を振り返り、文章にすることは、子供の成長にとって重要である。この教材を機会に、無理のない範囲で日記指導を始めたい。最初は「せんせい　あのね」で始めるのもよい。はじめの頃は「楽しかったこと」が中心になると思うが、進めていくうちに「悲しかったこと」や「悔しかったこと」なども書けるようになっていくとよい。その都度コメントを付けて返却することはもちろんだが、できれば学級便りなどで広く認めてあげることもしたい。

ことばを　たのしもう　（2時間扱い）

〔知識及び技能〕(3)イ

単元の目標

・言葉遊び歌や早口言葉を声に出して楽しく読み、言葉の豊かさに気付くことができる。

評価規準

知識・技能	❶長く親しまれている言葉遊びを通して、言葉の豊かさに気付いている。(〔知識及び技能〕(3)イ)
主体的に学習に取り組む態度	❷進んで気に入った言葉遊び歌や早口言葉を選び、学習課題に沿って、繰り返し声に出そうとしている。

単元の流れ

時	主な学習活動	評価
1	学習の見通しをもつ 言葉遊び歌や早口言葉を音読する。	❶
2	学習を振り返る 気に入った言葉遊び歌や早口言葉を選んで発表する。	❷

授業づくりのポイント

〈単元で育てたい資質・能力〉

言葉遊び歌や、早口言葉を声に出して読み、楽しむ単元である。言葉の響きのおもしろさや発音の楽しさを十分に味わわせたい。濁音・半濁音・促音・長音・拗音などを楽しむことができる。気に入った言葉遊び歌や早口言葉を選んだり発表したりすることを通して、言葉遊びを存分に楽しみたい。

具体例

○早口言葉は、早く唱えることに気が取られがちになってしまう。「リズムに合わせて」「はっきりと」「声をそろえて」「ペアやグループで」などに重点を置くことで、言葉のまとまりや響きなどに気を付けて音読することや、姿勢や口形、発声や発音に気を付けて話すことにつなげたい。

〈教材・題材の特徴〉

言葉遊び歌「ぞうさんの　ぼうし」は、濁音や半濁音の音の楽しさに加えて、意味にもおもしろさがある。「きっと　きって　かって　きて」には促音の楽しさがある。どちらもリズミカルに読むことができるので、声に出して読んで一層楽しめる教材である。早口言葉は、一年生の子供たちでも聞いたことがあるようなものが取り上げられている。言葉遊び歌や早口言葉を大きな声ではっきりと話したり、気に入った言葉遊びや早口言葉を選んで発表したり、友達の発表を聞いたりする活動を通して、言葉のおもしろさや豊かさに気付くことのできる教材である。

具体例

○「ぞうさんの　ぼうし」は、「ぞうさん」が「ざくろの　えだに」「ぶつかって」「でんぐりがえり」をした様子や、ぼうしが「ぽんと　ふっとんだ」様子を想像させ、歌の意味のおもしろさも実感させながら、音読させたい。

○例えば、「なまむぎ　なまごめ　なまたまご」は、一つ一つの言葉に意味がある。早く唱えることばかりではなく、「なまむぎ」／「なまごめ」／「なまたまご」一つ一つの言葉がはっきりと伝わるように言葉の切れ目を意識させ、響きやリズムを感じさせながら音読させたい。

〈言語活動の工夫〉

教材に出てくる言葉遊び歌や早口言葉を、上手に音読するための工夫やこつを子供たちなりに考えさせたい。上手に音読するための工夫やこつをめあてとしてもたせ、本単元の音読だけでなく、これからの音読にもつながるようにしたい。言葉遊び歌や早口言葉は、教科書に挙げられているものだけでなく、子供たちの知っている早口言葉が他にもあれば、取り上げて扱いたい。気に入った言葉遊び歌や早口言葉を選んで、発表する機会を設けることで、音読への意欲をさらに高めたい。

具体例

○言葉遊びや早口言葉の発表については、あらかじめ練習しておいたものを、朝の会や毎時間の国語の学習の初めに行うこともできる。子供の意欲や達成感を高めることを期待して、幼稚園や保育園との交流活動で聞いてもらったり、授業公開で保護者に発表したりすることも考えられる。ペアやグループで声をそろえることを楽しむ発表も考えられるし、個人で気に入ったものを選んだ発表も考えられる。

本時案

ことばを たのしもう

1・2/2

本時の目標

・言葉遊び歌や早口言葉を声に出し楽しく読み、言葉のおもしろさを味わうことができる。

本時の主な評価

❶音節と文字との関係、アクセントによる語の意味の違いなどに気付くとともに、姿勢や口形、発声や発音に注意して話している。【知・技】

❷進んで学習課題に沿って、気に入った言葉遊び歌や早口言葉を選び、繰り返し声に出そうとしている。【態度】

資料等の準備

・「ぞうさんの　ぼうし」「きっときってかってきて」教科書の本文の拡大

・早口言葉を書いた模造紙

・子供に配布する早口言葉の本やプリント

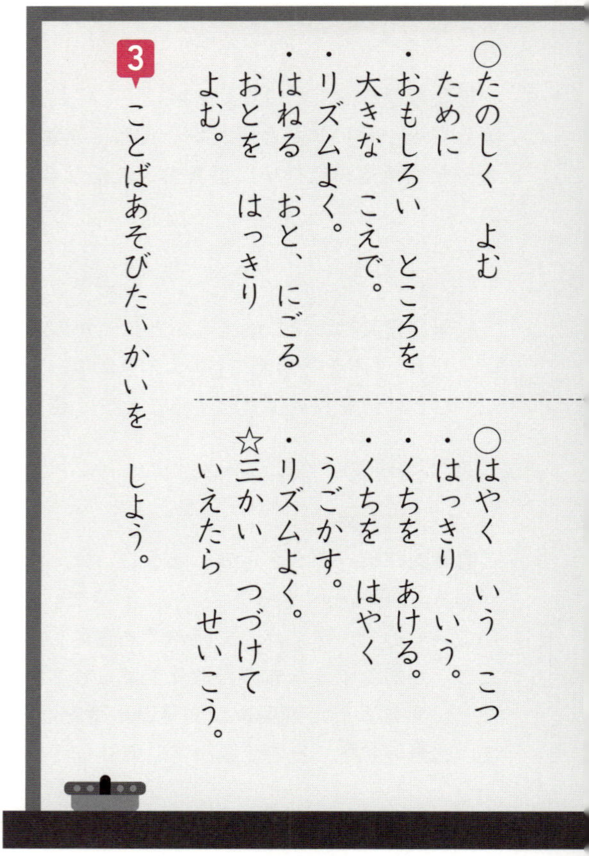

○たのしく　よむ
ために
・おもしろい　ところを
大きな　こえで。
・リズムよく。
・はねる　おと、にごる
おとを　はっきり
よむ。
○はやく　いう　こつ
・はっきり　いう。
・くちを　あける。
・くちを　はやく
うごかす。
・リズムよく。
☆三かい　つづけて
いえたら　せいこう。
3
ことばあそびたいかいを　しよう。

授業の流れ ▷▷▷

1 言葉遊び歌を読む 〈第1時〉

T　ぞうの様子を思い浮かべながら「ぞうさんの　ぼうし」「きっときってかってきて」を音読しましょう。

・ぞうさんの詩は、点々（濁点）がたくさんあります。

・「ざじずぜぞ」「ぞうさん」など、言葉が続いていておもしろいです。

・「きっと　きって…」には、小さい「つ」（促音）の言葉がたくさんあります。

○そうが「ぶつかって」「でんぐりがえり」「ふっとんだ」様子を想像させて楽しく読ませる。

・声の大きさを変えて読んだらおもしろそうです。

2 いろいろな早口ことばを練習する 〈第1時〉

T　早口言葉に挑戦しましょう。

・早く言うのは、なかなか難しいです。

○初めは、口をしっかり開けて、はっきりと言う練習をする。慣れてきたら、スピードを上げて読むように助言する。

T　早口言葉を上手に唱えるためのこつは、何だと思いますか。

・はっきり言う。　・口を大きく開ける。

・口を速く動かす。　・覚えてリズムよく言う。

・覚えてたくさん練習する。

○教科書の他にも子供たちが知っていそうな早口言葉を紹介する。

T　言葉遊び大会に向けて、言葉遊びの音読の工夫を考えたり早口言葉をたくさん唱えたりしましょう。

ことばを　たのしもう

1 ことばあそび

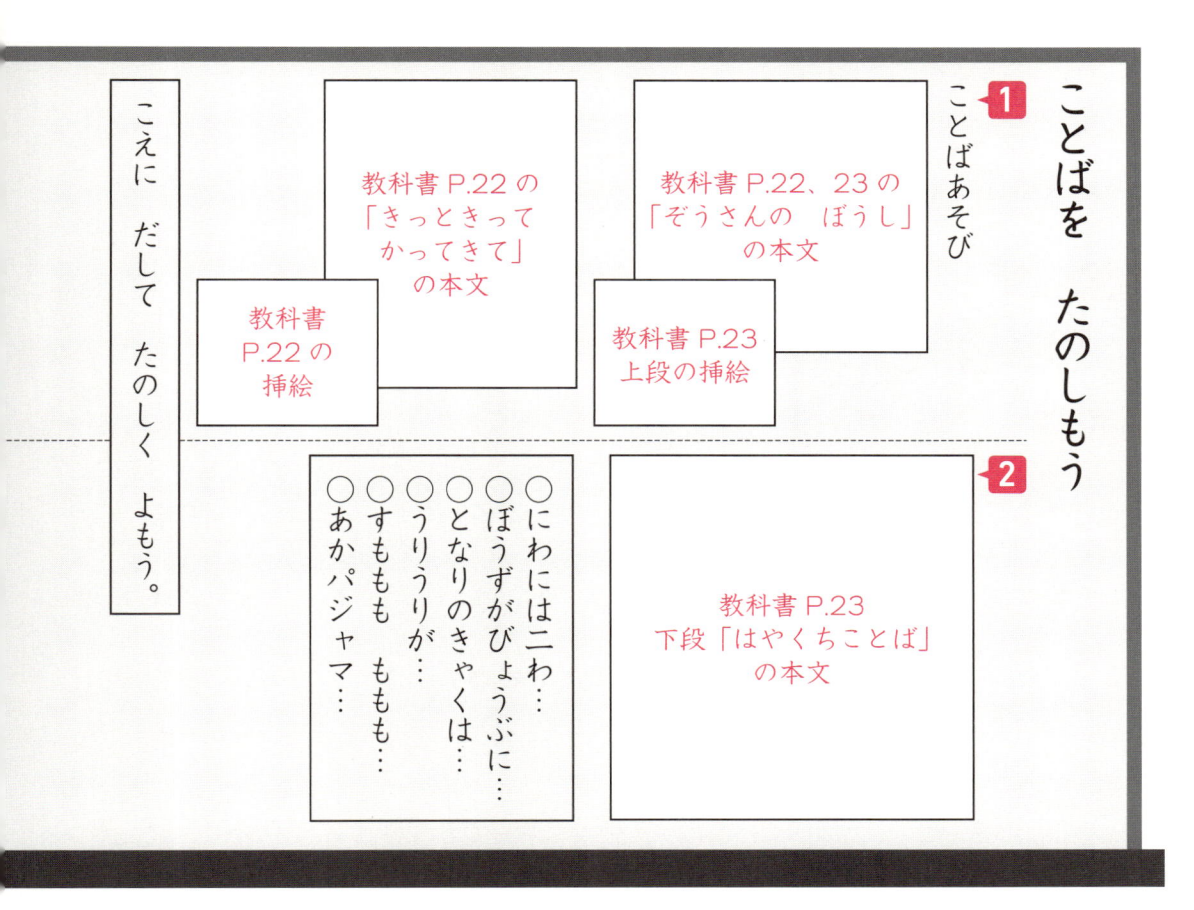

教科書 P.22、23 の「ぞうさんの　ぼうし」の本文

教科書 P.23 上段の挿絵

教科書 P.22 の「きっときって かってきて」の本文

教科書 P.22 の挿絵

こえに　だして　たのしく　よもう。

2

教科書 P.23 下段「はやくちことば」の本文

○にわにはニわ…
○ぼうずがびょうぶに…
○となりのきゃくは…
○うりうりが…
○すもももももも…
○あかパジャマ…

3 気に入った言葉遊び歌や早口言葉を選んで発表する　〈第 2 時〉

T　気に入った言葉遊び歌や早口言葉を言葉遊び大会で発表しましょう。

○学級全員の前で発表したり、小グループで発表したりして、全員に発表の機会をもたせる。

T　最後に「言葉を楽しもう」の学習を振り返りましょう。

・3 つの早口言葉を言えるようになりました。これからも練習したいです。

・自分が早口言葉を唱えるのも、友達の早口言葉を聞くのも楽しかったです。

・○○さんは、ぞうさんの言葉遊び歌のおもしろいところを大きい声で読んで、声の大きさを工夫していました。

よりよい授業へのステップアップ

楽しく学習に取り組むための工夫

1　しかけ

例えば、「3 回続けて早く正しく言えたら成功」、「1 つ早口言葉が成功したら合格」、「3 つ早口言葉が成功したら名人」、「5 つ早口言葉が成功したら達人」に認定するなど、楽しく正しく繰り返したくさん読むためのしかけを設定する。また、言葉遊び大会（発表）の機会を設けることで、意欲的に練習に取り組めるようにする。

2　早口言葉の用意

本やプリントを用意し、様々な早口言葉を紹介する。

かん字の　はなし

6時間扱い

〔知識及び技能〕(1)エ　〔思考力、判断力・表現力等〕　B書くことウ

単元の目標

・漢字について興味をもち、学習した漢字を読んだり書いたりすることができる。
・学習した漢字を使って、短文を書くことができる。

評価規準

知識・技能	❶第一学年に配当されている漢字を読み、漸次書き、文や文章の中で使っている。(〔知識及び技能〕(1)エ)
思考・判断・表現	❷「書くこと」において、語と語の続き方に注意しながら、内容のまとまりが分かるように書き表し方を工夫している。(〔思考力、判断力、表現力等〕Bウ)
主体的に学習に取り組む態度	❸学習課題に沿って、漢字を読んだり書いたりし、学習した漢字を使って進んで文を書こうとしている。

単元の流れ

次	時	主な学習活動	評価
一	1	学習の見通しをもつ 「山」、「水」の漢字の成り立ち、意味、読み方、筆順、画数、使い方などを確かめる。それらの漢字を使った言葉や短い文を書く。	❶
	2	「雨」、「上」、「下」の漢字の成り立ち、意味、読み方、筆順、画数、使い方などを確かめる。それらの漢字を使った言葉や短い文を書く。	
	3	「日」、「火」、「田」の漢字の成り立ち、意味、読み方、筆順、画数、使い方などを確かめる。それらの漢字を使った言葉や短い文を書く。	
	4	「川」、「竹」、「月」の漢字の成り立ち、意味、読み方、筆順、画数、使い方などを確かめる。それらの漢字を使った言葉や短い文を書く。	
二	5	P.26～27の文を読み、絵の部分を、漢字を使って書き直す。既習漢字を使って、短文を作る。	❸
	6	学習を振り返る 漢字の元となった絵を使って短い文を書き、友達同士で絵の部分を漢字に書き直す活動を行う。	❷

授業づくりのポイント

〈単元で育てたい資質・能力〉

本単元のねらいは、漢字の成り立ちを知ることによって、漢字に興味をもち、今後の漢字の学習への期待を高めることである。漢字の成り立ちを知ることは、漢字を見たときに、漢字の意味や読みを推測することにもつながる。そうすることで、漢字が覚えやすくなり、漢字の学習への抵抗感を減らすこともできる。併せて、漢字ドリルや漢字絵本を見てみることで、今後の学習につなげていくようにする。

また、絵と文字が混ざった文作りを通して、楽しく漢字の使い方を習得することを目指す。

具体例

○導入で、「山」の漢字を示し、「これは、あるものの姿からできた漢字です。なんの姿からできた漢字でしょう」と問いかける。すぐに「山」と正解が出ると予想されるので、「どんな形の山ですか」「山がいくつ並んでいますか」など重ねて聞き、山が三つ連なっている姿であることを確認する。次に、「山」の元の絵を示し、山という漢字が、簡単な山の絵から変化して、現在の形になったことを示し、読み方も「やま」と読むことを知らせる。次に出てくる「水」や「雨」も、同様に、何の様子からできた漢字かを問いかけたり、逆に、元の絵のほうを提示して、何という漢字になったかを問いかけたりしてもよい。

○漢字の成り立ちに目を向けて、漢字ドリルや漢字絵本を開き、「この字の成り立ちは何かな」「成り立ちはどうなっていたのだろう」等、子供に問いかける。成り立ちだけでなく、漢字ドリルには、筆順や、読み方など漢字を学ぶうえで必要なことが書かれていることに気付かせ、今後の漢字の学習にドリルの活用を意識付けさせる。

〈言語活動の工夫〉

漢字を絵に置き換えた文章を読んだり、書いたりする。文中の絵を、漢字に書き直す活動は、暗号を解くような気持ちで、楽しんで取り組むことが予想される。また、活動後は、「自分でも、絵の入った文を作ってみたい」という気持ちになる。そこで、今回学習した漢字を絵に置き換えて文を作り絵に入る漢字を、友達に解いてもらう。子供の「やってみたい」という思いを生かした活動をすることが、漢字を使った文を考えることにつながる。友達と互いに解き合うことで、正しく漢字を覚えているか、正しく使っているかを確認することもできる。

具体例

○学習した漢字を使った文をノートに書く。それを、ワークシートに、漢字の部分を空欄にして書き写す。担任は、絵の入ったカードをあらかじめ用意しておく。絵カードは、子供にその場で描かせてもよいし、始めから、絵の印刷してあるカードを渡してもよい。カードは、空欄に、上だけセロハンテープを付けて、めくることができるように貼る。ワークシートが完成したら、周りの友達同士で、ワークシートを交換し合い、自分のノートに問題文と答えを書き写す。終わったら、互いに文を読み上げ、正しく漢字が書けているかを、カードをめくって確認し、ノートに丸を付け合う。文をいくつも作ったり、一文の中に複数の漢字を使った文を作ったりと、意欲的に取り組む子供も出てくると考えられるので、活動時間を十分に確保したい。

本時案

かん字の はなし

1/6

本時の目標

・漢字について興味をもち、学習した漢字を読んだり書いたり、それらの漢字を使った言葉や短い文を書くことができる。

本時の主な評価

❶漢字のでき方について興味をもち、「山」、「水」を正しく読んだり書いたりし、それらの漢字を使った言葉や短い文を書いたりしている。【知・技】

資料等の準備

・教科書 P.24の「山」、「水」の成り立ちを表した絵
・文字黒板

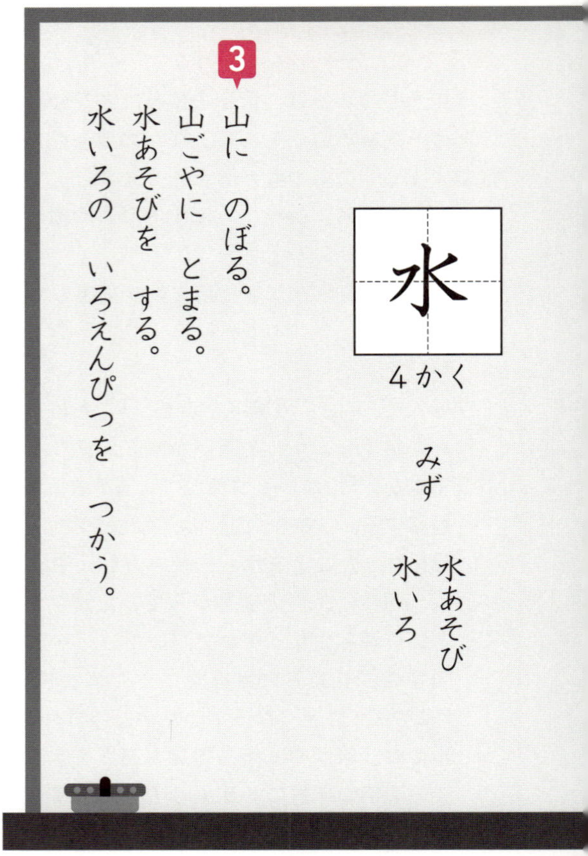

水
4かく
みず
水あそび
水いろ
3
山に のぼる。
山ごやに とまる。
水あそびを する。
水いろの いろえんぴつを つかう。

授業の流れ ▷▷▷

1 「山」と「水」の漢字を見て、何の姿からできた漢字かを予想する 〈15分〉

○最初に漢字を見せ、何の姿からできた漢字かを考えさせ、その姿形を想像させる。

T これは、あるものの姿からできた漢字です。何の姿からできた漢字でしょう。

・三つ並んだ山。
・はねている水。

○「どんな形の山か」「水のどんな様子か」等、重ねて問うことで、山や水の具体的な姿をイメージさせる。

○教科書 P.24を音読し、2つの漢字の成り立ちについて、説明を聞く。

2 「山」、「水」の意味、読み方、筆順、画数、使い方を確かめる 〈20分〉

T 「山」、「水」という漢字を学習しましょう。

○漢字の意味、読み方、筆順、画数、使い方を全体で確認していく。声に出して読み方を確かめたり、指で繰り返し空書きやなぞり書きをしたりして、体で覚えさせるようにする。漢字を学習する際の学習の流れを定着させる。

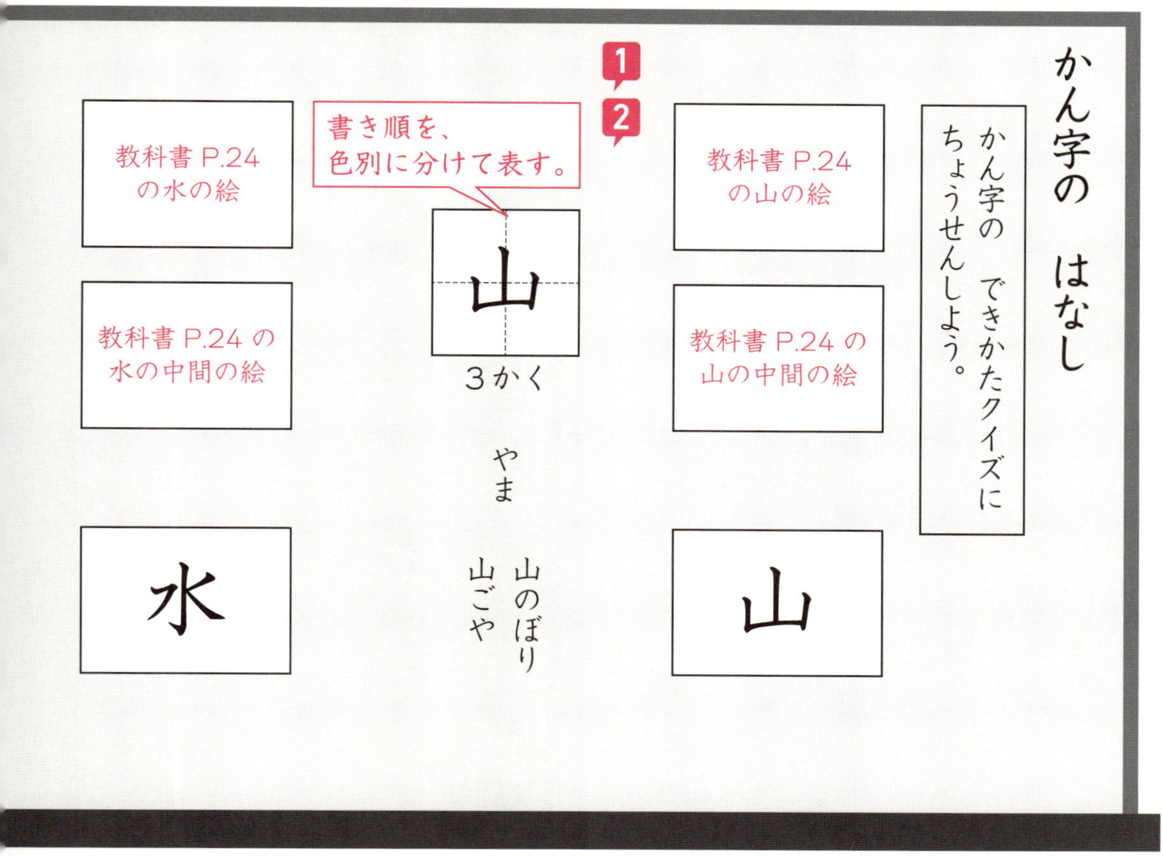
かん字の　はなし
かん字の　できかたクイズに
ちょうせんしよう。
1
2
教科書 P.24
の山の絵
教科書 P.24 の
山の中間の絵
山
書き順を、
色別に分けて表す。
山
3かく
やま
山のぼり
山ごや
教科書 P.24
の水の絵
教科書 P.24 の
水の中間の絵
水

3 「山」、「水」を使って、文を作る〈10分〉

T　「山」、「水」という漢字を使って、文を作ってみましょう。

○ノートに丁寧に書かせる。思いつかない子どもには、板書の言葉を使って、「山でどんなことをしたい？」、「水色のものって何がある かな？」等と対話しながら文を考えさせる。

T　作った文を、発表しましょう。

・山に　のぼる。
・山ごやに　とまる。
・水あそびを　する。
・水いろの　いろえんぴつを　つかう。

よりよい授業へのステップアップ

漢字学習への抵抗感を減らす

漢字を学習することに、抵抗感や不安を抱く子供もいる。そのものの姿や様子からできた漢字があると知ることで、漢字を覚えることへの抵抗感が減る。また、読み方、筆順等も、最初のうちは丁寧に、反復しながら確認することで、漢字の覚え方を定着させていくようにするといいだろう。

本時案

かん字の はなし 2/6

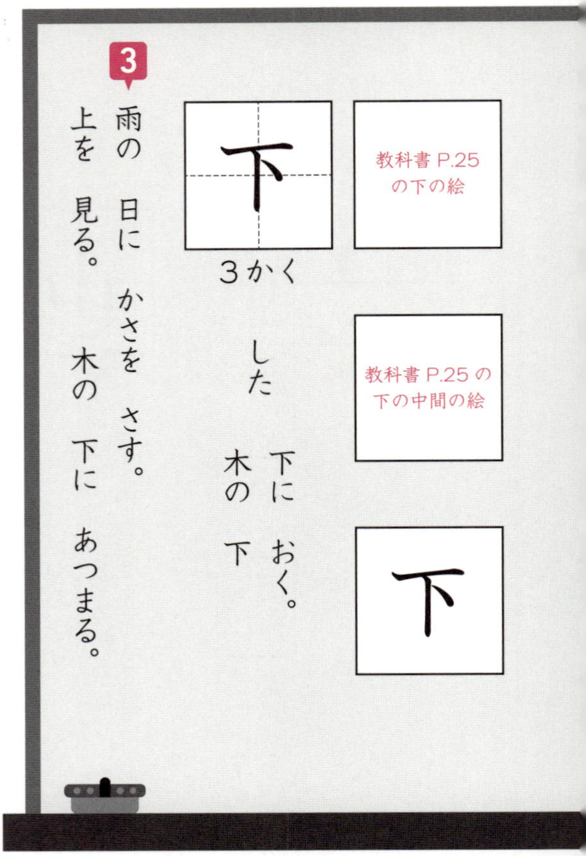
3
教科書 P.25 の下の絵
教科書 P.25 の下の中間の絵
下
下
3かく
した
下に おく。
木の 下
雨の 日に かさを さす。
上を 見る。 木の 下に あつまる。

本時の目標

・漢字について興味をもち、学習した漢字を読んだり書いたり、それらの漢字を使った言葉や短い文を書くことができる。

本時の主な評価

❶漢字のでき方について興味をもち、「雨」、「上」、「下」を正しく読んだり書いたり、それらの漢字を使った言葉や短い文を書いたりしている。【知・技】

資料等の準備

・教科書 P.25の「雨」、「上」、「下」の成り立ちを表した絵
・文字黒板

授業の流れ ▷▷▷

1 「雨」の成り立ちを予想し、「雨」の意味、読み方、筆順、画数、使い方を確かめる 〈15分〉

T これは、あるものの様子からできた漢字です。何からできた漢字でしょう。
・点々が、雨のつぶ。
・上の部分は雲。
○点や縦棒が雨の粒、上の横棒は雲など、全体で元の絵を想像し、教科書の絵と比較してみる。
T 「雨」という漢字を学習しましょう。
○画数が多いので、筆順を丁寧に指導する。3画目の「折れ」や「はね」なども、矢印を付けたり、丸で囲んだりしながら確実に定着させる。

2 「上」や「下」の成り立ちを予想し、意味、読み方、筆順、画数、使い方を確かめる〈20分〉

T 始めは「上」や「下」をどのように表していたと思いますか。
・矢印を上や下に向けて表した。
・上や下に形はないから、分からない。
・自分だったら「上」を空の絵で表す。
○言葉には、形で表せないものも多くあることに気付かせることで、どうやって表したのかという興味を引き出し、表し方のアイディアを子供から出させる。
○教科書の P.25を音読し、3つの漢字の成り立ちについて説明を聞く。
T 「上」と「下」という漢字を学習しましょう。
○筆順を間違えやすいので注意する。漢字ドリルを開き、漢字の成り立ちや読み、筆順等を確認する。

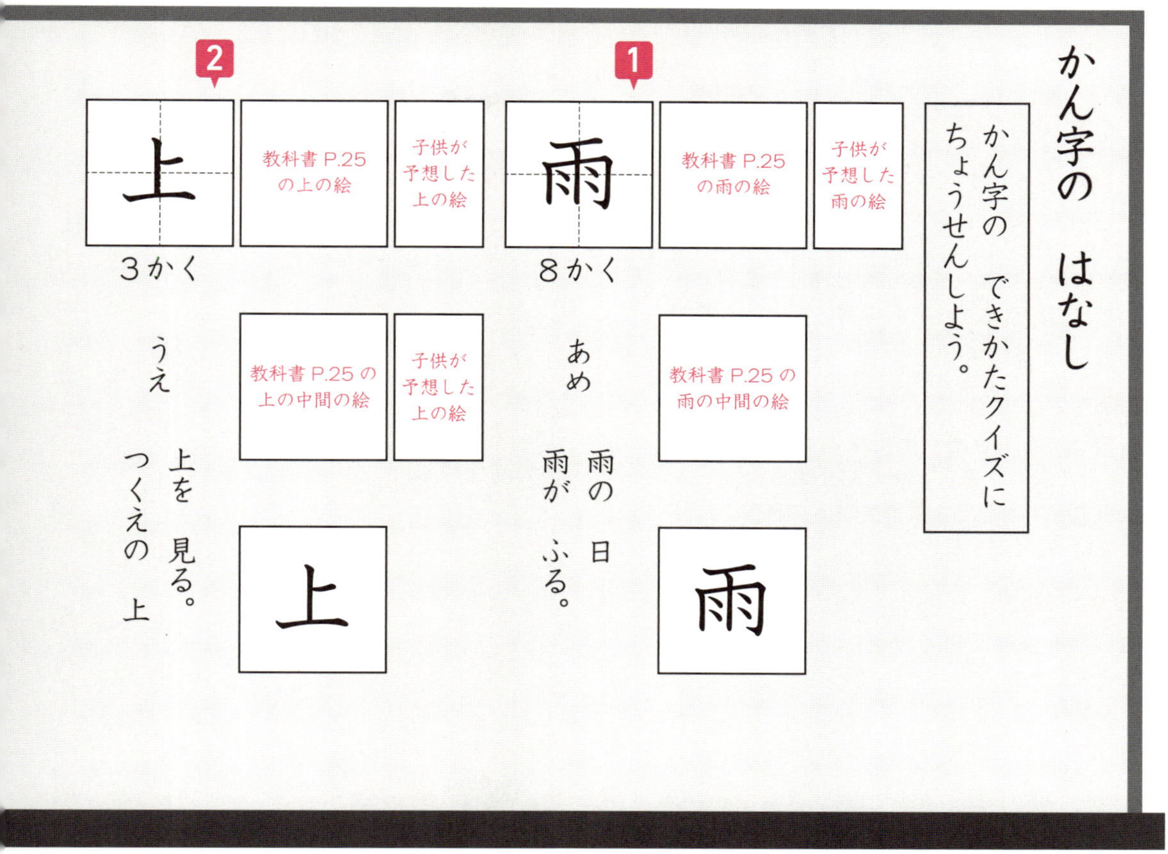

かん字の　はなし
かん字の　できかたクイズに
ちょうせんしよう。
1
子供が予想した雨の絵
教科書 P.25の雨の絵
雨
8かく
あめ
教科書 P.25 の雨の中間の絵
雨の　日
雨が　ふる。
雨
2
子供が予想した上の絵
教科書 P.25の上の絵
上
3かく
うえ
子供が予想した上の絵
教科書 P.25 の上の中間の絵
上を　見る。
つくえの　上
上

3 「雨」、「上」、「下」を使って、文を作る 〈10分〉

T　「雨」、「上」、「下」という漢字を使って、文を作ってみましょう。

T　作った文を、発表しましょう。

・雨の　日に　かさを　さす。

・上を　見る。

・木の　下に　あつまる。

○句点、読点の学習を振り返り、言葉と文の違いを明確にさせて、文を書かせる。

よりよい授業へのステップアップ

想像をふくらませて楽しく定着

雨は、前時同様、様子を表した漢字だが、やや複雑なつくりである。なので、元はどのような絵だったのか、楽しく想像させたい。そして、筆順指導の際、「まずは雲が出てきて……」と想像を生かすことで定着を図りたい。

「上」や「下」は元の絵が想像しにくいので、自分ならどう表すかと問いかけ、知的好奇心が高まったところで実際の成り立ちを知ることで、より深い理解につながると思われる。

本時案

かん字の はなし 3/6

本時の目標

・漢字について興味をもち、学習した漢字を読んだり書いたり、それらの漢字を使った言葉や短い文を書くことができる。

本時の主な評価

❶漢字のでき方について興味をもち、「日」、「火」、「田」を正しく読んだり書いたりし、それらの漢字を使った言葉や短い文を書いたりしている。【知・技】

資料等の準備

・教科書 P.26の「日」、「火」、「田」の成り立ちを表した絵
・文字黒板

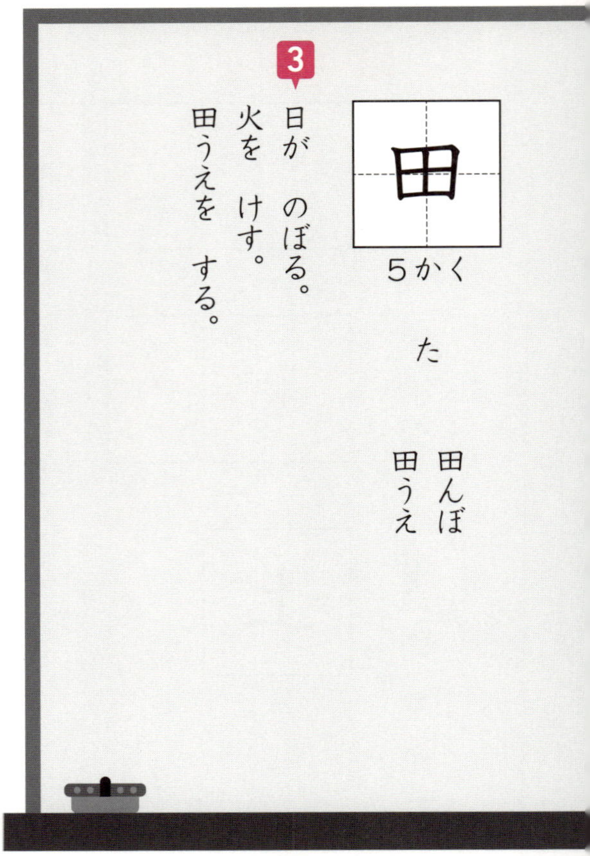

田
5かく
た
田んぼ
田うえ
3
日が　のぼる。
火を　けす。
田うえを　する。

授業の流れ ▷▷▷

1 「日」、「火」、「田」という漢字を見て、何の姿からできた漢字かを予想する〈10分〉

○最初に漢字を見せ、何の姿からできた漢字かを考えさせ、その様子を想像させる。

T　これは、あるものの様子からできた漢字です。何からできた漢字でしょう。

・太陽。
・たき火。
・田んぼの形。

○これまでの流れで、子供も慣れてきているので、あまり時間をかけずに行う。

2 「日」、「火」、「田」の意味、読み方、筆順、画数、使い方を確かめる〈20分〉

T　「日」、「火」、「田」を学習しましょう。

○筆順の後に、画数を子供から出させたり、漢字ドリルで調べたりさせるなど、これまでに定着してきた漢字学習の流れを子供と確かめながら進める。

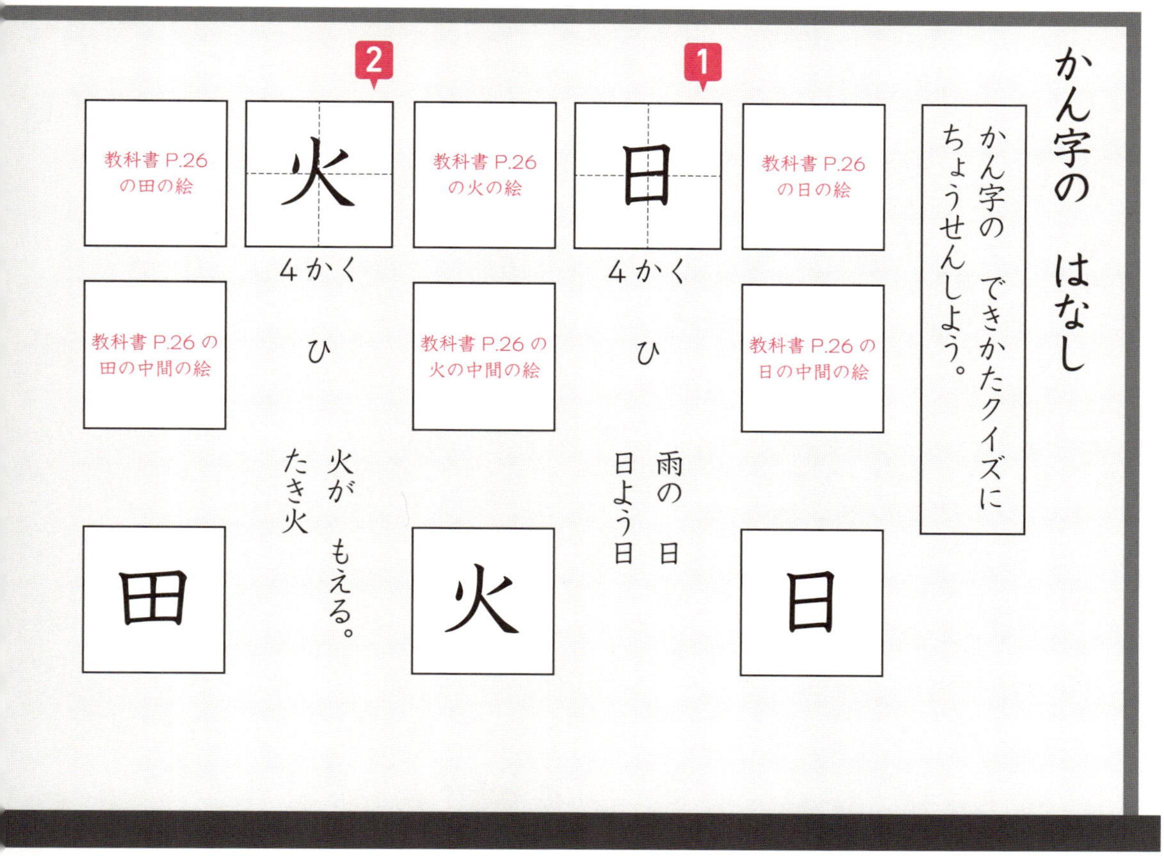
かん字の　はなし
かん字の　できかたクイズに
ちょうせんしよう。
教科書 P.26
の日の絵
1
日
4かく
ひ
雨の　日
日よう日
教科書 P.26 の
日の中間の絵
日
教科書 P.26
の火の絵
2
火
4かく
ひ
火が　もえる。
たき火
教科書 P.26 の
火の中間の絵
火
教科書 P.26
の田の絵
教科書 P.26 の
田の中間の絵
田

3 「日」、「火」、「田」を使って、文を作る 〈15分〉

T 「日」、「火」、「田」という漢字を使って、文を作ってみましょう。

T 作った文を発表しましょう。

・日が　のぼる。

・火を　けす。

・田うえを　する。

○「日よう日」など、学習した読み方以外の言葉が出たら、漢字にはいくつもの読み方があることを押さえる。また、「よう日」や「たき火」などの読み方が、「ひ」ではなく「び」であることを確認し、言葉によっては、にごった読み方をすることがあることを伝える。

よりよい授業へのステップアップ

デジタルコンテンツの活用

漢字学習の確かな定着のために、教科書会社や教材会社から出ているデジタルコンテンツを使うことも効果的である。動きを見て筆順を確かめたり、ゲーム感覚で新出漢字を覚えたりできるものもある。そういったコンテンツを使うことで、子供の意欲を高めたり、学習定着につなげたりすることができる。

本時案

かん字の はなし　4/6

本時の目標

・漢字について興味をもち、学習した漢字を読んだり書いたり、それらの漢字を使った言葉や短い文を書いたりすることができる。

本時の主な評価

❶漢字のでき方について興味をもち、「川」、「竹」、「月」を正しく読んだり書いたり、それらの漢字を使った言葉や短い文を書いたりしている。【知・技】

資料等の準備

・教科書 P.26、27の「川」、「竹」、「月」の成り立ちを表した絵
・文字黒板

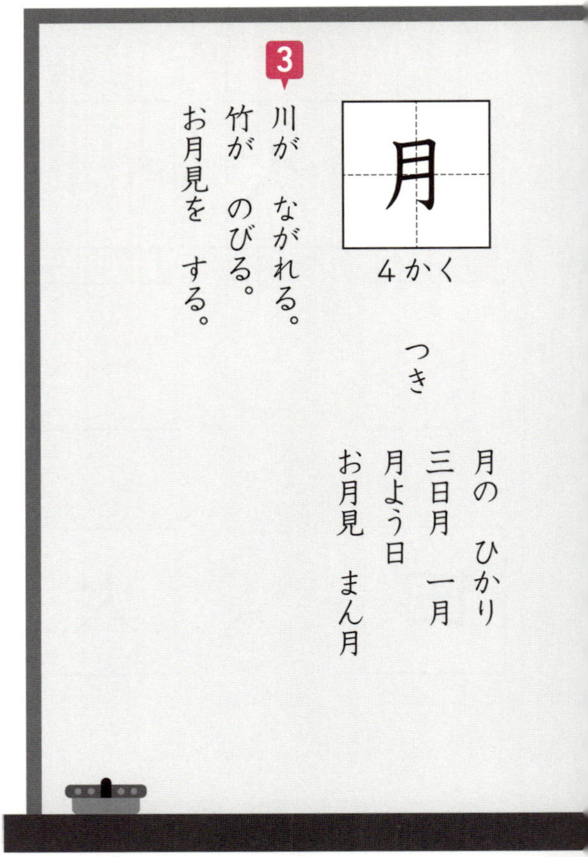

月
4かく
つき
月の ひかり
三日月 一月
月よう日
お月見 まん月
3
川が ながれる。
竹が のびる。
お月見を する。

授業の流れ ▷▷▷

1 「川」、「竹」、「月」という漢字を見て、何の姿からできた漢字かを予想する〈10分〉

○最初に漢字を見せ、何の姿からできた漢字かを考えさせ、その様子を想像させる。

T　これは、あるものの様子からできた漢字です。何からできた漢字でしょう。

・水の流れ。
・植物。
・三日月の形。

○これまでの流れで、子供も慣れてきているので、あまり時間をかけずに行う。

2 「川」、「竹」、「月」の意味、読み方、筆順、画数、使い方を確かめる〈20分〉

T　「川」、「竹」、「月」を学習しましょう。

○読み方、筆順、画数を確認する。

T　筆順を確かめましょう。みんなで、漢字ドリルの文字を、数えながらなぞりましょう。

T　３回で書けたので、川の画数は３画です。

T　「川」を使った言葉にはどのようなものがありますか。

○意見が出ない場合、「川について話してみましょう」と問いかけ、川に関する言葉を拾って板書する。

・大きい川があるよ。←「大きい川」と板書。
・川で遊んだよ。←「川あそびをしたんだね」と熟語に言い替えながら「川あそび」と板書。

○漢字の使い方に重点を置き、出た言葉の意味や使い方を確認することで、語彙が増えていく。

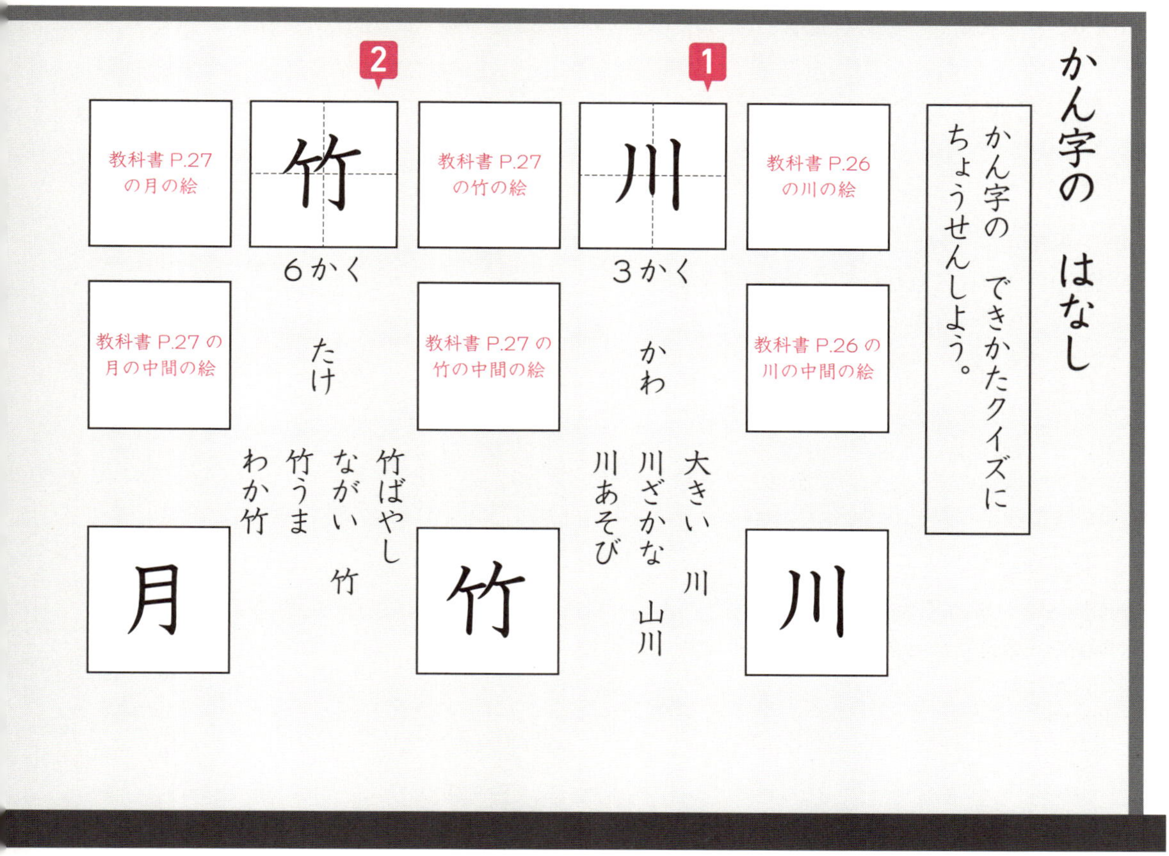
かん字の　はなし
かん字の　できかたクイズに
ちょうせんしよう。
教科書 P.26
の川の絵
教科書 P.26 の
川の中間の絵
川
1
川
3かく
かわ
大きい　川
川ざかな　山川
川あそび
教科書 P.27
の竹の絵
教科書 P.27 の
竹の中間の絵
竹
2
竹
6かく
たけ
竹ばやし
ながい　竹
竹うま
わか竹
教科書 P.27
の月の絵
教科書 P.27 の
月の中間の絵
月

3 「川」、「竹」、「月」を使って、文を作る 〈15分〉

T　「川」、「竹」、「月」を使って、文を作ってみましょう。

・川が　ながれる。
・竹が　のびる。
・お月見を　する。

○すぐに短文を作ることができた子供には、一文の中に二つ以上の漢字を入れたり、長い文を作ったりしよう、など、少しレベルアップした課題を提示する。

よりよい授業へのステップアップ

使い方の学習に重点を置く

漢字の成り立ちについて十分理解できたところで、本格的な新出漢字の学習にシフトしていく。漢字を正確に覚えることはもちろんだが、その漢字を使った言葉を多く知り、自分の語彙として、生活の中で使えることが最も重要になる。そのために、漢字の使い方を学ぶ時間を確保し、子供の語彙を増やしていく。子供から出た言葉を板書するときには、意味も確認する。

本時案

かん字のはなし

5/6

本時の目標

・語と語の続き方に注意しながら、既習漢字を使った短文を書くことができる。

本時の主な評価

❸意欲的に、既習漢字を使って、文を書こうとしている。【態度】

・既習漢字を適切に使った短い文を考え、正確に書いている。

資料等の準備

・教科書 P.26・27の絵の入った文の拡大

・教科書の文を書くワークシート 05-01

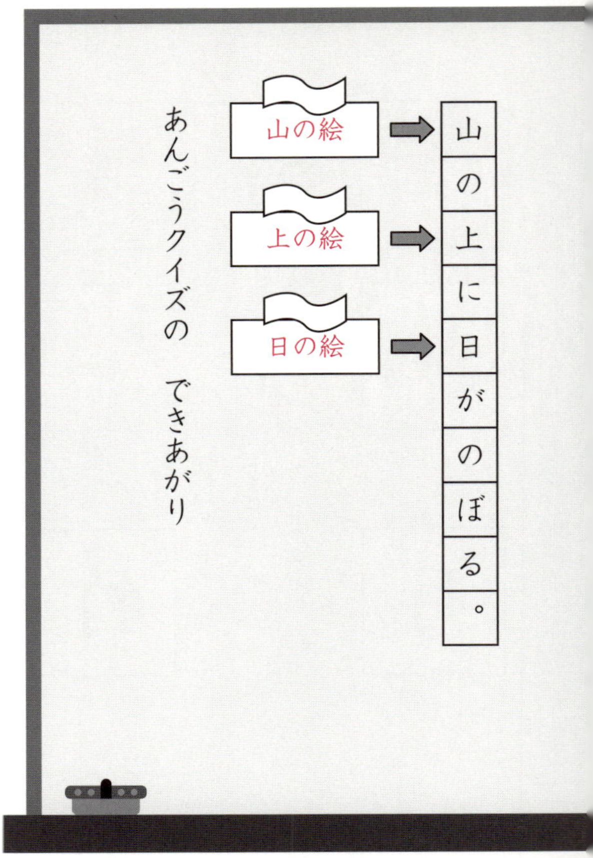
あんごうクイズの　できあがり
山の絵
上の絵
日の絵
山の上に日がのぼる。

授業の流れ ▷▷▷

1 絵の部分に入る漢字を考え、文をワークシートに書き写す 〈10分〉

T　絵の部分には、習った漢字が入ります。正しい漢字を入れて、ワークシートに、文を丁寧に書き写しましょう。

○ノートでもよいが、ます目が大きいので、文の文字数と同じ数のます目入りのワークシートを用意しておくとよい。

2 正誤を確認し、自分で暗号クイズを作る 〈20分〉

○正しく書き込めたかを確かめ、答え合わせをする。

T　最初の文は「山の上に日がのぼる。」です。正しく書けましたか。

T　自分で暗号クイズを作ってみましょう。

○まずは、習った漢字を使って文を作り、ワークシートに文を書く。漢字の部分の上には、絵入りのカードをテープで貼り、めくれるようにしておく。その流れを、実際に前でやって見せる。

かん字の　はなし

1 かん字を　つかって、かきなおしましょう。

教科書 P.26、27 の
上段の文章

2 ならった　かん字を　つかって　文を　つくって　みましょう。

3 友達同士で、問題を出し合う〈15分〉

T　隣の友達と、ワークシートを交換して、問題を解き合いましょう。

○隣同士やグループ、速く完成した子供同士で交換し合うなど、実態に応じて指示を出す。

○友達と交換し合い、それぞれ、答えとなる漢字を、自分のノートに書く。書き終わったら、友達の文を音読して戻す。戻されたらその場で丸付けをして、正誤を伝え合う。

○もっとやりたいという子供の言葉を拾って、次時にも暗号クイズを考えることを伝えて終わる。

よりよい授業へのステップアップ

作業の手順は分かりやすく手短に

本時は、文を書く時間や、友達の問題を解く時間を多く確保したい。そのため、説明時間はできるだけ短くしたい。流れや手順を模造紙等に書いておき、貼るだけにするなど、分かりやすさも心掛けつつ、子供がすぐに次の作業に取り掛かれるように配慮したい。

本時案

かん字の はなし

6/6

本時の目標

・既習漢字を使って短文を作ったり、友達の問題を解いたりする活動に、意欲的に取り組むことができる。

本時の主な評価

❷語と語の続き方に注意しながら、既習漢字を使った文を工夫して書き表している。【思・判・表】
・既習漢字を使って短文を作ったり、友達の問題を解いたりする活動に、意欲的に取り組んでいる。

資料等の準備

・漢字の成り立ちを表した絵カード
・教科書の文を書くワークシート 05-01

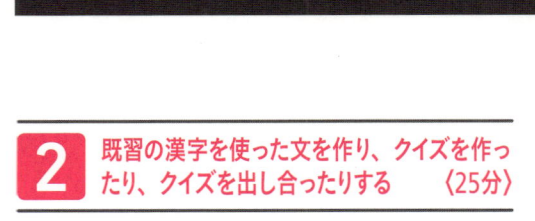

授業の流れ ▷▷▷

1 前時の振り返りをする 〈10分〉

T 暗号クイズの活動はどうでしたか。どんな文を作りましたか。
・もっとクイズを作りたい。
・友達のクイズを解くのが楽しかった。
・１つの文の中に、習った漢字がたくさん入るように考えた。
・１問目と同じ漢字でも、２問目は読み方の違う漢字を使って、クイズを作ったよ。
○暗号クイズの活動の感想を尋ねたり、前時のよい文例を取り上げて紹介したりする。

2 既習の漢字を使った文を作り、クイズを作ったり、クイズを出し合ったりする 〈25分〉

○新しいワークシートを多めに用意しておき、もっと作りたい子は、自由に取りに来て書くことができるようにする。
○隣同士やグループ、速く完成した子供同士でクイズを出し合ったり、教室の後ろのスペースを広めに空けて、そこを交流の場とする等、実態に応じて場や活動方法を考える。

かん字の　はなし

2 ともだちと　あんごうクイズを
ときあおう。

やりかた
一　ともだちと　クイズを
こうかん。
二　文を　ワークシートに
かん字で　かく。
三　こえに　だして　よむ。
四　まるつけ。ちがったら
せいかいを　つたえる。

3 学しゅうの　ふりかえり

・かん字は、かたちや　ようすから
つくられた　ものも　ある。
・かく　じゅんばんが　きまって　いる。
・よみかたは、いくつも　ある。

3 単元の学習を振り返る　〈10分〉

T　クイズに出てきた漢字の成り立ちについて、もう一度確かめましょう。

○教科書の本文を改めて音読し、漢字の成り立ちについて再度確かめる。学習して知ったことや感じたこと等を話し合う。

・漢字を見て、何の形かを想像するのが楽しかった。
・漢字が物の形や様子からできていることを知って、もっとたくさんの漢字を知りたくなった。
・漢字は、書く順番が決まっていることが分かった。
・読み方がいくつもある漢字がある。

よりよい授業へのステップアップ

自発的に子供たちが活動したくなる仕かけ作り

友達とクイズを出し合うことは、子供にとってわくわくする活動である。もっと友達にクイズを解いてもらいたい、もっと友達のクイズを解きたいと思うと、さらに新たなクイズを考えたくなる。そうやって、自然に子供が漢字を使った文作りをしたくなるような環境づくりや、活動時間の保障をしてあげたい。

せつめいする　文しょうを　よもう

じどう車くらべ

（7時間扱い）

〔知識及び技能〕⑵ア〔思考力、判断力、表現力等〕C読むことア、ウ　関連する言語活動例C⑵ア

単元の目標

・じどう車の「しごと」と「つくり」の関係に気を付けて読み、書かれている事柄の順序を考えながら内容の大体を捉えることができる。

評価規準

知識・技能	❶共通、相違、事柄の順序など情報と情報との関係について理解している。（〔知識及び技能〕⑵ア）
思考・判断・表現	❷「読むこと」において、事柄の順序を考えながら、内容の大体を捉えている。（〔思考力、判断力、表現力等〕Cア） ❸「読むこと」において、文章の中の重要な語や文を考えて選び出している。（〔思考力、判断力、表現力等〕Cウ）
主体的に学習に取り組む態度	❹進んで情報と情報との関係を考えながら内容の大体を捉え、学習課題に沿って分かったことを表現しようとしている。

単元の流れ

次	時	主な学習活動	評価
一	1	『じどう車くらべ』を読み、感想を出し合う。 題名と何について書かれた文章かを確かめる。	
	2	学習の見通しをもつ 問いの文、書かれている自動車を確認し、文章の構造を大まかに捉えてから、学習計画を立てる。	❷
二	3	「しごと」と「つくり」の関係を考えながら、バスや乗用車の「しごと」と「つくり」を読み取る。	❷
	4	「しごと」と「つくり」の関係を考えながら、トラックの「しごと」と「つくり」を読み取る。	❸❹
	5	「しごと」と「つくり」の関係を考えながら、クレーン車の「しごと」と「つくり」を読み取る。	❶❹
三	6	「しごと」と「つくり」の関係を意識して、はしご車の「しごと」と「つくり」を考える。	❶
	7	学習を振り返る はしご車の「しごと」と「つくり」をまとめ、単元の学習を振り返る。	❹

授業づくりのポイント

〈単元で育てたい資質・能力〉

本単元のねらいは、事柄の順序を考えながら読み、内容の大体を捉える力を育むことである。

そのためには、何がどのような順序で書かれているか、書かれている事柄と事柄の関係はどうなっているかを理解することが必要となる。

本教材では、「そのために」という言葉の働きを理解することが大切である。比較するそれぞれの自動車の「しごと」と「つくり」を関連付ける重要な言葉である。

具体例

○本教材は、三種類の自動車が「しごと」と「つくり①」「つくり②」という順に説明されている。読み進めながら、三種を比較することで、「同じ順番になっている」と気付くことができる。

○子供は、「そのために」の前が「しごと」後ろが「つくり」と理解することがある。「その」が「しごと」を示す指示語であることを確かめ、何のためにその「つくり」になっているのかを考えながら読むことで、「しごと」のための「つくり」が書かれていることを理解できるようになる。

〈教材・題材の特徴〉

自動車について書かれた1年生、3本目の説明的文章である。はじめに「それぞれの　じどう車は、どんな　しごとを　して　いますか。」、そのために「どんな　つくりに　なって　いますか。」という問いがあり、その答えを探しながら読んでいく。聞きなれない言葉や表現も出てくるので、丁寧に確認したい。

次単元は、自分で自動車を選んで説明する文章を書く学習である。自動車に関する図書資料を読む際に、本単元での学習が生かされる。次単元も見通して、単元の導入の工夫や学習計画の立案をするとよい。

具体例

○座席、荷台、うで、あし等、どの部分を指しているのかを挿絵と対応させて確認するとよい。「〜できるように」「〜しないように」「〜たり〜たり」等の表現は、次の単元でも活用できる。

〈言語活動の工夫〉

子供が自動車の「しごと」や「つくり」を自然と意識できるよう導入を工夫する。他にもあるのだろうか、何のためにそうなっているのだろうかと、子供の知的好奇心を刺激する出合いにしたい。

内容を読み進める際は、挿絵や模型等を活用しながら読み取ったことを説明したり、自分の経験や知識と結び付けて話したりするなど、理解したことを表現する活動も大切にする。「しごと」と「つくり」の関係を理解させるためには、「そのために」の「その」が示すことを考えるとよい。間違い探しをしたり「しごと」に全く関係のない「つくり」が書いてある文章を提示して比較したりすることも有効である。その際、「なぜだめなのか」「なぜよいのか」、理由を考えることが大切となる。

具体例

○間違い探し例：トラックは、にもつをはこぶしごとをしています。そのために、うんてんせきのほかはひろい［ざせき］になっています。［ナンバープレートがみどり］になっています。

①ざせき→にだい（荷台がないと荷物が運べない）

②ナンバープレートは荷物を運ぶためには使わない。

本時案

じどう車くらべ　1/7

本時の目標

・自動車の「しごと」と「つくり」に着目し、今後の学習に対する関心をもつことができる。

本時の主な評価

・自動車の「しごと」や「つくり」に着目して、感想を書こうとしている。

資料等の準備

・走っている自動車を撮影した動画
・絵合わせカード拡大　掲示用
・絵合わせカード　グループ分

3 じどう車くらべ
だい　じどう車くらべ
じどう車の　ことを　せつめいした　文
→「くちばし」「うみの　かくれんぼ」の　なかま
かんそう
○バスの　ざせきが　ひろいのは、しって　いた。
○じどう車の　「つくり」を　くわしく　しりたい。
○どんな　「しごと」を　して　いるのかを　もっと　しりたい。
○じどう車の　「しごと」や　「つくり」を　おしえたい。
○ほかの　じどう車の　ことも　きに　なる。

授業の流れ ▷▷▷

1 じどう車の動画を見て気付いたことを出し合う〈10分〉

○学校の近くの道路を走っている自動車の動画を視聴する。子供は、口々に「バス」「トラック」「ごみ収集車」等とつぶやくので、問いかけて「つくり」や「しごと」に着目させる。

T　どうしてトラックだと分かったのですか。

・荷物を積むところがあるからです。
・後ろに荷物を載せて運びます。

T　自動車の「つくり」で分かったのですね。トラックは、荷物を運んでいるのですか。

・トラックは荷物を運ぶのが仕事です。

T　なるほど、よく知っていますね。

○子供が知っていることを話したくなるように、感心しながら聞くとよい。

T　他に知っている自動車はありますか。

2 じどう車絵合わせカードゲームをする〈10分〉

○「じどう車くらべ」の挿絵の裏に本文を貼ったものを３枚に切り分けて、作成したカードを用意する。文を上にしてカードを並べ、３枚めくって自動車の絵が完成すればもらえる。始めは適当にめくるが、次第に「簡単」「ヒントがある」等と言い始める。

T　簡単という声が聞こえましたが、なぜですか。

・トラックって、書いてあります。
・「そのために」が付いているのが２枚目です。

T　よく気が付きましたね。

○何度かゲームを行うと、カードに書かれている言葉に着目するようになる。気付きを共有して再度行うとよい。

じどう車くらべ

3 「じどう車くらべ」の かんそうを かこう。

「しごと」を赤、「つくり」青チョークで囲む。

1 じどう車のどうが

トラック→にもつを のせる ところが ある。
…つくり
にもつを のせて はこぶ…しごと

ごみしゅうしゅう車→うしろに ごみを いれる。
…つくり
ごみを あつめて はこぶ…しごと

バス →人が のる ところが 大きい。
…つくり

しょうぼう車

2 えあわせゲーム

はっけん
文を よむと わかる。
「その ために」が 2まいめ
「〜の しごとを して います。」

子供の発言の中から、「しごと」と「つくり」「その ために」に関する気付きを板書する。

（おもて）
①教科書 P.29 挿絵
②教科書 P.30 挿絵
③教科書 P.31 挿絵

（うら）
①教科書 P.29 本文
②教科書 P.30 本文
③教科書 P.31 本文

絵合わせカードの拡大版

3 「じどう車くらべ」を読み、感想を出し合う 〈25分〉

○教師が範読し、題名や内容を確認した後、感想を書かせる。感想の視点を示すとよい。

T 感想を書きましょう。「なるほど」と思ったことや「びっくり」したこと、「しりたいな」と思ったことや「どうしてかな」と思ったこと、「やってみたい」ことが書けるとよいですね。

・自動車の「つくり」のことを詳しく知りたいです。
・どんな「しごと」をしているのかをもっと知りたいです。
・自動車に詳しくなりたいです。
・他の自動車の「しごと」や「つくり」を教えたいです。

○時間に余裕がなければ、次時に共有する。

よりよい授業へのステップアップ

身近なものを学習材化する

導入で使用する動画は、子供の生活の中に存在し、身近なものがよい。学校の近くの大通りを走る自動車を撮影したり、子供たちが乗ったことのあるバスやタクシー、仕事をしているところを見たことのあるトラックやごみ収集車等を撮影したりするなど工夫したい。

身近なものを学習材化することで、学習への関心を高めることや、経験と結び付けて理解することができる。日頃から、子供たちを取り巻く環境をリサーチしていくことが大切である。

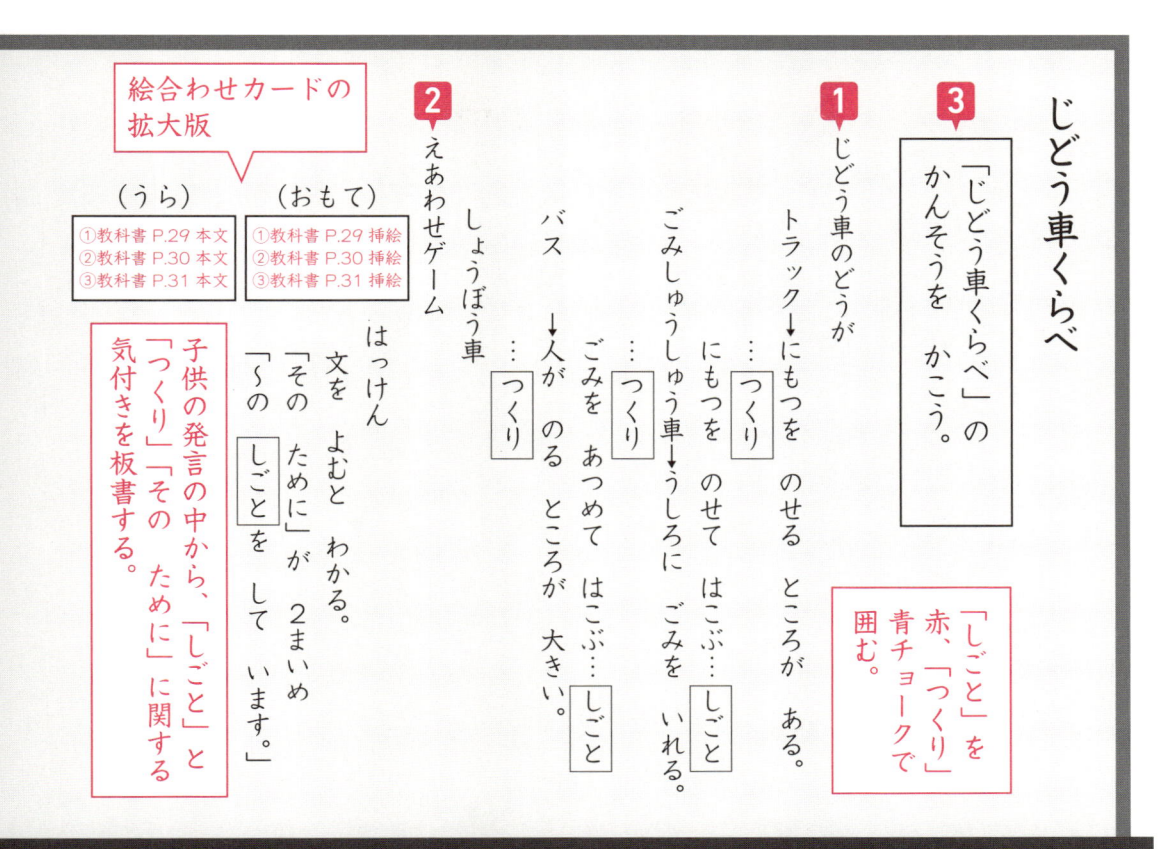

本時案

じどう車くらべ 2/7

本時の目標

・書かれている事柄に気を付けて読み、内容の大体や順序を捉えることができる。

本時の主な評価

❷「読むこと」において、事柄の順序を考えながら、内容の大体を捉えている。【思・判・表】

・「読むこと」において、文章の中の重要な語や文を考えて選び出している。

資料等の準備

・教科書の挿絵３枚
・問いの文の短冊 06-01
・デジタル教科書か、拡大した本文

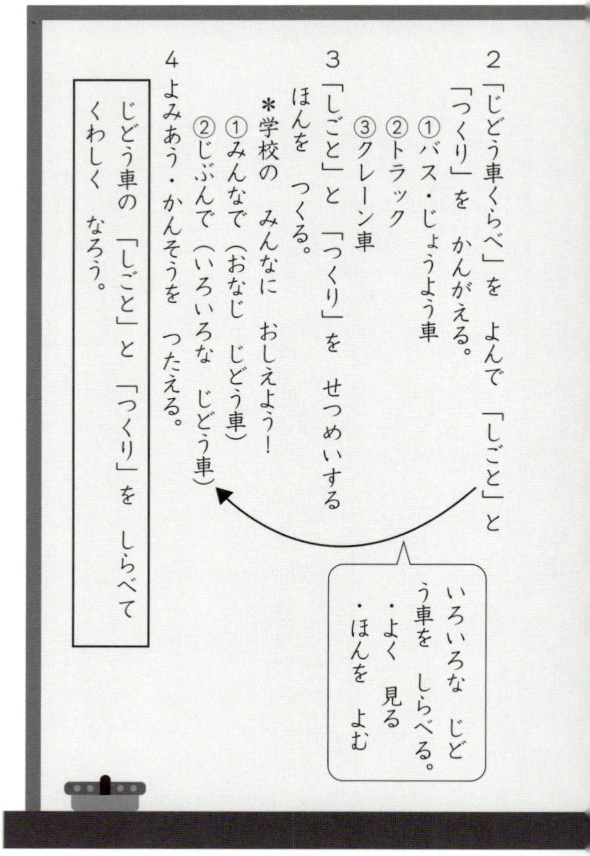

2 「じどう車くらべ」を よんで 「しごと」と
「つくり」を かんがえる。
①バス・じょうよう車
②トラック
③クレーン車
いろいろな じどう車を しらべる。
・よく 見る
・ほんを よむ
3 「しごと」と 「つくり」を せつめいする
ほんを つくる。
＊学校の みんなに おしえよう！
①みんなで（おなじ じどう車）
②じぶんで（いろいろな じどう車）
4 よみあう・かんそうを つたえる。
じどう車の 「しごと」と 「つくり」を しらべて
くわしく なろう。

授業の流れ ▷▷▷

1 題、文種を確認し、問いの文を探す 〈15分〉

○前時の学習を振り返った後、全文を音読し、題と文種を確認する。「問いの文」という用語も確かめるとよい。

T　説明する文章には、○○○○○がありました。何でしょう。

・問いの文です。

T　「じどう車くらべ」の問いの文を探してみましょう。探すときのヒントは、分かりますか。

・聞いている文です。

・最後が「～でしょう。」とか「～ますか。」みたいになっています。

○忘れていることが予想されるため手掛かりを確認後、探させるとよい。見付けたらサイドラインを引かせ、その後全体で確認する。

2 書かれている自動車の種類と順番を確かめる 〈10分〉

T　問いの文に書いてある「それぞれのじどう車」というのは、何のことですか。

・クレーン車です。

・バスです。

・トラックです。

T　どんな順番で書かれていますか。教科書を読んで挿絵を並び替えてみましょう。

○３枚の挿絵を縮小して印刷したものを配布し、順番に並べてノートに貼らせることで、自動車の順序を確認し、文章の構造を大まかに捉えさせる。

じどう車くらべ

せつめいの じゅんばんを たしかめて、学しゅうの けいかくを たてよう。

1 せつめいする 文しょう…くちばし・うみの かくれんぼの なかま

とい の 文…よむ 人に しつもんして いる 文

それぞれの じどう車は、

どんな しごとを して いますか。

その ために、

どんな つくりに なって いますか。

「しごと」を赤、「つくり」青チョーク、「そのために」を緑チョークで囲む。（以下全て同じ）

2 せつめいの じゅんばん

P.29の挿絵（バス・乗用車）　じどう車①　バス　じょうよう車

P.30の挿絵（トラック）　じどう車②　トラック

P.31の挿絵（クレーン車）　じどう車③　クレーン車

子供の発言を整理して板書し、学習計画を整理する。**3**の後半からは次単元になるが、併せて計画しておくと、見通しをもって学習に取り組むことができる。

3 学しゅうけいかく

1 けいかくを たてる。

3 学習計画をたて、本時の学習を振り返る〈20分〉

T 前の時間にはどんな感想を書きましたか。

・自動車の「しごと」のことをもっと知りたい。

・クレーン車の「つくり」をみんなでもっと調べてみたいです。

・いろいろな自動車に詳しくなりたいです。

・自動車のことを教えたいです。

T どうやったら詳しくなれそうですか。

・文を読んで、自動車の「しごと」や「つくり」を調べたらよいと思います。

T なるほど。いろいろな自動車の「しごと」と「つくり」を探したら詳しくなれそうかな。

・はい。

T 詳しく分かったらどうしましょうか。

○子供とやり取りしながら計画を立てる。

よりよい授業へのステップアップ

これまでの学びを活用する

1年生も後半に入り、既習事項も増えてきた。一度学習したことを確かにするためにも、こまめに振り返るようにしたい。

これから学習する文章の種類や問いの文・答えの文等の用語、手掛かりとなる「〜でしょう。」「〜ますか。」等の文末表現を意識できるような問いかけをするとよい。

以前、学習をした際の模造紙や用語等を教室に掲示しておくと、活用して振り返ったり比較して考えたりすることができる。

本時案

じどう車くらべ 3/7

本時の目標

・バスや乗用車について書かれた文章を読み、「しごと」と「つくり」の関係を捉えることができる。

本時の主な評価

❷読むことにおいて、事柄の順序を考えながら、内容の大体を捉えている。【思・判・表】

・「読むこと」において、文章の中の重要な語や文を考えて選び出している。

・進んで「しごと」と「つくり」との関係を考えながら内容の大体を捉え、学習課題に沿って分かったことを表現しようとしている。

資料等の準備

・問いの文の短冊 06-01

・デジタル教科書か、拡大した本文・挿絵

・「しごと」短冊（ピンクの色画用紙）1枚、「その　ために」短冊（黄緑の色画用紙）1枚、「つくり」短冊（水色の画用紙）2枚 06-02

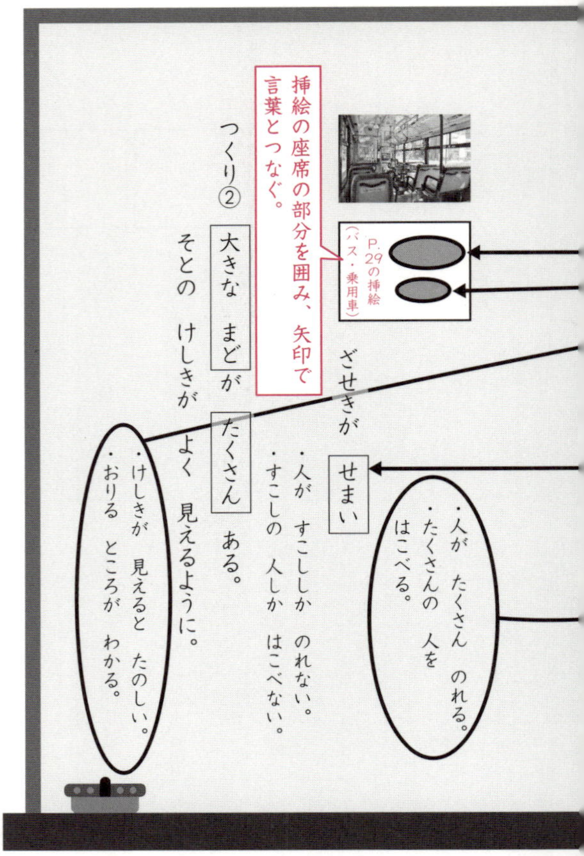

P.29の挿絵（バス・乗用車）
挿絵の座席の部分を囲み、矢印で言葉とつなぐ。
・人が たくさん のれる。
・たくさんの 人を はこべる。
ざせきが せまい
・人が すこししか のれない。
・すこしの 人しか はこべない。
つくり②
大きな まどが たくさん ある。
そとの けしきが よく 見えるように。
・けしきが 見えると たのしい。
・おりる ところが わかる。

授業の流れ ▷▷▷

1 本時のめあてを確認し、知っていることを出し合う 〈10分〉

○学習計画表を掲示し子供が確認できるようにすることで、見通しをもち主体的に学習に取り組む態度の素地を養う。

T　今日は、何をするのでしたか。

・バスや乗用車の「しごと」と「つくり」を考えます。

T　バスや乗用車に乗ったことはありますか。

・この前、○○に行くときにバスに乗りました。降りるときにブザーを押すと止まります。

・生活科見学に行くときにクラス全員32人でバスに乗りました。

○経験を想起させたり、挿絵で乗用車を確認したりする。ここで初めて出合う言葉という子供も多いので挿絵と結び付けて確認したい。

2 バスや乗用車の「しごと」と「つくり」を読み取る 〈15分〉

○音読し、「しごと」は、赤、「つくり」は青等色分けしてサイドラインを引かせてから全体で確認する。色は板書と揃える。

T　「しごと」は、何でしたか。

・「人をのせてはこぶしごと」です。

T　どうして分かりましたか。

・「人をのせてはこぶしごとをしています。」と書いてあるからです。

・「しごと」と書いてあるから分かります。

○拡大した本文を掲示し、子供に示させたり子供の発言を基に書き込みをしたりしながら、どの言葉やどの文から分かったのかを確かめる。

○「つくり」も同様に確認する。

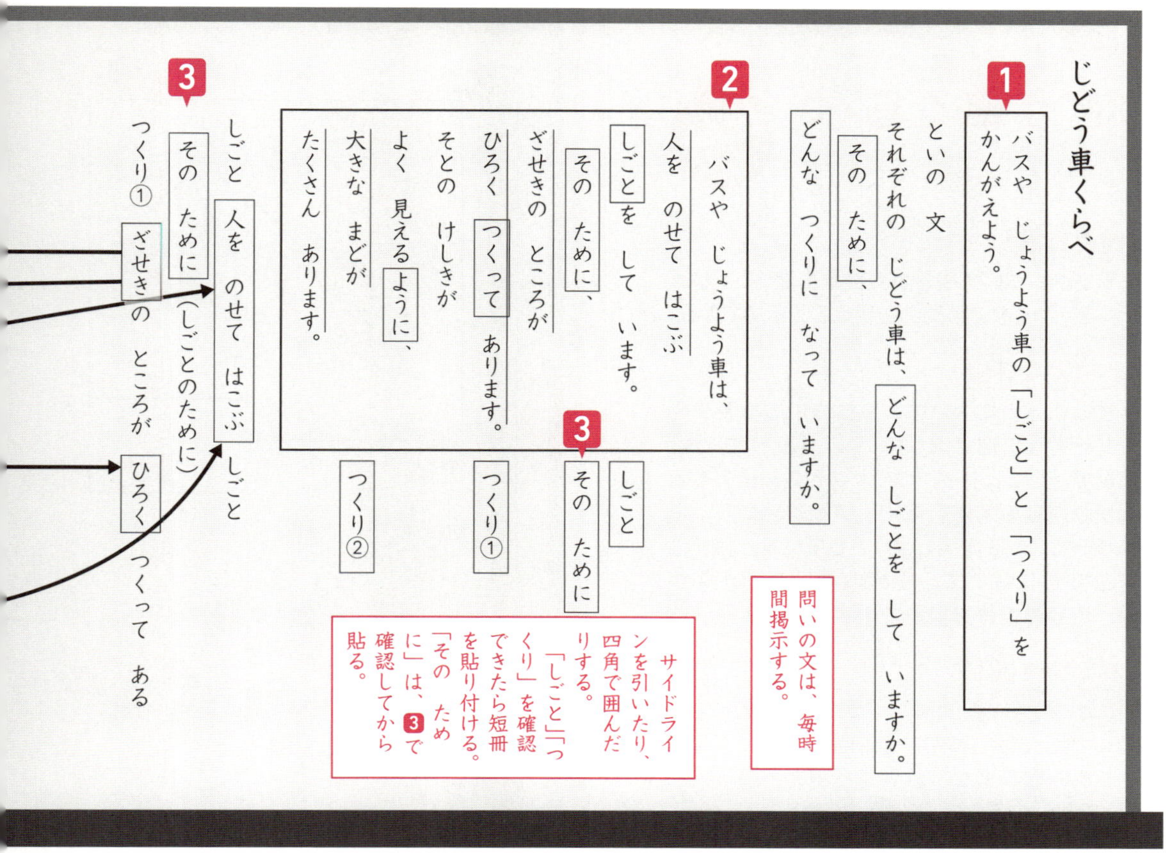

じどう車くらべ
1
バスや　じょうよう車の「しごと」と「つくり」を かんがえよう。
といの　文
それぞれの　じどう車は、どんな　しごとを　して　いますか。
その　ために、どんな　つくりに　なって　いますか。
問いの文は、毎時間掲示する。
2
バスや　じょうよう車は、人を　のせて　はこぶ　しごとを　して　います。
その　ために、ざせきの　ところが　ひろく　つくって　あります。
そとの　けしきが　よく　見えるように、大きな　まどが　たくさん　あります。
しごと
3
その　ために
つくり①
つくり②
サイドラインを引いたり、四角で囲んだりする。
「しごと」「つくり」を確認できたら短冊を貼り付ける。「その　ために」は、3で確認してから貼る。
3
しごと　人を　のせて　はこぶ　しごと
その　ために（しごとのために）
つくり①　ざせきの　ところが　ひろく　つくって　ある

3 「しごと」と「つくり」の関係を考え「そのために」の働きを理解する　〈20分〉

○バス車内の写真や乗った経験から「ざせき」の意味や、広くつくられていることを確かめる。

T　どうして座席を広くつくってあるのでしょう。

・人がたくさん乗れるようにするためです。

T　座席が狭いとどうなりますか。

・少しの人しか乗れません。

・人を運ぶ仕事ができないと思います。

・バスや乗用車の「しごと」は、「人をのせてはこぶ」だから、広くつくってあるのだと思います。

T　「しごと」のための「つくり」になっているのですね。

○「その」の示す内容を確認し、「そのために」が「しごと」と「つくり」の関係をつなぐ働きをしている言葉であることを確かめる。

よりよい授業へのステップアップ

理解を確かにするための資料

子供の生活経験は、一人一人異なる。住んでいる地域や生活スタイルによっては、バスや乗用車に乗ったことがない子供がいることも考えられる。

書かれている内容について「確かにそうだ」「本当だ」と実感を伴うことができると、「しごと」と「つくり」の関係や「そのために」の言葉の働きをより正確に捉えることができる。

経験を補い理解を確かにするために、写真や動画を活用するとよい。

本時案

じどう車くらべ 4/7

本時の目標

・トラックについて書かれた文章を読み、「しごと」と「つくり」の関係を捉えることができる。

本時の主な評価

❸「読むこと」において、文章の中の重要な語や文を考えて選び出している。【思・判・表】

❹進んで「しごと」と「つくり」との関係を考えながら内容の大体を捉え、学習課題に沿って分かったことを表現しようとしている。【態度】

・読むことにおいて、事柄の順序を考えながら、内容の大体を捉えている。

資料等の準備

・問いの文の短冊
・前時の拡大した本文　掲示用
・デジタル教科書か、拡大した本文・挿絵
・「しごと」などの短冊　06-02
・教師作成の自動車図鑑ページ　間違い探し用

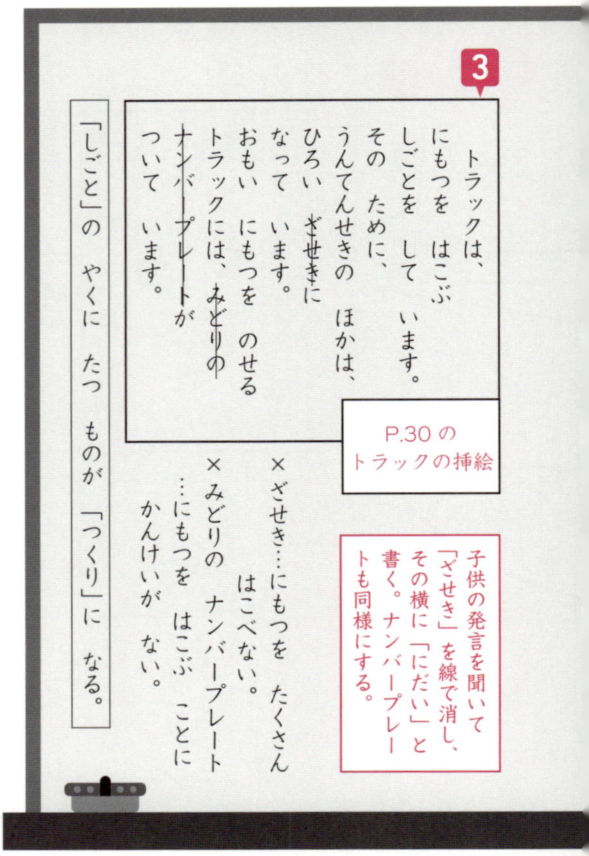

3
トラックは、
にもつを　はこぶ
しごとを　して　います。
その　ために、
うんてんせきの　ほかは、
ひろい　ざせきに
なって　います。
おもい　にもつを　のせる
トラックには、みどりの
ナンバープレートが
ついて　います。
P.30 の
トラックの挿絵
子供の発言を聞いて「ざせき」を線で消し、その横に「にだい」と書く。ナンバープレートも同様にする。
× ざせき…にもつを　たくさん
はこべない。
× みどりの　ナンバープレート
…にもつを　はこぶ　ことに
かんけいが　ない。
「しごと」の　やくに　たつ　ものが　「つくり」に　なる。

授業の流れ ▷▷▷

1 本時のめあてを確認し、知っていることを出し合い音読する〈10分〉

○問いの文と前時に書き込みをした本文の拡大は、教室に掲示しておく。いつでも確認したり見比べたりすることができるようにする。

○前時の学習感想をいくつか紹介し、その後でめあてを確認する。

T　トラックを見たことはありますか。

・朝、給食室の前に止まっていました。

・長いトラックとそうでもないトラックがあります。

・引っ越しのときに荷物を運んでもらいました。

T　トラックの「しごと」と「つくり」は何か、考えながら音読しましょう。

2 トラックの「しごと」と「つくり」を読み取る〈15分〉

○前時同様に個人で探した後に全体で確認する。

○短冊を貼る際「同じだ」等のつぶやきが出たら、何が同じか問いかける。出なければ次時でよい。

・「つくり」が二つあるのが同じです。

・バスもトラックも「しごと」「そのために」「つくり①」「つくり②」の順番になっています。

T　狭い荷台だとどうなりますか。

・荷物が少ししか載りません。

・荷物が少ししか運べないとトラックの仕事ができません。

T　「しごと」のための「つくり」になっているのですね。それを表す言葉がありました。

・「そのために」です。

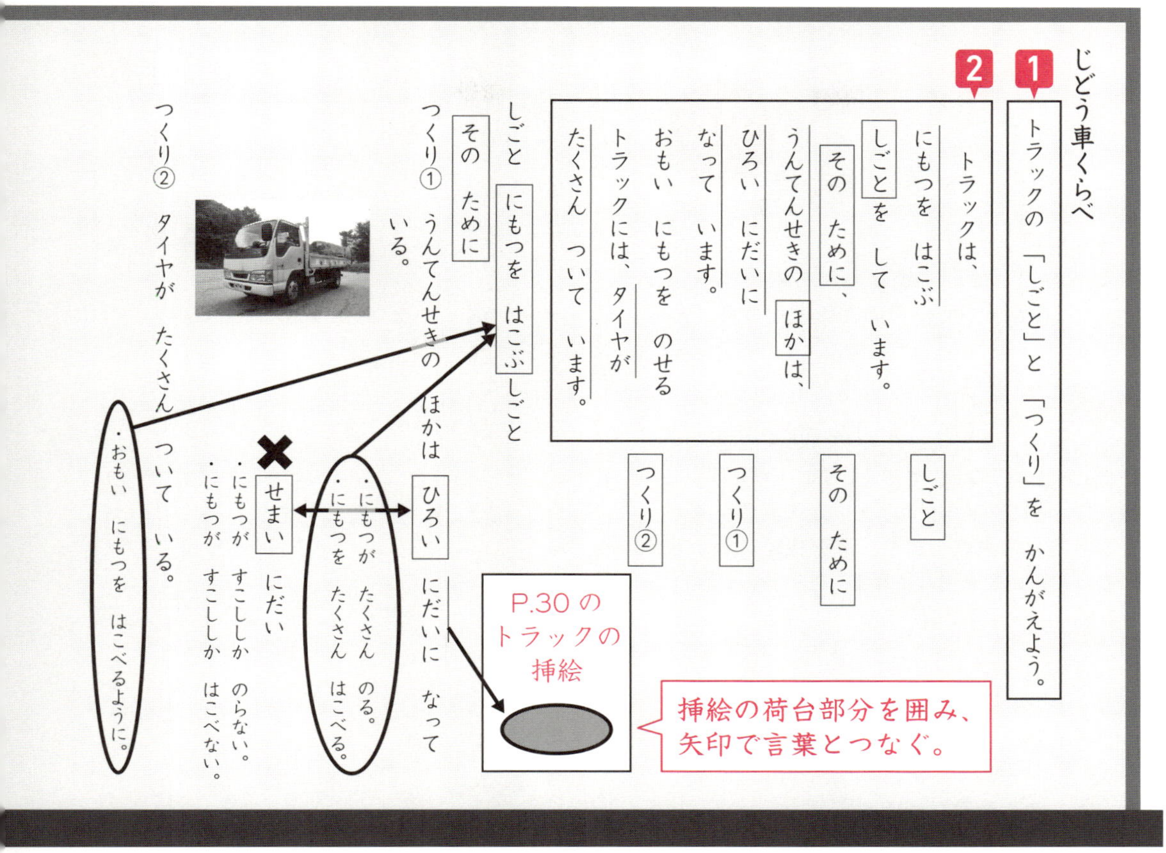

じどう車くらべ
1 トラックの「しごと」と「つくり」を かんがえよう。
2
トラックは、にもつを はこぶ しごとを して います。そのために、うんてんせきの ほかは、ひろい にだいに なって います。おもい にもつを のせる トラックには、タイヤが たくさん ついて います。
しごと
そのために
つくり①
つくり②
P.30の トラックの 挿絵
挿絵の荷台部分を囲み、矢印で言葉とつなぐ。
しごと にもつを はこぶ しごと
そのために
つくり① うんてんせきの ほかは ひろい にだいに なって いる。
・にもつが たくさん のる。
・にもつを たくさん はこべる。
せまい にだい
・にもつが すこししか のらない。
・にもつが すこししか はこべない。
つくり② タイヤが たくさん ついて いる。
・おもい にもつを はこべるように。

3 文章の間違い探しを行い、「しごと」と「つくり」の関係を考える〈20分〉

T　図鑑のトラックのページを作ってみました。
○「あれ」「違う」等のつぶやき出てから尋ねる。
T　どこか違っているところがありますか。
・荷台が座席になっています。
・広い座席だとバスみたいに人はたくさん乗れるけれど、荷物が少ししか運べません。
・「みどりのナンバープレート」ではなくて、「タイヤがたくさん」です。
T　挿絵ではナンバープレートが緑だからおもしろいと思って書いてみました。
・おもしろいかどうかではなくて、「しごと」に役立つものを載せたほうがよいと思います。
○ここでその自動車の「しごと」に役立つものが「つくり」になることを理解させたい。

よりよい授業へのステップアップ

「しごと」と「つくり」の関係を捉える

「しごと」と「つくり」の関係を捉えるのは、少々難易度が高い。

「そのために」の前後という理解ではなく、「しごと」のための「つくり」であるという関係を捉えるために、一度だけでなく何度も考えたり友達に理由を説明したりすることが大切である。繰り返すことで接続語の働きや関係の理解が、徐々に確かなものになる。

また、「しごと」と「つくり」が関連付いていないものと比較することで、「しごと」と「つくり」のつながりを意識させることも有効である。

本時案

じどう車くらべ 5/7

本時の目標

・クレーン車について書かれた文章を読み、「しごと」と「つくり」の関係を捉えることができる。

本時の主な評価

❶共通、相違、事柄の順序など情報と情報との関係について理解している。【知・技】

❹進んで「しごと」と「つくり」との関係を考えながら内容の大体を捉え、学習課題に沿って分かったことを表現しようとしている。【態度】

資料等の準備

・問いの文の短冊
・前時までの拡大した本文　掲示用
・デジタル教科書か、拡大した本文・挿絵
・「しごと」「その　ために」「つくり」の短冊
・クレーン車の動画又は模型
・教師作成の自動車図鑑ページ途中まで

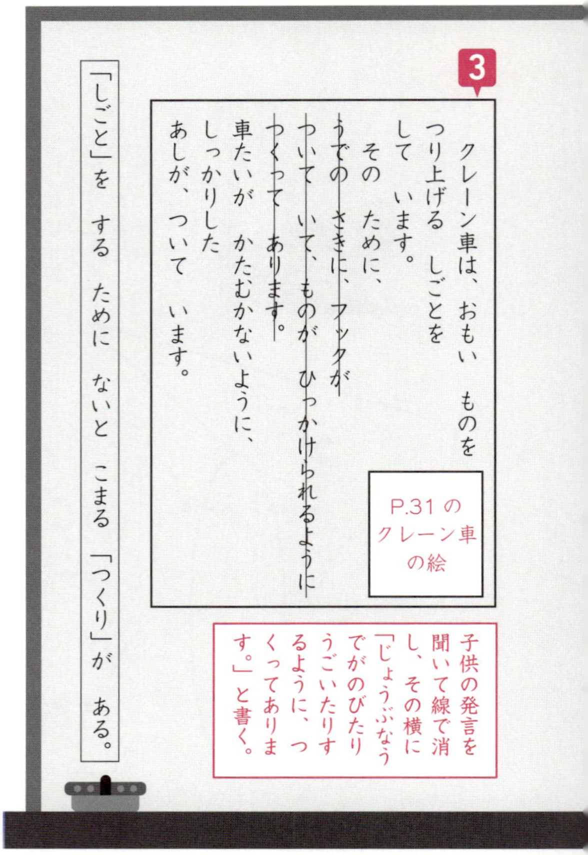

3
クレーン車は、おもい　ものを
つり上げる　しごとを
して　います。
その　ために、
うでの　さきに、フックが
ついて　いて、ものが　ひっかけられるように
つくって　あります。
車たいが　かたむかないように、
しっかりした
あしが、ついて　います。
P.31 の クレーン車 の絵
子供の発言を聞いて線で消し、その横に「じょうぶなうでがのびたりうごいたりするように、つくってあります。」と書く。
「しごと」を　する　ために　ないと　こまる　「つくり」が　ある。

授業の流れ ▷▷▷

1 本時のめあてを確認し、知っていることを出し合い音読する〈10分〉

○問いの文と前時に書き込みをした本文の拡大は、教室に掲示しておく。いつでも確認したり見比べたりすることができるようにする。

○前時の学習感想をいくつか紹介し、その後でめあてを確認する。

T　クレーン車を見たことはありますか。

・生活科見学に行く途中に見ました。

○前出の二つに比べ、実際に作業をしているクレーン車を見たことがある子供は少ないことが予想されるので、様子によってはここで動画を視聴するとよい。

T　クレーン車の「しごと」と「つくり」は何か、考えながら音読しましょう。

2 クレーン車の「しごと」と「つくり」を読み取る〈20分〉

○サイドラインを引く前に「つくり」は、いくつあるかを問う、二つという返事が返ってきたら再度発問する。

T　どうしてそう思ったのですか。

・バスもトラックも二つだったからです。

○前時同様に個人で探した後に全体で確認する。「うで」「あし」の言葉が示す場所や、「のびたりうごいたり」「つり上げる」の意味を確かめる。

T　どうしてこれが「つくり」になるのですか。

・「しごと」に必要だからです。

・クレーン車の「しごと」は重い荷物をつり上げることだから、じょうぶな腕が必要です。

・しっかりした脚がないと、重いものをつり上げるときに倒れてしまいます。

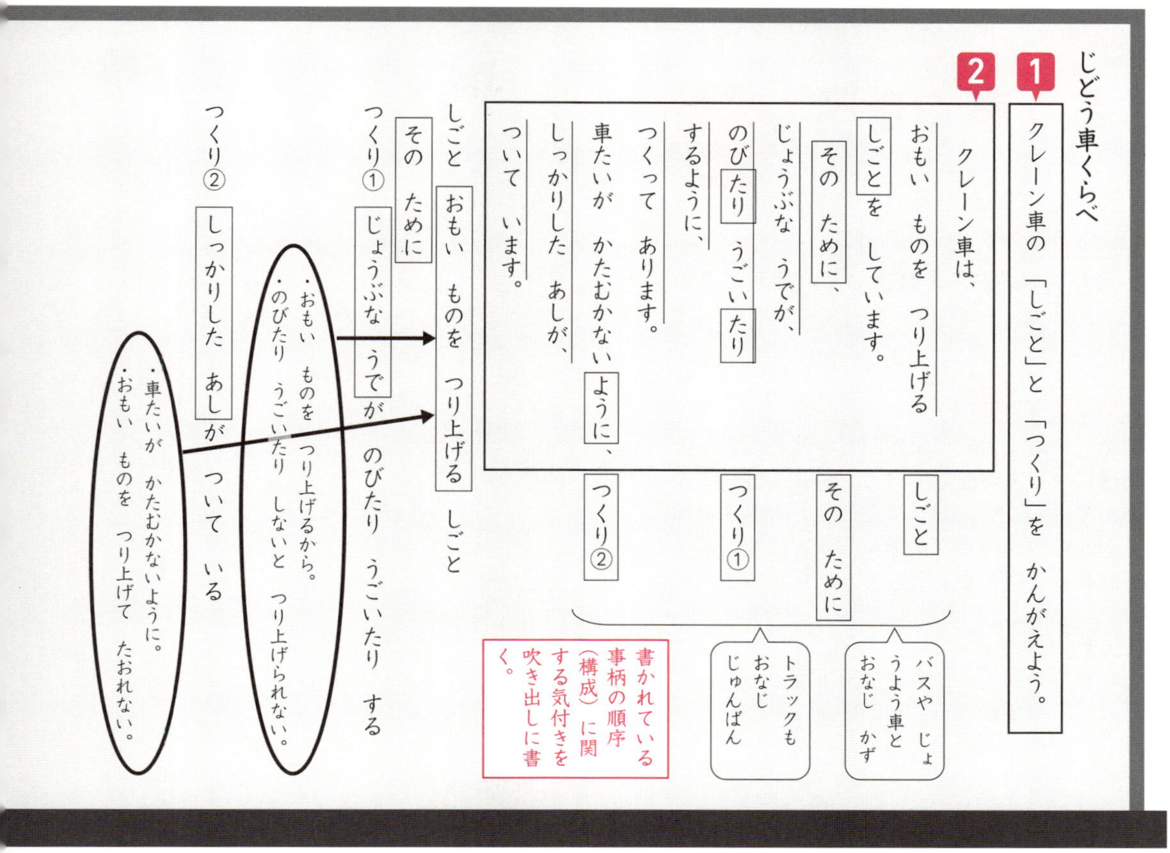
じどう車くらべ
1 クレーン車の「しごと」と「つくり」を かんがえよう。
2
クレーン車は、
おもい ものを つり上げる
しごとを しています。
その ために、
じょうぶな うでが、
のびたり うごいたり
するように、
つくって あります。
車たいが かたむかない
ように、
しっかりした あしが、
ついて います。
しごと
その ために
つくり①
つくり②
バスや じょうよう車と おなじ かず
トラックも おなじ じゅんばん
書かれている事柄の順序（構成）に関する気付きを吹き出しに書く。
しごと おもい ものを つり上げる しごと
その ために
つくり① じょうぶな うでが のびたり うごいたり する
つくり② しっかりした あしが ついて いる
・おもい ものを つり上げるから。
・のびたり うごいたり しないと つり上げられない。
・車たいが かたむかないように。
・おもい ものを つり上げて たおれない。

3 文章の間違い探しを行い「しごと」と「つくり」の関係を考える 〈15分〉

T クレーン車の絵を見てページを作りました。前回、「しごと」に役立つものが「つくり」だと分かったから、ものをつり上げるのに大事なところを書いてみました。どうですか。

・フックで荷物を引っかけても、腕が伸びないとつり上げられないから、腕のことは書いたほうがよいと思います。腕がないと「しごと」ができません。

・重いものをつり上げるのが仕事なのだから「じょうぶ」は大事だと思います。

○「しごと」に最も役立つ「つくり」があることに気付かせ、次時や次単元に生かす。

T 「しごと」をするときにないと困る「つくり」があるということですね。

よりよい授業へのステップアップ

語句の意味理解

「うで」や「あし」という言葉と示す場所が結び付いていないことがある。挿絵を活用して確認するとよい。

「うで」が「のびたりうごいたり」することは、クレーン車が仕事をするために欠かせない。動画や模型を活用し「のびる」「うごく」を確かめるとよい。「〜たり〜たり」は、今後も出合うことの多い表現である。いくつか例示し動作化することで、意味を理解させる。

語句の意味を理解することが、「しごと」と「つくり」事柄同士の関係を捉えることにつながる。

本時案

じどう車くらべ 6/7

本時の目標

・情報と情報の関係を意識して、はしご車の「しごと」と「つくり」を考えることができる。

本時の主な評価

❶共通、相違、事柄の順序など情報と情報との関係について理解している。【知・技】

・進んで「しごと」と「つくり」との関係を考えながら内容の大体を捉え、学習課題に沿って分かったことを表現しようとしている。

資料等の準備

・前時までの拡大した本文　掲示用

・はしご車の挿絵　子供に配布用

3

はしご車の「しごと」と「つくり」

「しごと」の ための 「つくり」

「しごと」の やくに たつ ものが 「つくり」に なる。

「しごと」を する ために ないと こまる 「つくり」が ある。

A たかい ところの 火を けす

○はしごが のびたり ちぢんだり する。

○ほう水じゅうから 水が でて 火を けす。

B たかい ところの 人を たすける

○はしごが のびたり ちぢんだり する。

○バスケットに たすけた 人が のれる。

授業の流れ ▷▷▷

1 はしご車の「しごと」を考える〈10分〉

○前時の学習感想をいくつか紹介し、その後めあてを確認する。

T　はしご車を見たことはありますか。

・消防署で見ました。

・火事のニュースで見ました。

○仕事をしているはしご車を見たことがない子供もいるため、ここで動画を視聴するとよい。

T　はしご車はどんな「しごと」をしていますか。

・火を消す仕事をしています。

・逃げ遅れた人を助ける仕事をしています。

T　どこの火を消しますか（人を助けますか）。

・高い所です。

○「高い所の」を必ず出させるようにする。

○ここでは「しごと」を一つに決めなくてよい。

2 はしご車の「つくり」を考える〈10分〉

○「つくり」を考える際は、挿絵に○を付け、できることや何のためかを書き込ませる。

○個人で考えた後、ペアで相談しながら探すようにすると、何をするための「つくり」なのか、その「つくり」が何に役立つか等の対話が生まれる。

T　はしご車は、どんな「つくり」になっていますか。

・伸びたり縮んだりするはしごが付いています。

・クレーン車と同じでしっかりした脚が付いています。

・はしごの先に人が乗れるようになっています。

・助けた人を乗せるためです。

○他の自動車と比べている場合は大いに褒め、問い返しながら用途や特徴を確認していく。

じどう車くらべ

1 はしご車の「しごと」と「つくり」をかんがえよう。

はしご車…かじの　ときに　はたらくじどう車

しごと

A　たかい　ところの　火を　けす。

B　たかい　ところの　人を　たすける。

つくり

2 P.32のはしご車の挿絵

はしご
のびたり　ちぢんだり　する

あし
しっかりした
かたむかないように

はしご車の挿絵

ほう水じゅう
水が　でる・火を　けす

バスケット
人が　のれる

挿絵には二台の消防車が描かれているので、**2**のはじめにはしご車を確認する。
つくりになる部分の名前とできること等は書き分ける。

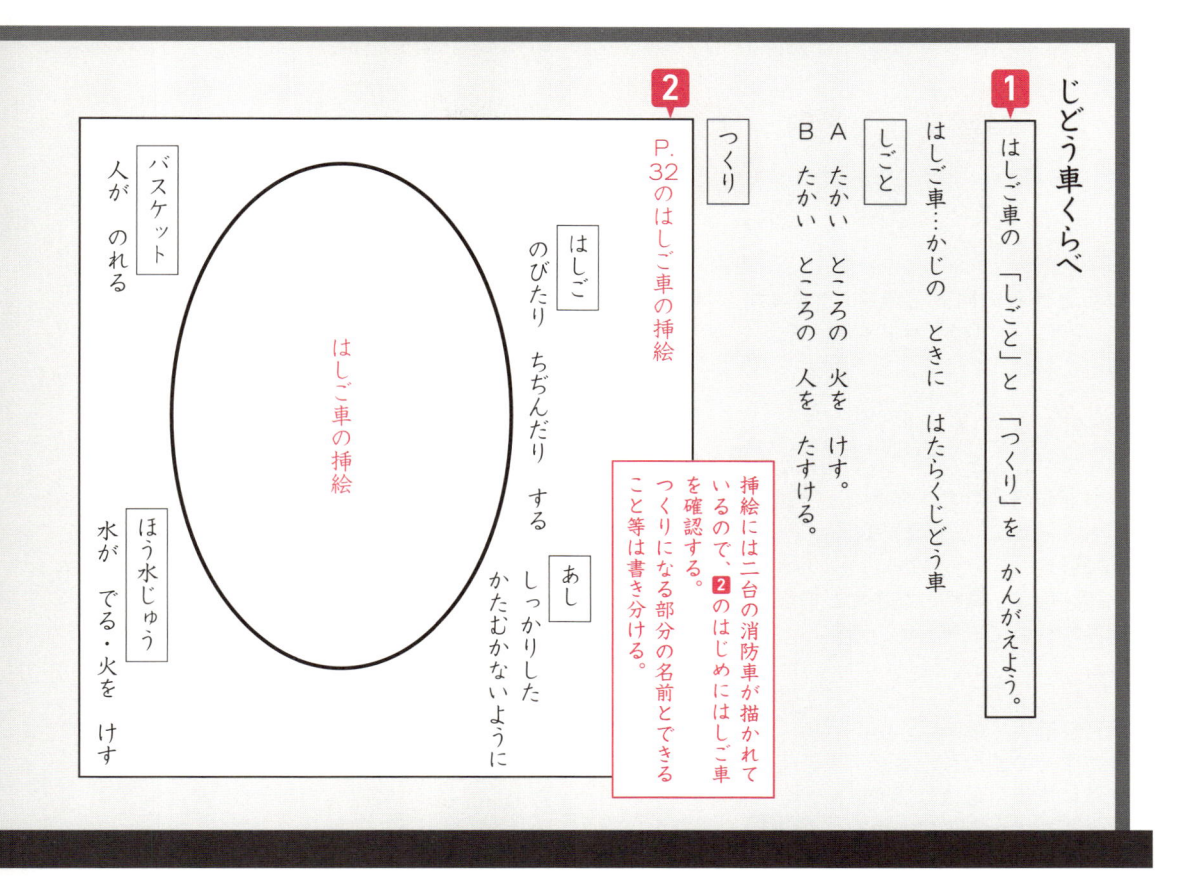

3 はしご車の「しごと」と「つくり」を関係付けて捉える〈15分〉

○前時までに気付いた「しごと」と「つくり」の関係を確かめ、はしご車の図鑑ページに書く「しごと」と「つくり」を決めていく。

○ AB から「しごと」を選択しノートに書く。その後「しごと」をするために必要な「つくり」を選択し挿絵に印を付ける。「しごと」と関連している「つくり」を選択した子供は、情報と情報の関係を理解していると評価できる。

○同じ「しごと」を選択した友達と相談後、全体で確認する。理由を多く出し合わせたい。

T　どうしてその「つくり」を選んだのですか。

・火を消すためには、放水銃が必要だからです。

・バスケットがないと助けた人が乗れないからです。

4 はしご車の「しごと」と「つくり」を決め、本時の学習を振り返る〈10分〉

T　図鑑に載せるはしご車の「つくり」を決めてノートに書いておきましょう。

○自分の選択した「しごと」に関連しているかどうかの視点で選択した「つくり」を見直し、最終的に決めたものをノートに記録するようにさせる。

T　今日の学習を振り返り、感想を書きましょう。

・高い所の火を消すには、はしごと放水銃が大事だと分かりました。

・みんなで話し合ったら、はしごがないと階段で建物の上まで上がることになって、時間がかかっちゃうから、早く助けるには長いはしごが必要だと分かりました。

本時案

じどう車くらべ 7/7

本時の目標

・情報と情報の関係を意識して、はしご車の「しごと」と「つくり」を考えることができる。

本時の主な評価

❹進んで「しごと」と「つくり」との関係を考えながら内容の大体を捉え、学習課題に沿って分かったことを表現しようとしている。【態度】

・共通、相違、事柄の順序など情報と情報との関係について理解している。

資料等の準備

・学習計画表　掲示用
・前時までの拡大した本文　掲示用
・前時に使用したはしご車の拡大した挿絵
・じどう車ずかん作成用のシート　06–03

つくり
P.32のはしご車の挿絵

授業の流れ ▷▷▷

1 文章に書く事柄と、順序を確かめる 〈10分〉

○前時の学習感想をいくつか紹介し、その後めあてを確認する。

T 何をどんな順番で文章に書けばよいですか。

・はしご車の「しごと」と「つくり」を書きます。
・「じどう車くらべ」の文章みたいに書けばよいと思います。

T はじめに書くことは何でしょう。

・「しごと」です。
・「はしご車は、高い所の火を消す仕事をしています。」という感じで書きます。

○掲示してある「じどう車くらべ」の本文を見て、三つとも同じ文章構成になっていることを確認し、「しごと」「そのために」「つくり①」「つくり②」の順に書けばよいことを確かめる。

2 はしご車の「しごと」と「つくり」を文章でまとめる 〈20分〉

○クレーン車の文章をモデルにすると、書きぶりをまねて書きやすいため、黒板に掲示する。

T 「しごと」のため「つくり」になっているかをもう一度確かめてから、文章を書いてみましょう。

○声に出して「しごと」と「つくり」が関連しているかどうかを確かめてから書かせる。

○書き終わったら声に出して読み返し、でき上がった人から読み合うことができるようにする。友達と読み合う中で、誤字脱字に気付いたり、よりよい書き方に出合ったりすることができる。

○補助のあるシートを使わせるなど、個に応じた指導ができるように準備しておく。

じどう車くらべ

1

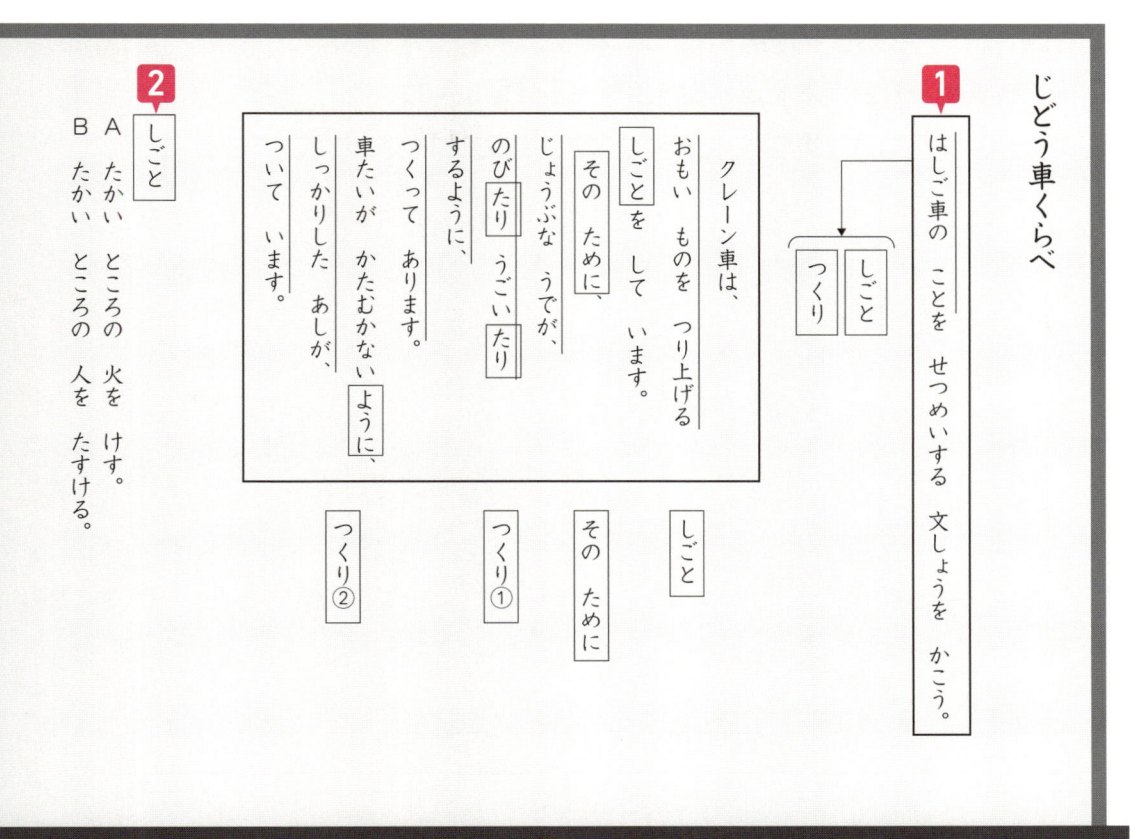

はしご車の　ことを　せつめいする　文しょうを　かこう。

しごと
つくり

クレーン車は、
おもい　ものを　つり上げる
しごとを　して　います。
その　ために、
じょうぶな　うでが、
のびたり　うごいたり
するように、
つくって　あります。
車たいが　かたむかないように、
しっかりした　あしが、
ついて　います。

しごと
その　ために
つくり①
つくり②

2

しごと

A　たかい　ところの　火を　けす。
B　たかい　ところの　人を　たすける。

3 書いた文章を読み合い、単元の学習を振り返る〈15分〉

○文章を読み合った後、学習計画表に沿って単元の学習を振り返り、感想を書く。

T　「じどう車くらべ」の学習を振り返りましょう。

・じどう車の「しごと」と「つくり」が詳しく分かりました。
・「しごと」に合った「つくり」になっていると分かってよかったです。
・3つとも同じ順番で説明をしているのに気付きました。
・はしご車のページができてうれしいです。もっとページを増やしたいです。
・次は他の自動車のことを書くので、楽しみです。

よりよい授業へのステップアップ

声に出して確かめる

選んだ「しごと」と「つくり」が関連しているかを確かめる方法の1つとして、「声に出す」ことがある。

「はしご車は、〜しごとをしています。そのために……。……。」と声に出し自分で聞くことで、つながりがあるかどうかを確かめることができる。

一度書いた後に、考え直したり書き直したりすることは、子供にとって大きな負担である。自分で聞いたり友達に聞いてもらったりすることで、書く前に気付くことができるようにするとよい。

資料

1 第７時資料　じどう車ずかん作成用シート 06-03

じどう車めい

ねん　くみ　なまえ（　　　　　）

「しごと」と「つくり」を せつめいする 文しょう

じどう車の え

じどう車についての かんそう、
えらんだ りゆう・じぶんの かお

じどう車めい

ねん　くみ　なまえ（　　　　　）

「しごと」と
「つくり」を
せいめいする
文しょう

じどう車の　え

じどう車に　ついての
かんそう、
えらんだ　りゆう・
じぶんの　かお

2 第７時資料　じどう車ずかん　はしご車児童作品例 06-04

はしご車は、たかい　ところの　火を
けして　人を　たすける　しごとを　して
います。
その　ために、ながい　はしごが　ついて
います。たすけた　人が　のれるように、はしごの
さきに、バスケットが　ついて　います。

はしご車は、たかい　ところの　火を
けして　人を　たすける　しごとを
して　います。
その　ために、ながく　のびる　はしごが
ついて　います。ながく　のびる　はしごの
さきの　バスケットから　水が　でます。

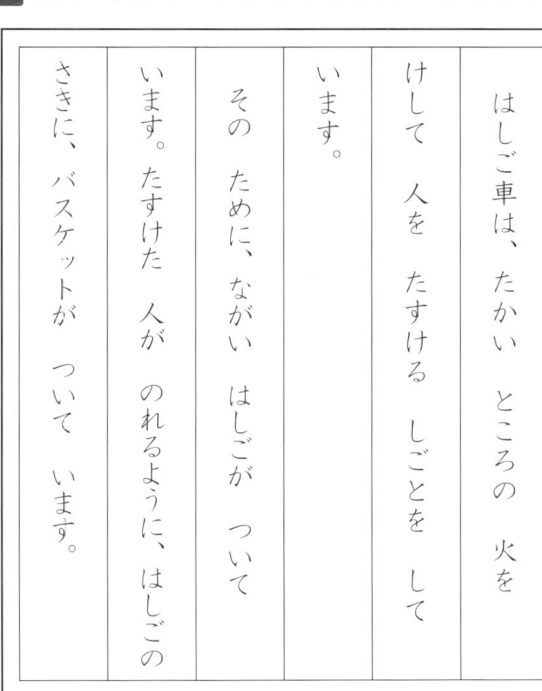

じどう車ずかんを　つくろう　（5時間扱い）

〔知識及び技能〕(2)ア〔思考力、判断力、表現力等〕B書くことイ　関連する言語活動例B(2)ア

単元の目標

・自動車の「しごと」と「つくり」の関係に気を付けて情報を集め、自分の考えが明確になるように、事柄の順序に沿って簡単な構成を考えることができる。

評価規準

知識・技能	❶共通、相違、事柄の順序など情報と情報との関係について理解している。(〔知識及び技能〕(2)ア)
思考・判断・表現	❷「書くこと」において、自分の考えが明確になるように、事柄の順序に沿って簡単な構成を考えている。(〔思考力、判断力、表現力等〕Bイ)
主体的に学習に取り組む態度	❸進んで情報と情報との関係を考えながら内容の大体を捉え、学習課題に沿って分かったことを書こうとしている。

単元の流れ

次	時	主な学習活動	評価
一	1	**学習の見通しをもつ** 教科書を読み、「じどう車ずかん」を作るための学習計画を立てる。	
二	2	図鑑に載せる自動車を選び、「しごと」と「つくり」を考える。	❶❸
	3	文章の構成を考え、記述する。	❶❷
	4	推敲をした後、清書する。	❶❷
三	5	**学習を振り返る** 完成した図鑑を読み、感想を伝え合う。 単元の学習を振り返る。	❶❸

授業づくりのポイント

〈単元で育てたい資質・能力〉

本単元のねらいは、事柄の順序に沿って簡単な構成を考えて書く力を育むことである。

そのためには、書こうと思う事柄と事柄の関係はどうなっているかを理解し、集めた情報の中から何をどのような順序で書くかを考えることが必要となる。

ここでは、前単元の学習を生かして、自動車の「しごと」と「つくり」を説明する文章を書く。「しごと」と「つくり」を関連付け、順序を意識して書くことができるように指導する。

具体例

○教科書の文例では、救急車が取り上げられている。取材メモの例や文例を見ながら、「けがをした人やびょうきの人をはこぶ」ために、「うんてんせきのうしろは、ベッドがいれられるようになっています。」という「しごと」と「つくり」の関係を改めて考えさせる。

○メモには「しごと」も「つくり」も、複数書かれている。考えたこと全てを書けばよいのではなく、その中からどれが「しごと」として、また「そのための」「つくり」としてふさわしいかを考え、必要な情報を選択する必要があるということである。

〈単元構成の工夫〉

教科書では、自分で自動車を選んで説明する文を書く図鑑作りが例示されている。自動車を選ぶには、図書資料を読む時間が必要となる。情報を収集する時間が十分に確保できるよう工夫したい。

第1時には、子供とともに学習計画を立て、どのように学習を進めるか完成した図鑑をどうするかを考える。このことで、子供が目的意識や相手意識を明確にして見通しをもって学習に取り組むことができる。主体的な学びにつながる工夫である。

具体例

○前単元の学習に入る前に図鑑作りの計画を立てる、前単元の学習の関連読書として自動車のことが書いてある本を読んでおく、第1時と第2時の間を1週間程度空ける、といった工夫が考えられる。普段の生活の中で、道路を走っている自動車を意識したり図書資料を読んでおいたりすることで、自分が図鑑に載せたい自動車を比較的スムーズに選ぶことができる。

〈子供の実態に合わせた工夫〉

自分で選んだ自動車の説明文を書いて図鑑を作ることは子供にとって魅力的な活動だが、図書資料から「しごと」と「つくり」を読み取ったり関係を考えて書くことを選んだりすることを、少々難しいと感じる子供もいる。図鑑の形や書かせ方等、子供の実態に合わせて工夫するとよい。

図書資料には、「しごと」と「つくり」が明確に書き分けられていないものや書かれていないものもある。前単元での経験を生かし、写真や絵を基に考えさせたり、必要に応じて別の図書資料を紹介したりするなど個に応じた指導が必要となる。また、「しごと」と「つくり」を考える際、図書資料を読むだけでなく実際に働いている自動車を観察したり動画を見たりして考えることもできる。

具体例

○1人で図鑑のページを作成することが難しい場合には、友達に相談したり助言をもらったりしてよいことにする。それでも困難が予想される場合には、ペアで同じ自動車を選び、一緒に「しごと」と「つくり」を考え、文章化する方法もある。合わせて文章の量も調節するとよい。

本時案

じどう車ずかんを　つくろう　1/5

本時の目標

・学習計画を考えることを通して、「じどう車ずかん」を作る学習への見通しをもつことができる。

本時の主な評価

・共通、相違、事柄の順序など情報と情報との関係について理解している。
・「じどう車ずかん」を作るための学習計画作りを通して、見通しをもってこれからの学習に取り組もうとしている。

資料等の準備

・前単元の学習計画表　掲示用
・「しごと」「そのために」「つくり」の短冊（色は前単元と同じ）06-02
・デジタル教科書か拡大した救急車のモデル文

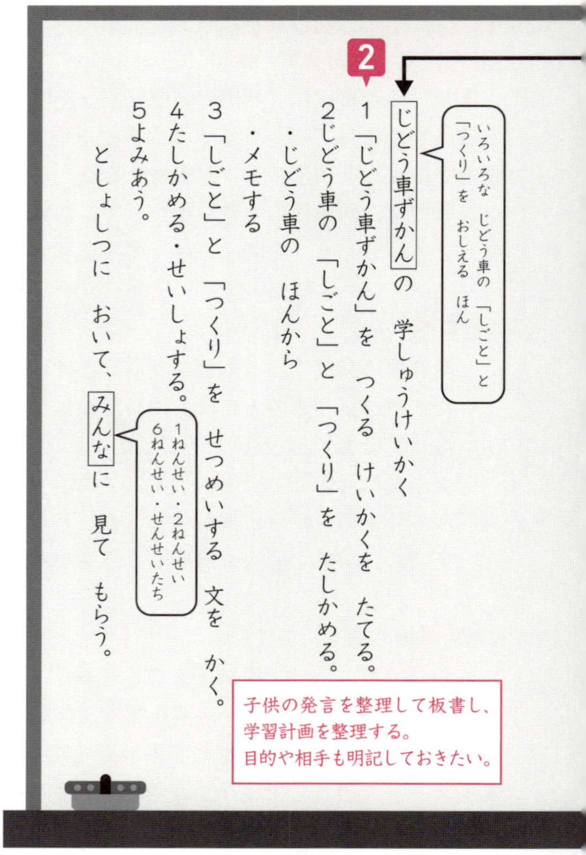

いろいろな　じどう車の「しごと」と
「つくり」を　おしえる　ほん
2
じどう車ずかん の　学しゅうけいかく
1「じどう車ずかん」を　つくる　けいかくを　たてる。
2じどう車の「しごと」と「つくり」を　たしかめる。
・じどう車の　ほんから
・メモする
3「しごと」と「つくり」を　せつめいする　文を　かく。
4たしかめる・せいしょする。
1ねんせい・2ねんせい
6ねんせい・せんせいたち
5よみあう。
としょしつに　おいて、みんなに　見て　もらう。

子供の発言を整理して板書し、学習計画を整理する。目的や相手も明記しておきたい。

授業の流れ ▷▷▷

1 前単元の学習を振り返り、教科書を読む 〈15分〉

○「じどう車くらべ」の学習感想を出し合う。
・じどう車の「しごと」と「つくり」が詳しく分かりました。
・「しごと」に合った「つくり」になっていると分かってよかったです。
・はしご車のページができてうれしいです。もっとページを増やしたいです。
・次に他の自動車のことを書くのが楽しみです。
○前単元で説明する本を作る計画を立ててあればその学習計画表を確認する。
T　いよいよこれから自動車の「しごと」と「つくり」を説明する本を作るのですね。今日はその計画を立てます。まず、教科書を読んでみましょう。

2 「じどう車ずかん」を作るための学習計画を考える 〈15分〉

T　救急車のページには、何が書いてありましたか。
・「しごと」と「つくり」です。
・「そのために」も入っています。
○モデル文の内容を確認後、学習計画を考える。
T　これから作る本の名前を決めましょう。
・私たちも「じどう車ずかん」がいいと思います。
・「1年1組スーパーじどう車ずかん」がいいです。
○やり取りしながら2～5を整理する。名前もここで決めると意欲が高まる。
T　完成したらどうしますか。
・見せたいです。
T　誰に見せますか。
○やり取りしながら目的と相手を明確にする。

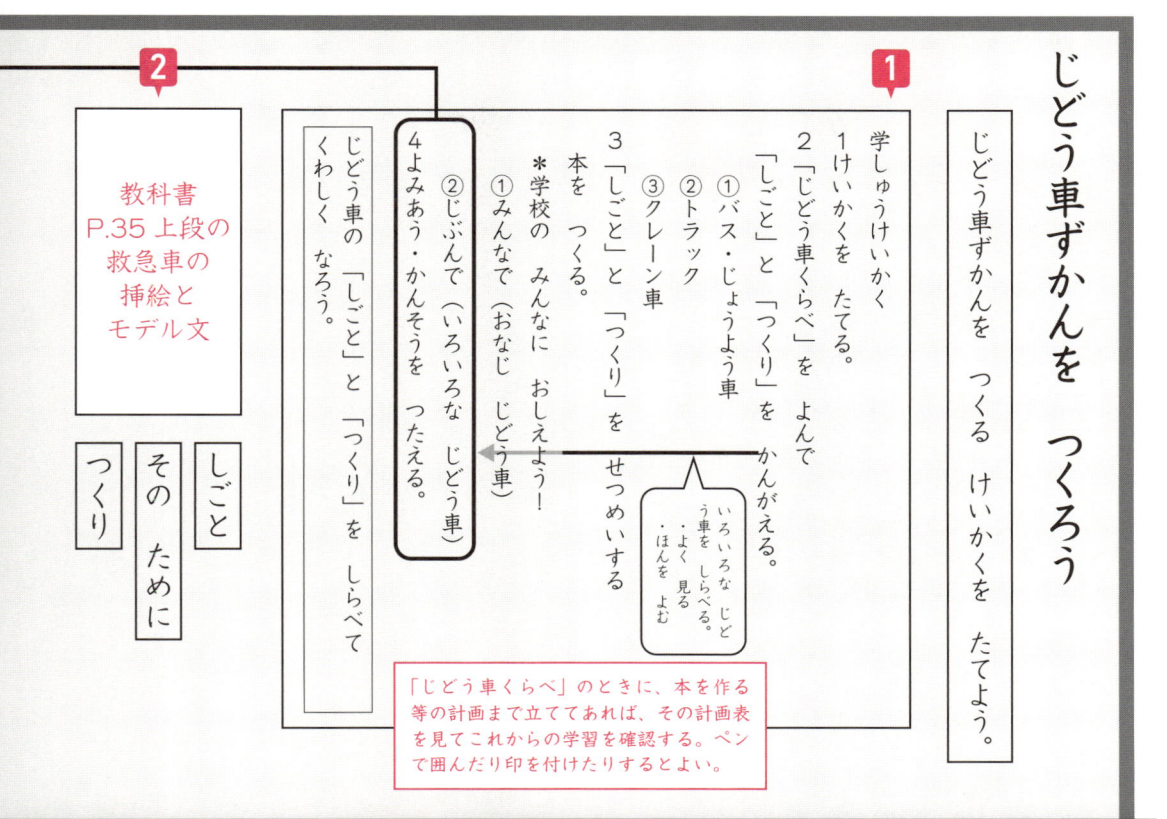

じどう車ずかんを　つくろう

じどう車ずかんを　つくる　けいかくを　たてよう。

1

学しゅうけいかく
1けいかくを　たてる。
2「じどう車くらべ」を　よんで
「しごと」と「つくり」を　かんがえる。
①バス・じょうよう車
②トラック
③クレーン車
3「しごと」と「つくり」を　せつめいする
本を　つくる。
＊学校の　みんなに　おしえよう！
①みんなで（おなじ　じどう車）
②じぶんで（いろいろな　じどう車）
4よみあう・かんそうを　つたえる。

いろいろな　じどう車を　しらべる。
・よく　見る
・ほんを　よむ

じどう車の「しごと」と「つくり」を　しらべて
くわしく　なろう。

「じどう車くらべ」のときに、本を作る等の計画まで立ててあれば、その計画表を見てこれからの学習を確認する。ペンで囲んだり印を付けたりするとよい。

2

教科書P.35上段の救急車の挿絵とモデル文

しごと

その　ために

つくり

3 じどう車の本を読む　〈15分〉

T　計画が決まったので、早速自動車の本を読んでみましょう。

○自動車の本を教室に置いておき、読みながらどの自動車がよいか考えられるようにする。次回は、「しごと」と「つくり」を探すので、ここでも少し意識して読ませておきたい。

T　本を読んで、何を探すのでしたか。

・どんな「しごと」をしているかです。
・どんな「つくり」になっているかもです。
・「しごと」のための「つくり」を探します。

○本時を振り返り、学習感想を書く。

・計画が立ったので、次は「しごと」と「つくり」を探すのを頑張ります。

よりよい授業へのステップアップ

図書資料の用意

自動車の「しごと」と「つくり」を紹介する本は、たくさん出版されている。難易度も様々あり、教科書に紹介されているもの以外の本もある。

学校司書や地域の図書館に協力を仰ぎ、1人1冊以上の冊数を確保できるように用意したい。

事前にある程度難易度を把握しておくと、情報を集めるのに困っている子供に「これを読んでみたら」と、紹介することができる。

本時案

じどう車ずかんを　つくろう　2/5

本時の目標

・「しごと」のための「つくり」という関係を理解して、「じどう車ずかん」に載せる「しごと」と「つくり」を決めることができる。

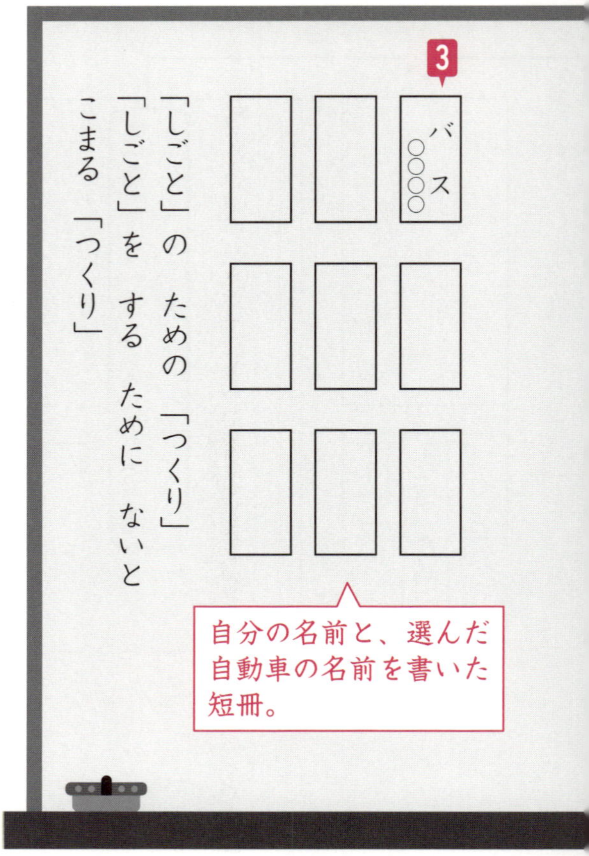

3
バス
○○○○
「しごと」の　ための　「つくり」
「しごと」を　する　ために　ないと
こまる　「つくり」
自分の名前と、選んだ自動車の名前を書いた短冊。

本時の主な評価

❶共通、相違、事柄の順序など情報と情報との関係について理解している。【知・技】

❸進んで情報と情報との関係を考えながら内容の大体を捉え、学習課題に沿って分かったことを書こうとしている。【態度】

資料等の準備

・学習計画　掲示用
・教科書の救急車のメモカード　拡大
・救急車の本のページ　拡大
・メモカード　07-01

授業の流れ ▷▷▷

1 図書資料から情報の探し方やメモの仕方を確かめる 〈10分〉

○学習計画を見て、本時のめあてを確認する。

T　メモカードのどこに何が書いてありますか。

・上の段に「しごと」、下の段に「つくり」が書いてあります。

T　メモカードは、この本を読んで書いたそうです。救急車と書いてあるのはどこですか。

・左の一番上です。大きな字で書いてあります。

T　カードには「しごと」は何と書いてありますか。

・「けがをした人やびょうきの人をはこぶ」です。

T　本のページだとどこに書いてありますか。

○指示棒でその場所を示すようにさせるとよい。

○同様に「つくり」も確かめる。内容をつなげたり絵や写真から考えたりしたことでもよいことを確認する。

2 図書資料を読んで「しごと」と「つくり」を考える 〈20分〉

T　それでは、自分で本を読んで自動車の「しごと」と「つくり」を探していきましょう。

○１つ終わったら、別の自動車についても調べるようにする。

○個別に様子を見て、困っている子供には本を紹介したり、複数で一緒に本を読み探してみるように促したりする。

○ここで、様々な種類の自動車の「しごと」と「つくり」を探しておくと、次の時間に交流する際に役立つ。

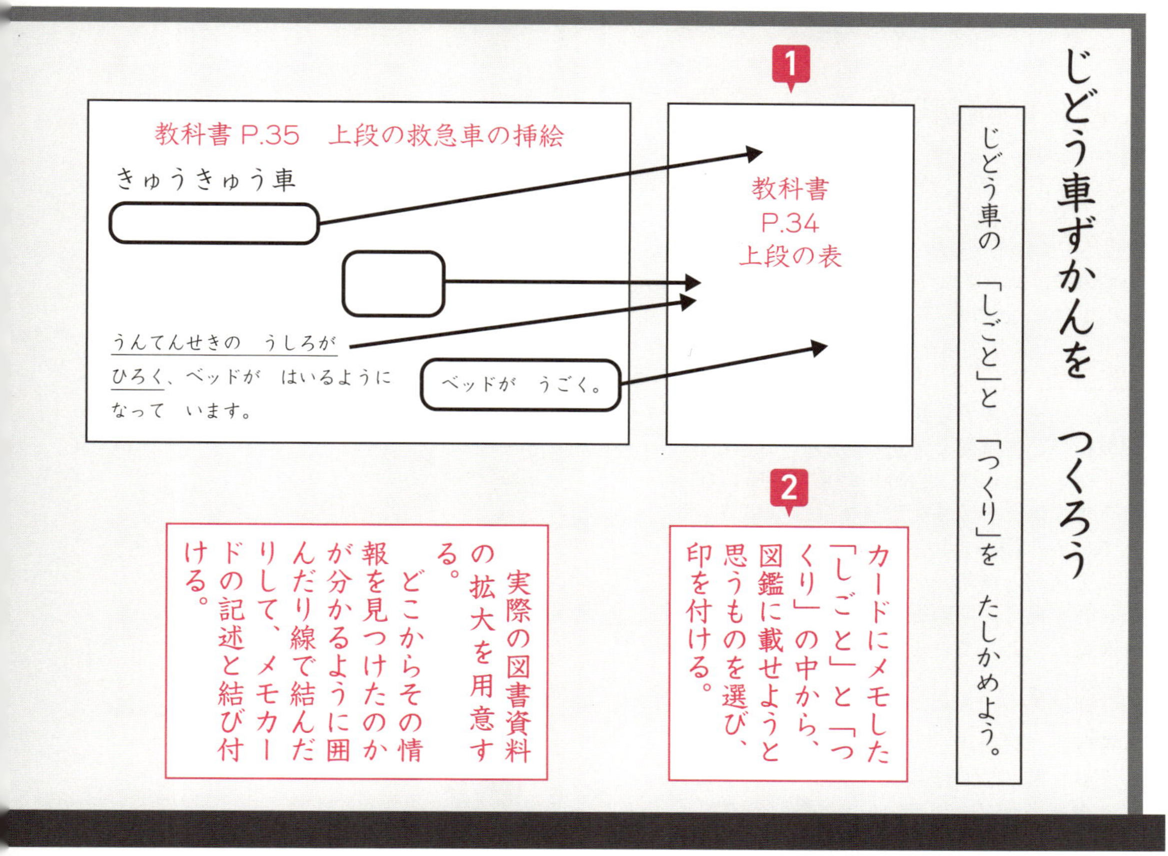

じどう車ずかんを　つくろう
じどう車の「しごと」と「つくり」を　たしかめよう。
1
教科書
P.34
上段の表
2
カードにメモした「しごと」と「つくり」の中から、図鑑に載せようと思うものを選び、印を付ける。
教科書 P.35　上段の救急車の挿絵
きゅうきゅう車
うんてんせきの　うしろが ひろく、ベッドが　はいるように なって　います。
ベッドが　うごく。
実際の図書資料の拡大を用意する。
どこからその情報を見つけたのかが分かるように囲んだり線で結んだりして、メモカードの記述と結び付ける。

3 図鑑に載せる自動車を決め、「しごと」と「つくり」を確かめる〈15分〉

T　メモカードの中から自分が「じどう車ずかん」に載せたいと思うものを選びましょう。

○希望を書いた短冊を黒板に貼って全体で調整をすると、自動車の種類の偏りを防ぐことができる。一種類２人までとすると、同じ自動車を選んだ同士で相談したり確かめたりしながら今後の学習を進めることもできる。

T　「しごと」と「つくり」を決めるときに大切なことは何でしたか。

・「しごと」のための「つくり」にすることです。
・「しごと」をするときにないと困る「つくり」を選びます。

T　自分のメモカードを見て、書こうと思う「しごと」と「つくり」を決めて印を付けましょう。

よりよい授業へのステップアップ

相手意識・目的意識の効果

学習計画を立てる際に、子供とやり取りをして「誰に読んでもらうのか」「何のために書くのか」を設定した。

図鑑に載せたい自動車の希望は偏ることがある。相手意識や目的意識があることで「１冊の図鑑に同じ種類の自動車のページばかりあるのはおもしろくない」と考える子供が現れる。「どうしようか」と尋ねることで、「人数を調整しよう」という意見が生まれる。

相手意識と目的意識をもたせることが、子供主体の学習を進めることにつながるのである。

本時案

じどう車ずかんを　つくろう　3/5

本時の目標

・事柄の順序に気を付けて構成を考え、「しごと」と「つくり」を説明する文章を書くことができる。

本時の主な評価

❶共通、相違、事柄の順序など情報と情報との関係について理解している。【知・理】
❷書くことにおいて、自分の考えが明確になるように、事柄の順序に沿って簡単な構成を考えている。【思・判・表】
・進んで情報と情報との関係を考えながら内容の大体を捉え、学習課題に沿って分かったことを書こうとしている。

資料等の準備

・学習計画　掲示用　・教科書の救急車のメモカード　拡大　・救急車の本のページ　拡大
・じどう車ずかん作成用シート　06-03
・メモカード　07-01

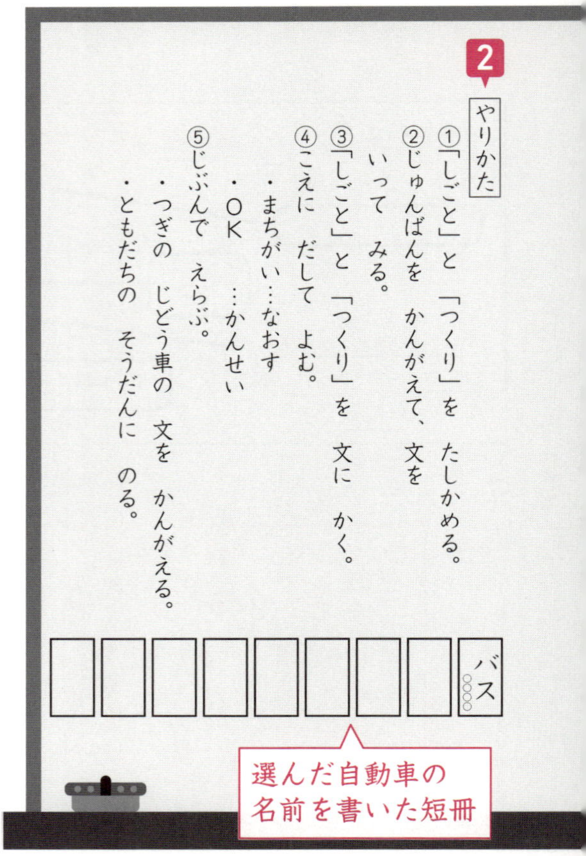

2
やりかた
①「しごと」と「つくり」を たしかめる。
②じゅんばんを かんがえて、文を いって みる。
③「しごと」と「つくり」を 文に かく。
④こえに だして よむ。
・まちがい…なおす
・OK …かんせい
⑤じぶんで えらぶ。
・つぎの じどう車の 文を かんがえる。
・ともだちの そうだんに のる。
バス

選んだ自動車の名前を書いた短冊

授業の流れ ▷▷▷

1 前時に決めた「しごと」と「つくり」を見直す 〈10分〉

〇学習計画を見て、本時のめあてを確認する。
T　救急車の文を見てみましょう。どんな順番で書いてありますか。
・「しごと」「そのために」「つくり」の順番です。
T　「しごと」と「つくり」を選ぶときに大切なことは何でしたか。
・「しごと」のための「つくり」を選びます。
・「しごと」をするときにないとこまる「つくり」が大事です。
T　前に決めた「しごと」と「つくり」が大丈夫かどうか、友達と一緒に見直してみましょう。
〇ペアで確認し合い、関係付いていないものがあれば、修正するようにする。

2 メモと文章を見比べ、文章化する方法を確かめる 〈10分〉

T　メモカードを基に、図鑑の文章を書きました。どこがどの文になったのか考えましょう。
・「しごと」には、１つ目のことを書いています。
・「つくり」は、メモカードと文章でちょっと違っています。
T　なぜ、変えているのだと思いますか。
・「うんてんせきのうしろがひろい」だと、どうしてかが分かりません。
・何のために広いかの、理由を書いているのだと思います。
・ベッドが入らないと、けがや病気の人をどうやって運ぶかが分からないからです。
〇メモを書き写すだけではないことを確認する。

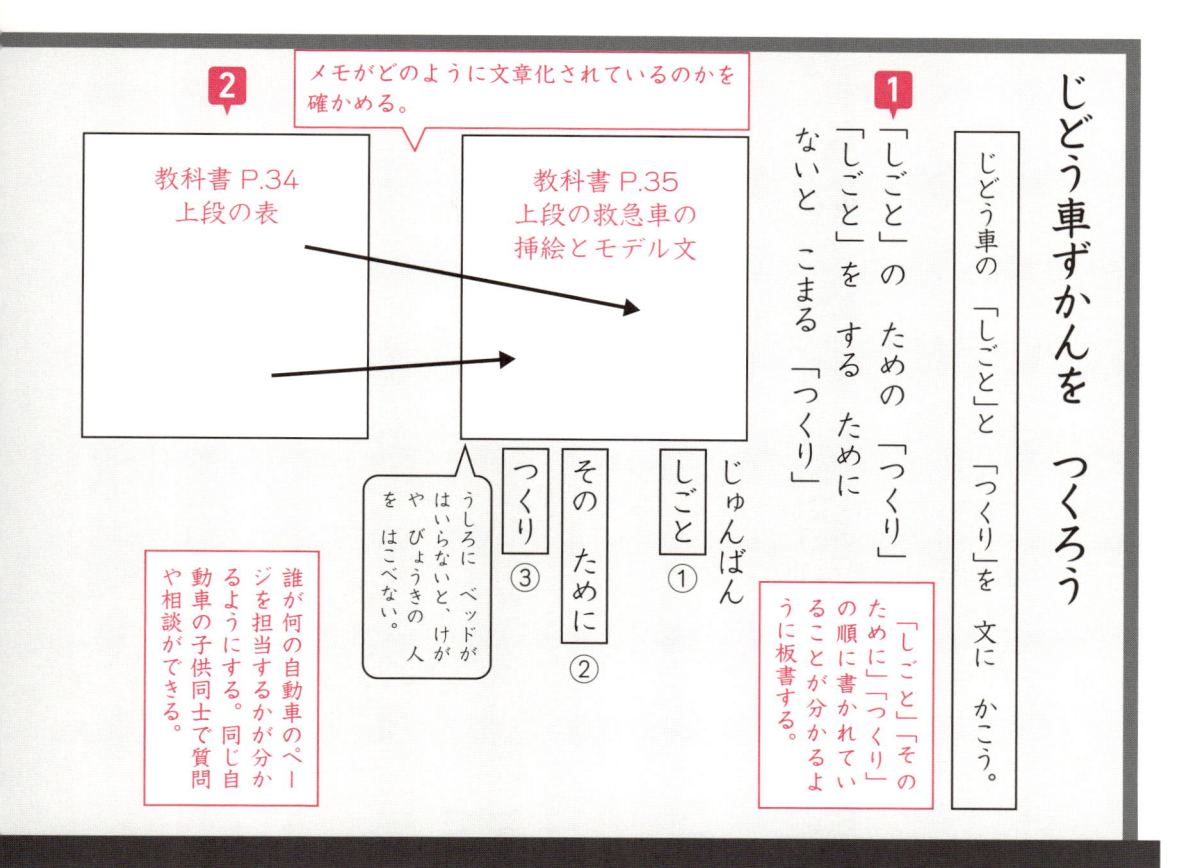

じどう車ずかんを　つくろう

じどう車の「しごと」と「つくり」を　文に　かこう。

1

「しごと」の　ための「つくり」
「しごと」を　する　ために
ないと　こまる「つくり」

「しごと」「その　ために」「つくり」の順に書かれていることが分かるように板書する。

じゅんばん
しごと ①
その　ために ②
つくり ③

うしろに　ベッドが　はいらないと、けが　や　びょうきの　人　を　はこべない。

メモがどのように文章化されているのかを確かめる。

2

教科書 P.35
上段の救急車の挿絵とモデル文

教科書 P.34
上段の表

誰が何の自動車のページを担当するかが分かるようにする。同じ自動車の子供同士で質問や相談ができる。

3 構成を確かめて文章を書く〈25分〉

T　「しごと」と「つくり」の順番に気を付けて、書いてみましょう。

○手順を板書し、確認しながら進めることができるようにする。

○終わったら、自分で声に出して読み返す。その後、別の自動車のページを書くか友達の相談に乗って教えるのかは、本人に選択させる。

○困ったら友達に相談し、内容の順番を確かめたり一緒に文を考えたりする等、対話的に学習をすることができるようにする。

T　隣の友達の文章を声に出して読みましょう。

○声に出して読むことで、誤字脱字に気付かせ修正させる。

よりよい授業へのステップアップ

個に応じた指導の工夫

書くことは、個人差の大きい学習である。もっとたくさん「つくり」を書けそうだという子供には「じどう車くらべ」と同様の構成にして「つくり②」を書かせてもよい。なかなか書き始めることができないという子供には、書き出しが記入されていたり穴埋め形式になっているシートを使用させるとよい。全員同じ形式ではなく、個に応じて柔軟な対応が必要となる。

本時案

じどう車ずかんを　つくろう　4/5

本時の目標

・「しごと」と「つくり」の関係や順序に気を付けて書いた文章を読み返し、文章の構成を確かめることができる。

本時の主な評価

❶共通、相違、事柄の順序など情報と情報との関係について理解している。【知・技】
❷書くことにおいて、自分の考えが明確になるように、事柄の順序に沿って簡単な構成を考えている。【思・判・表】
・進んで情報と情報との関係を考えながら内容の大体を捉え、学習課題に沿って分かったことを書こうとしている。

資料等の準備

・学習計画　掲示用　・救急車の本のページ　拡大
・間違いのあるモデル文２つと、正しく直したモデル文　・清書用の用紙
・前時に選んだ自動車を書いた短冊

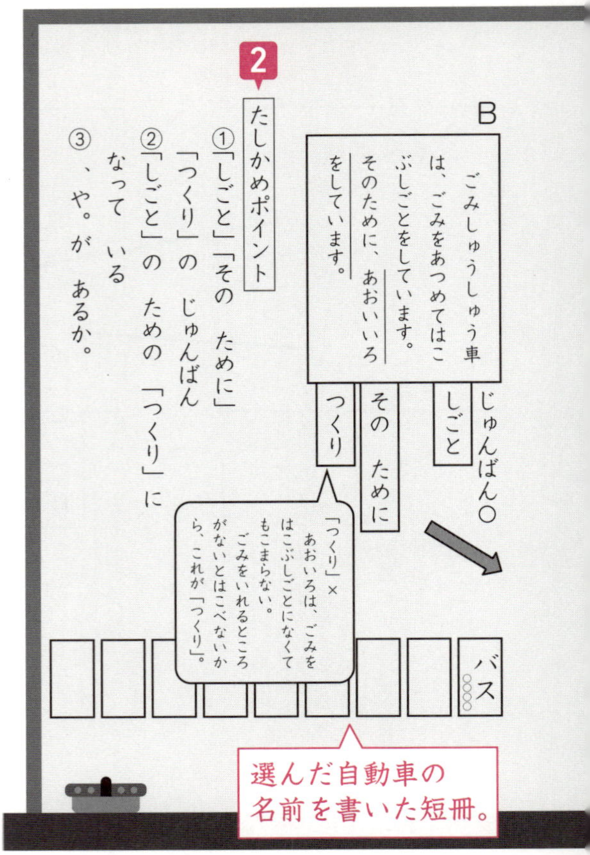

B
ごみしゅうしゅう車は、ごみをあつめてはこぶしごとをしています。そのために、あおいいろをしています。
じゅんばん○
しごと
その　ために
つくり
「つくり」×
あおいろは、ごみをはこぶしごとになくてもこまらない。
ごみをいれるところがないとはこべないから、これが「つくり」。
2
たしかめポイント
①「しごと」「その　ために」「つくり」の　じゅんばん
②「しごと」の　ための　「つくり」に　なって　いる
③、や。が　あるか。
バス
選んだ自動車の名前を書いた短冊。

授業の流れ ▷▷▷

1　モデル文を見て読み返す際のポイントを確かめる　〈10分〉

○学習計画を見て、本時のめあてを確認する。「しごと」と「つくり」の関係と順序を確かめる。
○Ａのモデル文を黒板に貼る。「あれ、違う」「さかさま」等のつぶやきが出たら、問いかける。
T　どこが違いますか。どう直したらよいですか。
・「つくり」が先に書いてあります。
・「つくり」と「しごと」を反対に書きます。
○やり取りしながらＡを直し、Ｂを提示する。
T　これは、どうですか。
・「しごと」と「つくり」の順番はいいけど、「つくり」を変えたほうがいいです。
・青色は、ごみを運ぶときなくても困りません。
○読み直しのポイントを板書してまとめる。

2　前時に書いた文章を読み返し、間違いがあれば直す　〈15分〉

T　前の時間に書いた文章を読み直してみましょう。
○まず、自分で読み返し、修正する箇所があれば赤鉛筆で書き直させる。それぞれのポイントを意識して３回読み直しをするとよい。
T　友達と交換して読み合い、気付いたことがあれば相手に伝え、青鉛筆で書き込ませる。
○ペアを替えて複数回行う。
T　どんな文章で清書するかを考えてから、声に出して確かめましょう。

じどう車ずかんを　つくろう

じゅんばんを　たしかめて、せいしょしよう。

1 「しごと」の　ための　「つくり」
「しごと」を　する　ために　ないと　こまる
「つくり」

教科書 P.35
上段の挿絵と
モデル文

じゅんばん
しごと ①
その　ために ②
つくり ③

A

ごみしゅうしゅう車は、うしろにごみをいれるところがあります。
そのために、ごみをあつめてはこぶしごとをしています。

じゅんばん×
つくり
その　ために
しごと

ごみしゅうしゅう車は、ごみをあつめてはこぶしごとをしています。
そのために、うしろにごみをいれられるようになっています。

Aの違うところやどうやって直すとよいかを考えた後に出す。

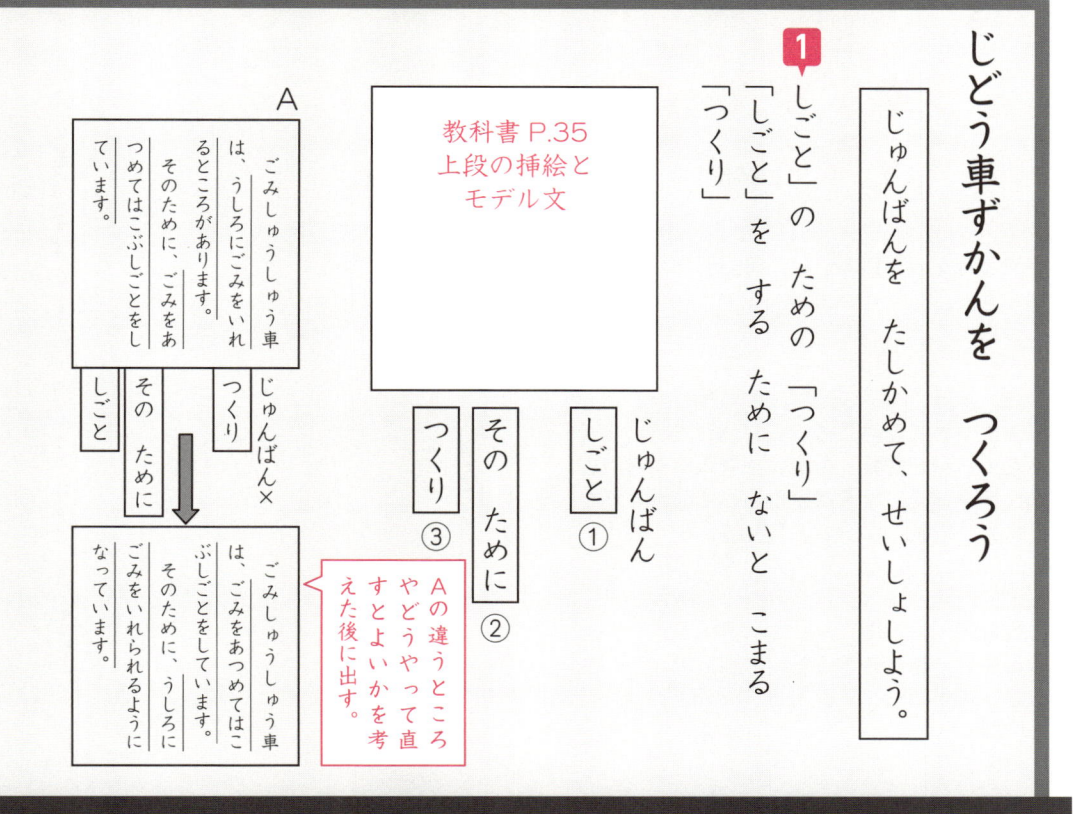

3 文章と絵をかいて図鑑のページを仕上げる〈20分〉

T　文章と絵をかいて、図鑑のページを仕上げましょう。

○文章から書かせるとよい。図書館に置いて様々な人に読んでもらうということを確認し、清書に取り組ませる。姿勢や鉛筆の持ち方等も確認するとよい。

○ 1 枚できたら読み返し、完成。時間に余裕があれば、2 枚目の清書をしてもよい。

よりよい授業へのステップアップ

読み返す習慣を付ける

文章を書いたら読み返し、誤りがあれば修正をする習慣を付けたい。

その際、観点を示し、それに沿って読み返すようにさせるとよい。意識させたい観点が複数の場合は、一つの観点につき 1 回読み返すようにする。指で文をなぞりながら声に出して読ませ、一つでも誤りに気付くことができたら大いに褒めるとよい。

読み返して直す経験を重ねることで活動に慣れ、次第に複数の観点を意識しながら読み返すことができるようになっていく。

本時案

じどう車ずかんを　つくろう　5/5

本時の目標

・完成した文章を読み合い、感想を伝えることができる。

本時の主な評価

❶共通、相違、事柄の順序など情報と情報との関係について理解している。【知・技】

❸進んで情報と情報との関係を考えながら内容の大体を捉え、学習課題に沿って分かったことを書こうとしている。【態度】

資料等の準備

・学習計画　掲示用

・学習感想モデルを書くための画用紙

・じどう車ずかん　子供用１人１冊

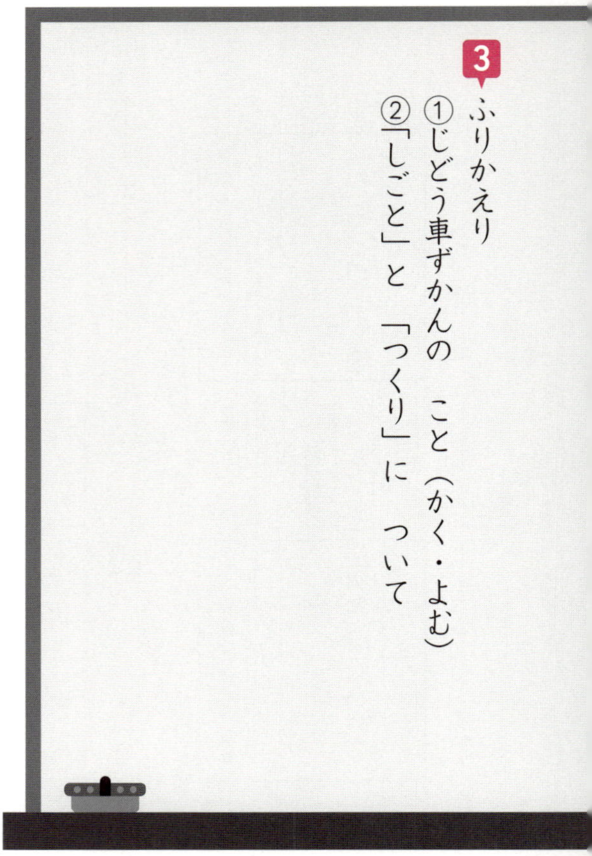

3
ふりかえり
①じどう車ずかんの　こと（かく・よむ）
②「しごと」と「つくり」に　ついて

授業の流れ ▷▷▷

1 完成した「じどう車ずかん」を読む〈10分〉

○製本した「じどう車ずかん」を配布する。ページを開いて読み始めるので、しばらく読ませておく。

T　どうですか。

・私のページがあってうれしいです。

・いろいろな自動車のページがあってすごい。

・もっと読みたいです。

○学習計画を確認し、本時のめあてを確認する。

2 友達の「じどう車ずかん」に感想を書く〈25分〉

T　友達の書いたページを読んで、感想を書きましょう。どんなことを書いたらよいですか。

・「○○がよかったよ。」です。（よいところ）

・「○○の「しごと」がよくわかりました。」です。（よく分かったこと）

・「○○なのをはじめてしりました。」もいいと思います。（初めて知ったこと）

○文型で板書し、参考にできるようにする。

T　救急車のページだったら、何を書きますか。

・「うしろにベッドがはいるとはじめてしりました。」

・「びっくりしました。」

○発言を聞きながら感想のモデル文を作成する。

○図鑑の裏表紙に感想を書くことができるようにし、互いの図鑑に感想を書き合うようにする。

じどう車ずかんを　つくろう

「じどう車ずかん」を　よみあって、かんそうを　かこう。

2 よみあいポイント

①よむ
②かんそうを　かく

○よい　ところ
〜が　よかったよ。

○よく　わかった　こと
〜が　よく　わかったよ。

○はじめて　しった　こと
はじめて　しって…だよ。

きゅうきゅう車のうしろに　ベッドがはいるのを　はじめてしってびっくりしたよ。
なまえ

児童の発言を聞きながら、感想のモデル文を作成する。

3 単元の学習を振り返る　〈10分〉

T　学習の振り返りをしましょう。
○振り返りの視点を示す。
・図鑑のページを書くのが楽しかったです。
・移動する水族館や本屋さんがあるのを知ってびっくりしました。
・「しごと」「そのために」「つくり」の順に書くのを頑張りました。
・いろんな「しごと」と「つくり」があって、びっくりしました。
・「しごと」が分かりやすかったけど、「つくり」が難しかったので、どれが「つくり」か考えることが大事だと思いました。
・「つくり」がないと「しごと」にならないと思いました。

よりよい授業へのステップアップ

製本の工夫

　一人一人が書いたページをまとめて図鑑にする。１人１冊作成し、感想を書き合ったり家に持ち帰ったりすることができるようにするとよい。印刷機で増刷りしたものを子供用、原本を図書室用にする。カラーコピーやスキャナーが使える場合には活用すると簡単にできる。

　１冊にまとめる方法としては以下のようなものが考えられる。
○ポケットファイルに入れる。
○ホチキス止め後、製本テープを貼る。
○のりで貼り合わせ、製本テープを貼る。

資料

1 じどう車ずかん例

図書室用

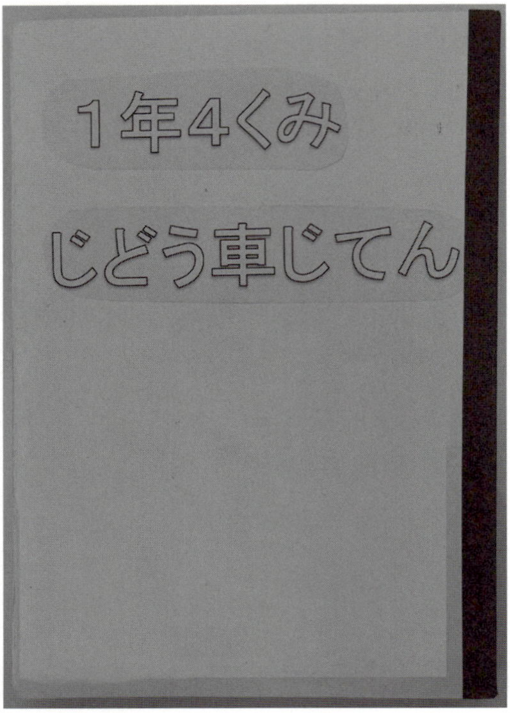
1年4くみ
じどう車じてん

2 メモカード 07-01

ねん　くみ　なまえ（　　）

じどう車の　なまえ

しごと

つくり

3 作品例① 「しごと」そのために「つくり」

サファリバス

ねん　くみ　なまえ（　　）

サファリバスは　どうぶつえんで　人を　のせて
どうぶつを　見せる　しごとを　して　います。
その　ために、バスの　まどは　あみあみに
なって　いて、ガラスが　いっさい　ついて
いません。

作品例②　「しごと」そのために「つくり①」「使い方」

パトロールカー

ねん　くみ　なまえ（　　　　　　）

パトロールカーは、じけんや　じこが　おきて　いないか、まちを　見まわる　しごとを　して　います。その　ために、パトロールカーの　やねには、あかく　ひかる　ランプが　ついて　います。いそいで　いる　ときは、ランプと　サイレンで　まわりに　いそいで　いる　ことを　しらせます。

作品例③　「しごと」そのために「つくり①」「つくり②」

ポンプ車

ねん　くみ　なまえ（　　　　　　）

ポンプ車の　まえの　ところが　かっこいい　から、わたしは　これに　しました。

ポンプ車は、水で　火を　けす　しごとを　して　います。その　ために、ホースが　ついて　いて　さきから　水が　でます。水の　いきおいを　かくにんしたり、ちょうせつしたり　する　ための　メーターや　レバーなど、さまざまな　ものが　とりつけられて　います。

かたかなを　かこう　（2時間扱い）

〔知識及び技能〕(1)ウ

単元の目標

・片仮名それぞれの書き順を理解し、正しく書いている。
・片仮名ののばす音や小さく書く音の書き方を知り、正しく書くことができる。

評価規準

知識・技能	❶片仮名を読み、書くとともに、片仮名で書く語の種類を知り、文や文章の中で使うことができる。〔知識及び技能〕(1)ウ)
主体的に学習に取り組む態度	❷進んで片仮名で書く長音、拗音、促音、撥音の言葉を見つけ、学習課題に沿って正しく書こうとしている。

単元の流れ

時	主な学習活動	評価
1	**学習の見通しをもつ** 身の回りにあるもので、片仮名でのばす音を使って書く言葉を探す。 教科書 P.36の言葉を音読し、全ての言葉が片仮名で書き、のばす音であることを確認し、プリントで練習する。 グループで相談し、片仮名でのばす音を使った言葉集めをする。 グループごとに集めた言葉を発表する。	❶
2	身の回りのあるもので、片仮名の促音、拗音を使って書く言葉を探す。 教科書 P.37を見て、促音の「ツ」「ヤ」「ユ」「ヨ」をマス目のどこに書くかを確認し、プリントで練習する。 **学習を振り返る** 1時同様、言葉集めと発表をする。	❷

授業づくりのポイント

〈単元で育てたい資質・能力〉

この時期の子供は、日常生活や読み聞かせを通して、片仮名に親しんではいるが、その表記の仕方については曖昧な部分も少なくない。そのような実態を踏まえて、まず片仮名で書く言葉をたくさん出させて、その中から促音や長音で書く言葉を取り上げて、正しく書けるようにさせていきたい。またグループ活動を取り入れることによって、自分の知らない語彙に出合うことによって一人一人の語彙の充実も図りたい。

具体例

○子供は、多くの言葉を知っており、新しく知ることにも興味をもっている。したがって初めはできるだけ多くの言葉を出させたい。その中から平仮名で書くか、片仮名で書くかの区別も行っていく。

○片仮名を含む言葉が、多く出てくる本を読み聞かせることによって、促音や長音を確認し、その書き方に興味をもたせるようにしたい。

○グループで言葉集めを行うことによって、片仮名の言葉を発音し、表記の仕方と関連付けるとともに、語彙を増やすことにつなげたい。

〈教材・題材の特徴〉

教科書のP.36では長音で書く言葉、P.37では、促音で書く言葉と、促音と長音で書く言葉と拗音と長音で書く言葉と分けて書かれている。最初は難しいかもしれないが、言葉集めをする際は、分けて板書するなど片仮名の使い方の特徴に気付かせることも大切となる。また片仮名の文字に▲マークが付けられているように、文字指導も同時に行いたい。片仮名は漢字にもつながる文字であるため、文字指導は機会あるごとに繰り返し行い定着を図りたい。

具体例

○P.36では、「ソース」「ホース」「ケーキ」「カヌー」「シートベルト」と長音のみ使う言葉、P.37では「ヘルメット」「ロケット」で促音で書く言葉。「キャンプ」で拗音を、「ニュース」と「ショベルカー」で拗音と長音の両方で書く言葉と分けている。それぞれの特徴に気付かせたい。

○片仮名の書き順、文字指導については、それに費やせる時間が十分確保されていないのが現実である。高学年でも間違った書き方をしている子供を目にすることがある。この単元では「ツ」と「シ」「ソ」と「ン」が出ているので字体をしっかり指導したい。

〈言語活動の工夫〉

促音、長音に慣れるには、言葉に合わせて手拍子をすることが有効である。のばす音、つまる音に合わせて手拍子を打ち、片仮名の表記につなげていきたい。言葉集めでは、動物の名前、乗り物の名前、食べ物の名前など、子供が身近に知っている言葉のグループを提示すると、言葉集めがスムーズに進行すると思われる。

具体例

○手拍子で表現する場合、「スキ」と「スキー」では、後者では長音の際に手が大きく広がるであろう。その場面を多少大げさに表現するとイメージが定着しやすいだろう。促音でも「ツ」が入る際は、手拍子を短くはねるように打つと同様にイメージしやすいであろう。

本時案

かたかなを かこう

1/2

本時の目標

・片仮名それぞれの書き順を理解し、正しく書くことができる。

本時の主な評価

❶片仮名ののばす音の書き方を知り、書き方に気を付けて書いている。

資料等の準備

・教科書 P.36の拡大コピー
・十字つきのミニ黒板

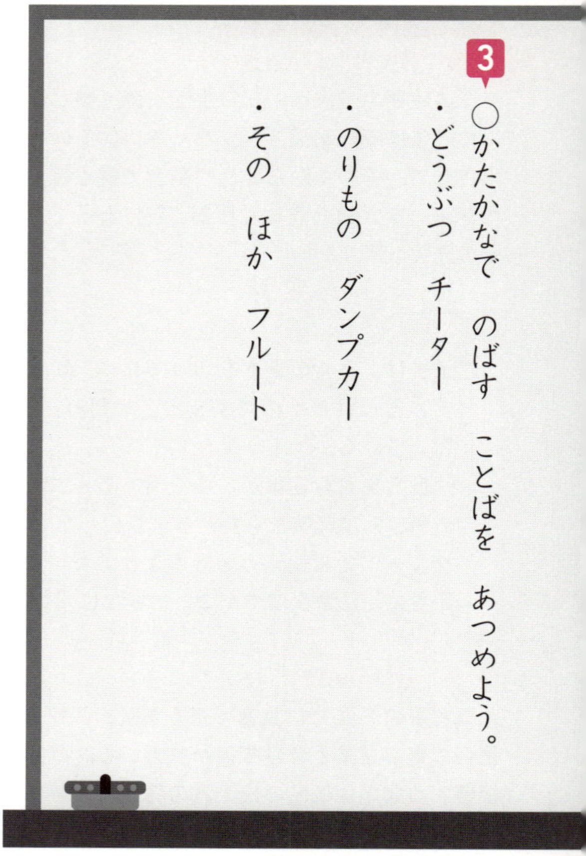
3
○かたかなで　のばす　ことばを　あつめよう。
・どうぶつ　チーター
・のりもの　ダンプカー
・その　ほか　フルート

授業の流れ ▷▷▷

1 片仮名でのばす音をさがす 〈15分〉

T　片仮名を勉強しましたね。今日は、のばす音の入った片仮名の勉強をしましょう。どんな言葉を知っていますか。

・ヘリコプター　・クレーン
・パンジー　・スーパーカー

T　いろいろな言葉を知っていますね。それでは、平仮名のときなどと同じく、手拍子を打ってリズムよく言ってみましょう。

T　ヘリコプター（タタタタター）

・ヘリコプター（タタタタター）

T　次は教科書に載っている言葉です。

T　ソース（タータ）

・ソース（タータ）

○すべての言葉を同様に手拍子打ちしながら読んでいく。

2 片仮名でのばす音の書き方を学ぶ 〈15分〉

T　片仮名でのばす言葉の書き方を勉強したいと思いますが、黒板に書かれている言葉を見て気付いたことはありますか。

・のばすところは、横棒のように書いています。

T　そうですね、平仮名では「へりこぷたあ」では、「あ」でのばしましたね。パンジーは「ぱんじい」と「い」でのばしました。でも片仮名の場合は、のばす音は「―」棒のような印で書きます。

　では、ノートにのばす印を練習しましょう。

T　教科書の５つの言葉をノートに書いていきましょう。

かたかなを　かこう

かたかなで　のばす　おんの　ある　ことばを
かこう。

1

○のばす　おんの　はいる　ことば

・ヘリコプター　・クレーン

・パンジー　・スーパーカー

P.36の教材文

2

○ひらがなでは　・へりこぷたあ　・ぱんじい

○かたかなでは　・ヘリコプター　・パンジー

十字つきの枠を用意する。ミニ黒板があれば
それがよい。

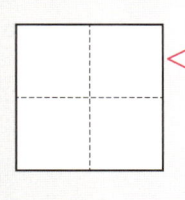

3 片仮名でのばす音の言葉を集める〈15分〉

T　今日の最後は、みんなで片仮名でのばす言葉集めをしましょう。どんな言葉がありますか。

・フルート

・ダンプカー

T　いろいろ出そうですね。では、動物、乗り物などに分けて見つけてみましょう。

T　みんなの力でたくさん見つかりましたね。今まで知らなかった言葉も見つかってよかったですね。

よりよい授業へのステップアップ

片仮名の定着のために

発達段階的にこの時期の子供は、言葉への興味が強く、片仮名で書く言葉もかなり知っている。ただし正確な書き方はまだ定着していないので、時間があればできるだけたくさんの言葉を集めたい。また日常の日記や作文の指導を通して、片仮名で書く言葉を意識させていくことも大切である。

本時案

かたかなを かこう

2/2

本時の目標

・片仮名の促音、拗音の表記を正しく書くことができる。

本時の主な評価

❷進んで片仮名で書く長音、拗音、促音、撥音の言葉を見つけ、学習課題に沿って正しく書こうとしている。【態度】

・片仮名の長音、拗音、促音、撥音などの表記の使い方を理解して文や文章の中で使っている。

資料等の準備

・教科書 P.37の拡大コピー

・十字つきのミニ黒板

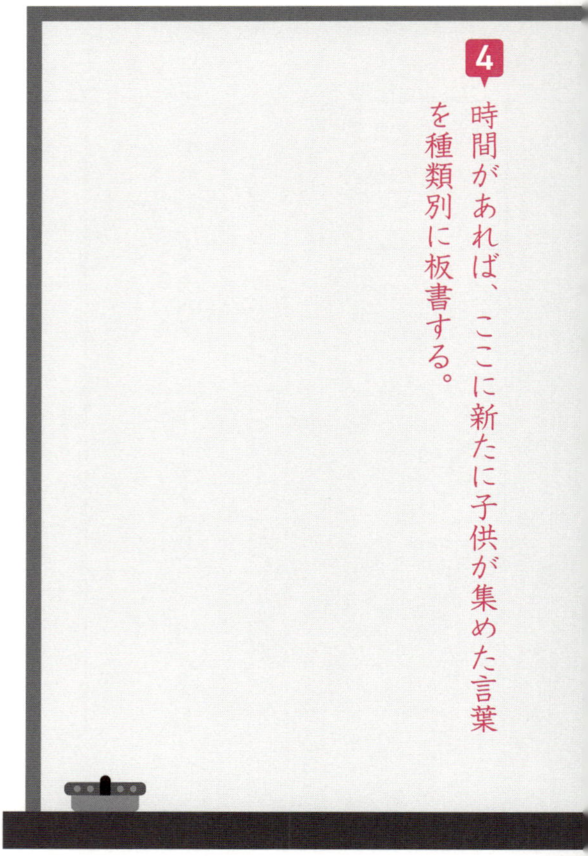

4
時間があれば、ここに新たに子供が集めた言葉を種類別に板書する。

授業の流れ ▷▷▷

1 片仮名で、小さい「ッ」「ャ」「ュ」「ョ」の入る言葉を探す 〈10分〉

T 先生の昨日の日記の最初の部分です。何か気付きましたか。

・サカーはおかしいです。小さな「ッ」を入れてサッカーと書きます。

T 直してくれてありがとう。では今日は、片仮名で小さく書く言葉を探しましょう。

・サッカー　・チョーク

・ヘルメット　・ポケット

・シャベル　・ニュース

T たくさん見つかりましたね。それでは昨日と同じく手拍子を打ちながら読んでみましょう。

T サッカー（タッタタ）

・サッカー（タッタタ）

○子供から出た言葉を同様にリズム打ちする。

2 教科書の片仮名の言葉を、同様に手拍子を付けて読む 〈10分〉

T 教科書の37ページを見てください。手拍子を打ちながら読んでみましょう。

T ヘルメット（タタタッタ）

・ヘルメット（タタタッタ）

○すべての言葉を同様に手拍子打ちしながら読んでいく。速さを変えるなどして感覚をつかませる。

かたかなを　かこう

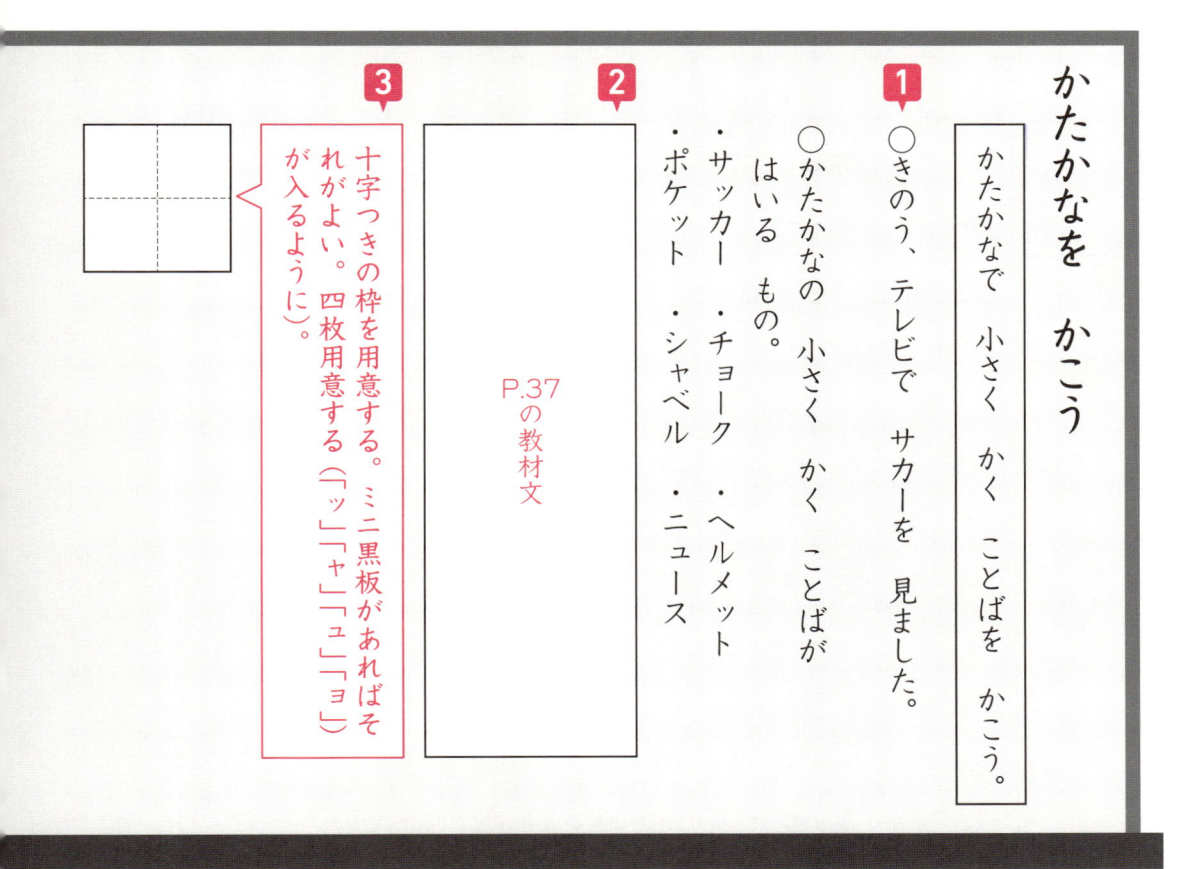

かたかなで　小さく　かく　ことばを　かこう。

1

○きのう、テレビで　サカーを　見ました。

○かたかなの　小さく　かく　ことばが　はいる　もの。

・サッカー　・チョーク　・ヘルメット

・ポケット　・シャベル　・ニュース

2

P.37の教材文

3

十字つきの枠を用意する。ミニ黒板があればそれがよい。四枚用意する（「ッ」「ャ」「ュ」「ョ」が入るように）。

3 小さい「ッ」「ャ」「ュ」「ョ」の書き方を学ぶ〈15分〉

T　小さい「ッ」「ャ」「ュ」「ョ」の書き方を勉強したいと思いますが、教科書37ページと黒板に貼ってある拡大したものを見て気付いたことはありますか。

・小さい文字はマスの上の右側に入れています。

T　そうですね。平仮名の小さく書く文字と一緒で、上の右側に書きます。それではノートに５回ずつ練習しましょう。

T　次に教科書37ページの言葉を練習しましょう。

○終わったら最初に集めた言葉も書く。

4 小さい「ッ」「ャ」「ュ」「ョ」の言葉を集める〈10分〉

T　片仮名でのばす言葉のときと同じように小さい「ッ」「ャ」「ュ」「ョ」を使う言葉を集めましょう。

○乗り物、動物、食べ物などヒントを与えると言葉集めがしやすい。図書の時間などを活用し、あらかじめ関連する本（図鑑など）を用意しておくことも必要。

○集めた言葉を短冊に書くなどして教室に掲示することも語彙の定着の助けとなる。

ともだちの　こと、しらせよう　（6時間扱い）

〔知識及び技能〕(1)オ　〔思考力、判断力、表現力等〕A話すこと・聞くことエ　B書くことオ　関連する言語活動例 A(2)イ　B(2)ア

単元の目標

・友達が今、一番楽しいと思っていることを聞き、取材したことを文章に書くことができる。

評価規準

知識・技能	❶身近なことを表す語句の量を増し、話や文章の中で使うとともに、言葉には意味による語句のまとまりがあることに気付き、語彙を豊かにしている。(〔知識及び技能〕(1)オ)
思考・判断・表現	❷「話すこと・聞くこと」において、話し手が知らせたいことや自分が聞きたいことを落とさないように集中して聞き、話の内容を捉えて感想をもっている。(〔思考力、判断力、表現力等〕Aエ) ❸「書くこと」において、文章に対する感想を伝え合い、自分の文章の内容や表現のよいところを見つけている。(〔思考力、判断力、表現力等〕Bオ)
主体的に学習に取り組む態度	❹進んで友達の知らせたいことや自分が聞きたいことを落とさないように集中して聞き、学習の見通しをもって、友達の今、一番楽しいと思っていることの感想をもとうとしている。

単元の流れ

次	時	主な学習活動	評価
一	1	**学習の見通しをもつ** ともだちの　こと、しらせよう」という学習課題を確認する。 学習の見通しをもつ。	❹
二	2	今、一番楽しいことを友達に聞くインタビューの仕方を考える。	
	3	今、一番楽しいことを友達に聞くインタビューをする。	❷
	4	友達に聞いた、今、一番楽しいことを文章に書く方法を考える。	
	5	友達に聞いた、今、一番楽しいことを文章に書く。	❶
三	6	**学習を振り返る** 書いた文章を友達と読み合って感想を交流する。 友達の文章を読んで、思ったことや分かったことを伝え、学習を振り返る。	❸

授業づくりのポイント

〈単元で育てたい資質・能力〉

本単元のねらいは、話し手が知らせたいことや自分が聞きたいことを落とさないように集中して聞き、感想をもつ力を育むことである。どの学習でも友達の考えや思いを聞くことはあるだろう。友達に聞くことを楽しみに思い、ただ友達の話すことを聞くのではなく、自分とつなげて考えたり、友達の思いを想像したりして聞くことを意識させていきたい。今、一番楽しいことを友達に聞くインタビューの仕方を丁寧に指導することで、次の段階の書く活動も主体的に学習に取り組めるようにする。

具体例

○話し手が知らせたいことや自分が聞きたいことを落とさないように集中して聞き、感想をもつ力を育むために、今、一番楽しいことを友達に聞くインタビューの仕方の練習をするとよい。友達にインタビューしながら、思ったことを言ったり、もっと知りたいことを聞いたりする時間をじっくり取ることが、次の書く活動にも生かされる。友達の話を考えながら聞くことが、自ら「もっと聞きたい」「聞いたことを書きたい」「書いたことを伝えたい」という子供の意欲へとつながる。

〈教材・題材の特徴〉

「話すこと・聞くこと」と「書くこと」の二段階の学習過程の単元である。まず、今、一番楽しいことを友達にインタビューし、知らせたいことかを考えながら聞く。そして、それについて文章に書く。最後に書いた文章を友達と読み合い、思ったことや分かったことを伝え合うという学習過程である。

具体例

○友達に今、一番楽しいことを聞く学習過程では、「どんなとびかたができますか」「どうやってれんしゅうしましたか」と質問をしながら友達の話を落とさないように集中して聞くことや、おもしろいところや驚いたこと、もっと知りたいことを、考えながら聞くことが期待できる。友達に聞いたことが、その後の書く活動へと生かされ、主体的で対話的な学習へとつながる。

〈言語活動の工夫〉

これからの学習で、友達の考えや思いを聞き、自分の考えを広げたり深めたりしていくことが多くあるだろう。友達の話を考えながら聞くことを楽しみに思い、ただ友達の話すことを聞くのではなく、自分とつなげて考えたり、友達の思いを想像したりして聞くことの学びの体験を大切にする。

具体例

○「〜だそうです」という言葉を使うことで、友達にインタビューしたことを伝えることができることに気付き、日常的にも使えるようにしていく。

本時案

ともだちの こと、しらせよう

1/6

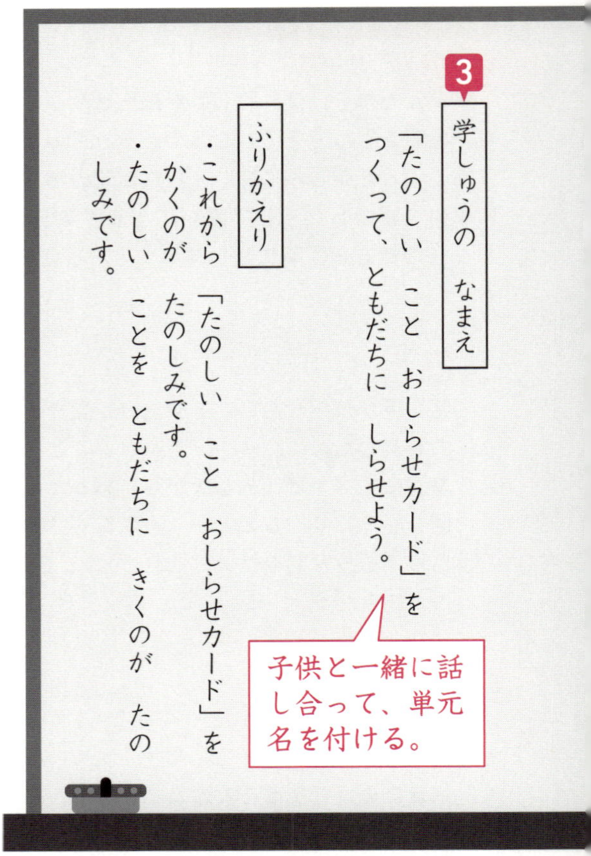
3
学しゅうの なまえ
「たのしい こと おしらせカード」を
つくって、ともだちに しらせよう。
ふりかえり
・これから 「たのしい こと おしらせカード」を
かくのが たのしみです。
・たのしい ことを ともだちに きくのが たの
しみです。
子供と一緒に話し合って、単元名を付ける。

本時の目標

・「ともだちのたのしいことをきいて、みんなに文しょうでしらせよう」という学習課題を立て、学習の見通しをもつことができる。

本時の主な評価

❹友達の今、一番楽しいと思っていることに関心をもち、学習計画を立てようとしている。【態度】

資料等の準備

・教師作成の「たのしい こと おしらせカード」の見本 09-01
・学習計画用の模造紙

授業の流れ ▷▷▷

1 自分の今、一番楽しいことを発表する 〈5分〉

T みなさんの今、一番楽しいことは何ですか。
・折り紙を折ることです。
・サッカーをすることです。
・ラグビーをすることです。
・野球をすることです。
・縄跳びをすることです。
・一輪車をすることです。
・ドッジボールをすることです。
○今、一番楽しいことを自由に発表させ、友達の楽しいことを聞きたいという意欲を高める。今、一番楽しいことを言えない子供には、学校の学習で楽しいこと、友達と遊んでいて楽しいことなど視点を与える。

2 友達に今、一番楽しいことを聞き、文章で知らせるという学習計画を立てる 〈35分〉

T みなさんの今、一番楽しいことはたくさんありますね。先生は、校長先生の今、一番楽しいことを聞いたカードを作ってきました。
・校長先生は餃子を作ることが楽しいんだね。
・もっと校長先生に聞いてみたいな。
・私もカードを作ってみたい。
・お隣さんと一番楽しいことを話したい。
・話したことをクラスのみんなに伝えたいな。
○「たのしい こと おしらせカード」の見本を提示し、学習計画を子供と話し合いながら作っていく。①今、一番楽しいことを友達に聞く。②友達に聞いたことを文章に書く。③書いた文章を読み合う。という学習の流れを作っていく。

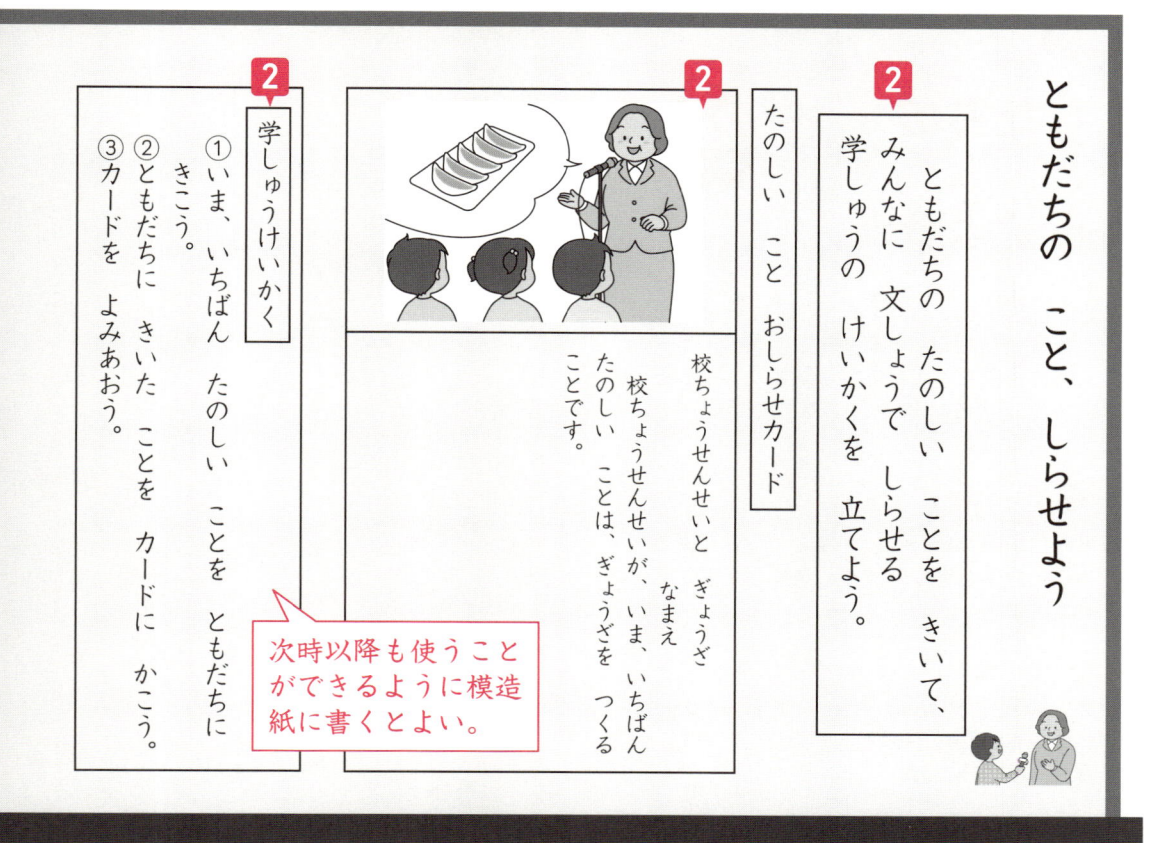

ともだちの こと、しらせよう

2

ともだちの たのしい ことを きいて、
みんなに 文しょうで しらせる
学しゅうの けいかくを 立てよう。

2

たのしい こと おしらせカード

校ちょうせんせいと ぎょうざ

なまえ

校ちょうせんせいが、いま、いちばん
たのしい ことは、ぎょうざを つくる
ことです。

2

学しゅうけいかく

①いま、いちばん たのしい ことを ともだちに
きこう。

②ともだちに きいた ことを カードに かこう。

③カードを よみあおう。

次時以降も使うことができるように模造紙に書くとよい。

3 学習で「たのしい こと おしらせカード」を書くという単元の見通しをもつ〈5分〉

T 今、一番楽しいことを友達に聞いて「たのしい こと おしらせカード」を書いて伝えると、もっとみんなと仲よくなれそうですね。

・友達の今、一番楽しいことを知りたいです。

・今、一番楽しいことをみんなに教えたいです。

・友達と楽しいことについて話したいな。

○「たのしい こと おしらせカード」を書いて、クラスで今、一番楽しいことについて伝え合う学習をすることを伝える。

○単元名を話し合って一緒に作り、単元の見通しをもたせる。

T 次回は、実際に校長先生に聞いてみましょう。振り返りを書きましょう。

よりよい授業へのステップアップ

今、一番楽しいことの視点

自信をもって今、一番楽しいことを言える子供もいるが、そうではない子供もいることを想定し、楽しいことの視点をいくつか提示する。

・遊んだ中で楽しかったこと

・学習した中で楽しかったこと

・家族と出かけた中で楽しかったこと

活動のゴールの提示

学習で作成する「たのしい こと おしらせカード」を子供に提示すると、イメージをもちやすく、学習への意欲が高まる。

本時案

ともだちの こと、しらせよう 2/6

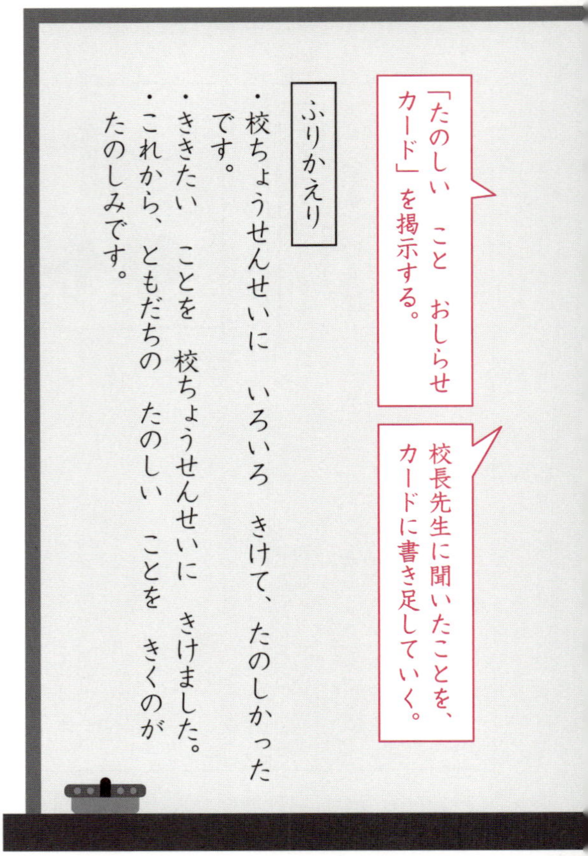
「たのしい　こと　おしらせカード」を掲示する。
校長先生に聞いたことを、カードに書き足していく。
ふりかえり
・校ちょうせんせいに　いろいろ　きけて、たのしかったです。
・ききたい　ことを　校ちょうせんせいに　きけました。
・これから、ともだちの　たのしい　ことを　きくのがたのしみです。

本時の目標

・今、一番楽しいことを校長先生に聞くインタビューの仕方を考え、自分が聞きたいことを落とさないように集中して聞くことができる。

本時の主な評価

・校長先生に尋ねたいことを考え、自分が聞きたいことを落とさないように集中して聞こうとしている。

資料等の準備

・教師作成の「たのしい　こと　おしらせカード」の見本　09-01
・学習計画用の模造紙

授業の流れ ▷▷▷

1 校長先生の今、一番楽しいことを思い出す 〈5分〉

T　校長先生の今、一番楽しいことは餃子を作ることでしたね。校長先生にもっと尋ねてみたいことはありますか。
・校長先生は、いつ餃子を作っているのかな。
・どこで餃子を作っているのかな。
・誰と餃子を作っているのかな。
・餃子を作っているとき、どんな気持ちかな。
○校長先生に尋ねてみたいことを自由に発表させ、校長先生にさらに尋ねたいという意欲を高める。
T　今日は、校長先生が来てくれます。校長先生に、みんなはどんなことを尋ねたいですか。実際に聞いてみましょう。

2 校長先生に今、一番楽しいことを聞き、練習をする 〈35分〉

T　校長先生にどのように尋ねたらよいですか。
・丁寧な言葉で聞きます。
・おもしろいところ、驚いたことを聞きたいです。
・もっと知りたいことを聞きます。
T　校長先生に実際に尋ねてみましょう。
・餃子作りでおもしろいところは何ですか。
・校長先生は、いつ餃子を作っているんですか。
○実際に尋ねることで、自分が尋ねたいことを落とさないように集中して聞く体験をする。聞いたことを教師が見本の「たのしい　こと　おしらせカード」におもしろいところ、驚いたこと、もっと知りたいことを書き足す。

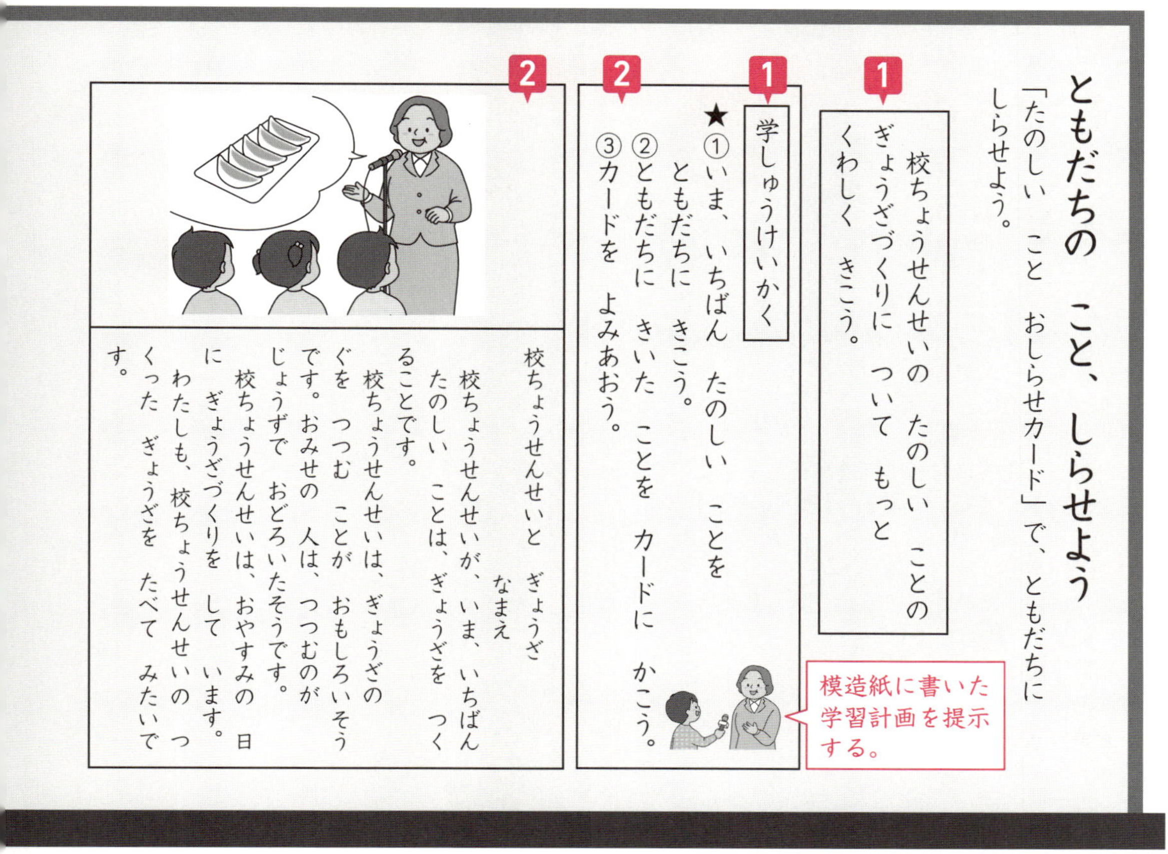

ともだちの　こと、しらせよう
「たのしい　こと　おしらせカード」で、ともだちに　しらせよう。
1
校ちょうせんせいの　たのしい　ことの　ぎょうざづくりに　ついて　もっと　くわしく　きこう。
模造紙に書いた学習計画を提示する。
1
学しゅうけいかく
★
①いま、いちばん　たのしい　ことを　ともだちに　きこう。
②ともだちに　きいた　ことを　カードに　かこう。
③カードを　よみあおう。
2
2
校ちょうせんせいと　ぎょうざ
なまえ
校ちょうせんせいが、いま、いちばん　たのしい　ことは、ぎょうざを　つくる　ことです。
校ちょうせんせいは、ぎょうざの　ぐを　つつむ　ことが　おもしろいそうです。おみせの　人は、つつむのが　じょうずで　おどろいたそうです。
校ちょうせんせいは、おやすみの　日に　ぎょうざづくりを　して　います。
わたしも、校ちょうせんせいの　つくった　ぎょうざを　たべて　みたいです。

3 校長先生に尋ねた感想を聞き、「たのしい　こと　おしらせカード」を完成する　〈5分〉

T　みなさん、校長先生に丁寧な言葉で尋ねることができましたね。おもしろいところやもっと知りたいことも尋ねられましたね。校長先生に尋ねて、どんなことを思いましたか。

・校長先生の餃子を食べてみたいです。

・校長先生に餃子の作り方を教えてほしいです。

○「たのしい　こと　おしらせカード」に尋ねたことの感想を書き足し、カードを完成する。

T　校長先生に尋ねて、「たのしい　こと　おしらせカード」ができ上がりました。次回は、実際に友達に尋ねて、みなさんも「たのしい　こと　おしらせカード」を作ってみましょう。振り返りを書きましょう。

よりよい授業へのステップアップ

実際に尋ねる体験

尋ねることを教師が代わりに答えるのではなく、都合がつけば実際に尋ねる体験をするとよい。教師と尋ねるやり取りをすることで、活動のイメージをもつことができるとともに、尋ね方も学習できる。子供たちの実態によって、もっと身近な大人を想定するなど学校事情で考えていきたい。

活動のゴールを一緒に作る経験

相手に尋ねながら、ゴールで作成する「たのしい　こと　おしらせカード」を一緒に作成していくことで、学習の進め方も自然と示すことができる。

本時案

ともだちの こと、しらせよう

3/6

本時の目標

・友達にインタビューをして、今一番楽しいことを聞くことができる。

本時の主な評価

❷自分がした質問に対して友達が答えている内容を、集中して聞いている。【思・判・表】

資料等の準備

・教師作成の「たのしい　こと　おしらせカード」の見本　09–01
・学習計画用の模造紙　09–02
・質問の吹き出しカード　09–03
・インタビューメモ　09–04

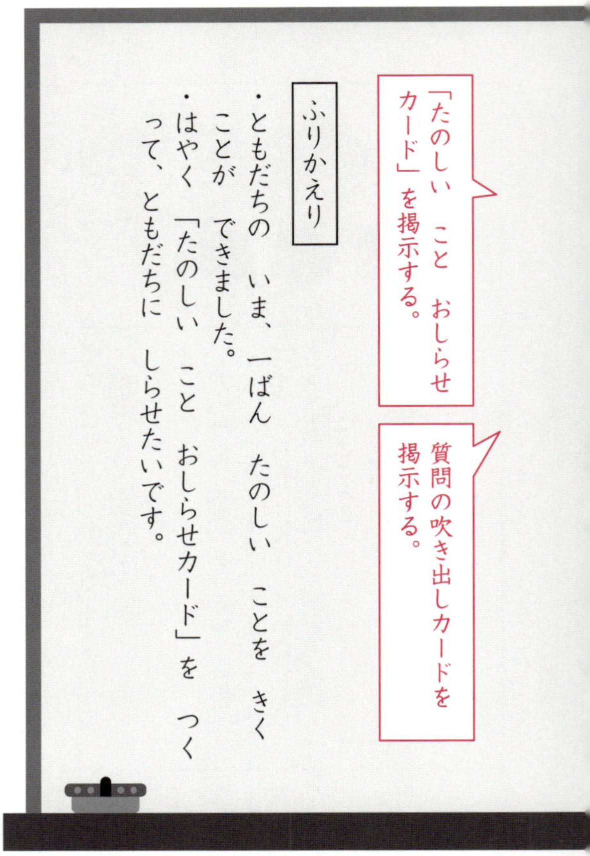
「たのしい　こと　おしらせカード」を掲示する。
質問の吹き出しカードを掲示する。
ふりかえり
・ともだちの　いま、一ばん　たのしい　ことを　きく　ことが　できました。
・はやく「たのしい　こと　おしらせカード」を　つくって、ともだちに　しらせたいです。

授業の流れ ▷▷▷

1　前時で、校長先生に尋ねたことを思い出す　〈5分〉

T　校長先生の今、一番楽しいことは餃子を作ることでしたね。校長先生にどんなことを尋ねましたか。
・今、一番楽しいと思っていることを尋ねました。
・おもしろいところです。
・驚いたことです。
・もっと知りたいことです。
○校長先生に尋ねたことを自由に発表させ、どんな観点で友達に聞いたらよいかを確認する。
T　みなさんは、友達にどんなことを尋ねたいですか。校長先生に尋ねたように、今日は、実際に尋ねてみましょう。

2　インタビューメモを書く　〈15分〉

T　「今、一番楽しいことは何ですか」とまず尋ねます。その後、友達に尋ねたいことを書きましょう。どのように質問するかをインタビューメモに書きましょう。
・おもしろいところは何ですか。
・驚いたことはどんなことですか。
・どのぐらいやっているんですか。
○質問したいことをインタビューメモに書かせる。質問内容は、友達が答えた「今、一番楽しいこと」に関わるので、具体的には書きづらい。上の３つの質問を例として、一緒に書かせるとよい。それ以降の質問については、あまり細かく準備しないで、臨機応変に尋ねながら進めていくのでよい。

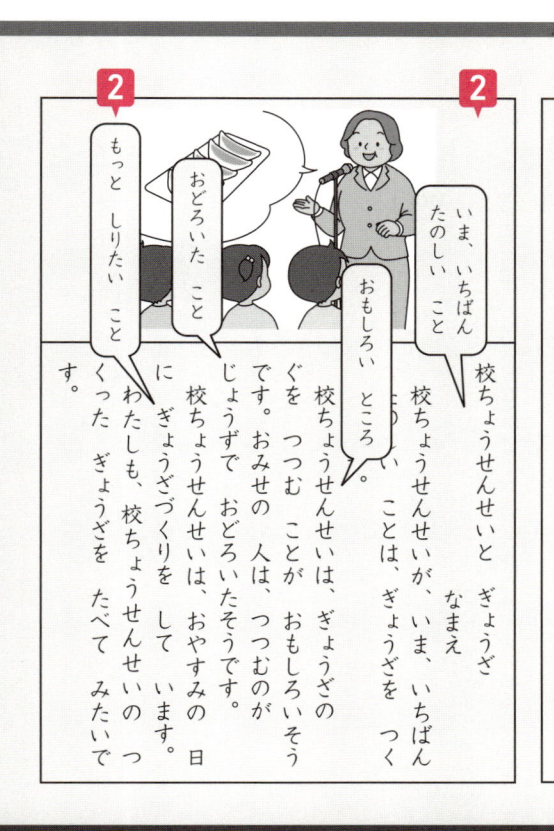

ともだちの こと、しらせよう

「たのしい こと おしらせカード」で、ともだちに しらせよう。

1 ともだちの たのしい ことに ついて きこう。

1 学しゅうけいかく

★①いま、いちばん たのしい ことを ともだちに きこう。

②ともだちに きいた ことを カードに かこう。

③カードを よみあおう。

模造紙に書いた学習計画を提示する。

2 **2**

いま、いちばん たのしい こと
おもしろい ところ
おどろいた こと
もっと しりたい こと

校ちょうせんせいと ぎょうざ

なまえ

校ちょうせんせいが、いま、いちばん たのしい ことは、ぎょうざを つくる ことです。

校ちょうせんせいは、ぎょうざの ぐを つつむ ことが おもしろいそうです。おみせの 人は、つつむのが じょうずで おどろいたそうです。

校ちょうせんせいは、おやすみの 日に ぎょうざづくりを して います。

わたしも、校ちょうせんせいの つくった ぎょうざを たべて みたいです。

3 友達に今、一番楽しいことを尋ねる〈25分〉

T　それでは、友達に聞いてみましょう。途中でメモは書かないで、話を聞きながら、もっと聞きたいことはどんどん質問しましょう。二人とも終わったら、友達に尋ねたことや感想をインタビューメモに書きましょう。

○二人組になって聞き、終わったら交代する。この活動はペア差が考えられるので、先に指示を出してから進めるとよい。

T　みなさん、友達におもしろいところやもっと知りたいことを聞けましたね。次回は、友達に聞いたことから「たのしい　こと　おしらせカード」を作ってみましょう。振り返りを書きましょう。

よりよい授業へのステップアップ

インタビューメモ

「今、一番楽しいことは何ですか」をまず尋ねる。相手の楽しいことが分からない状態で、質問を考えるので、質問内容を膨らませるのは難しい。そこで、「おもしろいところは何ですか」「驚いたことはどんなことですか」「もっと知りたいこと」（尋ねながら考える）を示すとよい。

個人差の対応

ペアによって、差が大きいと想定される活動である。先に活動の指示を出しておくことで、机間指導がじっくりできる。

本時案

ともだちの こと、しらせよう

4/6

本時の目標

・友達から聞いたことについて、伝聞の語句を適切に使った文を書くことができる。

本時の主な評価

・友達に聞いて「たのしい　こと　おしらせカード」を書くときに、伝聞の語句を使うことに気付いている。

資料等の準備

・学習計画用の模造紙　09–02
・質問の吹き出しカード　09–03
・伝聞の文カード２枚　09–05
・伝聞カード　09–06

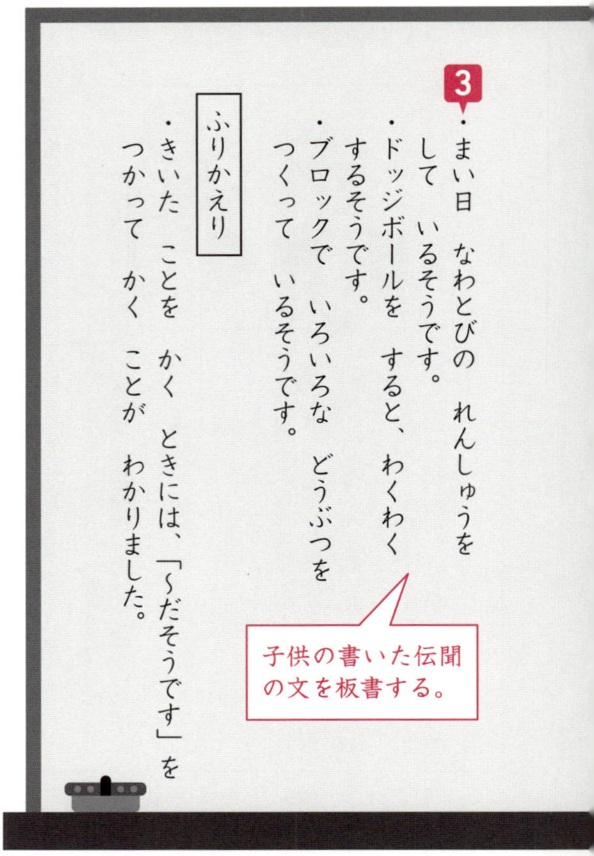

3
・まい日　なわとびの　れんしゅうを
して　いるそうです。
・ドッジボールを　すると、わくわく
するそうです。
・ブロックで　いろいろな　どうぶつを
つくって　いるそうです。
ふりかえり
・きいた　ことを　かく　ときには、「〜だそうです」を
つかって　かく　ことが　わかりました。
子供の書いた伝聞の文を板書する。

授業の流れ ▷▷▷

1 インタビューカードに書いた観点を思い出す 〈５分〉

T　友達の今、一番楽しいことを尋ねてインタビューカードに書きましたね。どんなことを聞きましたか。

・今、一番楽しいことです。
・おもしろいところです。
・驚いたことです。
・もっと知りたいことです。
・もっと知りたいことで、いつやっているのかを聞きました。

○質問した観点を確認する。

T　いよいよ「たのしい　こと　おしらせカード」を書きますね。今日は尋ねたことをどのように書いたらよいか考えていきましょう。

2 聞いたことを「たのしい こと おしらせカード」に書く書き方を知る 〈15分〉

T　みんなと先生で校長先生に尋ねて作った「たのしい　こと　おしらせカード」の文を見ましょう。「①校ちょうせんせいは、ぎょうざのぐをつつむことがおもしろいです。」「②校ちょうせんせいは、ぎょうざのぐをつつむことがおもしろいそうです。」この文の違いは何ですか。

・「おもしろいです」「おもしろいそうです」が違うよ。
・何となく「おもしろいそうです」のほうがいいな。
・「〜だそうです」を使って書くんだね。

○聞いたことを書く、伝聞の書き方「〜だそうです」に気付かせる。

ともだちの　こと、しらせよう

「たのしい　こと　おしらせカード」で、ともだちに　しらせよう。

1

ともだちに　きいた　ことを　かく　ときに、つかう　ことばを　しろう。

1

学しゅうけいかく

①いま、いちばん　たのしい　ことを　ともだちに　きこう。

★②ともだちに　きいた　ことを　カードに　かこう。

③カードを　よみあおう。

模造紙に書いた学習計画を提示する。

1

いま、いちばん　たのしい　こと

おもしろい　ところ

おどろいた　こと

もっと　しりたい　こと

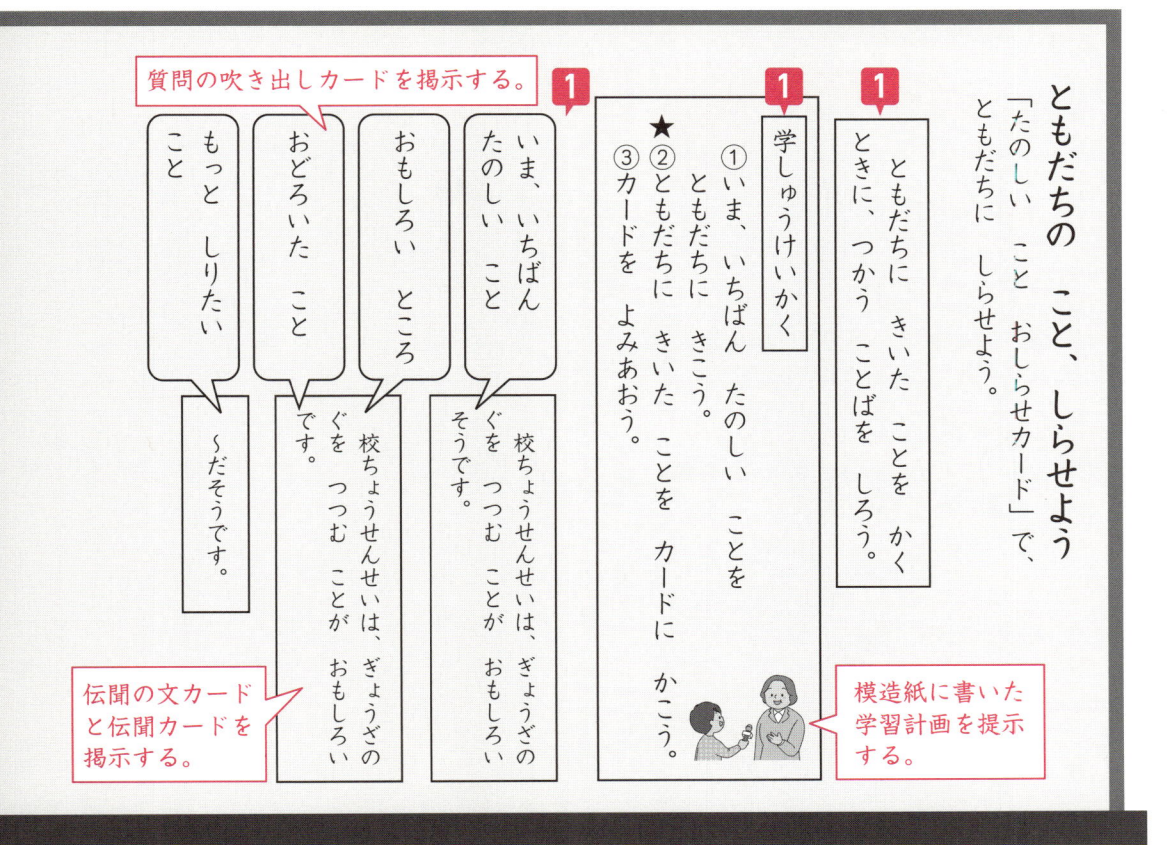

質問の吹き出しカードを掲示する。

校ちょうせんせいは、ぎょうざのぐを　つつむ　ことが　おもしろいそうです。

校ちょうせんせいは、ぎょうざのぐを　つつむ　ことが　おもしろいです。

～だそうです。

伝聞の文カードと伝聞カードを掲示する。

3 「～だそうです」を使って、聞いたことを書く 〈25分〉

T　聞いたことを書くときには、「～だそうです」という書き方をします。インタビューメモを見ながら、聞いたことを書いてみましょう。書いたら声に出して発表しましょう。

・毎日縄跳びの練習をしているそうです。

・ドッジボールをすると、わくわくするそうです。

・ブロックでいろいろな動物を作っているそうです。

○インタビューメモカードに伝聞の文を書き、発表させ、確認する。

T　「～だそうです」を使って聞いたことを文に書けました。振り返りを書きましょう。

よりよい授業へのステップアップ

伝聞の書き方

何となく「～だそうです」を使って書くのではなく、聞いたことを文に書くときに使うことを指導する。今後、書いたり、話したり聞いたりしたときにも使えるようになるとよい。また、子供の言語感覚の育成にもつながっていく。

インタビューメモを生かす

前時に聞きながら作成したインタビューメモを生かし、「おもしろいところ」「驚いたこと」「もっと知りたいこと」について、伝聞の文を書くように伝えるとよい。

本時案

ともだちの こと、しらせよう

5/6

本時の目標

・文の内容に合わせて、適切に「そうだ」を使った文章を書くことができる。

本時の主な評価

❶「たのしい　こと　おしらせカード」を書くときに、伝聞の語句を適切に使って書いている。【知・技】

資料等の準備

・学習計画用の模造紙　09–02
・質問の吹き出しカード　09–03
・伝聞カード　09–06
・観点ごとに分けたモデル文カード　09–07
・たのしい　こと　おしらせカード　09–08

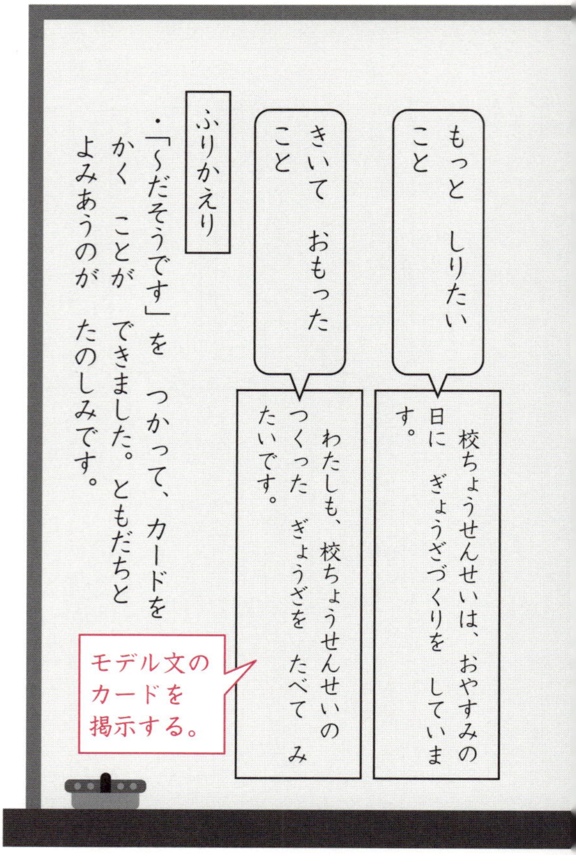

もっと　しりたい　こと
校ちょうせんせいは、おやすみの日に　ぎょうざづくりを　しています。
きいて　おもった　こと
わたしも、校ちょうせんせいの　つくった　ぎょうざを　たべて　みたいです。
ふりかえり
・「～だそうです」を　つかって、カードを　かく　ことが　できました。ともだちと　よみあうのが　たのしみです。
モデル文の　カードを　掲示する。

授業の流れ ▷▷▷

1 校長先生の「たのしい こと おしらせカード」から書く観点を思い出す 〈5分〉

T いよいよ「たのしい　こと　おしらせカード」を書きます。校長先生の「たのしい　こと　おしらせカード」には、どんなことが書いてありますか。

・今、一番楽しいことです。
・おもしろいところです。
・驚いたことです。
・もっと知りたいことです。

〇質問の吹き出しカードを貼りながら質問した観点を書くことを確認する。

T いよいよ「たのしい　こと　おしらせカード」を書きますね。校長先生のカードで書くことを確認しましょう。

2 校長先生の「たのしい こと おしらせカード」からどのように書くかを知る 〈10分〉

T 質問カードと校長先生のカードの文章をつなげてみましょう。

・今、一番楽しいことは、このカードだよ。
・このカードは、驚いたことについて書いているね。
・聞いて思ったことも書くんだよね。
・もっと知りたいことも書くと詳しくなっていいね。
・「～だそうです」を使って書いているね。

〇質問の吹き出しカードとモデル文のカードをつなげて、どのようにカードの文章をつなげたらよいかを考えさせ、カードの書き方を確認する。

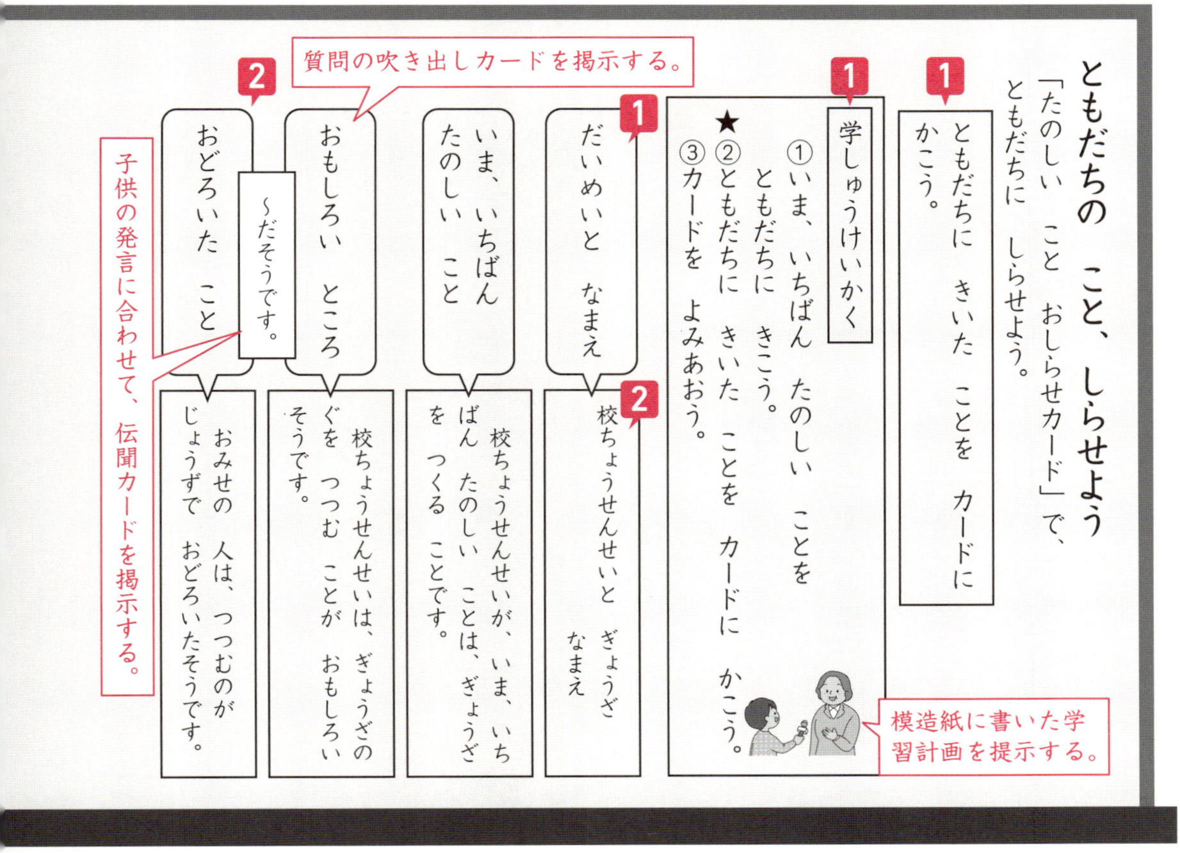
ともだちの　こと、しらせよう
「たのしい　こと　おしらせカード」で、ともだちに　しらせよう。
1
ともだちに　きいた　ことを　カードに　かこう。
1
学しゅうけいかく
①いま、いちばん　たのしい　ことを　ともだちに　きこう。
★②ともだちに　きいた　ことを　カードに　かこう。
③カードを　よみあおう。
模造紙に書いた学習計画を提示する。
1
だいめいと　なまえ
2
校ちょうせんせいと　ぎょうざ　なまえ
いま、いちばん　たのしい　こと
校ちょうせんせいが、いま、いちばん　たのしい　ことは、ぎょうざを　つくる　ことです。
質問の吹き出しカードを掲示する。
おもしろい　ところ
校ちょうせんせいは、ぎょうざの　ぐを　つつむ　ことが　おもしろい　そうです。
~だそうです。
2
おどろいた　こと
おみせの　人は、つつむのが　じょうずで　おどろいたそうです。
子供の発言に合わせて、伝聞カードを掲示する。

3 「たのしい　こと　おしらせカード」を書く〈30分〉

T　「たのしい　こと　おしらせカード」を書きましょう。

・題名と名前も書くんだね。

・「～だそうです」を使って書こう。

・聞いたことを友達に伝わるように書こう。

○インタビューメモカードから、質問の観点と伝聞の文の書き方に気を付け、「たのしい　こと　おしらせカード」を書かせる。書かせながら机間指導をする。

T　聞いたことから「たのしい　こと　おしらせカード」を書くことができましたね。次回は、友達と読み合いましょう。振り返りを書きましょう。

よりよい授業へのステップアップ

モデル文の提示

第２時に相手に聞きながら作った「たのしい　こと　おしらせカード」の文章を質問の観点ごとにどのように書いたらよいのか、再度、文のレベルで確認する。スモールステップで提示することで、書くことが苦手な子供も抵抗なく書けるようにできる。

質問の観点を絞る

書くことが苦手な子供は、「おもしろい　ところ」「おどろいた　こと」「もっと　しりたい　こと」の中から、一つに絞って書かせるとよい。

本時案

ともだちの こと、しらせよう

6/6

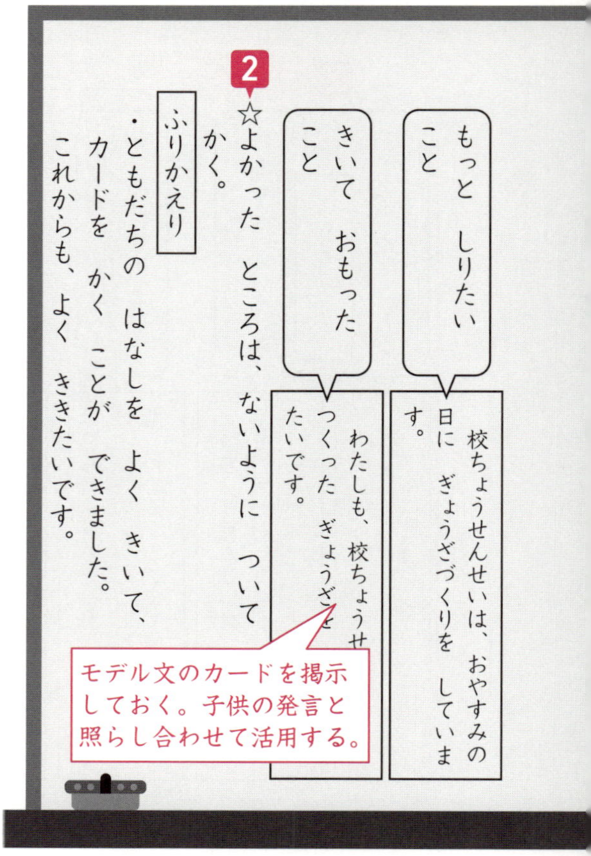
もっと しりたい こと
校ちょうせんせいは、おやすみの
日に ぎょうざづくりを していま
す。
きいて おもった こと
わたしも、校ちょうせ
つくった ぎょうざ
たいです。
2
☆よかった ところは、ないように ついて
かく。
ふりかえり
・ともだちの はなしを よく きいて、
カードを かく ことが できました。
これからも、よく ききたいです。
モデル文のカードを掲示しておく。子供の発言と照らし合わせて活用する。

本時の目標

・書いた文章を友達と読み合って感想を交流することができる。
・友達の文章を読んで、思ったことや分かったことを伝え、学習を振り返ることができる。

本時の主な評価

❸友達のカードに対する感想を伝え合い、自分の文章の内容や表現のよいところを見つけている。【思・判・表】

資料等の準備

・学習計画用の模造紙 09-02
・質問の吹き出しカード 09-03
・伝聞カード 09-06
・観点ごとに分けたモデル文カード 09-07

授業の流れ ▷▷▷

1 書いた「たのしい こと おしらせカード」から書く観点を思い出す 〈5分〉

T いよいよ書いた「たのしい こと おしらせカード」を読み合います。どんなことに注意して読み合うとよいですか。
・今、一番楽しいことが何か考えながら聞きます。
・「～だそうです」のところをよく聞きます。
・集中して聞きます。
・感想を言います。
○質問の吹き出しカードを貼りながら、書いた観点を確認する。
T このようなことに気を付けて書きましたね。考えながら「たのしい こと おしらせカード」を読み合いましょう。

2 書いた「たのしい こと おしらせカード」を読み合う 〈30分〉

T 「たのしい こと おしらせカード」を読み合いましょう。読み終わったら内容のよかったところを「つたわったよカード」（付箋紙）に書いて伝えましょう。校長先生のカードを書いた人に何と伝えますか。
・校長先生が、餃子作りを楽しんでいるのがよく分かるよ。
・校長先生は、餃子作りをお休みの日に頑張っていると聞いてびっくりしたよ。
T 内容についてよかったところをカードを書いた友達に伝えましょうね。では、友達と読み合いましょう。
○カードの内容でよかったところをそのカードを書いた友達に書くことを確認する。

ともだちの こと、しらせよう

「たのしい こと おしらせカード」で、
ともだちに しらせよう。

1 ともだちと カードを よみあおう。

1 学しゅうけいかく

①いま、いちばん たのしい ことを
　ともだちに きこう。
②ともだちに きいた ことを カードに かこう。
★③カードを よみあおう。

模造紙に書いた学習計画を提示する。

1 だいめいと なまえ

2 校ちょうせんせいと ぎょうざ
なまえ

いま、いちばん たのしい こと

校ちょうせんせいが、いま、いちばん たのしい ことは、ぎょうざを つくる ことです。

質問の吹き出しカードを掲示する。

おもしろい ところ

校ちょうせんせいは、ぎょうざの ぐを つつむ ことが おもしろい そうです。

~だそうです。

1 おどろいた こと

おみせの 人は、つつむのが じょうずで おどろいたそうです。

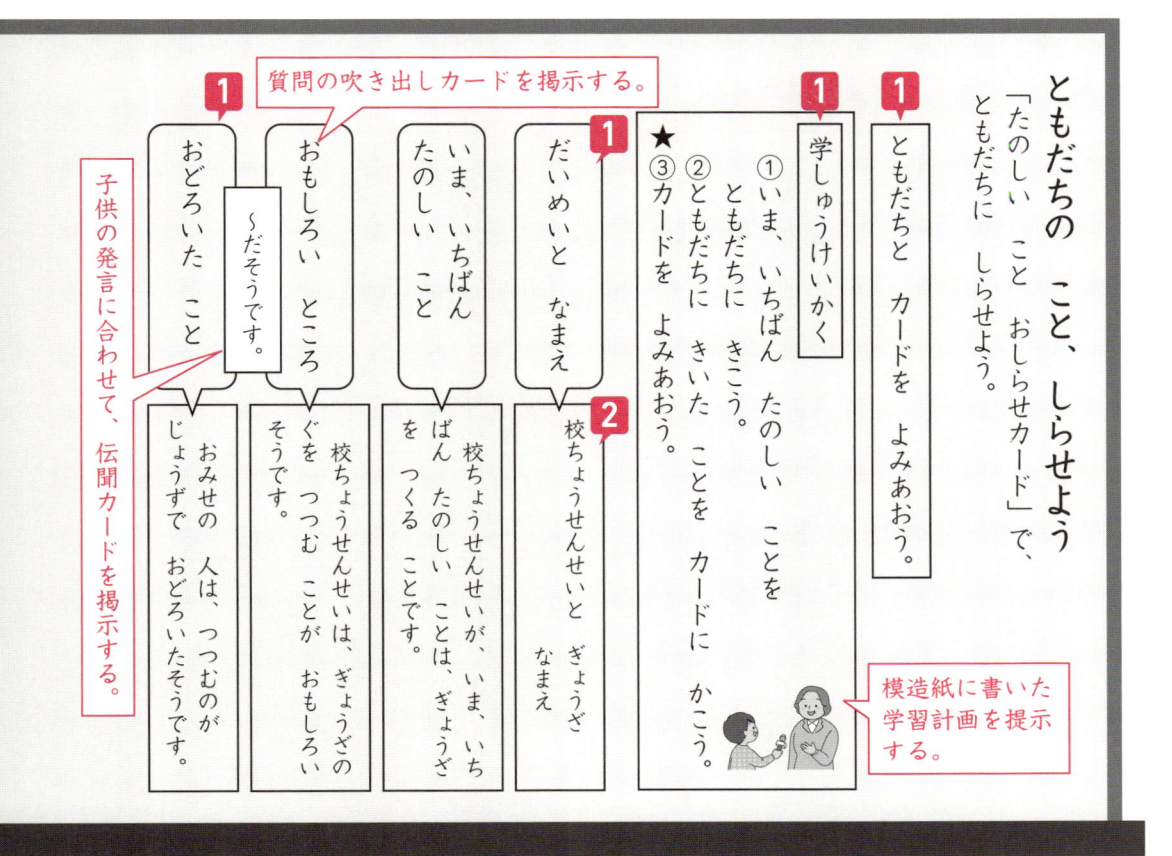

子供の発言に合わせて、伝聞カードを掲示する。

3 交流したことを振り返って、単元の振り返りをする　〈10分〉

T 「おしらせカード」で伝えて、友達のよかったところはありますか。
・「～だそうです」と、友達の楽しいことがよく分かりました。
・○○さんが、縄跳びが楽しいと知って、今度一緒に遊びたいと思いました。
T 「おしらせカード」で伝えて、自分のよかったところはありますか。
・友達の楽しいことを伝えることができて、楽しかったです。
・「～だそうです」の言葉を使えました。
T 「おしらせカード」で友達に伝えることができましたね。振り返りを書きましょう。
○単元全体の振り返りをする。

よりよい授業へのステップアップ

感想の伝え合い

感想を伝えるだけでもよいが、感想を書かせることで、子供の意欲を高めたり、学習の達成感を味わわせたりすることができる。低学年の子供には、内容面で感想を伝えるという交流の視点を示すことが大切である。

付箋紙の活用

感想を伝え合うときには、ワークシートなどカードを作成してもよいが、付箋紙があると便利である。そのまま貼ることができ、その場で増えていくので子供の意欲が高まる。

資料

1 第３時資料　インタビューメモ 09-04

ねん　　くみ　なまえ（　　　　　　　）
①いま、一ばん　たのしい　ことは　なんですか。
・おもしろい　ところは　なんですか。
・おどろいた　ことは　どんな　ことですか。
・もっと　しりたい　こと。

2 第５時資料　たのしい　こと　おしらせカード 09-08

ねん　　くみ　なまえ（　　　　　　　　　　）

むかしばなしを　よもう　（8時間扱い）

〔知識・技能〕(3)エ　〔思考力、判断力、表現力等〕B書くことウ　C読むことカ　関連する言語活動例C(2)イ

単元の目標

・外国の昔話の絵本を読み、好きなお話や登場人物、場面を見つけることができる。
・外国の昔話の絵本を読み、登場人物や面白かったところを伝える文章を書くことができる。

評価規準

知識・技能	❶外国の昔話に親しみ、世界には様々なお話があることを知っている。(〔知識及び技能〕(3)エ)
思考・判断・表現	❷「書くこと」において、自分が読んだお話に出てくる登場人物や、おもしろかったところが分かるように、書き表し方を工夫している。〔思考力、判断力、表現力等〕Bウ) ❸「読むこと」において、自分が読んだお話について感じたことを友達と共有している。(〔思考力、判断力、表現力等〕Cカ)
主体的に学習に取り組む態度	❹進んで外国の昔話を読み、学習課題に沿って、自分が読んだお話の登場人物やおもしろかったところを伝えようとしたり、文章にまとめようとしたりしている。

単元の流れ

次	時	主な学習活動	評価
一	1	学習の見通しをもつ 外国の昔話の絵本の読み聞かせを聞いたり、自分で選んで読んだりする。	
二	2	『おかゆの　おなべ』を読み、簡単な感想をもつ。	❸
	3	『おかゆの　おなべ』を読み、登場人物や物語の場面を確かめる。	
	4	『おかゆの　おなべ』を読み、登場人物や場面の好きなところを話し合う。	❹
三	5	外国の昔話を読み、登場人物やおもしろかったことを伝える活動（カード作り）についての見通しをもつ。	❶
	6	カード作りに向けて、自分で外国のお話を選んで読む。	❶
	7 8	自分が選んだ外国の絵本の登場人物やおもしろかった場面をカードに書く。 学習を振り返る 完成したカードの交流をし、感想を伝え合う。	❷ ❹

授業づくりのポイント

〈単元で育てたい資質・能力〉

本単元では、外国の昔話を読み、日本以外の国にも昔話として伝わっている物語があることを知ること、その登場人物やおもしろかった場面を伝えるための文章を書く力を高めることをねらっている。

日本のものではなく、あえて「外国の」とするところに、子供たちへの読書指導としての意義がある。子どもたちに絵本を選ばせる際には、その点を意識させたり、教師が指導をしたりするようにする。

登場人物やおもしろかった場面を伝える文章を書く活動を設定している。まだ学習前であるが、それぞれの文が何を伝えているのかという、文の役割について考える経験とすることもできる。

具体例

○昔話は世界中にある。最初は「外国の」というくくりで親しんでいくが、少しずつ「ジャックと豆の木」は「イギリスという国の昔話」というように、国を意識させてもいいだろう。

○カードに書く活動をさせる際には、ワークシートなどを用いて、「今書いているのは、登場人物を伝えるための文。これから書くのは、おもしろかったところを伝えるための文」と子供が明確に意識できるように工夫をするとよい。

〈指導上の留意点〉

本単元では、「外国の昔話に親しむ」ことが主である。そのため、登場人物や場面について、適切に理解をさせるが、登場人物の気持ちを読み込むことなどに踏み込みすぎないように留意をしたい。

「国語の教科書」に、「教材」として物語が載っていると、どうしても読解に力点が置かれた授業を展開しなければならないという思いにもなるだろう。しかし、ここではあくまでも最低限の確かめにとどめるようにする。

具体例

○「女の子はどうして、おばあさんに尋ねられたときはずかしそうにしたのだろうね」のような問いを、教師から発する必要はない。お話を読んだ子供たちから、素朴な疑問として出た場合は、お話を楽しむための話題として取り上げてもいいだろう。

〈読書生活を豊かにするための工夫〉

子供たちと外国の昔話とを学びの場において出合わせることが、本単元の価値の一つである。子供たちの読書生活を豊かにしていくためには、子供の自然に委ねるだけでは個人差が出てきてしまう。そこで、教師が意図と願いをもって、本との関わりをつくる必要がある。

本単元に取り組む際には、学校司書と連携をするなどして、教室内に常時数冊の絵本を用意しておくようにしたい。子供の中には、古さを感じさせる表紙の絵本を選ばない子供もいるだろう。そういった絵本を、あえて選んでおいてもよいだろう。

具体例

○朝の会などで、教師からどのような絵本を置いたのかを紹介する。また、絵本の中には、1年生が1人で読むには量が多いものもある。そういった絵本は、教師が読み聞かせをしてもいいだろう。

本時案

むかしばなしを よもう　1/8

本時の目標

・外国の昔話であることを理解して、読み聞かせを聞いたり、自分で選んで読んだりすることができる。

本時の主な評価

・外国の昔話であることを理解して、読み聞かせを聞いたり、自分で選んだりしている。

資料等の準備

・外国の昔話の絵本複数冊
・ホワイトボード（教室以外の環境で行う場合）

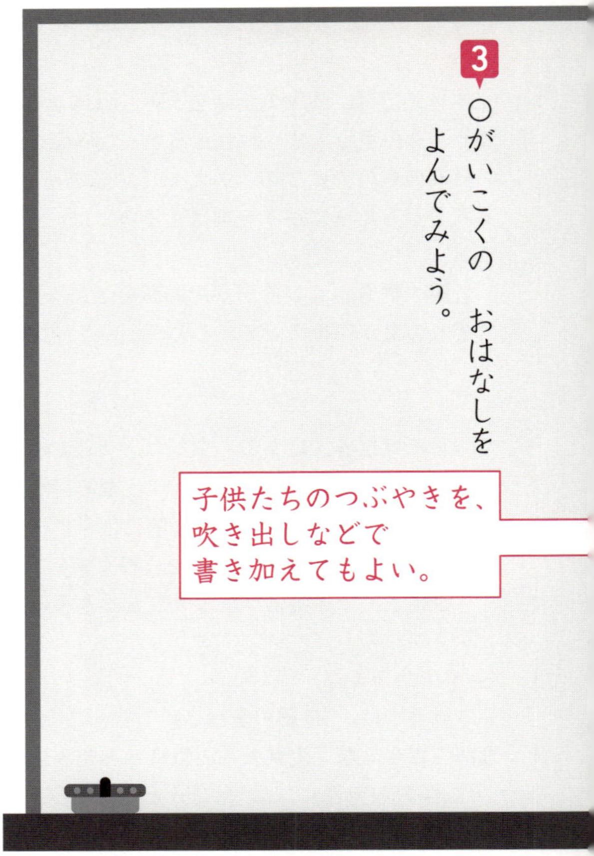

3
○がいこくの　おはなしを
よんでみよう。
子供たちのつぶやきを、
吹き出しなどで
書き加えてもよい。

授業の流れ ▷▷▷

1 自分が知っている昔話を思い出し、日本の話と、外国の話があることを意識する 〈10分〉

○可能であれば、学校図書館で授業を行いたい。その際は、ホワイトボードなど黒板の代わりになるものを用意する。教室で行う場合は、絵本を複数冊用意しておく。

T　小学校に入ってから、いろいろなお話を読んできましたね。その中で、好きな昔話を教えてください。

・自分の好きな昔話を発言する。

○日本の昔話と外国の昔話を区別して板書していく。

T　先生が分けて書いた理由はわかりますか。日本の話と外国の話で分けて書いたのです。

2 教師の読み聞かせを聞く 〈15分〉

T　では、先生が１冊読みますね。外国の昔話らしいなと思うところがあったら、読み終わった後で教えてください。

○教科書 P.42〜43にあるものから選んでもよいし、教師が自身で選んだものでもよい。

T　外国の昔話らしいなと思ったところはありましたか。

・出てくる動物。
・出てくる人の立場や身分。
・物語の舞台の違い。

○子供の記憶を確かめるような問いかけはしない。

○日本の昔話との共通点に言及する子供もいるだろう。

むかしばなしを　よもう

がいこくの　むかしばなしを
よもう。

めあては、
1が終わって
から書く。

1 ○すきな　むかしばなし

がいこくの　むかしばなし

大きな　かぶ
ジャックと　まめの　木
きたかぜと　たいよう

にほんの　むかしばなし

ももたろう
はなさかじいさん
うらしまたろう

2 ○がいこくの　むかしばなしらしいな。
・出て　くる　どうぶつ。
・出て　くる　ものが　がいこくの　もの。
・王さまとか　おひめさまが　出て　くる。

なんだか、がいこくっぽい。

にほんの　おはなしにも
出て　くるよ。

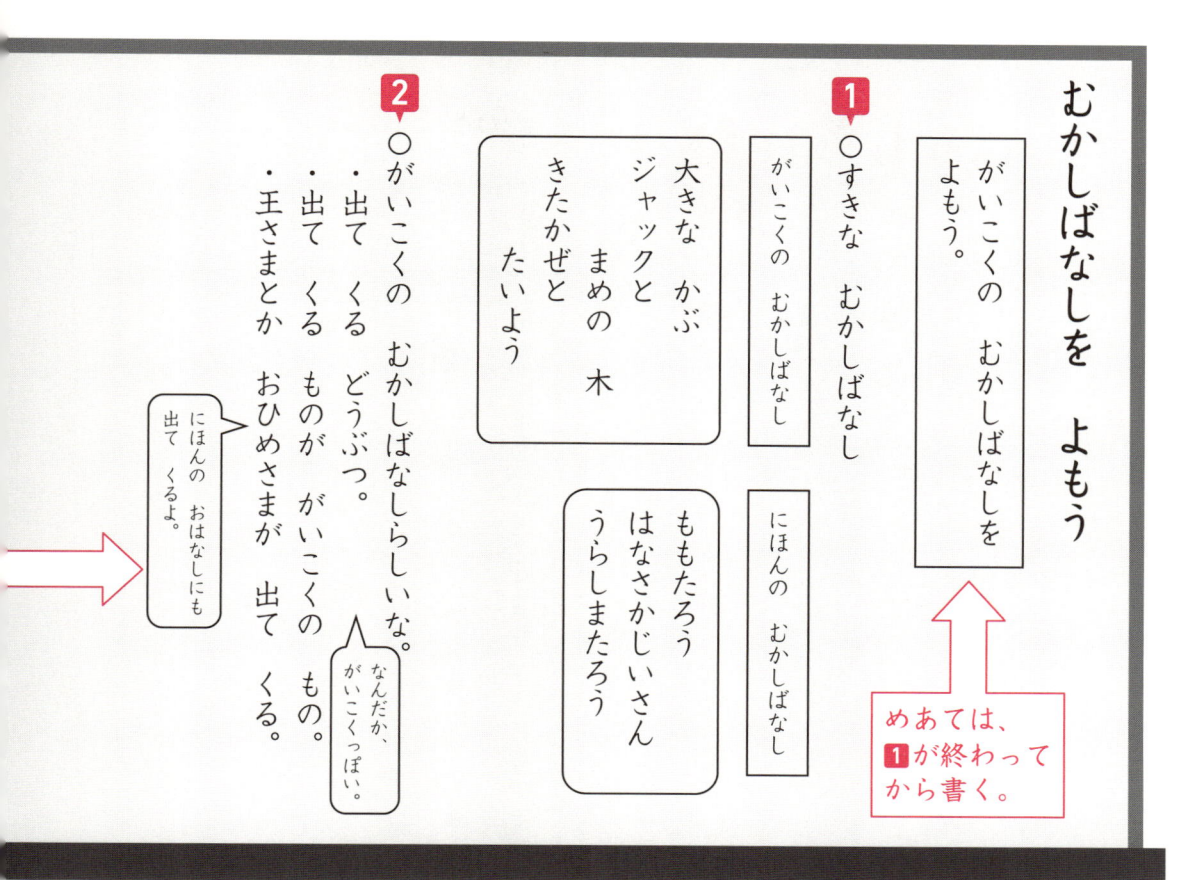

3 外国の昔話を自分で選んで読む〈20分〉

T　それでは、外国の昔話を自分で選んで読んでみましょう。外国の昔話か迷ったときは、先生に聞きにきてください。

・外国の昔話を選んで読む。

○１人で読むだけではなく、ペアやグループなどで活動をしてもよい。本を中心にして、自然と子供たちが集まるような状況ができれば、なおよいだろう。

T　これから、外国の昔話と仲よくなっていきましょうね。

よりよい授業へのステップアップ

読書指導としての意義

「読書指導」とは、教師が意図をもって子供と特定の本とを出合わせる指導である。今回は「外国の昔話」に親しませることがねらいである。

子供が「おかゆの　おなべ」のように作家の名前によって、日本の昔話であると勘違いをしないように、昔話は口承文学で、様々な作家が文章として残しているということを、あらかじめ子供に伝えておいてもよい。

本時案

むかしばなしを よもう 2/8

本時の目標

・『おかゆの　おなべ』を読み、簡単な感想をもつことができる。

本時の主な評価

❸『おかゆの　おなべ』を読んだ感想をもち、友達と共有をしている。【思・判・表】

資料等の準備

・教科書の挿絵を拡大したもの
・ワークシート 10-01

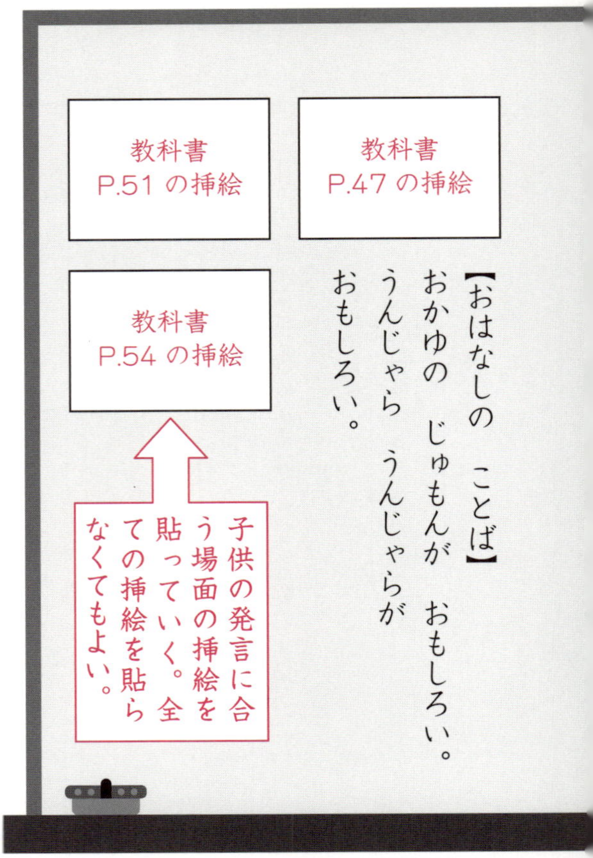

【おはなしの　ことば】
おかゆの　じゅもんが　おもしろい。
うんじゃら　うんじゃらが
おもしろい。
教科書 P.47 の挿絵
教科書 P.51 の挿絵
教科書 P.54 の挿絵
子供の発言に合う場面の挿絵を貼っていく。全ての挿絵を貼らなくてもよい。

授業の流れ ▷▷▷

1 『おかゆの　おなべ』の読み聞かせを聞く 〈10分〉

T　前の時間は外国の昔話を読みました。今日は『おかゆの　おなべ』というお話を読みます。どんなお話だと思いますか。

・おかゆを作る話。
・ふしぎなおかゆ（おなべ）の話。

○読み聞かせをする際は、子供には教科書を持たせず、話に集中させる。

2 話を読んだ感想を話す 〈20分〉

T　お話を読んで、どんな感想をもちましたか。

・登場人物に関する感想。
・話の流れに関する感想。
・好きな場面に関する感想。
・表現に関する感想。
・グリム童話の別の作品に関する感想。
・好きなお話との共通点などに関する感想。

○前時と同じように、記憶を問うような場にならないようにする。子供の記憶があいまいな際は、該当箇所を教師が確かめるとよい。

○子供の感想を視点ごとに整理をし、三次の活動への布石とする。

むかしばなしを　よもう

1

『おかゆの　おなべ』の　かんそうを
もとう。

○どんな　おはなしかな？
・おいしい　おかゆを　つくる。
・まほうの　おかゆが　出て　くる。
・ふしぎな　おなべが　出て　くる。

2

○みんなの　かんそう

【出て　くる　人】
女の子が　いい　子だな。
おばあさんが　ふしぎ。
おかあさんが　おもしろい。

【おはなしの　ないよう】
おかゆが　とまらなくて
おもしろかった。
さいごが　おもしろかった。

教科書
P.44 の挿絵

教科書
P.46 の挿絵

3 感想を交流する 〈15分〉

T　ワークシートに感想を書きましょう。

○活動**2**の子供の発言を意識したワークシートになっている。○を付ける際は、いくつ付けてもよいが、「全てに○を付ける」ことはさせない。子供に一定の選択をさせるためである。

T　ワークシートで○を付けたものを教えてください。

・○を付けたものに、挙手をする。

T　書いたことについて、近くの人と交流をしましょう。

・隣の席の友達やグループで、感想を交流する。

よりよい授業へのステップアップ

感想をもつ際の視点を示す

本単元では、第三次で自分が読んだ外国の昔話の登場人物やおもしろかったことを伝える活動を設定している。

そのことを見据えて、ここでは感想をもつ際の視点を示しておくとよいだろう。

これは、子供の読みの視点を広げるということだけではなく、二次と三次の活動の関連を高めるための手立てである。

単元とは「ひとつなぎの学習」であることを意識して、学習を積み重ねていくようにしたい。

本時案

むかしばなしを よもう　3/8

本時の目標

・『おかゆの　おなべ』を読み、登場人物や場面について確かめることができる。

本時の主な評価

・『おかゆの　おなべ』を読み、登場人物や場面について確かめている。

資料等の準備

・教科書の挿絵を拡大したもの

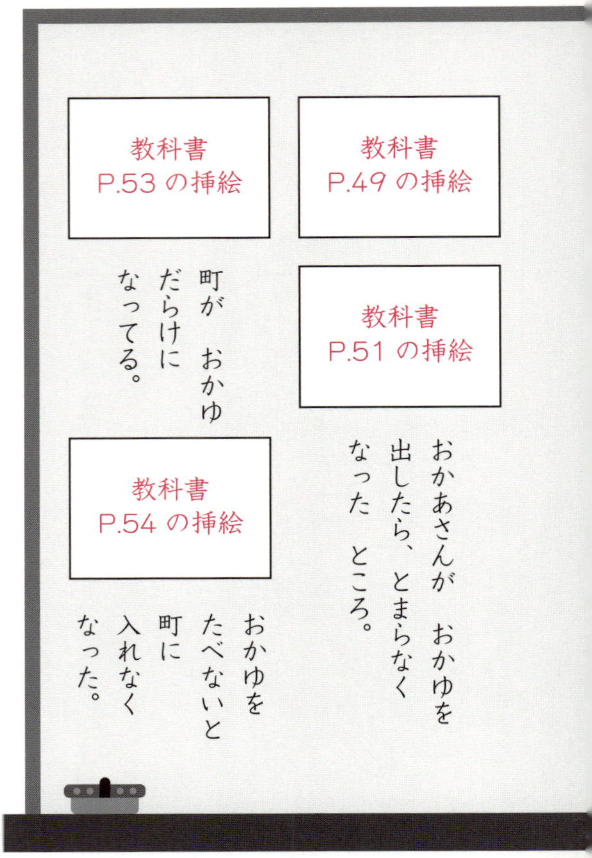

教科書 P.49 の挿絵
教科書 P.53 の挿絵
教科書 P.51 の挿絵
おかあさんが　おかゆを出したら、とまらなくなった　ところ。
町が　おかゆだらけになってる。
教科書 P.54 の挿絵
おかゆをたべないと町に入れなくなった。

授業の流れ

1 『おかゆの　おなべ』を読む　〈10分〉

T　今日は『おかゆの　おなべ』に出てくる人や、場面を確かめていきます。

　では、もう一度、『おかゆの　おなべ』を読みましょう。

○今回は、子供たちも教科書を見ながら、教師の読み聞かせを聞く。

2 登場人物を確認する　〈10分〉

T　このお話に出てきた人を確かめましょう。

・女の子。

・おばあさん。

・女の子のお母さん。

○この際、子供たちには登場人物についての簡単な感想や、思い出したことなども合わせて話させてもよい。

むかしばなしを　よもう

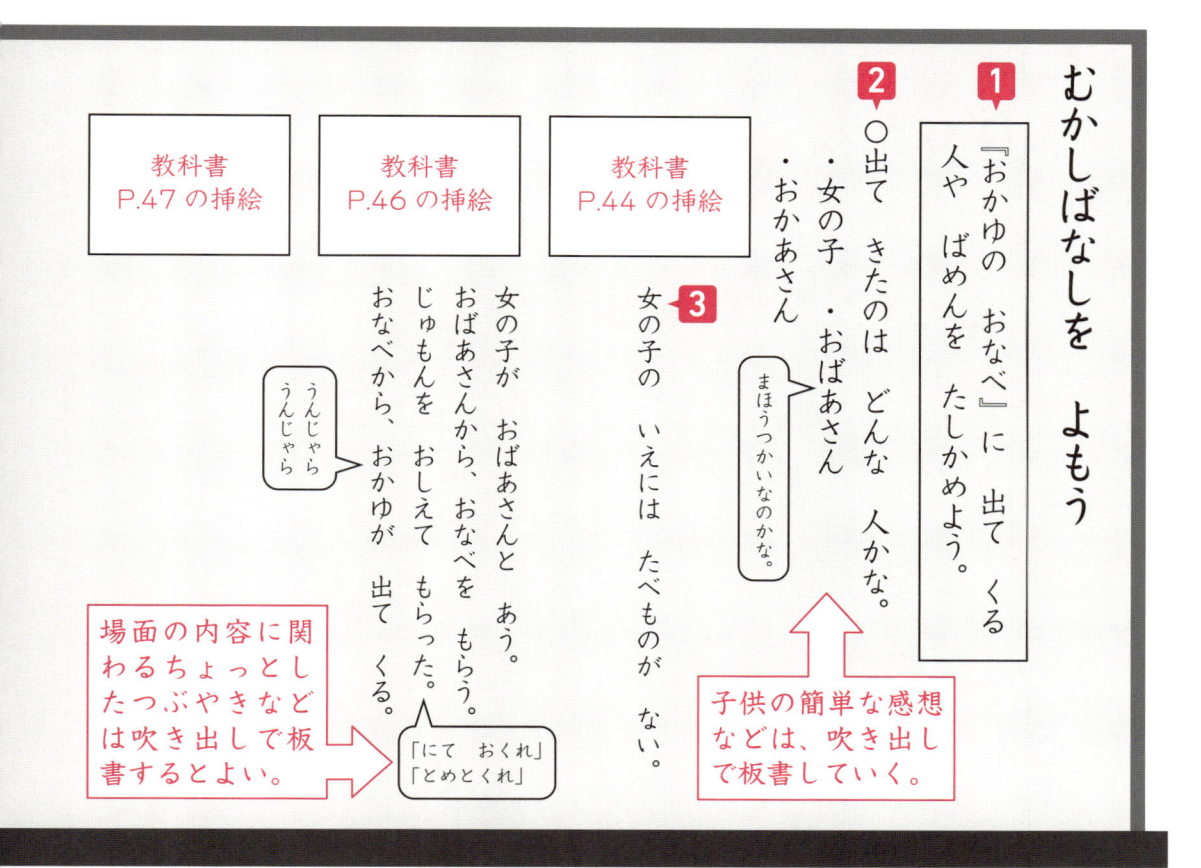

1 『おかゆの　おなべ』に　出て　くる　人や　ばめんを　たしかめよう。

2 ○出て　きたのは　どんな　人かな。
・女の子　・おばあさん
・おかあさん

まほうつかいなのかな。

子供の簡単な感想などは、吹き出しで板書していく。

3 女の子の　いえには　たべものが　ない。

教科書
P.44 の挿絵

女の子が　おばあさんと　あう。
おばあさんから、おなべを　もらう。
じゅもんを　おしえて　もらった。
おなべから、おかゆが　出て　くる。

教科書
P.46 の挿絵

「にて　おくれ」
「とめとくれ」

うんじゃら
うんじゃら

教科書
P.47 の挿絵

場面の内容に関わるちょっとしたつぶやきなどは吹き出しで板書するとよい。

3　話の場面を確認する　〈20分〉

T　このお話には、どんな場面があったのか、確かめていきましょう。
それでは、この絵はどんな場面でしたか。

○子供が挿絵から場面の様子を想起できるように、先に示す。
・場面やそこでの登場人物の様子について発言をする。

4　次時の見通しをもつ　〈５分〉

T　今日はあらためて、『おかゆの　おなべ』について確かめをしました。
次の時間には、友達とこのお話の登場人物や好きなところについて、たくさん話をしますよ。

○家庭学習などで、音読に取り組ませておくとよい。

本時案

むかしばなしを　よもう　4/8

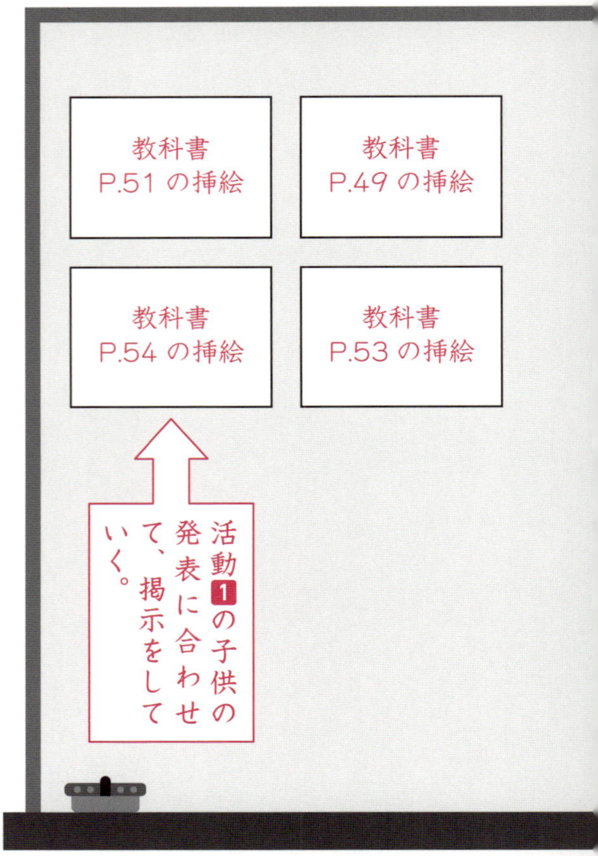
教科書
P.51 の挿絵
教科書
P.49 の挿絵
教科書
P.54 の挿絵
教科書
P.53 の挿絵
活動1の子供の発表に合わせて、掲示をしていく。

本時の目標

・『おかゆの　おなべ』の登場人物や好きな場面について、友達と話し合うことができる。

本時の主な評価

❹『おかゆの　おなべ』の登場人物や好きな場面について、友達と話し合いをしようとしている。【態度】

資料等の準備

・教科書の挿絵を拡大したもの
・挿絵をカードにしたもの
・第２時で書いたワークシート

授業の流れ ▷▷▷

1 『おかゆの　おなべ』の場面合わせゲームをする 〈10分〉

T　『おかゆの　おなべ』の場面合わせゲームをしましょう。
・バラバラになったカードを正しい順番で並べていく。
〇ゲームなので、楽しい雰囲気をつくる。また、子供の定着を確認するための活動ではないので、間違えているグループには適宜助言を与える。
T　できましたか。それではみんなで確かめていきましょう。
〇子供の活動に合わせて、黒板に挿絵を正しい順番に並べていく。

2 登場人物について話し合う 〈15分〉

T　まずは、出てくる人たちのことを、このお話を知らない人にも伝わるように、友達と話し合いましょう。
〇話し合いの目的を明確に示す。
・登場人物の人柄について話す。
・好きなところを話す。
・登場人物についての疑問を話す。
・登場人物の前日譚や後日談などの想像を話す。
〇第２時のワークシートを配布し、自分の考えを話す際の手掛かりにさせる。
〇メモなどを用意してもいいが、話し合いが途切れる要因となる場合もある。学級の実態に応じて判断をするとよい。

むかしばなしを　よもう

『おかゆの　おなべ』に　出て　くる
人や　すきな　ところを　はなしあおう。

1

教科書
P.44 の挿絵

教科書
P.46 の挿絵

教科書
P.47 の挿絵

2

○はなしあう　こと

①出て　くる　人に　ついて
どんな　人かな。
どんな　ことを　したかな。

3

②おはなしの　すきな　ところに　ついて
どんな　ところが　すきかな。
それは　どうしてかな。
ともだちの　いけんを　きいて
どんな　ことを　おもったかな。

3 お話の好きなところについて話し合う　〈15分〉

T　このお話の好きなところについて、友達に伝わるように話し合いましょう。
　友達の意見についての感想も話しましょう。

・好きな場面などについて話し合う。
・友達の意見についての感想を話す。
・この話の後日談などを想像して話す。

4 次時の見通しをもつ　〈5分〉

T　次の時間から、自分で選んだ外国の昔話に出てくる人や、おもしろかったところを紹介する活動に取り組みますよ。

・紹介したい昔話の題名を口にする。
・活動に関わる質問をする。
　複数冊でもよいのかどうか。
　どんな話でもいいか。など。

○外国の昔話であることを確かめておくとよい。

本時案

むかしばなしを よもう 5・6/8

本時の目標

・友達に紹介をするために、外国の昔話を選んで読むことができる。

本時の主な評価

❶友達に紹介をするために、外国の昔話を選んで読み、親しんでいる。【知・技】

資料等の準備

・紹介カードの見本を拡大したもの 10-02
・ホワイトボード（教室以外の環境で行う場合）
・外国の昔話の絵本複数冊

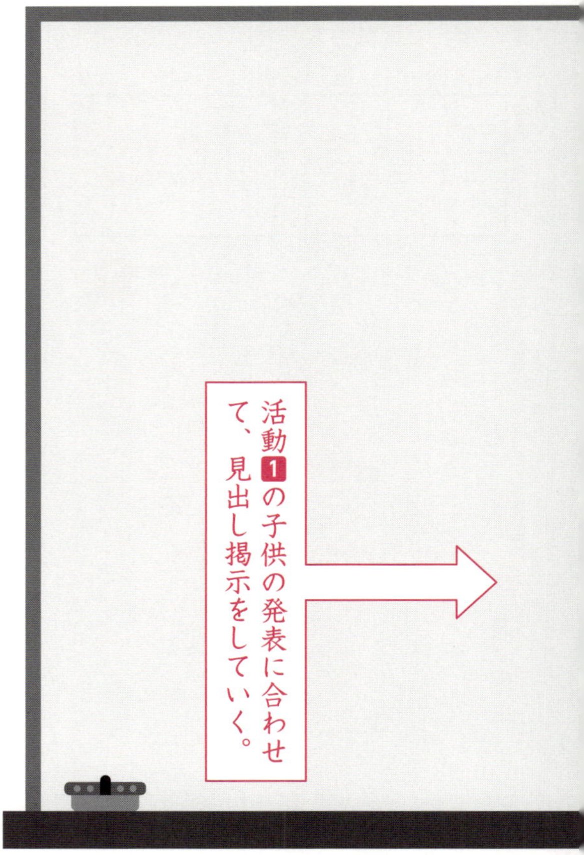
活動1の子供の発表に合わせて、見出し掲示をしていく。

授業の流れ ▷▷▷

1 学習の見通しをもつ 〈15分〉

○第１時と同様に、学校図書館で授業を行いたい。

T 今日から、友達に外国の昔話を紹介する活動に取り組みます。
　このようなカードを作りますよ。

○子供に活動の具体的なイメージをもたせる。

T このカードには、どのようなことが書いてありますか。

・本の題名。 ・出てくる人。
・おもしろかったところ。 ・場面の絵。

○教師が見本のカードを作ったときに、考えたことなどを伝えるとよい。

2 紹介したい外国の絵本を探す 〈30分〉

T 先生が作ったカードを読んで、どんな感想をもちましたか。

・登場人物のことが分かった。
・おもしろいところが分かった。

T みんなの感想を聞いて、とてもうれしいです。みんなにも、読んでもらった人に喜んでもらいたいと思います。

T それでは、外国の昔話を探しましょう。今日で決められなくてもいいですよ。

○次時にも選ぶ時間があることを伝え、子供をせかすことのないようにしたい。選書に迷っている子供とは、一緒に選書をするとよい。

むかしばなしを よもう

1

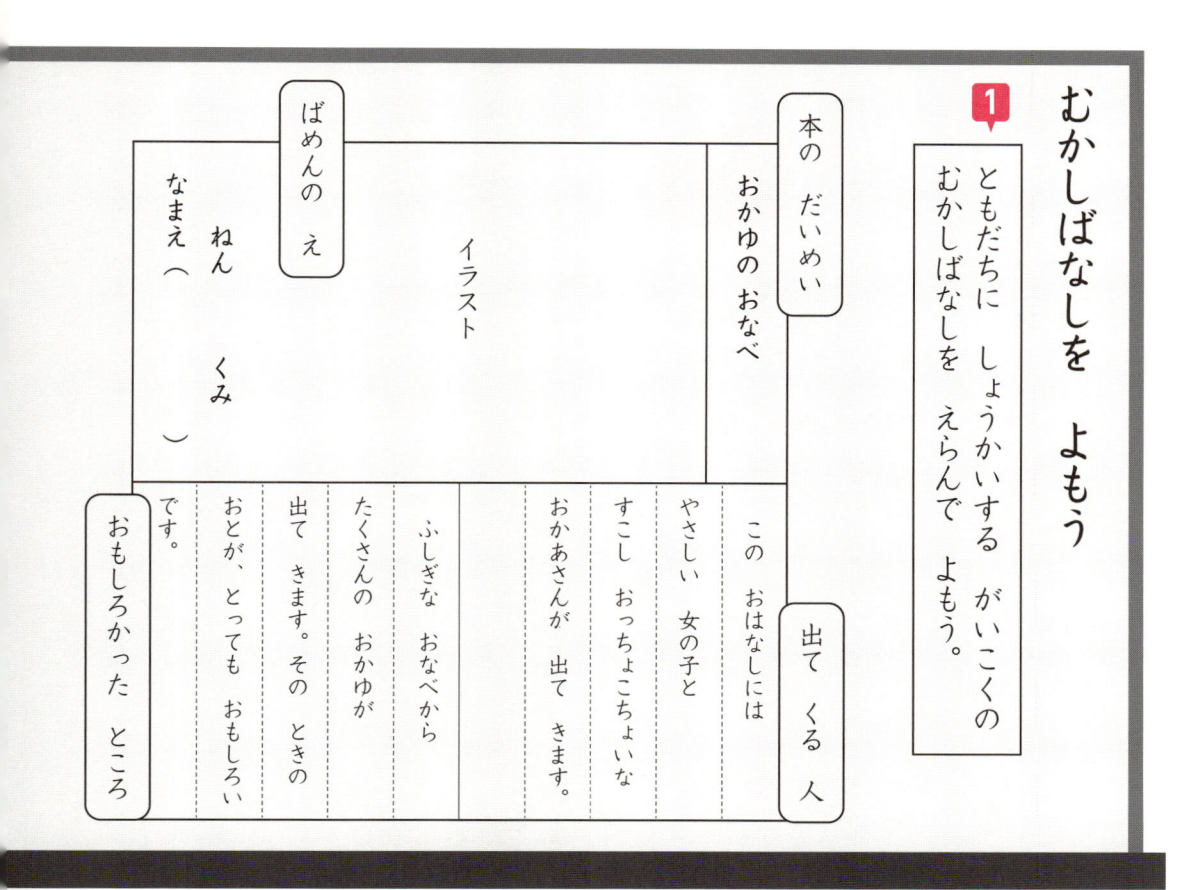

ともだちに しょうかいする がいこくの むかしばなしを えらんで よもう。

本の だいめい

おかゆの おなべ

ばめんの え

イラスト

ねん くみ

なまえ（ ）

出て くる 人

この おはなしには

やさしい 女の子と

すこし おっちょこちょいな

おかあさんが 出て きます。

おもしろかった ところ

ふしぎな おなべから

たくさんの おかゆが

出て きます。その ときの

おとが、とっても おもしろい

です。

3 紹介する外国の絵本を選ぶ〈20分〉

○学校図書館で授業を行いたい。

T 友達に紹介する外国の昔話を選びます。外国の昔話は、学校図書館のどこに置いてあるか、覚えていますか。

・外国の絵本を選ぶ。

○外国の昔話であることが本単元の肝である。子供が自分で選んだ本であることは尊重したいが、そうではないものを選んでいた際には、きちんと指導をする。

4 紹介する外国の絵本を読む〈25分〉

T 選んだ外国の絵本を、紹介カードに書くことも考えながら読みましょう。

○この時点で選べていない子供には積極的に関わり、こちらから薦めることもするとよい。

T 一度読み終わった人は、もう一度読み、何を紹介カードに書くかを考えましょう。

○子供に、読書の目的を明確にさせる。

本時案

むかしばなしを よもう 7·8/8

本時の目標

・外国の昔話に出てくる人や、おもしろかったところが分かるように、紹介カードを書くことができる。
・友達との紹介カードの読み合いを楽しむことができる。

本時の主な評価

❷外国の昔話に出てくる人や、おもしろかったところが分かるように、紹介カードを書いている。【思・判・表】
❹友達との紹介カードの読み合いを楽しもうとしている。【態度】

資料等の準備

・紹介カードの見本を拡大したもの 10–02
・紹介カード 10–03
・付箋

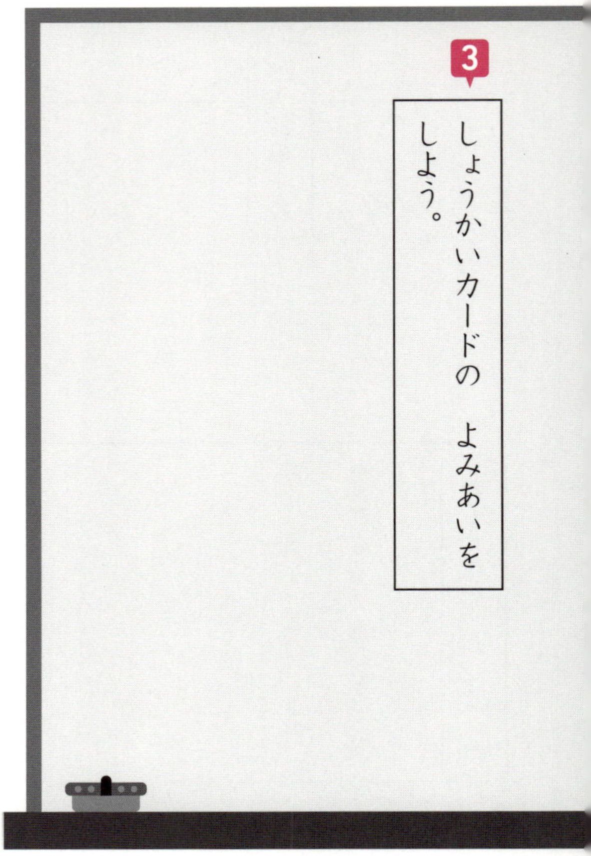
3
しょうかいカードの よみあいを
しよう。

授業の流れ ▷▷▷

1 紹介カードに書くことを確かめる 〈15分〉

T 今日は、紹介カードを書きます。カードにはどんなことを書けばよかったのかを確かめましょう。

・第5時の内容を思い出しながら発言をする。
○「おもしろかった ところ」については、第2時に書いたワークシートで示した視点や、第4時の話し合いのことを想起させる。

2 紹介カードを書く 〈30分〉

T それでは、紹介カードを書くことを始めましょう。

○机間指導を行い、子供の活動に必要な声かけをしていくようにする。
→書いている内容が、カードに書く事柄と合致しているか。
→表現の間違い、誤字脱字などはどうか。
誤字や脱字については、友達に見せるものであることを伝え、子供自身にも意識をさせる。
→必要に応じて、絵本を読み返しながら書いているかどうか。

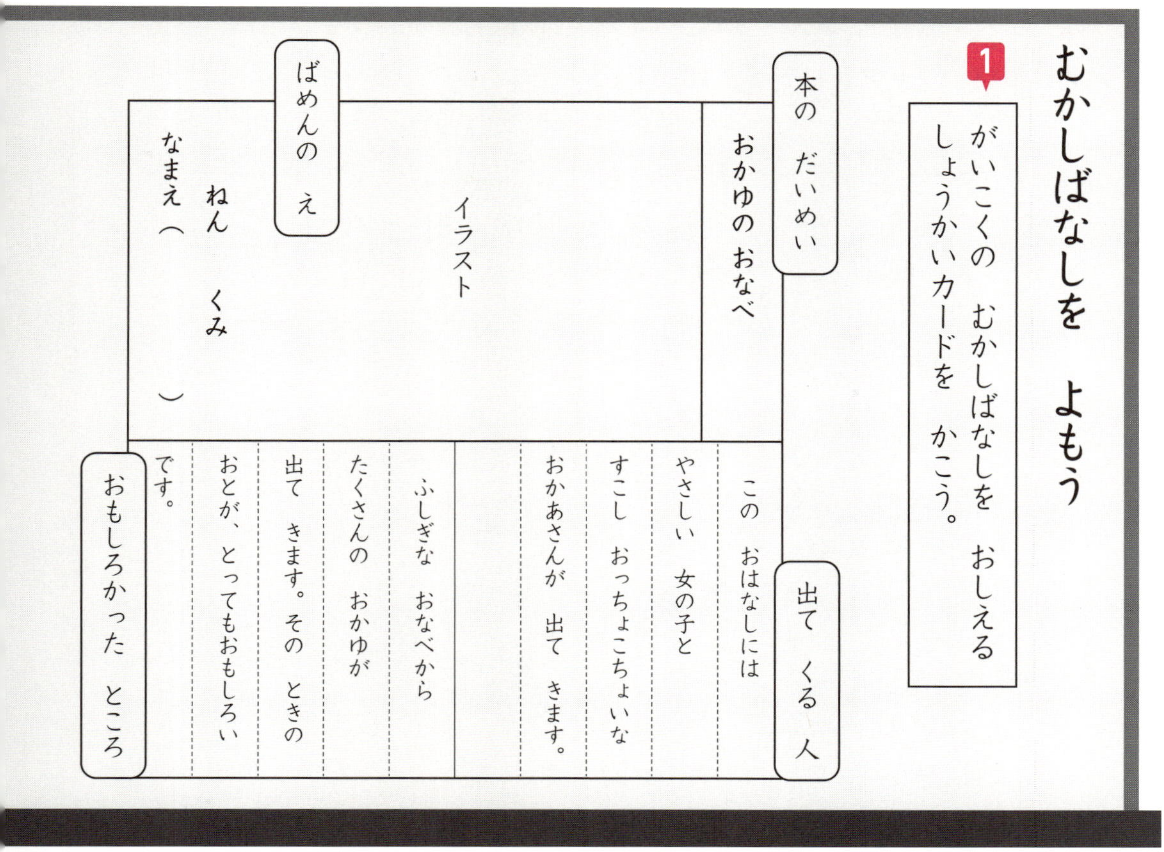
むかしばなしを　よもう
1
がいこくの　むかしばなしを　おしえる
しょうかいカードを　かこう。
本の　だいめい
おかゆの　おなべ
出て　くる　人
この　おはなしには
やさしい　女の子と
すこし　おっちょこちょいな
おかあさんが　出て　きます。
ふしぎな　おなべから
たくさんの　おかゆが
出て　きます。その　ときの
おとが、とってもおもしろい
です。
おもしろかった　ところ
イラスト
ばめんの　え
ねん　くみ
なまえ（　　）

3 紹介カードを読み合う 〈35分〉

T　紹介カードを読み合いましょう。
　カードを読んだら、付箋に感想を書いて、貼ってあげましょう。

・自分の紹介カードを声に出して読む。
・相手が紹介カードを声に出して読んでいるのを聞く。
・感想を付箋に書いて貼る。

○書くだけではなく、感想は直接口でも伝えさせるようにする。

4 読み合いをした感想を話す 〈10分〉

T　紹介カードの読み合いをしてどんな感想をもちましたか。

・紹介をしたことについての感想を言う。
・友達の紹介についての感想を言う。
・友達にもらった付箋についての感想を言う。

○子供の感想がどの視点で述べられているものなのかを意識しながら聞く。感想の視点が偏らないように、「友達からもらって、うれしい感想はあったかな」などのように、促すとよい。カードを読み合った感想は、各自のノートに記述させる。

資料

1 第2時資料　ワークシート 10-01

むかしばなしを　よもう

○『おかゆの　おなべ』の　かんそうを　かこう

ねん　くみ　なまえ（　　　　　　　　　）

○おはなしを　きいて、おもしろいと　おもった ものに、○を　つけましょう。

女の子　おばあさん　おかあさん　おなべ

おばあさんと　あった　ところ

おなべから　おかゆが　出て　くる　ところ

おかゆが　とまらなく　なった　ところ

さいご

おかゆを　出す　じゅもん

おかゆが　出て　くる　ときの　おと

○かんそうを　じゆうに　かきましょう。

2 第5～8時資料　紹介カードの見本 10-02

おかゆの　おなべ

なまえ（　ねん　くみ　）

このおはなしには
やさしい　女の子と
すこし　おっちょこ
ちょいな　おかあさんが
出て　きます。
ふしぎな　おなべから
たくさんの　おかゆが
出て　きます。その　とき
の　おとが、とっても
おもしろいです。

3 第7・8時資料　紹介カード 10-03

なまえ（　ねん　くみ　）

ことばって、おもしろいな

ものの　名まえ　（6時間扱い）

〔知識及び技能〕(1)ア、オ〔思考力、判断力、表現力〕A話すこと・聞くことオ　関連する言語活動例A(2)イ

単元の目標

・言葉を集めたり分類したりする活動を通して、言葉には、意味による語句のまとまりがあることや、上位語と下位語の関係になっていると気付くことができる。

評価規準

知識・技能	❶言葉には、事物の内容を表す働きがあることに気付いている。(〔知識及び技能〕(1)ア) ❷身近なことを表す語句の量を増し、話の中で使うとともに、言葉には意味による語句のまとまりがあることに気付き、語彙を豊かにしている。(〔知識及び技能〕(1)オ)
思考・判断・表現	❸「話すこと・聞くこと」において、互いの話に関心をもち、相手の言葉を受けて話をつないでいる。(〔思考力、判断力、表現力〕Aオ)
主体的に学習に取り組む態度	❹進んで意味による語句のまとまりを見つけたりまとまりを意識して語句を集めたりし、学習課題に沿って集めた言葉を使いながら友達とやり取りをしようとしている。

単元の流れ

次	時	主な学習活動	評価
一	1	ことばカードゲーム（神経衰弱）をした後、教材文を読む。	
	2	**学習の見通しをもつ** 学習課題を設定し、「ことばの　おみせやさん」をするための学習計画を立てる。	
二	3	自分のお店（上位語）に合った言葉（下位語）を集める。	❷❹
	4	「ことばの　おみせやさん」（おみせやさんっごっこ）をして、様々な種類の「ことばカード」を集める。	❶❸❹
	5	集めた「ことばカード」を仲間分けし、言葉と言葉の関係を考える。	❷
三	6	**学習を振り返る** 教材文を読み、学習したことを振り返る。	❷

授業づくりのポイント

〈単元で育てたい資質・能力〉

本単元のねらいは、「言葉には、意味による語句のまとまりがあることや、上位語と下位語の関係になっていること」を理解することである。これらを理解することで、身の回りにある様々な語句を関係付けて捉え、語彙を形成したり拡充したりすることができるようになる。

実際に語句を集めたり分類したりする活動を通して、これまで生活経験の中で感覚的に捉えていた語句のまとまりや上位語・下位語の概念を整理し、明確に理解することが大切である。

具体例

○いちご・りんご・みかん（下位語）は、果物（上位語）、クッキー、チョコレート、飴（下位語）は、お菓子（上位語）、果物とお菓子は、更に上位の食べ物の仲間というように語句にはまとまりやつながりがある。ピアノ、鍵盤ハーモニカ（下位語）は、楽器（上位語）だから、食べ物とは違う仲間になる等、子供にとって身近なものの名前を表す語句を集めたり、仲間分けしたりすることで、語句と語句の関係を整理し、体系化して捉えることができるようにしていく。

〈教材・題材の特徴〉

教材文「ものの　名まえ」では、買い物をするという場面設定を活かして、語句のまとまりや、上位語と下位語の概念を意識することができるようになっている。名詞は、同じ仲間、違う仲間の判別がしやすいため、１年生にも上位語と下位語の関係が分かりやすい。途中、読者に問いかける一文が効果的に子供の思考を促している。その後の手引きのページには、お店屋さんごっこの活動が例示されており、子供と共にどのような学習をしたいかが考えやすい構成になっている。

具体例

○「りんご・みかん・バナナを売っているのは何のお店か」という問いかけの答えを考えることで、りんご・みかん・バナナ（下位語）は、果物（上位語）の仲間という関係を理解できる。

〈言語活動の工夫〉

「ことばカードゲーム」や「ことばの　おみせやさん」を通して、楽しみながら意味による語句のまとまりや上位語と下位語の概念の理解を確かにしていく。遊びを通してこれまで感覚的に捉えていた語句のまとまりを意識したり、上位語に当てはまる下位語を探したりすることができるようにしたい。

自身の経験を想起したり友達と話したりしながら言葉を集めることを大切にし、集めた言葉を使ったり分類したりする機会を設けていく。１年生は、経験を重ねることで理解が深まっていくため、全員が言葉を集めたり集めた言葉を使ったり分類したりする経験をすることを第一に考えたい。

具体例

○「ことばの　おみせやさん」で開くお店を子供と話し合いながら決める。自分のお店にふさわしい商品作りをするために、同じグループの友達と確かめ合いながら「ことばカード」作りを進めていく。「ことばの　おみせやさん」が終了した後で、買い物報告会や買い物日記等、集めた言葉を使う機会を設ける。言葉を分類する経験は、今回が初めてである。全体で行うのではなく、一人一人が分類をすることを大切にする。分類したカードを見ることで、語句と語句の関係を改めて確認することもできる。

本時案

ものの　名まえ　1/6

本時の目標

・言葉には意味による語句のまとまりがある事を意識することができる。

本時の主な評価

・言葉には意味による語句のまとまりがあることに気付いている。

資料等の準備

・ことばカード（グループ分）
・教科書の挿絵（果物屋・魚屋）

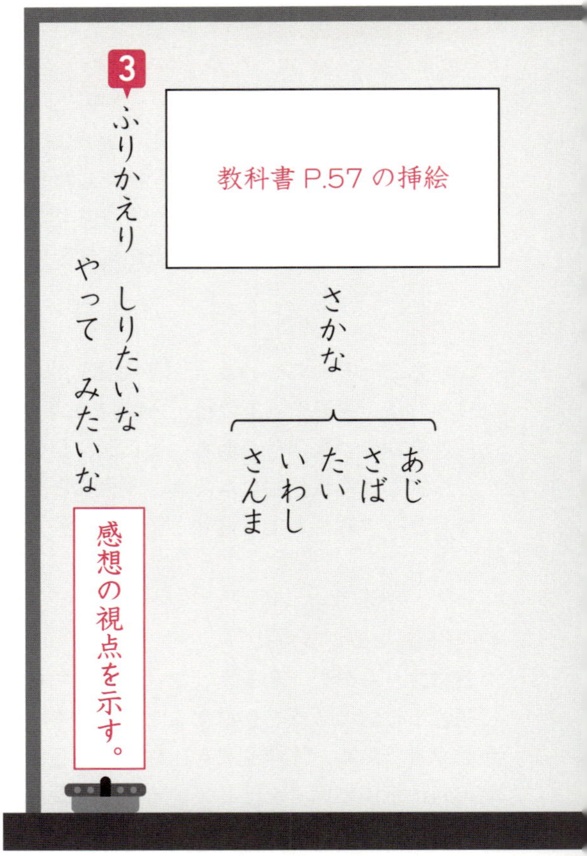

教科書 P.57 の挿絵
さかな
あじ
さば
たい
いわし
さんま
3
ふりかえり
しりたいな
やって　みたいな
感想の視点を示す。

授業の流れ ▷▷▷

1 「ことばカード」で神経衰弱をする　〈20分〉

○「ことばカード」は、遊び・果物・お菓子等、子供に身近な言葉を選び、あらかじめ作成しておくとよい。

○どんな言葉が書いてあるカードがあるか、初めに確認してから遊びを始めるとよい。

T　「ことばカード」を使って、神経衰弱をしてみましょう。

○同じ仲間の言葉だったら札がもらえるということを具体例を出しながら確認する。

○この時期の子供は、生活経験から言葉の仲間について知っていることが多い。ここでは、遊びながら、言葉に仲間があることを意識させることが目的である。

2 「ものの　名まえ」を読む　〈15分〉

○「ものの　名まえ」を範読する。読み手に問いかけているところで範読を止め、子供に問いかける。

T　どうして果物屋さんだと分かるのですか。

・りんごやみかんやバナナは、果物だからです。

T　他にはどんなものを売っていると思いますか。

・ももです。

・ぶどうです。

○他にも果物の下位語があることを意識させる。

T　どうして「さかなじゃ　わからないよ。」と言ったのですか。

・魚は、全部のまとめた名前で、それぞれの名前があるから魚だけだと、どの魚か分からないからです。

ものの　名まえ

1

ことばカードで　あそぼう。

ことばしんけいすいじゃく

やりかた

①じゅんばんを　きめる

②二まい　めくる

③おなじ　なかまの　ことばだったら　もらえる

④もって　いる　カードが　おおい人が　かち

2

ものの　名まえ

教科書 P.56 の挿絵

くだもの

- りんご
- みかん
- ばなな
- いちご
- もも

子供とやりとりしながら書く。上位、下位の関係が視覚的にも分かるように板書するとよい。先に下位語を出し合った後、上位語を板書する。

3 本時の学習を振り返り、学習感想を書く〈10分〉

○２時間目に学習計画を立てる際にここで書かせた感想を活用するとよい。

T　今日は、「ことばしんけいすいじゃく」をして、「ものの　名まえ」を読みました。今日を振り返って、感想を書きましょう。

○言葉について、やってみたいこと・知りたいこと等視点を示すとよい。

・言葉神経衰弱が楽しかったです。

・言葉のお店屋さんをやってみたいです。

・果物屋さんには、ぶどうも入ると思います。

・カードを増やして言葉神経衰弱をやってみたいです。

よりよい授業へのステップアップ

「ことばカード」の作成・活用

遊び・果物・お菓子・花等の仲間から、それぞれ４つずつ言葉を選びカード化する。言葉には仲間があることに目を向けさせるための工夫であるので、枚数は少なくてよい。名刺用の用紙に印刷すれば、手軽に製作できる。

もっとやりたい、もっと増やしたいという意欲を喚起できれば、言葉を集める必要も出てくる。１種類だけカードを３枚にしたり白紙のカードを入れたりしておくことで、集めた言葉を書き足したり、新たなゲームに展開したりすることもできる。

本時案

ものの　名まえ　2/6

本時の目標

・学習の計画を立て、今後の学習の見通しをもつことができる。

本時の主な評価

・進んで学習計画を立てる話し合いに参加し、今後の学習の見通しをもっている。

資料等の準備

・前時の学習感想一覧（教師が把握しておく）

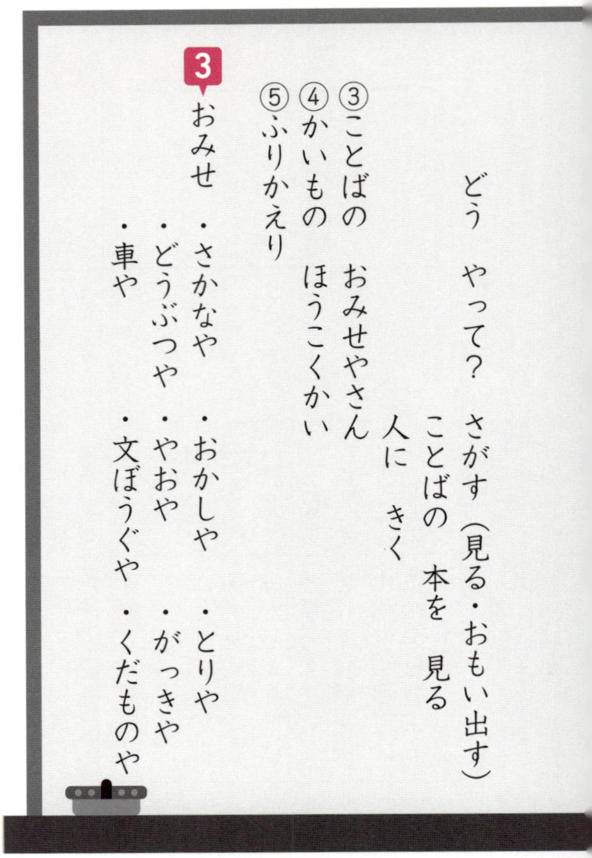

どう　やって？　さがす（見る・おもい出す）
ことばの　本を　見る
人に　きく
③ことばの　おみせやさん
④かいもの　ほうこくかい
⑤ふりかえり
3
おみせ
・さかなや　・おかしや　・とりや
・どうぶつや　・やおや　・がっきや
・車や　・文ぼうぐや　・くだものや

授業の流れ

1 前時の感想を出し合い学習課題を設定する〈15分〉

T　前の時間の感想を出し合いましょう。

○内容ごとに分類しながら板書する。

・果物屋さんには、ぶどうも入ると思います。

・他にはどんな果物があるのか知りたいです。

・お菓子屋さんや、スポーツ屋さんもできると思いました。

→板書内の「ほかにも　ある？　ことば・なかま」

・ぼくもお店屋さんごっこをしたいです。

・「ことばカード」でまた遊んでみたいです。

→板書内の「やってみたいな」（学習活動）

○やり取りをしながら学習課題「名前の言葉を集めて言葉のお店屋さんをしよう」（例）を作る。

2 学習計画を立てる〈15分〉

T　言葉のお店屋さんを開くために、どんなことをすればよいと思いますか。

・お店を決める。

・誰がどのお店になるかを決める。

・売るもの（商品）を作る。

○発言を整理しながら板書し、学習計画を作る。

○この話し合いの中で、商品は「ことばカード」であることや、商品を作るとは言葉を集めてカードに書くことだと確認しておく。

T　言葉は、どうやって集めますか。

・周りを見たり思い出したりして集めます。

・友達に聞いたらいいと思います。

・言葉の本を見て探してみます。

ものの　名まえ

1

学しゅうの　けいかくを　たてよう。

まえの　かんそう

・くだものやには、ぶどうも入る。
・ほかに、どんな　くだものが　あるのか。
・おかしや、スポーツやも　できる。

→ ほかにも　ある？　ことば・なかま

・おみせやさん
・ことばカード　しんけいすいじゃく　ほかの　あそび

→ やって　みたいな

学しゅうかだい

名まえの　ことばを　あつめて、ことばの　おみせやさんを　しよう。

2

けいかく
①おみせを　きめる
②しょうひん（うる　もの）を　つくる
＝
なかまの　ことばを　あつめる

順番を整理しながら板書する。

3 開くお店を決める　〈15分〉

T　どんなお店を開きたいですか。
・魚屋、動物屋、鳥屋（上位語：生き物）
・お菓子屋、果物屋、八百屋（上位語：食べ物）
・楽器屋、車屋、文房具屋（上位語：もの）
○第５時にさらに上位のまとまりがあることに気付かせたいため、そこで分類することができるようなものを店にするとよい。
○希望を聞いて１つの店が４人程度の人数になるように調整する。
T　今日の学習を振り返り感想を書きましょう。
・動物屋さんに決まったので、動物カードをたくさん集めます。
・言葉カードを作ってお店屋さんをするのが楽しみです。本を見て集めようと思います。

よりよい授業へのステップアップ

図書資料の活用

教室に言葉の絵本や簡単な辞書を置いておくとよい。日頃から自由に手に取ることができるようにしておく。

言葉集めのために活用した経験があると、学習計画を立てる際に「本で調べたらいい」という声が上がる。「うたに　あわせて　あいうえお」や「あいうえおで　あそぼう」でオリジナルのあいうえおの歌を作るときや、言葉遊びでオリジナル作品を作るときにぜひ活用させておきたい。

子供の語彙を広げることにも大いに役立つ。

本時案

ものの　名まえ　3/6

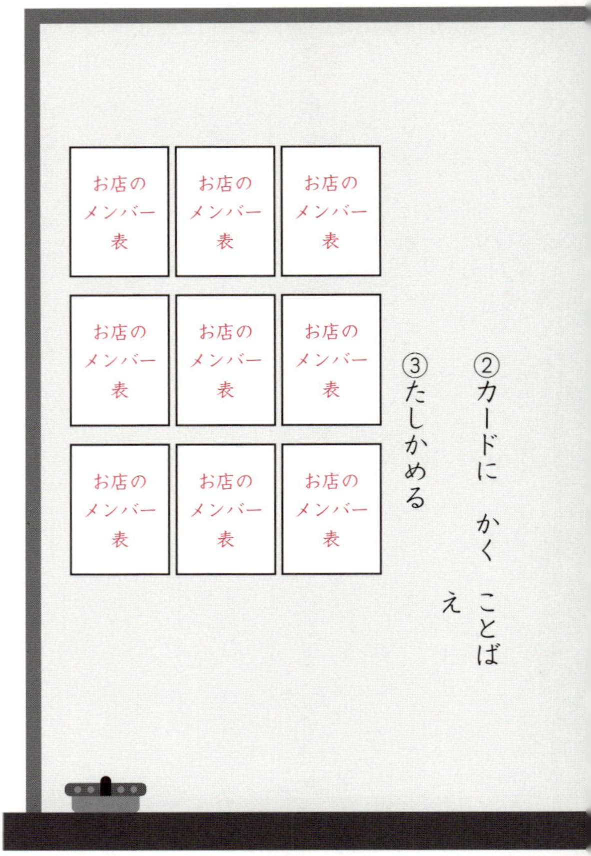

お店のメンバー表
お店のメンバー表
お店のメンバー表
お店のメンバー表
お店のメンバー表
お店のメンバー表
お店のメンバー表
お店のメンバー表
お店のメンバー表
②カードに　かく　ことば
え
③たしかめる

本時の目標

・「ことばカード」作りを通して、言葉の上位語と下位語の関係を理解することができる。

本時の主な評価

❷身近なことを表す語句の量を増し、言葉には意味による語句のまとまりがあることに気付き、語彙を豊かにしている。【知・技】

❹進んで意味による語句のまとまりを見つけたりまとまりを意識して語句を集めたりしようとしている。【態度】

資料等の準備

・例示する「ことばカード」
・子供が作成する際に使用する白紙の「ことばカード」
・お店のメンバー表

授業の流れ ▷▷▷

1 言葉の集め方を確認し、本時の学習の見通しをもつ　〈10分〉

○果物屋で上位語と下位語の関係を確かめる。子供とやり取りしながら、店の名前が「まとめた名前（上位語）」、「ことばカード」が「一つ一つの名前（下位語）」だと確認する。

○魚屋を例に、上位語と下位語の関係ではない言葉は、集められないことを確かめる。魚の中に太鼓のカードを混ぜて提示し、気付きを引き出す。

・あれ、太鼓は魚屋ではありません。

T　どうしてですか。

・たいこは、魚ではなく楽器の仲間だからです。

・同じ仲間じゃないとお店（上位語）とずれてしまいます。

○言葉の集め方や学習の進め方も確認する。

2 言葉を集め「ことばカード」を作成する　〈25分〉

T　自分のお店に合った商品を作ることができるように、協力して頑張りましょう。

○迷ったり困ったりしたらまずグループの友達に相談するよう声を掛ける。本時では、子供同士をつないだりエピソードを引き出したり、適切な図書資料を紹介したりすることを意識するとよい。

○集めている様子を見て、場合によって一度止めて、全体で集め方を確認したり友達同士で集めた言葉を確認したりする時間を設ける。

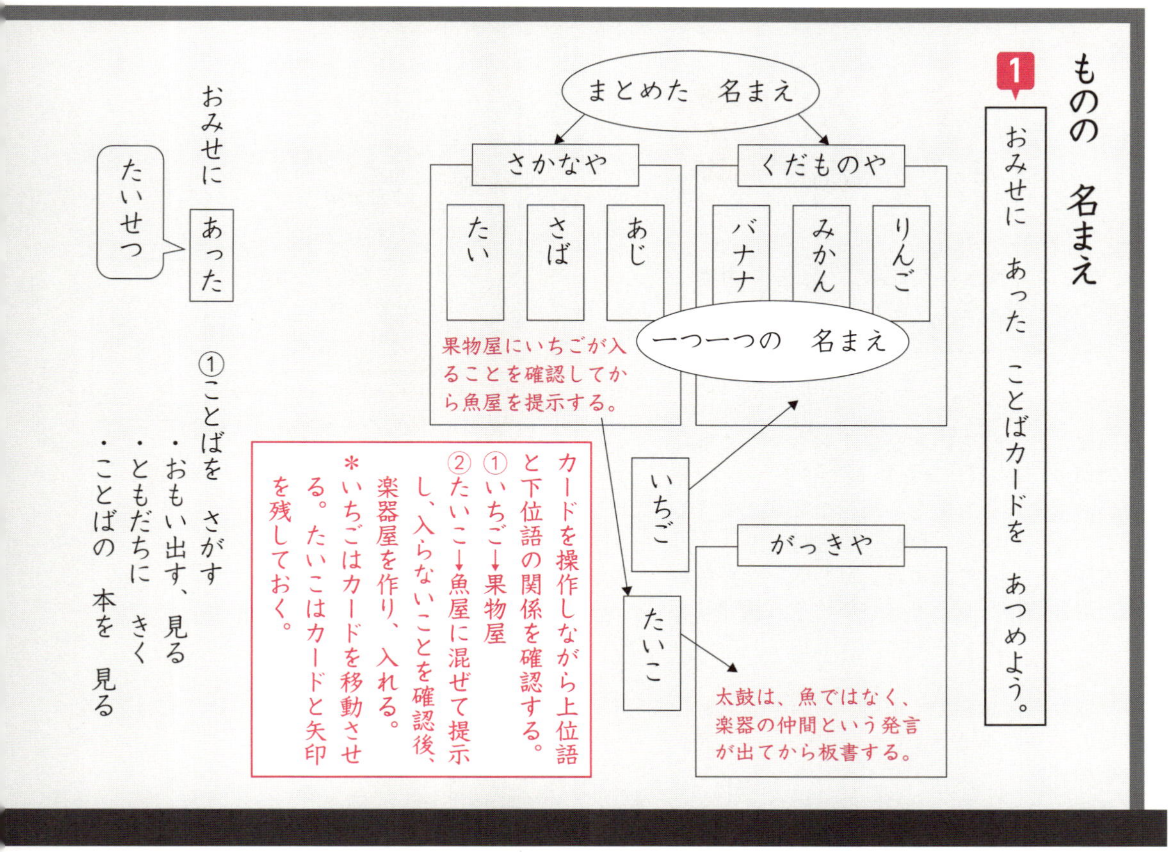

ものの 名まえ
1
おみせに あった ことばカードを あつめよう。
まとめた 名まえ
くだものや
りんご
みかん
バナナ
一つ一つの 名まえ
さかなや
あじ
さば
たい
果物屋にいちごが入ることを確認してから魚屋を提示する。
いちご
たいこ
がっきや
太鼓は、魚ではなく、楽器の仲間という発言が出てから板書する。
カードを操作しながら上位語と下位語の関係を確認する。
①いちご→果物屋
②たいこ→魚屋に混ぜて提示し、入らないことを確認後、楽器屋を作り、入れる。
＊いちごはカードを移動させる。たいこはカードと矢印を残しておく。
おみせに あった
たいせつ
①ことばを さがす
・おもい出す、見る
・ともだちに きく
・ことばの 本を 見る

3 グループの友達と一緒に同じ仲間の言葉かどうか確かめる 〈10分〉

T 作った「ことばカード」が、お店に合っているか確かめましょう。

○カードの枚数を増やすことに意識が向き、上位語に合っていない言葉を集めてしまうこともあるため、必ず見直すようにする。

○グループ全員で確認することで、上位語と下位語の関係の理解を確かにするとともに、自分では集めなかった新たな言葉と出合うこともできる。

T 今日の学習を振り返り、感想を書きましょう。

・きんかんという果物を知ったので、今度食べてみたいと思いました。

・楽器の仲間は、思っていたよりたくさんありました。

よりよい授業へのステップアップ

言葉を覚える

言葉は、体験やエピソードとともに記憶されます。子供が新たな言葉と出合う場面では、教師も感心しながら話を聞き、「どんなもの」「いつ食べた」等と尋ね、エピソードを引き出すようにします。

C1：きんかんも果物だよ。
C2：きんかんってなあに。
C1：丸くて、小さくてオレンジやみかんみたいなもの。
T：どんな味がするのかな。
C1：すっぱいよ。でも、喉にいいんだって。

本時案

ものの　名まえ　4/6

本時の目標

・「ことばの　おみせやさんごっこ」の中で、互いの話に関心をもち、相手の言葉を受けてつないで話すことができる。

本時の主な評価

❶言葉には、事物の内容を表す働きがある事に気付いている。【知・技】
❸互いの話に関心をもち、相手の言葉を受けて話をつないでいる。【思・判・表】
❹学習課題に沿って集めた言葉を使いながら友達とやり取りをしようとしている。【態度】

資料等の準備

・やり取りの言葉を書く短冊（お店の人用とお客用の２色があるとよい）
・お店のメンバー表　・タイムスケジュール
・デジタルカメラ等の ICT 機器（記録用）

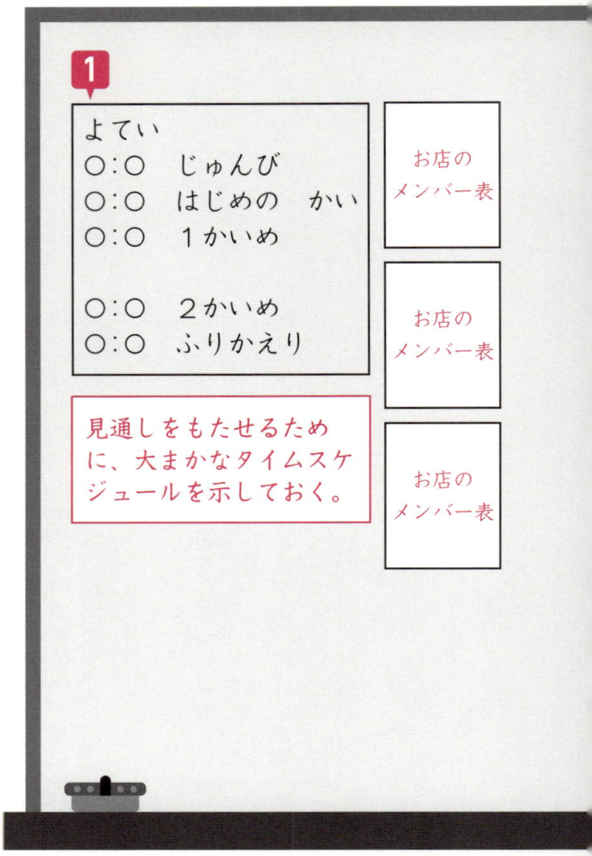

1
よてい
○:○　じゅんび
○:○　はじめの　かい
○:○　１かいめ
○:○　２かいめ
○:○　ふりかえり
お店の メンバー表
お店の メンバー表
お店の メンバー表
見通しをもたせるために、大まかなタイムスケジュールを示しておく。

授業の流れ ▷▷▷

1 店員と客のよいやりとりの仕方を考える 〈10分〉

T　お店の人は、どんなことを言いますか。
・いらっしゃいませ。ありがとうございました。
・何にしますか。いくつ欲しいですか。
T　お客さんは、どんなことを言いますか。
・○○をください。○○は、ありますか。
・１つください。
○店員と客に分けて、板書する。
T　なるほど、では、やってみましょう。
○２名の代表の子供にやり取りをさせ、話した言葉を短冊に書いて黒板に貼り、矢印でつなぐ。
T　黒板を見て気が付いたことはありますか。
・お店の人とお客さんが順番に話しています。
・質問に答えたり、あいさつを言われたらあいさつを言ったりして、つながっています。

2 「ことばの　おみせやさんごっこ」をする 〈25分〉

○子供たちがどのようなやり取りをしているかに注目する。ICT 機器で記録するとよい。「お薦めはなんですか」「どんな音が鳴りますか」等質問をし、それに答えているペアを見つけたい。
T　こんなふうに話したら上手に買い物ができたとか、おもしろいことが分かったということはありませんか。
○途中、一度止めてよいやり取りを確認する。子供の発言に出なければ、教師が発見したことを紹介するとよい。その際、記録した動画を視聴すると効果的である。
○返事をしたり質問をしたりするとよいことを確認してから、続きを行うようにする。

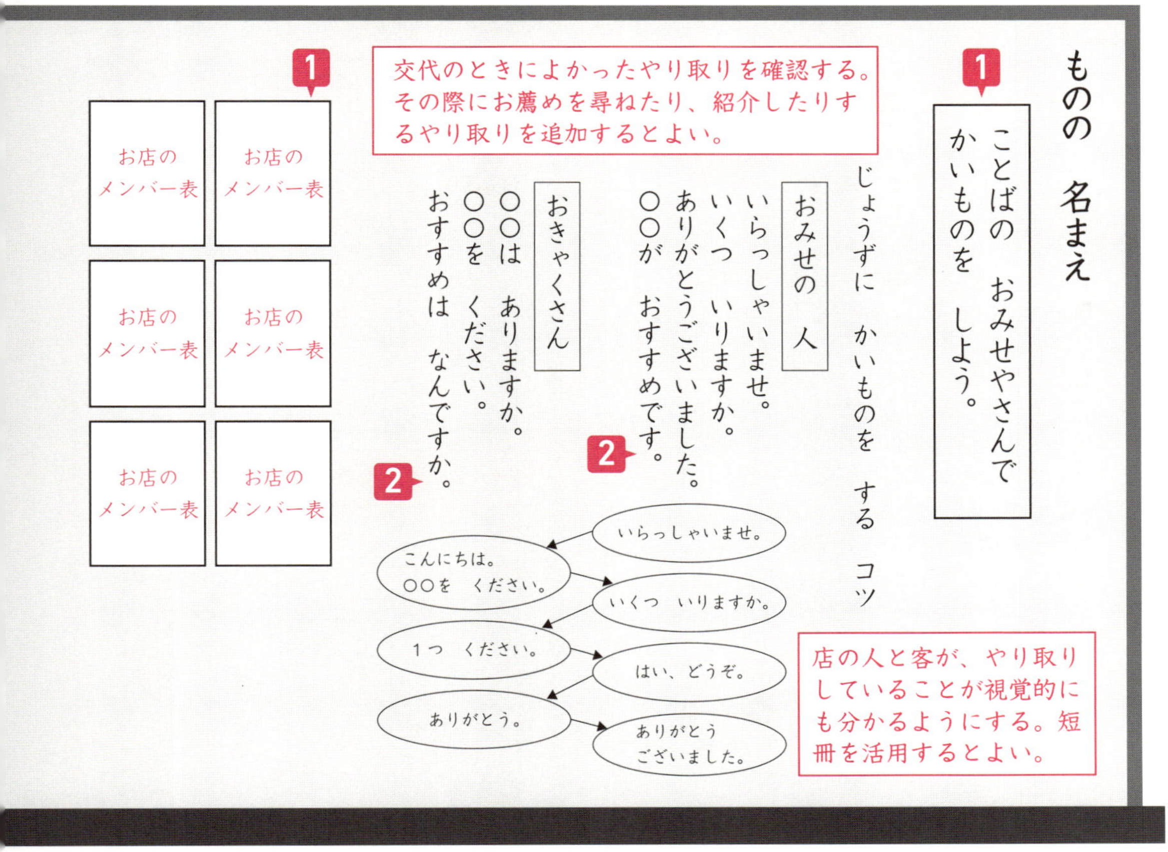
ものの 名まえ
1
ことばの おみせやさんで
かいものを しよう。
じょうずに かいものを する コツ
おみせの 人
いらっしゃいませ。
いくつ いりますか。
ありがとうございました。
〇〇が おすすめです。
2
おきゃくさん
〇〇は ありますか。
〇〇を ください。
おすすめは なんですか。
2
交代のときによかったやり取りを確認する。その際にお薦めを尋ねたり、紹介したりするやり取りを追加するとよい。
1
お店のメンバー表
お店のメンバー表
お店のメンバー表
お店のメンバー表
お店のメンバー表
お店のメンバー表
いらっしゃいませ。
こんにちは。〇〇を ください。
いくつ いりますか。
1つ ください。
はい、どうぞ。
ありがとう。
ありがとうございました。
店の人と客が、やり取りしていることが視覚的にも分かるようにする。短冊を活用するとよい。

3 本時の学習を振り返る 〈10分〉

T どんな「ことばカード」が集まったかを整理してみましょう。

○本時は、個人で「ことばカード」を並べて確認するようにさせる。上位語が同じ言葉を集めたり並べたりしている子供がいたら、写真に記録しておくと次時に活用できる。

T 今日の学習を振り返って、感想を書きましょう。

・お店の人に聞くのが楽しかったです。「ことばカード」が、たくさん集まりました。
・「いくついりますか。」と聞いたら「2つください。」と言ってくれてうれしかったです。
・お薦めを聞いたら、消防車だと教えてくれたので、それを買いました。

よりよい授業へのステップアップ

言葉のやり取りを視覚化する

店員と客のやり取りのコツを考えさせる際に、子供が発言した言葉を短冊に書き、板書で視覚化する。黒板の短冊や矢印を見ることで、相手の話を受けて言葉を返すことでやり取りが進んでいくことが分かる。

ICT 機器の活用

話すこと・聞くことの学習では、ICT 機器を活用したい。音声言語はすぐに消えてしまい、振り返るのが困難だが、ICT 機器に記録したものを見直すことで、自分の話し方を振り返ったり、よいやり取りの仕方を学んだりできる。

本時案

ものの　名まえ　5/6

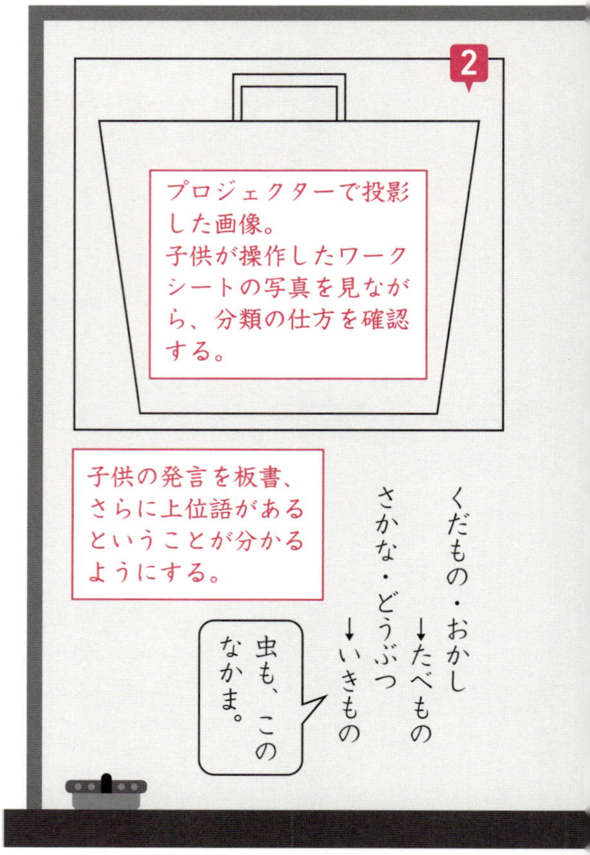
2
プロジェクターで投影した画像。
子供が操作したワークシートの写真を見ながら、分類の仕方を確認する。
子供の発言を板書、さらに上位語があるということが分かるようにする。
くだもの・おかし
↓たべもの
さかな・どうぶつ
↓いきもの
虫も、このなかま。

本時の目標

・「ことばカード」を分類し、言葉の上位、下位の関係を理解することができる。

本時の主な評価

❷身近なことを表す語句の量を増し、話の中で使うとともに、言葉には意味による語句のまとまりがあることに気付き、語彙を豊かにしている。【知・技】

・進んで意味による語句のまとまりを見つけようとしている。

資料等の準備

・買い物バックが印刷してあるワークシート　11-01

・プロジェクター等の画像を投影できる機器

・デジタルカメラ等の ICT 機器（記録用）（記録用）

授業の流れ ▷▷▷

1 「ことばカード」を分類する　〈15分〉

T　「ことばの　おみせやさん」で買った「ことばカード」を、「買い物バッグ」の中で整理しましょう。どうしたらよいと思いますか。

・同じお店のものをまとめます。

・果物の仲間みたいに、名前を付けます。

○やり取りしながら、黒板でカードを操作し、言葉の仲間で分類すること、分類した仲間に名前を付けることを確認する。

○言葉を分類・整理するのは初めての経験である。同じものは隣に置く、違うものは分ける、似ているものは近くに置く等、やり方を確認してから作業を始めるとよい。

○全体で共有したいものを ICT 機器で記録する。

2 報告し合い、どのような仲間に分けたか考える　〈15分〉

T　どんな「ことばカード」を買ったのか報告し合いましょう。

○「果物のりんごとぶどう」のように、分類名とカードに書かれた言葉を言って報告するようにさせ、上位語と下位語を意識できるようにする。

○1で撮影した画像を見る。上位語同士をまとめ、さらに大きな仲間を作っているものがあれば、仲間の名前を隠して提示する。ない場合は事前に用意したものを活用する。

T　どんな分け方をしていますか。

・果物とお菓子が同じ仲間になっています。

・食べ物の仲間だと思います。

・まとめて付けた名前が、まとまっています。

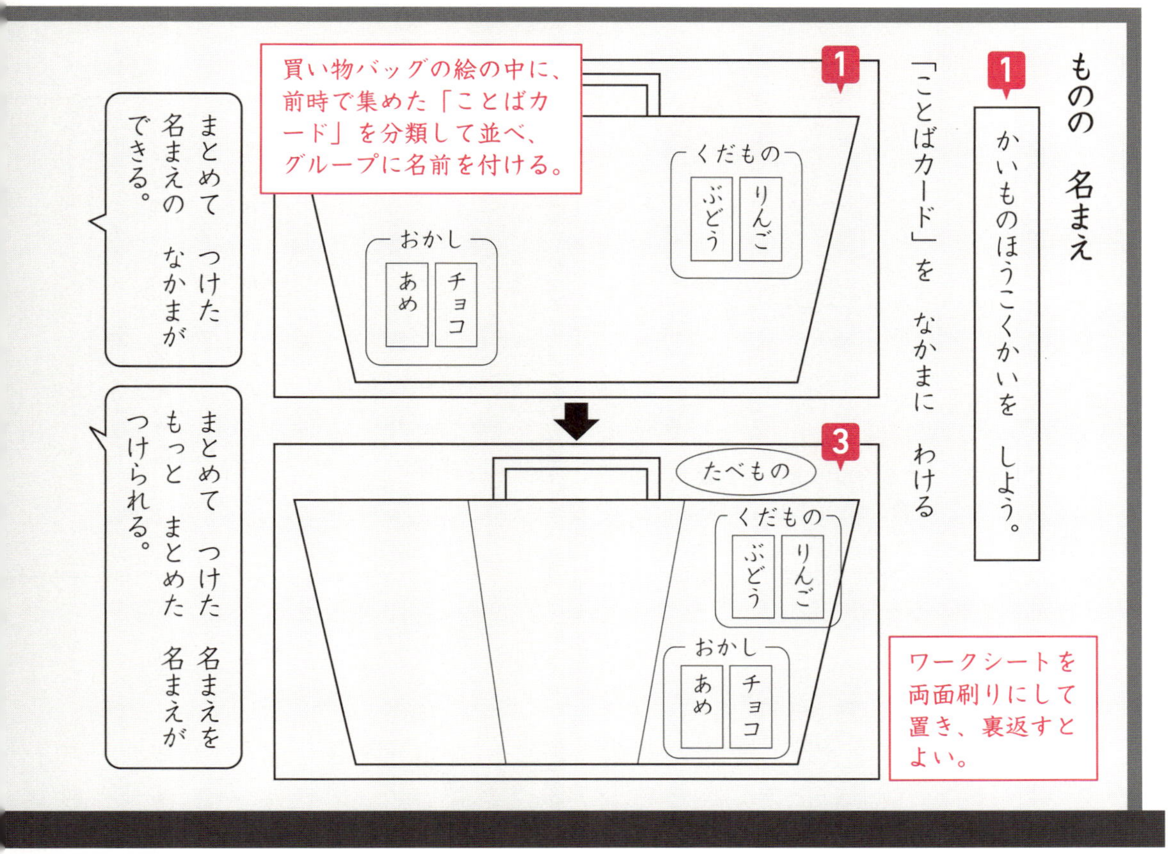
ものの　名まえ
1
かいものほうこくかいを　しよう。
「ことばカード」を　なかまに　わける
1
くだもの
りんご
ぶどう
おかし
チョコ
あめ
買い物バッグの絵の中に、前時で集めた「ことばカード」を分類して並べ、グループに名前を付ける。
まとめて　つけた　名まえの　なかまが　できる。
3
たべもの
くだもの
りんご
ぶどう
おかし
チョコ
あめ
ワークシートを両面刷りにして置き、裏返すとよい。
まとめて　つけた　名まえを　もっと　まとめた　名まえが　つけられる。

3 「ことばカード」をさらに分類・整理する　〈15分〉

T　もっと大きな仲間にできることが分かりました。自分の「買い物バッグ」の中をもっと整理してみましょう。

○ワークシートを裏返し、より大きな仲間を意識して分類するようにさせる。名前も付け、上位語と下位語、さらに上位語との関係を理解できるようにする。

T　今日の学習を振り返りましょう。

・「ことばカード」を仲間に分けるのが楽しかったです。
・まとめて付けた名前をもっとまとめることができると分かりました。
・食べ物の仲間は、野菜もあると思います。

よりよい授業へのステップアップ

語彙を広げる

自分で分類をすることで、語句のまとまりをより意識することができる。一人一人の作業を大切にしたい。

名前を付けることで、上位語と下位語の関係も意識できる。さらに大きなまとまりが、何のまとまりかを考えることで、言葉のしくみへの理解を深めることができる。語句と語句を関係付け、意味付けて体系化していくことが、語彙を広げるということである。

本時案

ものの　名まえ　6/6

本時の目標

・「かいものにっき」を書くことを通して、言葉の上位語と下位語の関係の理解を確かにし、語彙を豊かにすることができる。

本時の主な評価

❷身近なことを表す語句の量を増し、使うと共に、言葉には意味による語句のまとまりがあることに気付き、語彙を豊かにしている。【知・技】

・学習課題に沿って集めた言葉を使い、「かいものにっき」を書こうとしている。

資料等の準備

・前時のワークシート写真（掲示用・児童用）
・「かいものにっき」用紙（掲示用・児童用）

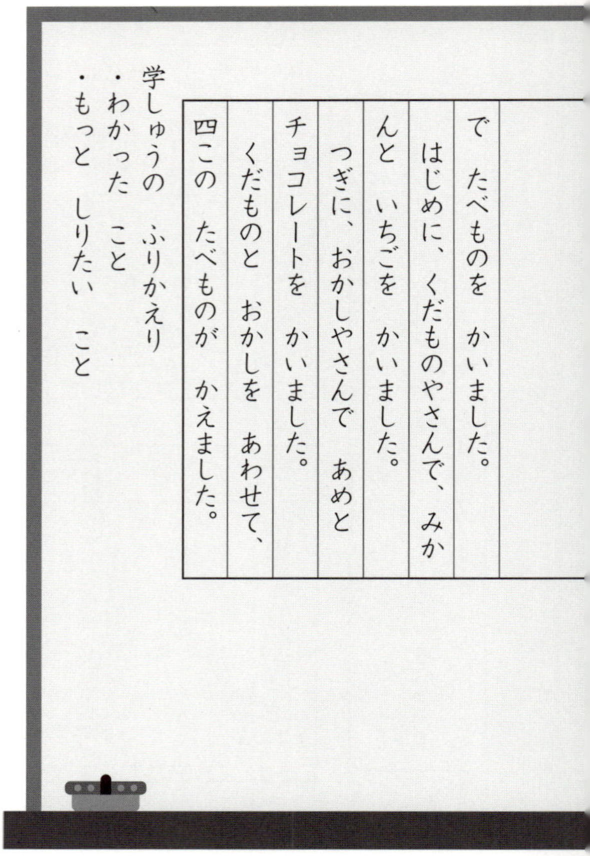

で　たべものを　かいました。
はじめに、くだものやさんで、みか
んと　いちごを　かいました。
つぎに、おかしやさんで　あめと
チョコレートを　かいました。
くだものと　おかしを　あわせて、
四この　たべものが　かえました。
学しゅうの　ふりかえり
・わかった　こと
・もっと　しりたい　こと

授業の流れ ▷▷▷

1 前時の学習を振り返り、言葉について分かったことを出し合う　〈5分〉

T　買い物報告会をして、分かったことはなんですか。

○教室掲示や前時の振り返りを基に、言葉についての気付きを発表させる。
・一つ一つの名前がありました。
・まとめた名前もありました。
・りんごとぶどうは、果物の仲間です。
・まとめた名前を、もっとまとめた名前もありました。
・食べ物の仲間には、野菜やパンも入りそうだと思いました。

2 集めた「ことばカード」を使って「かいものにっき」を書く〈25分〉

T　集めた「ことばカード」を使って、「かいものにっき」を書きましょう。

○黒板に掲示した買い物バッグの写真を基に、子供とやり取りしながらモデル文を作る。その際、上位語と下位語を必ず使うようにする。

○言葉を使ってみることで、語句のまとまりや語句と語句の関係の理解を確かなものにすることを意図している。

T　書き終わったら、友達と交換して読み合いましょう。

○書く活動は時間差が生まれることが考えられるので、書き終わった子供から交流できるようにしておくとよい。

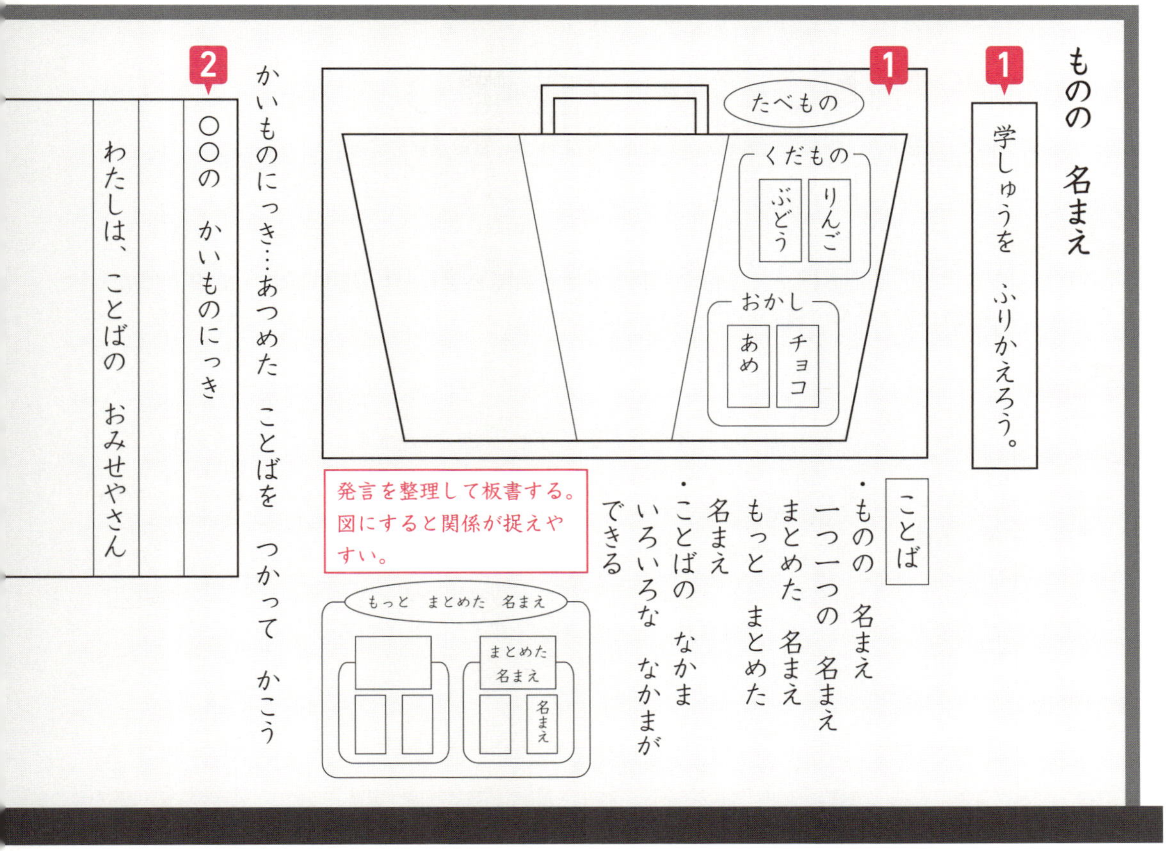
ものの　名まえ
1
学しゅうを　ふりかえろう。
1
たべもの
くだもの
りんご
ぶどう
おかし
チョコ
あめ
ことば
・ものの　名まえ
一つ一つの　名まえ
まとめた　名まえ
もっと　まとめた
名まえ
・ことばの　なかま
いろいろな　なかまが
できる
発言を整理して板書する。図にすると関係が捉えやすい。
もっと　まとめた　名まえ
まとめた
名まえ
名まえ
かいものにっき…あつめた　ことばを　つかって　かこう
2
○○の　かいものにっき
わたしは、ことばの　おみせやさん

3 「ものの　名まえ」を読み、単元の学習を振り返る 〈15分〉

○教科書教材「ものの　名まえ」を読み、これまでの学習を引き合いに出しながら言葉にはまとまりがあることや、上位語と下位語の関係になっていることを確かめる。

T　学習を振り返りましょう。

・言葉には、グループがあることが分かりました。
・グループとグループがもっと大きなグループになるのがおもしろかったです。
・一つの言葉でもいろいろなグループに入るんだと思いました。
・他にもグループがあるか知りたいです。

よりよい授業へのステップアップ

言葉を使った遊びを楽しむ

集めた「ことばカード」を眺めているうちに、つなげてしりとりを始めたりだじゃれを作り始めたりする姿が現れたら、言葉遊びへとつなげるとよい。言葉遊びを通して言葉への興味・関心を高めたり語感を養ったりすることができる。

また、ババ抜きの要領で遊ぶなど、カードゲームの種類を増やしていくことも楽しい。

「言葉っておもしろい」と感じさせることが、子供たちの語彙を豊かにするための第一歩である。

きいて　たのしもう

わらしべちょうじゃ　（1時間扱い）

〔知識及び技能〕(3)ア　〔思考力、判断力、表現力等〕C 読むこと(1)カ　言語活動例 C イ

単元の目標

・「わらしべちょうじゃ」の読み聞かせを聞き、表現や話の展開を楽しんだり感じたことを表現したりしながら、伝統的な言語文化に親しむことができる。

評価規準

知識・技能	❶昔話の読み聞かせを聞くなどして、我が国の伝統的な言語文化に親しんでいる。(〔知識及び技能〕(3)ア)
思考・判断・表現	❷「読むこと」において、読み聞かせを聞いて感じたことや分かったことを共有している。(〔思考力、判断力、表現力〕C(1)カ)
主体的に学習に取り組む態度	❸進んで話の展開や使われている表現のおもしろさを探し、学習課題に沿って感じたことを友達に伝えようとしている。

単元の流れ

時	主な学習活動	評価
1	**学習の見通しをもつ** 『わらしべちょうじゃ』の読み聞かせを聞く。 読み聞かせを聞いた感想を出し合い、話の大まかな展開を確かめる。 再度『わらしべちょうじゃ』の読み聞かせを聞く。 **学習を振り返る** 気に入った場面をカードに書き、読み合う。	 ❶ ❷❸

授業づくりのポイント

〈単元で育てたい資質・能力〉

本学習のねらいは、我が国の伝統的な言語文化に親しむことである。低学年では、日本に古くから伝わる昔話や神話、伝承と出合い、楽しむことで、伝統的な言語文化に親しむ素地を養う。

そのためには、読み聞かせや語り聞かせを聞きながら、昔話の世界をたっぷりと楽しむことが大切である。話の展開や登場人物の言動に驚いたり感心したりすることや、使われている独特の言い回しを味わったりリズムを楽しんだりすることなど、幅広く楽しさが味わえるようにする。

具体例

○子供が伝統的な言語文化に親しんでいる姿は、多様である。「話の展開がおもしろくて笑う」「繰り返しを楽しむ」「何度も出てくる言葉を声に出して言う」「気に入った言葉を声に出す」「登場人物の言動に驚く」「もう一度聞きたいと願う」「自分でも読んでみたいと本を手に取る」「自分も誰かに読み聞かせたいという思いをもつ」等は、親しんでいる姿の一例である。

〈教材・題材の特徴〉

『わらしべ長者』は、『今昔物語集』『宇治拾遺物語』に原話があり、日本に伝わるおとぎ話の１つである。夢でのお告げに従って出会う人と次々に物々交換をしていき、１本のわらしべしかもっていなかった男が大きな屋敷の主人になるという内容である。

繰り返しや予想を上回る話の展開など、聞いていて驚いたり思わず声を出したりしてしまうところが多く、１年生にとって親しみやすい昔話である。教科書教材は、昔話独特の言葉や言い回しが少なく、一度聞いただけで内容が分かるようになっている。様々な絵本やアニメも製作されているため、昔話独特の語り口調に親しませるために、教科書教材以外の絵本も読み聞かせる等の工夫もできる。

具体例

○道で出会った相手が困っており、男のもっているものをあげると、それよりよいものをくれる。ということの繰り返しで話が進んでいく。男がもらうものが、「みかん３個」「きれいな布」そして「馬」と次々によいものになっていき、最後には「大きな屋敷」をもらってしまうところに話の展開のおもしろさがある。「むかしむかし、あるところに…」は、昔話独特の言い回しである。

〈言語活動の工夫〉

「昔話っておもしろいな」「もっと聞きたいな・知りたいな」という思いが生まれるよう、工夫したい。昔話は、各家庭で語り継がれてきた伝統的な言語文化であるため、まずは教師の声で出合わせる。読み聞かせを聞いた後は、感想を自由に出し合う。友達の発表に共感したり納得したりする中で「もう一度聞きたい」という思いが高まってきたら、再度読み聞かせを行う。もう一度聞くことで、話のおもしろさや語り口調や言い回しのおもしろさをじっくりと味わうことができる。

巻末に文章が載っていることや他の昔話の絵本を紹介することで、昔話への興味や関心が高まり、自分から手に取ったり声に出して読み始めたりする子供の姿が見られるだろう。

具体例

○読み聞かせ後「どうだった」と問いかける。視点を細かく指定せずに自由に感じたことを話すようにする。気に入った場面を書く際も分量は問わない。場面絵にシールを貼り、理由を友達と交流する方法もある。「昔話って楽しい」と感じることができるようにするのが第一である。

本時案

わらしべちょうじゃ

1/1

本時の目標

・「わらしべちょうじゃ」の読み聞かせを聞き、表現や話の展開を楽しんだり感じたことを表現したりしながら、伝統的な言語文化に親しむことができる。

本時の主な評価

❶昔話の読み聞かせを聞くなどして、我が国の伝統的な言語文化に親しんでいる。【知・技】
❷「読むことに」において、読み聞かせを聞いて感じたことや分かったことを共有している。【思・判・表】
❸進んで話の展開や使われている表現のおもしろさを探し、学習課題に沿って感じたことを友達に伝えようとしている。【態度】

資料等の準備

・教科書 P.62・63の場面絵６枚
・紹介ミニカード

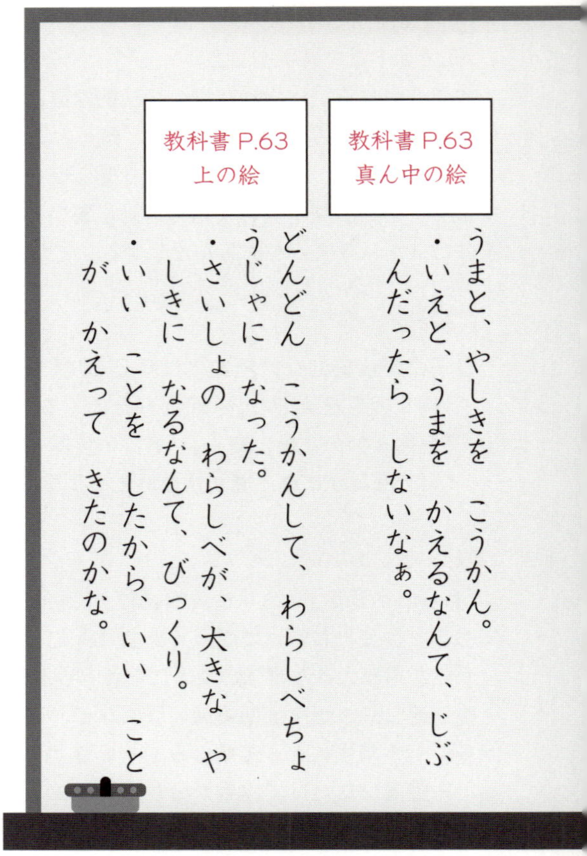

教科書 P.63
真ん中の絵
教科書 P.63
上の絵
うまと、やしきを　こうかん。
・いえと、うまを　かえるなんて、じぶんだったら　しないなぁ。
どんどん　こうかんして、わらしべちょうじゃに　なった。
・さいしょの　わらしべが、大きな　やしきに　なるなんて、びっくり。
・いい　ことを　したから、いい　ことが　かえって　きたのかな。

授業の流れ ▷▷▷

1 「わらしべちょうじゃ」の読み聞かせを聞く 〈10分〉

○読み聞かせる際は、物語の展開や、大切な言葉が聞き取りやすいように、声の速さや間を意識し、大きく抑揚付けて読むとよい。

T　これから、昔話を読みます。

○教師の近くに集める等、場を設定することで、読み聞かせを聞くことに集中できる。

○物語の展開に驚く反応や笑い声、つぶやきは許容するが、「知ってる……」と先を話す等、友達が聞いて楽しむのを邪魔してしまう場合は、声を掛け黙って聞くように促す。

2 感想を出し合い、話の大まかな展開を確かめる 〈10分〉

T　お話を聞いて、どうでしたか。

○視点を示さず、自由に感想を言わせるようにするとよい。

・おもしろかったです。
・どんどん交換していくのがびっくりしました。
・長者になるとは思いませんでした。
・屋敷をくれたところに驚きました。ぼくだったら、多分あげません。

○出てきた感想を整理しながら板書する。その際、場面絵を貼ることで、話の大まかな展開が視覚的にも理解できるようにする。

○「同じ」「似てる」等の声が上がってきたら、名前マグネットを貼るように声を掛ける。

きいて　たのしもう
わらしべちょうじゃ

3 おはなしの　おもしろい　ところを　しょうかいしよう。

ころんだら、わらしべが　あった。
・ゆめで　こえを　きいたのが　おもしろい。

2 教科書 P.62 上の絵
あぶと、みかんを　こうかん。
・一ぴきが　三こに　なって、すごい。
・みかんの　ほうが、いいのに。

教科書 P.62 真ん中の絵
みかんと、ぬのを　こうかん。
・たすけて　あげて、やさしい。

教科書 P.62 下の絵
ぬのと、うまを　こうかん。
・わらしべが　うまに　なった。
・やっぱり、やさしい。

教科書 P.63 下の絵

2 子供の感想を聞きながら、話の展開が分かるよう、整理して板書する。

3 再度聞き、気に入ったところをカードに書いて読み合う 〈25分〉

T　もう一度読みます。おもしろいと思ったところが確かめられるといいですね。
○教科書の文章を繰り返し読んでもよいし、同じ話で昔話特有の語り口調のあるものを読み聞かせてもよい。
T　このお話の中で、気に入ったところを、紹介カードに書きましょう。
○実態に応じて「おもしろいな」「すごいな」「不思議」「びっくり」等の視点を示す。
○書き終わった子供から、読み合うとよい。
○本時の学習を振り返る。
・自分で、もう一度読んでみたいです。
・他の昔話も読んでほしいです。
・他の昔話も読みたいです。

よりよい授業へのステップアップ

昔話の語り口調に親しむ

教科書教材は、聞いて話の内容が理解できるよう、子供に分かりやすい言葉で書かれている。そのため、昔話独特の語り口調が少なくなっている。

二度目に読み聞かせる際は、ぜひ違う絵本や紙芝居を読み聞かせ、使われている言葉や語り口調のおもしろさにも出合わせたい。子供が語り口調をまねしたり、つぶやいたりする姿が現れる。

事前に図書館司書と相談し、本を集めておくとよい。

日づけと　よう日　3時間扱い

〔知識及び技能〕(1)エ、オ

単元の目標

・「日づけと　よう日」の歌を読むことを通して、日付や曜日の読み方を知り、言葉には意味による語句のまとまりがあることに気付くことができる。

評価規準

知識・技能	❶日付と曜日に関する漢字を読み、書き、文の中で使っている。(〔知識及び技能〕(1)エ) ❷身近なことを表す語句の量を増し、文の中で使うとともに、言葉には意味による語句のまとまりがあることに気付き、語彙を豊かにしている。(〔知識及び技能〕(1)オ)
主体的に学習に取り組む態度	❸学習の見通しをもって、「日づけと　よう日」の歌を音読し、進んで、日付や曜日を使った歌を作ろうとしている。

単元の流れ

時	主な学習活動	評価
1	学習の見通しをもつ 「日づけと　よう日」の歌を繰り返し音読し、読み方や、出てくる言葉の意味を確かめる。	❶
2	「日づけ」の歌の、日付以外の部分を、自分で考えて作り、友達と読み合う。	❷❸
3	学習を振り返る 「よう日」の歌の、曜日以外の部分を、自分で考えて作り、友達と読み合う。	❷❸

授業づくりのポイント

〈単元で育てたい資質・能力〉

本単元のねらいは、日付や曜日の歌を、楽しくリズムよく読むことを通して、日付や曜日の読み方を知るとともに、自分で歌を作ることによって、語彙を増やすことである。繰り返し音読して、日付の特別な読み方や、曜日に使われている漢字の他の読み方も自然と楽しく身に付けていけるようにする。

具体例

○音読をする際、手拍子をしながら、リズムを意識して読んだり、月ごとに１人ずつ読んだり、列ごとに読んだり、自分の誕生月のときに読んだり、その内容に合った身振りをしながら読んだりと、いろいろな読み方を工夫し、繰り返し楽しく読ませる。何度も聞いたり読んだりするうちに、自然と日付や曜日の読み方を覚えるようになる。

〈言語活動の工夫〉

「日づけ」の歌には、各月ごとに、その季節に関連した語句が使われている。出てくる言葉に着目し、様子をイメージさせることで、語彙を増すと共に季節の感覚も育てることができる。

「よう日」の歌には、曜日以外の部分に、曜日とは違った読み方をする言葉が使われている。そこに気付かせ、漢字にはいくつもの読み方があることを確かめる。

「日づけ」の歌や「よう日」の歌を作るときには、それぞれの月に関連する語句や曜日の漢字が使われている語句を出し合うようにする。関連する語句とたくさん出合うことが、語彙を豊かにすることにつながる。

具体例

○「日づけ」の歌に出てくる季節をイメージさせる絵や写真を用意して掲示し、各月の季節のイメージを想像しやすくする。また、自分で「日づけ」の歌を考えさせる前に、それぞれの月から思い浮かぶ言葉をたくさん出させることで、季節に関する語彙が増えるとともに、季節に合った歌を考えやすくなる。

○「よう日」の歌の、月曜日だとしたら、「つき」が出てくる言葉にはどのようなものがあるかを問いかける。子供から出た「お月見」「ひと月」「月明かり」などの言葉を板書しておくことで、自分で言葉を思いつけない子供が、それらの言葉を使って、文作りに取り組むことができる。

本時案

日づけと よう日

1/3

本時の目標

・「日づけと　よう日」の歌の音読を通して、日付や曜日の読み方を理解し、季節に関する語句や、曜日に入っている漢字を使った語句を増すことができる。

本時の主な評価

❶日付や曜日の読み方を理解し、季節に関する語句や曜日に使われている漢字を使った語句を増している。【知・技】

資料等の準備

・教科書 P.64、65の「日づけと　よう日」の歌の本文
・季節を表す絵や写真
・日付が見やすく、季節感のある絵やイラスト入りのカレンダー

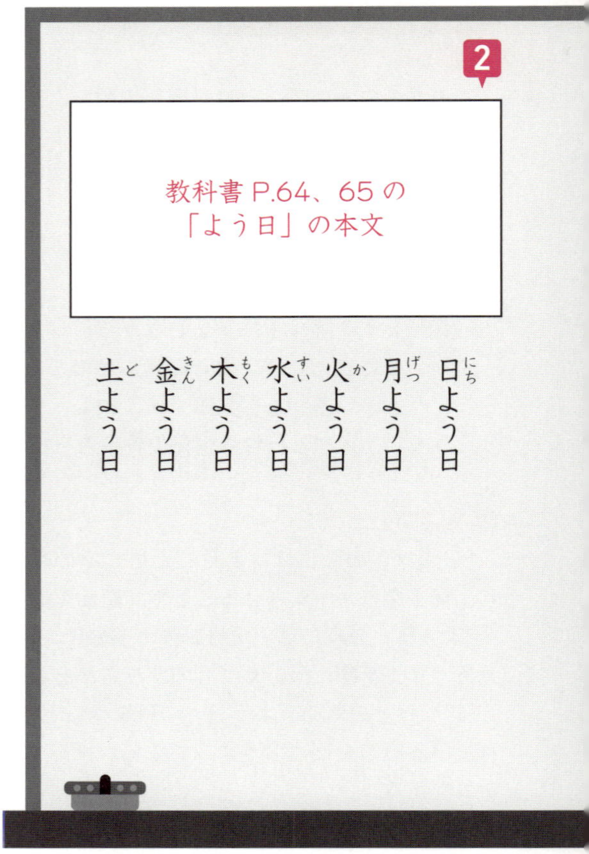

2
教科書 P.64、65 の
「よう日」の本文
日（にち）よう日
月（げつ）よう日
火（か）よう日
水（すい）よう日
木（もく）よう日
金（きん）よう日
土（ど）よう日

授業の流れ ▷▷▷

1 「日づけ」の歌を音読し、日付の読み方を確かめる 〈20分〉

T 「日づけ」の歌を、声に出して読みましょう。

○様々な読み方で何度も音読する。また、書いてある言葉について、絵や写真で示し、イメージをつかませる。

T 日付の読み方を確かめましょう。

○日付の読み方を確かめ、ノートに書く。特に、十日の「お」を「う」と間違わないように、赤で囲ませるなどして、きちんと押さえる。

2 「よう日」の歌を音読し、曜日の読み方を確かめる 〈15分〉

T 「よう日」の歌を、声に出して読みましょう。

T 曜日と同じ漢字の読み方を確かめましょう。

○すべての曜日で、その曜日と同じ漢字が使われているが、すべて読み方が違うことに着目させ、漢字には複数の読み方があることを押さえる。

・「にち」曜日だけど、お「ひ」さまと読む。
・「げつ」曜日だけど、「つき」が出たと読む。

日づけと　よう日

日づけと　よう日の　うたを
こえに　出して　よもう。

1

教科書 P.64、65 の「日づけ」の本文

一日　ついたち
二日　ふつか
三日　みっか
四日　よっか
五日　いつか
六日　むいか
七日　なのか
八日　ようか
九日　ここのか
十日　とおか
十一日　じゅういちにち
二十日　はつか

3 「日づけ」の歌と「よう日」の歌を続けて音読する〈10分〉

T 「日づけ」の歌と、「よう日」の歌を繰り返し読みましょう。

○音読しながら、「あなたたちならどんな言葉を入れますか」などと問うことで、子供たちは「自分だったら……」と思考し始める。オリジナルの歌を作りたいという気持ちを高めることで、「次の時間に作ろうね」と次時につなげる。

よりよい授業へのステップアップ

カレンダーの使用

日付や曜日の読み方が定着してきたら、カレンダーの数字や曜日を見ながら読んでみる。漢字だけでなく、数字の日付を見ても、すぐに日付の読みができるとよい。また、カレンダーのイラストが、季節や行事を表すものであれば、それも季節を感じたり、季節に関する言葉を知ったりするきっかけとなる。

本時案

日づけと よう日

2/3

本時の目標

・「日づけ」の歌を作ることで、季節に関する語句の量を増し、文の中で適切に使うことができる。
・学習の見通しをもって「日づけ」の歌を音読し、進んで「日づけ」の歌を作ろうとすることができる。

本時の主な評価

❷季節に関する語句の量を増し、文の中で適切に使っている。【知・技】
❸学習の見通しをもって「日づけ」の歌を音読し、進んで「日づけ」の歌を作ろうとしている。【態度】

資料等の準備

・教科書 P.64、65の「日づけ」の歌の本文（日付の部分以外は空欄か、上から紙を貼る）
・「日づけ」の歌を書き込むワークシート 13-01
・言葉集めのヒントとなる絵本や図鑑

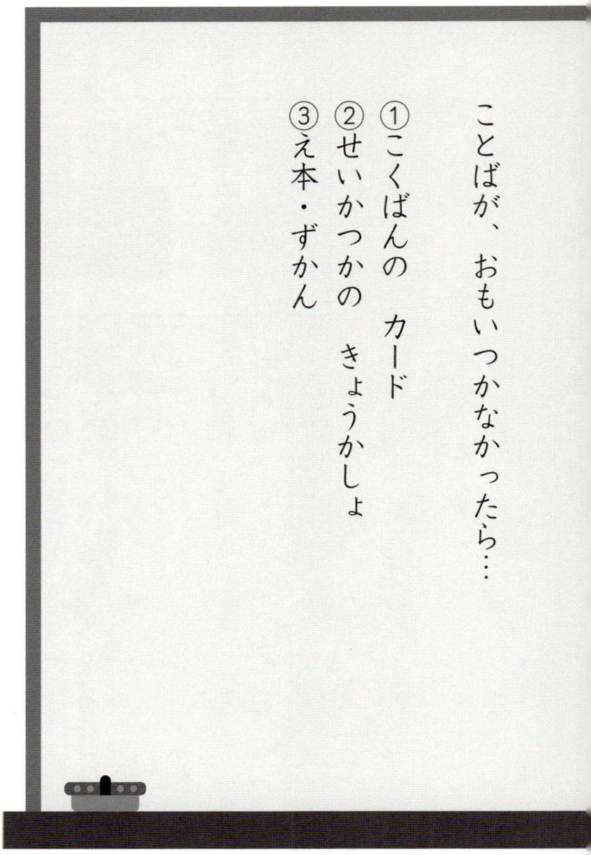

ことばが、おもいつかなかったら…
①こくばんの カード
②せいかつかの きょうかしょ
③え本・ずかん

授業の流れ ▷▷▷

1 各月に関係のある言葉を集める〈20分〉

○「日づけと よう日」の歌を音読し、めあてを確認する。

T 月に関係のある言葉を集めてみましょう。

○グループごとに月を分担して、言葉集めをし、カードを全体で読み合って共有（その後黒板に貼る）、自分の誕生月に関係のある言葉を集め、発表で出たものを教師が板書しながら全体で共有、季節の絵本等を提示しながら、そこに出てくる季節に関する言葉を拾い上げながら共有するなど、子供ができるだけたくさんの語句に触れられるような工夫をする。

2 日付の部分以外を考えて、オリジナルの「日づけ」の歌を作る〈15分〉

T 「日づけ」の歌を作ってみましょう。

○自力で考えるのが難しい子供は、黒板のカードの中から言葉を見つけたり、あらかじめ用意しておいた季節や行事に関する絵本や図鑑を自由に見たりして言葉を考える。また、全ての月の言葉を考えることが難しければ、一部の月だけを自分で作るとしてもよい。

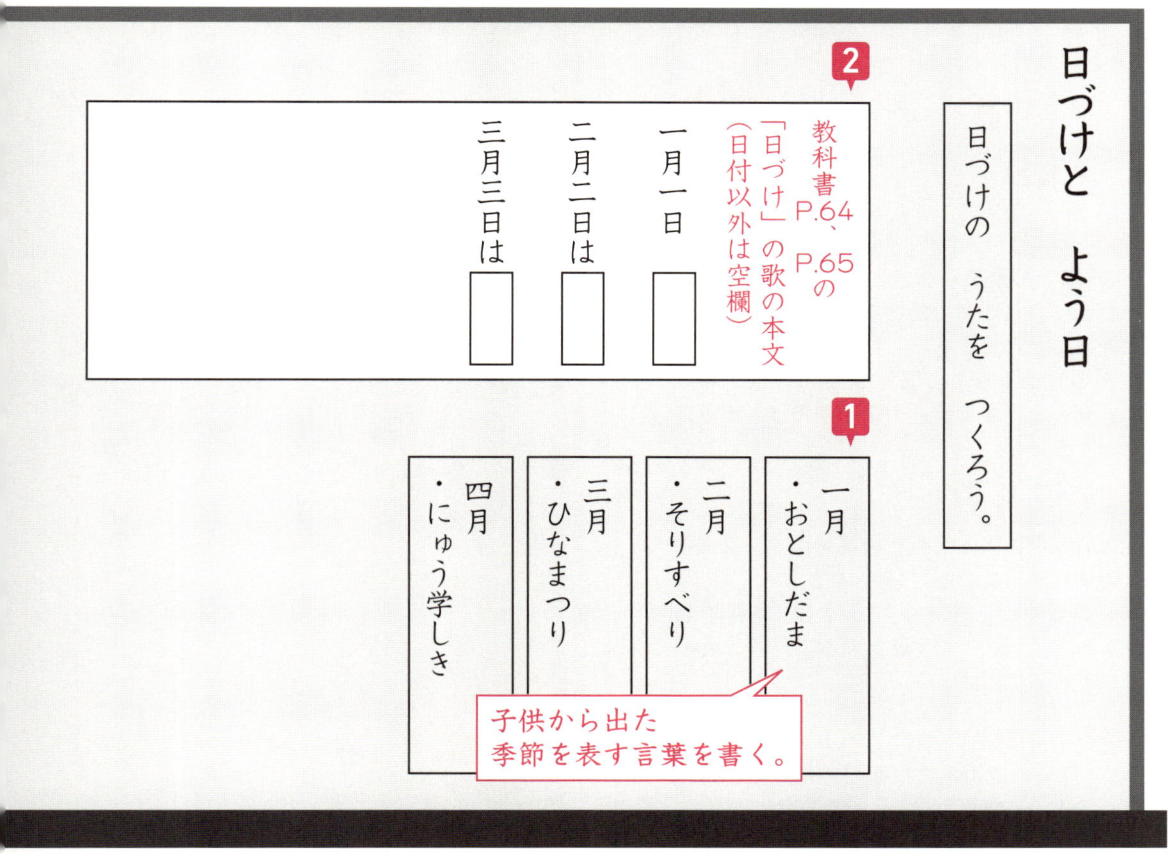
日づけと　よう日
日づけの　うたを　つくろう。
2
教科書P.64、P.65の「日づけ」の歌の本文（日付以外は空欄）
一月一日
二月二日は
三月三日は
1
一月・おとしだま
二月・そりすべり
三月・ひなまつり
四月・にゅう学しき
子供から出た季節を表す言葉を書く。

3 歌を読み合い、自分の歌を推敲し、完成させる 〈10分〉

T　作った歌を読んでみましょう。

○隣同士で歌を見せ合い、２人で読んだり、いくつかの詩を教師が取り上げ、実物投影機で示しながら全員で読んだり、または１行ずつ後追いで読んだりする。

○友達の歌を参考に、自分の歌を推敲し、完成させる。

T　完成した歌を読んでみましょう。

○時間があれば全員読ませる。なければ挙手や指名で読ませる。

よりよい授業へのステップアップ

視点を示す

教師が子供の作った歌を全体で取り上げた際、何がよかったかという視点を全体に広げるようにする。例えば、リズムがよい、季節に合った言葉を適切に選んでいる、誰も取り上げていない言葉を使っている、発想がユニーク、など。そうすることで、自分の歌を見直す際、その視点を基に推敲することができる。

本時案

日づけと よう日

3/3

本時の目標

・「よう日」の歌を作ることで、曜日の漢字が使われている語句の量を増し、文の中で適切に使うことができる。
・学習の見通しをもって、よう日の歌を音読し、進んで「よう日」の歌を作ろうとすることができる。

本時の主な評価

❷曜日の漢字の入った語句の量を増し、文の中で適切に使っている。【知・技】
❸学習の見通しをもって、「よう日」の歌を音読し、進んで、「よう日」の歌を作ろうとしている。【態度】

資料等の準備

・「よう日」の歌の本文（曜日の部分以外は空欄か、上から紙を貼る）　・漢字辞典
・「よう日」の歌を書き込むワークシート　13–02

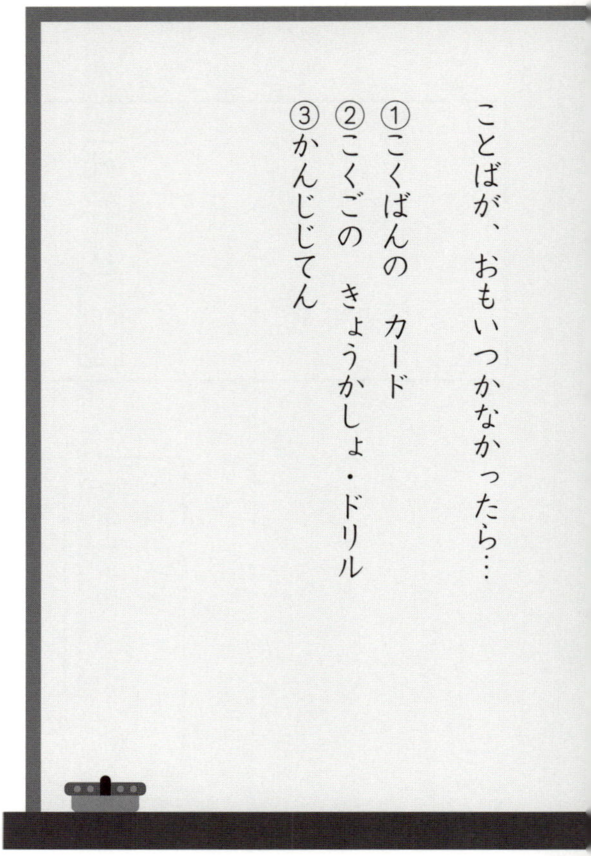

ことばが、おもいつかなかったら…
①こくばんの　カード
②こくごの　きょうかしょ・ドリル
③かんじじてん

授業の流れ ▷▷▷

1 各曜日の漢字の入った言葉を集める〈20分〉

○「日づけと　よう日」の歌を音読し、めあてを確認する。

T 曜日の漢字が入った言葉を集めてみましょう。

○前時同様、グループごとに曜日を分担して、言葉集めをし、カードに書かせたり、好きな曜日を選んで、言葉を集めたりする。言葉が思いつかない場合は、教科書や漢字ドリル、低学年用の漢字辞典等を見て、探すよう指導する。

2 曜日以外の部分を考えて、オリジナルの「よう日」の歌を作る〈15分〉

T 「よう日」の歌を作ってみましょう。

○黒板のカードや教科書、ドリル、漢字辞典等を自由に見たりして言葉を考える。また、全ての曜日の言葉を考えることが難しければ、一部の曜日だけを自分で作るとしてもよい。

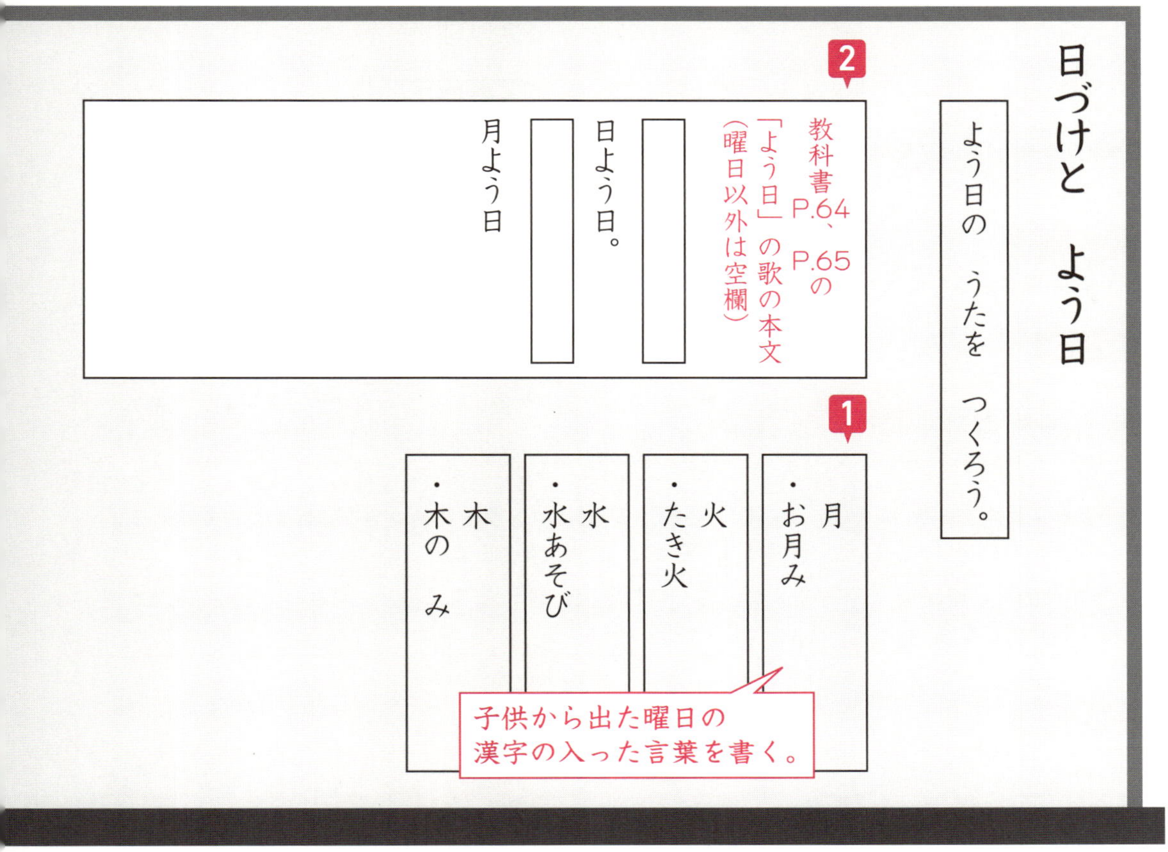
日づけと　よう日
よう日の　うたを　つくろう。
1
月
・お月み
火
・たき火
水
・水あそび
木
・木の　み
子供から出た曜日の漢字の入った言葉を書く。
2
教科書P.64、P.65の「よう日」の歌の本文（曜日以外は空欄）
日よう日。
月よう日

3 歌を読み合い、自分の歌を推敲し、完成させる〈10分〉

T　作った歌を読んでみましょう。

○隣同士で歌を見せ合い、２人で読んだり、いくつかの詩を教師が取り上げ、実物投影機で示しながら全員で読んだり、または１行ずつ後追いで読んだりする。

○友達の歌を参考に自分の歌を推敲し、完成させる。

T　完成した歌を読んでみましょう。

○時間があれば全員読ませる。なければ挙手や指名で読ませる。

よりよい授業へのステップアップ

作品の活用

オリジナルの「日づけと　よう日」の歌を掲示する。友達の使った言葉や漢字を読むことで、さらに語彙を増やすことができる。

宿題の音読で、作った歌を読む。そのことで、日付や曜日の読み方や順番を覚えることにつながる。

てがみで　しらせよう　6時間扱い

〔知識及び技能〕(1)キ〔思考力、判断力、表現力等〕B書くことエ　関連する言語活動例B(2)イ

単元の目標

・相手に気持ちが伝わるように手紙を書き、文章を読み返して間違いを正すことができる。

評価規準

知識・技能	❶丁寧な言葉と普通の言葉との違いに気を付けて使うとともに、敬体で書かれた文章に慣れている。(〔知識及び技能〕(1)キ)
思考・判断・表現	❷「書くこと」において、文章を読み返す習慣を付けるとともに、間違いを正したり、語と語や文と文との続き方を確かめたりしている。(〔思考力、判断力、表現力等〕Bエ)
主体的に学習に取り組む態度	❸進んで、思ったことや伝えたいことを考え、見通しをもって手紙を書こうとしている。

単元の流れ

次	時	主な学習活動	評価
一	1	**学習の見通しをもつ** 教科書に載っている手紙の例を音読し、どのような気持ちが伝わってくるかを想像し、思いを手紙にして伝えたいという意欲をもつ。	
二	2	経験したことや出来事を想起し、誰に何を伝えたいかを考える。	❸
	3 4	教科書の手紙の例を見て、手紙に必要なことを考えて書く。	❶❷
三	5 6	下書きを基に、手紙の種類を選び、清書する。 **学習を振り返る** 手紙を送り、単元の学習を振り返る。	❷❸

授業づくりのポイント

〈単元で育てたい資質・能力〉

本単元のねらいは、よりよく伝わる文章を書くために、書いた文章を読み返す習慣を付け、間違いを正す力を育むことである。そのためには、語と語や文と文との続き方を確かめながら、一文一文を丁寧に読み返す力が必要となる。書いた文章を音読したり、友達と読み合ったりしながら、文章を読み返すことでよりよく伝わる文章になることを実感できるようにする。一度書いたものを直すことで、意欲が下がらないように、誰に何を伝えたいのかという相手意識を常に考えながら取り組み、書いた文章を読み返すことや間違いを正す目的を実感できるようにしたい。

具体例

○書いた手紙を、音読しながら読む。音読することで、間違いに気付くことができる。また、友達と手紙を交換して読み、文章の間違いがないか、丁寧な文字で書くことができているかを確認し合うことができるようにする。

○間違いがある手紙を見せ、受け取ったときにどのように感じるかを出し合い、間違いがないかを確認する大切さに気付くことができるようにする。

〈教材・題材の特徴〉

2種類の手紙が例示されており、手紙にはいろいろな種類があることが分かる教材である。

話し言葉と異なり、書き言葉にするときには、「です・ます」の敬体で書くことも学習できる教材である。2種類の手紙の例を音読して、敬体で書かれた文章に慣れさせたい。

幼稚園の先生宛に書いた手紙の例の下に、手紙をもらって読んでいる先生の挿絵がある。その挿絵からも、手紙は特定の相手に対して気持ちを伝えられることが理解できる。もらった相手がどんな気持ちになるかを想像することで、もらってうれしくなるような内容や、正しく丁寧な文章を書くことの大切さに気付かせたい。

具体例

○葉書やカードに文と絵を入れたおじさん宛の手紙と、罫線の入った便箋で書いた幼稚園の先生宛の手紙の2種類が挿絵として載っており、葉書形式と封筒に入れて送る形式があることに気付かせることができる。

○幼稚園の先生宛の手紙のはじめには「おげんきですか」と相手を気遣う表現が書かれている。いきなり伝えたいことを書くのではなく、相手を思う気持ちを書くとよいことに気付かせることができる。

本時案

てがみで しらせよう

1/6

本時の目標

・P.66、P.67の手紙を読み、手紙を書いた人の気持ちやもらった人の気持ちを想像し、手紙を書きたいという意欲をもつことができる。

本時の主な評価

・P.66、P.67の手紙を読み、書いた人ともらった人の気持ちを想像し、手紙を書こうとしている。

資料等の準備

・教科書 P.66・P.67の手紙の拡大

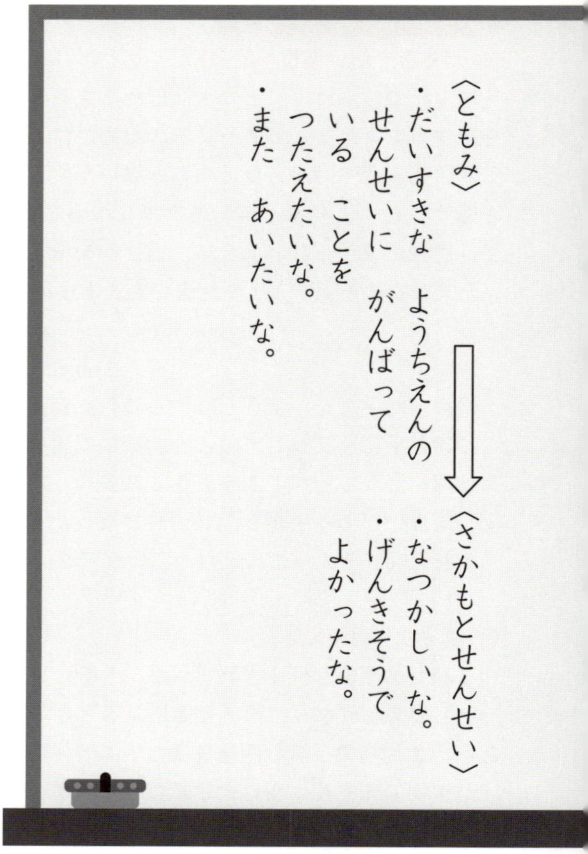

〈ともみ〉
・だいすきな　ようちえんの
せんせいに　がんばって
いる　ことを
つたえたいな。
・また　あいたいな。
〈さかもとせんせい〉
・なつかしいな。
・げんきそうで
よかったな。

授業の流れ ▷▷▷

1 手紙について知る 〈10分〉

T　先生の宝物は友達からもらった手紙です。もらったときとてもうれしかったです。みんなも２年生や６年生から手紙をもらいましたね。そのときどんな気持ちになりましたか。

・仲よくなりたいなと思いました。

・優しい６年生だなと思って、学校生活が楽しみになったよ。

○あらかじめ、６年生や２年生からもらった手紙を用意しておいたり、校長先生に手紙を書いてもらったりして、手紙をもらった喜びを味わわせたい。手紙のよさを共有できるようにする。

2 教科書 P.66の手紙を音読し、読み手と書き手の気持ちを想像する〈15分〉

T　教科書の66ページに手紙が載っています。読んでみましょう。

T　どんな手紙ですか。

・ひろとさんがたかしおじさんに書いた手紙です。

T　手紙を読んでどんなことを感じましたか。

・ひろとさんは、たかしおじさんと遊びたいという気持ちが伝わってきます。

・前にたかしおじさんと遊んで楽しかった思い出があるのだなと思いました。

T　たかしおじさんは、この手紙をもらったらどんな気持ちになるでしょうか。

・遊びたいなと思ってくれると思います。

・元気かな、と考えてくれると思うよ。

てがみで　しらせよう

1

てがみから　つたわる　気もちを
かんがえよう。

教科書 P.66 の
手紙の拡大

〈たかしおじさん〉
・ひろとと
あそびたい。
・げんきに　して
いるかな。

〈ひろと〉
・あそびたい。
・まえに、おじさんと
あそんで
たのしかった。

3

教科書 P.67 の
手紙と挿絵の
拡大

3 教科書 P.67の手紙を音読し、読み手と書き手の気持ちを想像する〈20分〉

T　教科書の67ページに手紙が載っています。読んでみましょう。

T　手紙を読んでどんなことを感じましたか。

・ともみさんは、しばらく会えていないけれど、幼稚園の先生のことを忘れていないんだなと思いました。

T　この手紙をもらったらどんな気持ちになるでしょうか。

・さかもと先生が手紙を読んでいる絵からもなつかしいなと思っているのではないかな。

・忘れないでくれてうれしいなと思っている。

T　今日の学習感想を書きましょう。

・手紙を書いて喜んでもらいたいです。

よりよい授業へのステップアップ

様々な手紙の形式を知る工夫

手紙には、年賀状や暑中お見舞いなど葉書で書くものもあれば、罫線入りの用紙で書く場合など様々である。

教師がもらった手紙や、クラスでもらった手紙などを紹介し、形式は様々であり伝えたい内容や伝える相手によって変えてよいことを考えさせることが大切である。書くときには、便箋の種類を複数用意しておき、自分の伝えたい内容と相手によって、選べるようにしたい。

本時案

てがみで しらせよう

2/6

本時の目標

・経験や出来事を想起し、誰に何を伝えたいのかを考えることができる。

本時の主な評価

❸思ったことや伝えたいことを進んで手紙に書こうとしている。【態度】
・誰に何を手紙に書いて伝えたいかを考えて短くメモカードに書いている。

資料等の準備

・メモを書くカードの見本（拡大したもの） 14-01
・子供がメモを書くカード 14-02

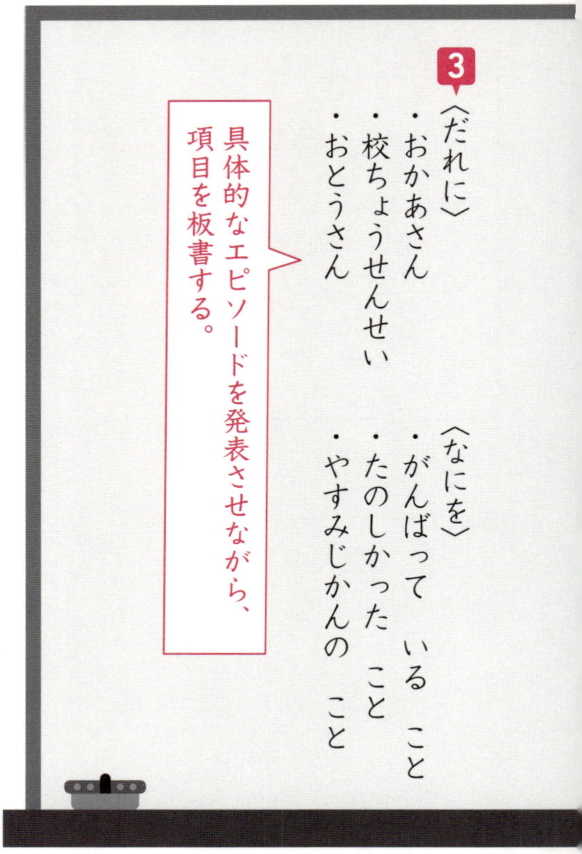
3
〈だれに〉
・おかあさん
・校ちょうせんせい
・おとうさん
具体的なエピソードを発表させながら、
項目を板書する。
〈なにを〉
・がんばって いる こと
・たのしかった こと
・やすみじかんの こと

授業の流れ ▷▷▷

1 前時の学習感想を振り返る 〈10分〉

T 前回書いた、学習感想を紹介してもらいたいと思います。どんなことを書きましたか。
・うれしかった思いを手紙にしてみたいです。
・手紙をもらうとうれしい気持ちになるから、私も書いて喜ばせたいなと思いました。
・みんなで手紙を書きたいです。
○手紙は、相手がどう思うかを考えることが大切である。もらってうれしくなるものが手紙のよさであることを共有し、相手意識をきちんともつことを大切にする。

2 手紙を書くための学習計画を立てる 〈10分〉

T 手紙を書くために必要なことは何か、学習計画を立てましょう。
・まず、どんなふうに書けばよいか、教科書を見て考える。
・誰に書くかを決める。
・どんな気持ちを伝えたいかを考える。
・丁寧な文字で書くために下書きをする。
○手紙を書くために必要なことを出し合い、学習の見通しをもつことができるように、順序を整理して板書する。

てがみで　しらせよう

3 だれに　なにを　つたえたいのかを
かんがえよう。

2 てがみを　かく　ために　ひつような　こと
①だれに　かきたいかを　きめる。
②なにを（どんな　気もちを）
つたえたいかを　かんがえる。
③かきかたを　かんがえる。
④したがきを　かいて　よみかえす。

☆きょうは　①と　②を　学しゅうしよう。

教師が伝えたいことを話しながら、メモをカードに書く。見本カードを掲示する。

〈おもて〉だれに

おかあさん

〈うら〉なにを

なわとびを
がんばって
いる　こと

3 誰に何を伝えたいかを考えてカードに書き、発表し合う　〈25分〉

T　まず、手紙を書くために、誰に何を伝えたいかを考えて、カードにメモを書きましょう。先生は、お母さんに、縄跳びを練習して、新しい技ができるようになったことを手紙に書きたいと思いました。カードの表には、誰に伝えたいか。裏には、どんなことを伝えたいかを書きましょう。

T　誰に何を伝えたいと考えましたか。発表しましょう。

・おじいちゃんと凧揚げをして楽しかったから、また来年もやろうねと伝えたいです。

○どんなことを手紙にしたらよいかを悩んでいる子供には、友達の発表を聞いて参考にできるようにする。子供の実態に合わせて途中で発表の時間を取ってもよい。

よりよい授業へのステップアップ

相手意識・目的意識をもたせる工夫

誰に伝えたいかという相手意識や、何を伝えたいかという目的意識をもたせることが大切である。自分の伝えたいことを書くということが意欲につながる。

伝えたい内容が見つからないという子供には、日頃頑張っていることを伝えたり、学校生活の写真を見せたりして、自分が伝えたいと思う内容を思い出して決められるようにするとよい。

本時案

てがみで しらせよう

3・4/6

本時の目標

・敬体で書いた手紙を読み返し、間違いを正したり、語と語や文と文の続き方を確かめたりすることができる。

本時の主な評価

❶丁寧な言葉と普通の言葉との違いに気をつけて使い、敬体で書かれた文章に慣れている。【知・技】

❷書いた手紙を読み返し、間違いを正したり、語と語や文と文との続き方を確かめたりしている。【思・判・表】

資料等の準備

・メモを書くカードの見本（拡大したもの） 14-01

・３色の色カードの見本（拡大したもの）

・３色の色カード（子供用）

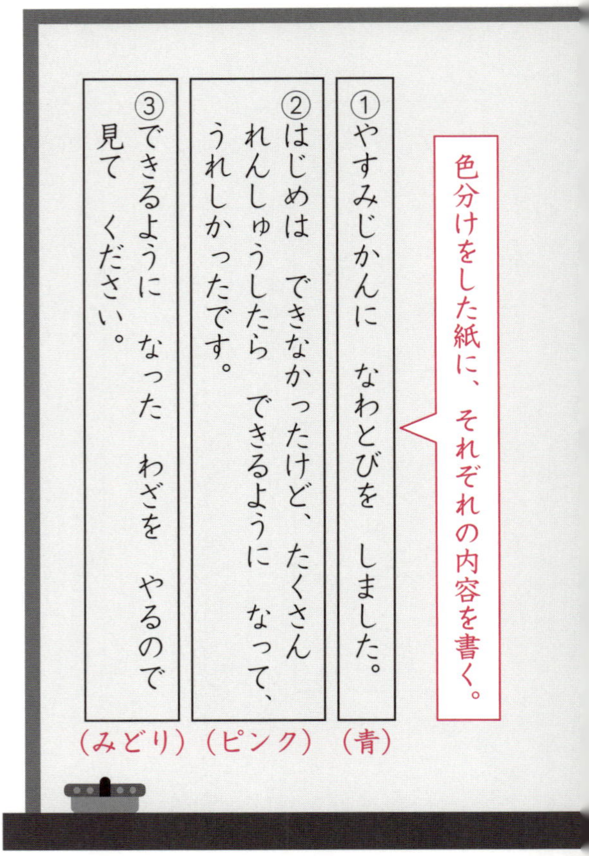

色分けをした紙に、それぞれの内容を書く。
①やすみじかんに　なわとびを　しました。
②はじめは　できなかったけど、たくさん
れんしゅうしたら　できるように　なって、
うれしかったです。
③できるように　なった　わざを　やるので
見て　ください。
（青）
（ピンク）
（みどり）

授業の流れ ▷▷▷

1 P.66と P.67の２つの手紙から、書き方を学習する 〈第３時〉

T　前の時間は、誰に何を伝えたいかを決めました。今回は、手紙の書き方を学習して、下書きをしましょう。まず、66、67ページの２つの手紙をみんなで音読して、手紙には、どんなことが書かれているのかを考えましょう。

・雪が降ったという出来事と、思ったこと。

・歌を覚えたことと、思ったこと。

・「きいてください」だから、相手に伝えたいことかな。

○子供の実態に合わせて、教科書の具体的な内容を「したこと」「出来事」などにまとめるとき教師が伝えてもよい。他にも、例を出すと理解が深まる。

2 メモカードから文章にするやり方を知る 〈第３時〉

T　みんなが見つけた、手紙に必要なことの３つを書きます。先生はメモカードで、「お母さんに、縄跳びを頑張っていること」を伝えたいと書きました。手紙に必要なことを考えて詳しくしたいと思います。①のしたことは、休み時間に縄跳びを練習したことで、青の紙に書きます。②の思ったことは、初めはできなかったけど、たくさん練習したらできるようになって、うれしかったことで、ピンクの紙に書きます。③の伝えたいことは、できるようになった技を見てほしいことで、緑の紙に書きます。

○３つの内容を意識させるため、３色のカードに書かせることを知らせる。

てがみで　しらせよう

1

てがみに　ひつような　ことを　かんがえ、
メモカードを　くわしく　しよう。

①した　こと・できごと　（青）
②おもった　こと　（ピンク）
③あいてに　つたえたい　こと　（みどり）

2

教師のメモカードをもとに①②③の内容を板書する。

なわとびを
がんばって
いる　こと

3 手紙に必要なことをメモカードを基にして詳しく書く〈第４時〉

T　みんなが見つけた手紙に必要なこと３つは何でしたか。

・したこと・出来事。

・思ったこと。

・相手に伝えたいこと。

T　それを、メモカードを基に詳しくして、それぞれの色カードに書きましょう。

○詳しくすることにつまずいている子供には、机間指導をしながら、どんなことがあって、何を思ったのかを話させ、会話の中から書くことを見つけさせるとよい。

4 書いた文章を読み返す〈第４時〉

T　３つの色カードが書けたら、読み返して、必要なことが書かれているかを確認しましょう。

・はじめは、青カードに「てつぼうをしました」と書きました。「たいいくのじゅぎょうで」を入れたらもっと詳しくできると思いました。

T　それぞれの色カードを自分で読み直したら、カードをつなげて読みましょう。

○相手に伝わるようにするには、「いつ・どこで」などを入れると詳しくなるなどを子供の例を取り上げ、全体で共有するとよい。

本時案

てがみで しらせよう

5・6/6

本時の目標

・書いた手紙を読み返し、間違いを正したり、語と語や文と文の続き方を確かめたりすることができる。

本時の主な評価

❷書いた手紙を読み返し、間違いを正したり、語と語や文と文との続き方を確かめたりしている。【思・判・表】
❸進んで、思ったことや伝えたいことを考え、見通しをもって手紙を書こうとしている。【態度】

資料等の準備

・便箋　14–03
・届ける宛名が書かれた封筒

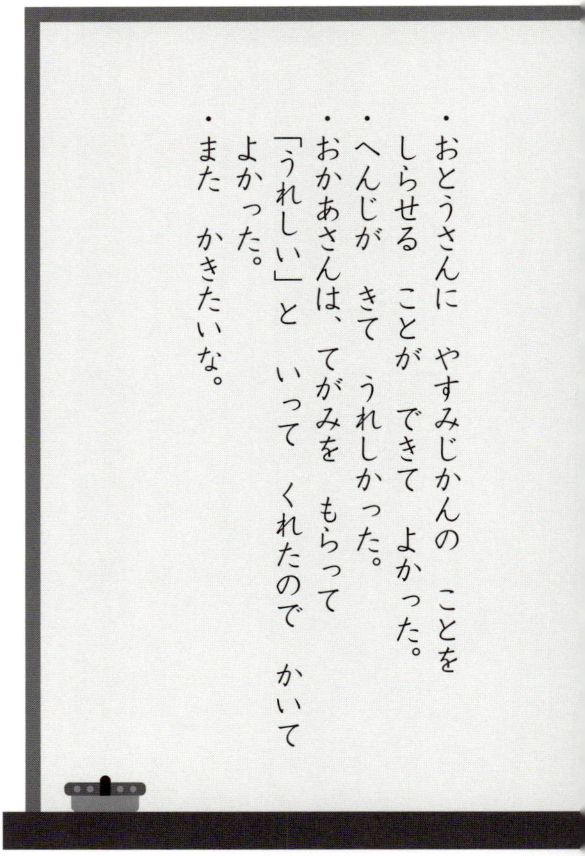

・おとうさんに　やすみじかんの　ことを
しらせる　ことが　できて　よかった。
・へんじが　きて　うれしかった。
・おかあさんは、てがみを　もらって
「うれしい」と　いって　くれたので　かいて
よかった。
・また　かきたいな。

授業の流れ

1 例文の間違いを見つけて、読み返すときのポイントを考え、下書きをする〈第5時〉

T　先生も色カードを基に手紙の下書きをしました。
・字を間違えています。
・自分の名前を書き忘れています。
T　間違いがあると、もらった人はどんな気持ちになりますか。
・あまりうれしくないです。
・丁寧に書いていないと、気持ちが伝わらないと思います。
T　書くときに気を付けることは何ですか。
・丁寧な文字で書くこと。
○便箋の種類を複数用意しておき、選んで書く。

2 下書きを読み返して、間違いを正して清書する〈第5時〉

T　自分の書いた下書きを読み返しましょう。読み返すときは、指で文字をなぞりながら声に出して読みます。2回目は、チェックポイントを1つずつ確認しながら読みます。間違いがあれば赤色鉛筆で正しましょう。
T　自分で読み返したら、友達と読み合って、チェックポイントを確認し、間違いがあったら青色で正しましょう。
T　清書をしましょう。
○下書きの段階で友達と読み合うことで、自分では気付かなかった間違いに友達が気付いてくれることもある。また、よいところを伝え合うことによって、清書するときの意欲も高まる。
○書いた手紙を実際に投函したり、渡したりする。

てがみで　しらせよう

1

ただしく　かけて　いるかを
たしかめよう。

〈チェックポイント〉
・ていねいな　文字
・てんや　まるが　ただしく　ついて　いるか。
・かきだしは　一ます　あける。
・つぎの　ぎょうに　いく　ときは　一ます
あける。
・あいての　名まえと　じぶんの　名まえ
・あいさつ

読み返すときのポイントを板書する。

3

学しゅうを　ふりかえろう。

3 手紙を書いた学習を振り返る〈第6時〉

〇第5時からしばらく間をあけ、返信が全員に届た頃に行うとよい。

T 手紙を書いてみた学習を振り返り、学習感想を書きましょう。
学習感想を発表しましょう。

・お父さんに休み時間に、おにごっこで遊んでいることを伝えることができてよかったです。
・返事をもらってうれしかったです。
・手紙をもらってうれしかったとお母さんに言われて、書いてよかったなと思いました。

よりよい授業へのステップアップ

間違いのある手紙を正す工夫

間違いを正すことで、正しく書く書き方が身に付いているかを確かめることができる。さらに、間違いがあるまま相手に手紙が渡ってしまうと、どんな気持ちになるのかをじっくり考えさせ共有することが大切である。

手紙の返信を確保する工夫

実態に応じて、事前に保護者に宛名を書いてもらった封筒に入れて投函したり、先生に書く手紙を入れて必ず全員に返事が来るようにしたりするなど、書いてよかったという経験をもつことができるようにする。

資料

1 第２時資料　メモを書くカードの見本 14-01

（おもて）

おかあさん

（うら）

なわとびを
がんばって　いる
こと

2 第２時資料　メモを書くカード 14-02

（おもて）

（うら）

3 第5・6時資料　便箋 14-03

つづけよう③

こえに　出して　よもう　（2時間扱い）

〔知識及び技能〕(1)ク　〔思考力、判断力、表現力等〕C読むこと(1)イ　関連する言語活動例C(2)イ

単元の目標

・詩の様子や登場人物の行動を捉えたり、想像したりしながら、音読することができる。

評価規準

知識・技能	❶語のまとまりや言葉の響きなどに気を付けて音読している。（〔知識及び技能〕(1)ク）
思考・判断・表現	❷「読むこと」において、場面の様子や登場人物の行動など、内容の大体を捉えている。（〔思考力、判断力、表現力等〕C(1)イ）
主体的に学習に取り組む態度	❸進んで場面の様子や登場人物の行動など、内容の大体を捉えるとともに、今までの学習を生かして音読しようとしている。

単元の流れ

時	主な学習活動	評価
1	「かたつむり」や「こぐま」について知っていることやイメージを発表する。 **学習の見通しをもつ** 「かたつむりの　ゆめ」を音読し、詩の中の言葉を基にしながら、かたつむりの様子について話し合う。	❷
	「はちみつの　ゆめ」を音読し、詩の中の言葉を基にしながら、こぐまの様子について話し合う。	
	話し合ったことを基に、登場人物の様子を想像しながら、音読する。	❶
2	前時の学習を振り返り、「かたつむりの　ゆめ」「はちみつの　ゆめ」を音読する。	❸
	「あさの　おひさま」「いちねんせいの　うた」「かたつむりの　ゆめ」「はちみつの　ゆめ」の詩の中から、気に入ったものやその理由について考えたり、発表したりする。 **学習を振り返る** 自分が気に入った詩を選び、１人やグループで音読する。	

授業づくりのポイント

〈本単元で育てたい資質・能力〉

本単元のねらいは、「かたつむりの　ゆめ」「はちみつの　ゆめ」の二編の詩を音読し、登場人物の気持ちを想像したり、感想などを伝え合ったりすることで、詩の場面や登場人物の様子を正しく捉えるとともに、詩という表現に親しむことである。また、「つづけよう」という帯単元のまとめとして、登場人物の思いを様々な言葉で説明したり、自分たちの解釈を基に音読したりすることも大切である。

そのためには、まず、かたつむりやこぐまについて知っていることを発表させ、登場人物のイメージを子供たちの中にもたせるようにする。また、「どんなことを考えているのかな」「なぜこんなことを言っているのかな」などと教師が子供たちに問いかけ、詩の中にある言葉から様々な情景を豊かに想像させていくことも大切である。

具体例

○これまでに学習した音読の仕方を振り返るようにする。その際、場面の様子を想像することだけでなく、読み方（スキル）のことも振り返る。「今までの勉強で、音読をするときには、どんな工夫をしましたか」などと聞くと、声の大きさや速さ、抑揚、表情など、様々な工夫について意見が出るであろう。それらを板書し、本単元でも生かせるようにする。

〈教材・題材の特徴〉

かたつむりとこぐまが、自分の夢について語る詩である。子供たちにとっても馴染みがある昆虫や動物が擬人化されているだけでも、読むのに心が躍る詩である。ゆっくり歩くかたつむりが速く走る夢を見ていること、冬眠しているこぐまが甘いお菓子を作る夢を見ていること。二人の生き物の願望が夢という形で表されていることが新鮮であるし、この作品の魅力でもある。実際の様子と夢の中での様子の違いを捉えながら、その雰囲気を楽しませたい。

具体例

○詩に書かれていることと、実際の様子が比較できるよう、板書を工夫する。

○挿絵を基にしながら、夢見る２人の幸せそうな様子を理解させ、詩の中の言葉を具体的に理解させるようにする。

〈言語活動の工夫〉

これまで学習した詩の中から気に入った作品を選び、友達同士で音読し合ったり、全体の前で発表したりする活動を行う。「こえに　だして　よもう」のまとめの学習なので、作品のどこが気に入ったのかを考えたり話したりし、作品の特徴やよさについて見直す機会とする。

具体例

○これまで学習した詩を一覧にして、子供に配布したり、教室に掲示したりする。

○詩の学習は、子供たちの共通体験なので、それぞれの感じ方を尊重した交流になるよう、「そういう感じ方もあるんだね」「いいところに注目したね」などの声掛けを教師が率先して行う。

本時案

こえに　出して　よもう　1・2/2

本時の目標

・詩の様子や登場人物の行動を、詩の中の言葉から捉えたり、想像したりしながら、詩を音読することができる。

本時の主な評価

❶語のまとまりに気を付けて音読している。【知・技】
❷「かたつむり」や「こぐま」の様子や行動など、詩の内容の大体を捉えている。【思・判・表】
❸進んで詩の内容を捉えたり、声に出して音読したりしようとしている。【態度】

資料等の準備

・詩の拡大コピー
・「あさの　おひさま」「いちねんせいの　うた」の拡大コピー
・かたつむりとこぐまのイラスト
15-01、02

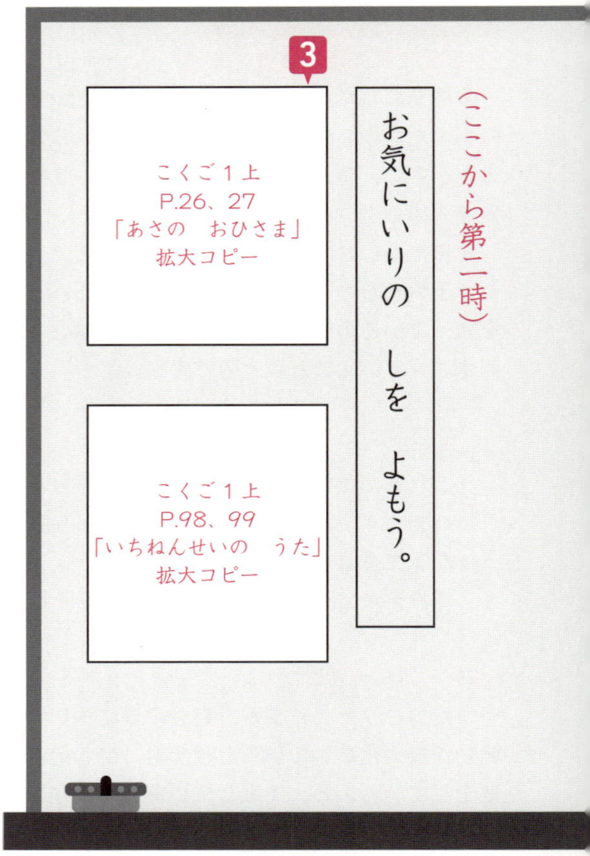

（ここから第二時）
お気にいりの　しを　よもう。
3
こくご１上
P.26、27
「あさの　おひさま」
拡大コピー
こくご１上
P.98、99
「いちねんせいの　うた」
拡大コピー

授業の流れ ▷▷▷

1 かたつむりやくまについてのイメージを話し合う　〈第１時〉

○かたつむりやこぐまについて、知っていることを発表させる。

T　今日は、かたつむりとこぐまの詩を読みます。かたつむりや、こぐまについて、知っていることはありますか。

・かたつむりは、ゆっくり進む。
・こぐまは、少しこわい。

T　皆が考えるかたつむりやこぐまと比べながら読んでみましょう。

○はじめに教師が範読し、次に子供たちに読ませる。声の大きさや姿勢など、音読のよかった点を賞賛する。

2 詩の中の様子について話し合い、想像しながら音読する　〈第１時〉

T　かたつむりは、なぜこんな夢を見たのでしょうか。

・いつもゆっくりしか進めないからです。
・早く走ったら、えさがたくさん食べられるからです。

T　こぐまは、どんな気持ちで夢を見たのでしょうか。

・おなかが減ったな。
・どんな味のお菓子にしようかな。

○現実との違いを意識させる。詩の言葉を基に、動作化や読み方の工夫につなげていく。

こえに　出して　よもう

ようすを　かんがえて　よもう。

1

ゆっくり
のろのろ
やさしい

教科書 P.68 の「かたつむりの　ゆめ」詩と挿絵の拡大コピー

・ほんとうは、はしれない。
・うちゅう一はやく　なりたい。
・いろいろな　ところに　いきたい。

こわい
つよい
大きい

教科書 P.69 の「はちみつの　ゆめ」詩と挿絵の拡大コピー

2

・かおが　わらって　いる。
・おいしそう。
・つぼを　だいて　いるみたい。

子供たちが想像した思いを書く。ここで実際とのギャップに気付かせる。

3 これまで学習した詩の中から、お気に入りを選び、音読する〈第２時〉

T　これまで、どんな詩を読みましたか。

・「あさの　おひさま」。

・「いちねんせいの　うた」は、外に出て読みました。

T　どれがお気に入りですか。理由も言いましょう。

・「あさの　おひさま」。明るい気持ちになるからです。

T　それでは今日は、お気に入りの詩をもう一度読みましょう。

○気に入った詩を選ばせ、一人やグループで練習、発表させる。

○これまでの学習の成果を生かしている様子が見られたら、教師は賞賛する。

よりよい授業へのステップアップ

動作化の工夫

普段のかたつむりと、「ひかりのように」走るかたつむりの動きをしてみたり、「あまい　おかしを　つくる」こぐまの表情をしてみたりすることで、詩のイメージをより膨らませることができる。

様々な詩の紹介

教科書 P.69に「のはらうた」が紹介されている。様々な動物や昆虫の視点で書かれた詩があるので、それらを紹介することで、より想像力が伸びることが期待できる。

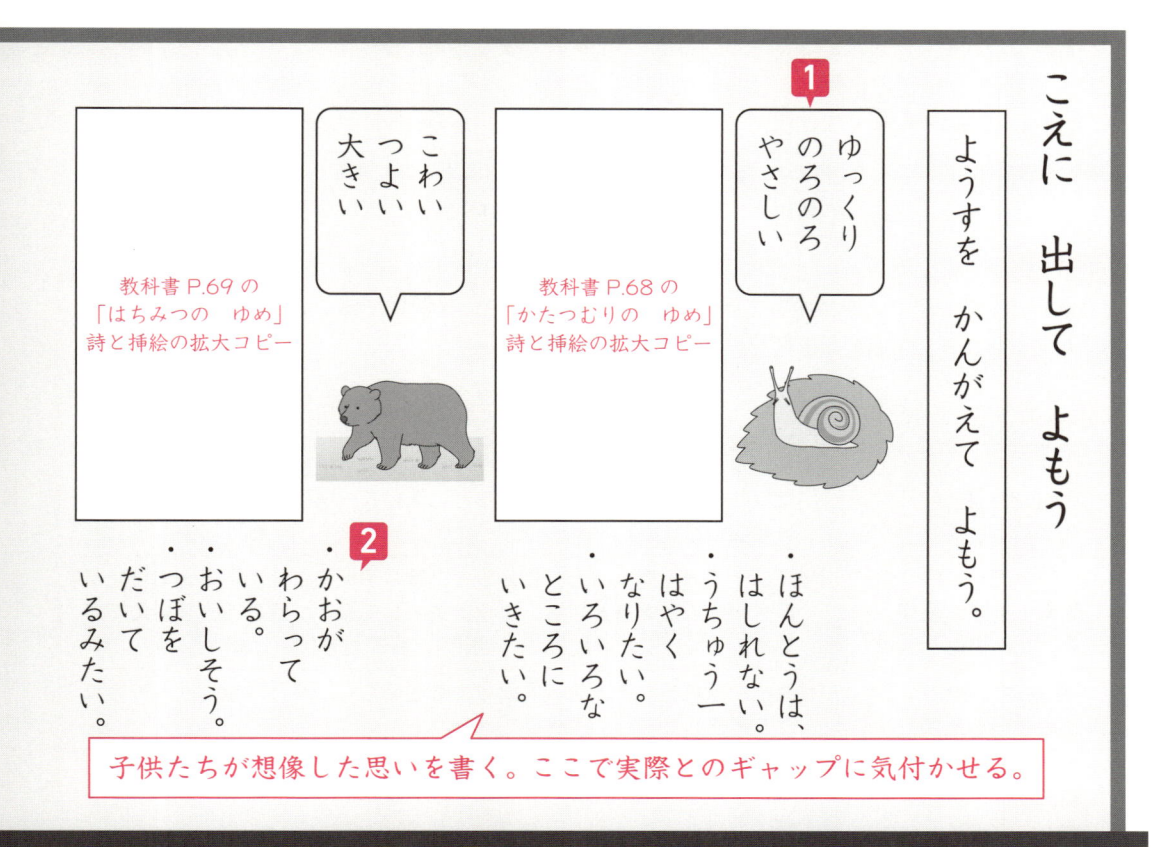

つづけよう③

ききたいな、ともだちの　はなし　（2時間扱い）

〔知識及び技能〕(1)オ　〔思考力、判断力、表現力等〕A話すこと・聞くこと(1)エ　関連する言語活動例A(2)ア

単元の目標

・話し手が知らせたいことを集中して聞き、自分の知りたいことを質問することや、聞き手からの質問に対する答えとして必要な事柄を選んで話すことができる。

評価規準

知識・技能	❶身近なことを表す語句の量を増やし、話の中で使うとともに、言葉には意味によるまとまりがあることに気付き、語彙を豊かにしている。（〔知識及び技能〕(1)オ）
思考・判断・表現	❷「話すこと・聞くこと」において、話し手が知らせたいことや自分が聞きたいことを落とさないように集中して聞き、話の内容を捉えて感想をもっている。（〔思考力、判断力、表現力等〕A(1)エ）
主体的に学習に取り組む態度	❸積極的に身近なことを表す語句の量を増やし、学習課題に沿って尋ねたり応答したりしようとしている。

単元の流れ

時	主な学習活動	評価
1	**学習の見通しをもつ** 友達の話を聞くときに気を付けることを確認する。 教師が話し手となって質問の仕方を練習し、理解する。 グループになって、友達の好きなお話について聞き合う。 友達の話を聞いたり、自分が話したりした感想を、全体で発表する。	❷
2	前時の振り返りをし、友達の話を聞くときに気を付けることを確認する。 聞くときに気を付けること、話すときに気を付けることを意識しながら、友達の好きなお話を聞き合う。 **学習を振り返る** 本時にできたことを確認する。	❶ ❸

授業づくりのポイント

〈本単元で育てたい資質・能力〉

本単元のねらいは、話し手の知らせたいことを聞き、その内容を正しく聞き取るとともに、聞き手としてもっと知りたいことを質問する力を育むことである。

そのためには、これまでの「話すこと・聞くこと」の学習や日直のスピーチなどを振り返りながら、本単元の学習を進めることが大切である。

聞くときの態度では、体の向きや表情、仕草などの工夫を、話すときの態度では、声の大きさや話す速さなどの工夫を、これまでの学習や生活の中で経験してきている。それらを想起しながら学習を進めることに加え、会話をつなげ、充実した対話活動にしていくことが大切である。

具体例

○掲示物等で、これまでの「ききたいな、ともだちの　はなし」の学習内容を想起させ、話すときに気を付けること、聞くときに気を付けることをそれぞれ発表させる。

○質問の内容を考えるために、はじめに教師が話し手となり、子供が様々な質問をする時間を設定する。ここで出た質問を板書したり、模造紙に書いたりしておき、子供同士の対話の際に活用できるようにするとよい。

〈教材・題材の特徴〉

今回の対話のテーマは「すきな　おはなし」である。子供たちも国語や図書の時間などで、様々な物語に触れてきた。「すきな　おはなし」について話したり、聞いたりすることで、自分もそのお話を読んでみたいと思う子供もいると思われる。図書館司書教諭と連携したり、読書週間の時期に行ったりすることで、読書指導につながることが期待できるであろう。

具体例

○これまで読んだお話、心に残っているお話を、自由に発表させ、学習への意欲をもたせる。

○対話の中で出てきた好きなお話を教師が一覧にし、図書の時間などに紹介する。

〈個に応じた手立ての工夫〉

子供たちは、「ききたいな、ともだちの　はなし」に継続して取り組んできたことで、徐々に友達と話すことの楽しさや、話を聞いて新しいことを知るおもしろさに気付いてきている。

今回は、質問をしたり答えたりする学習をするので、聞いたことを理解した上でまだ分かっていないことを質問するということに難しさを感じる子供たちもいると想像できる。

子供たち一人一人が無理なく楽しんで対話に取り組めるよう、手立てを工夫することが大切である。

具体例

○教師のモデルを提示する際には、話す内容をできるだけ少なくし、子供たちが多くの質問を出せるようにする。

○第一時に質問することを集めた「しりたい　こと　たからばこ」を作成し、第二時に掲示する。何を聞けばよいか分からなくなった子供たちが、常にそれを見て質問できるようにする。

本時案

ききたいな、ともだちの はなし

1・2/2

本時の目標

・話し手の好きなお話を聞き、自分がより詳しく知りたいことを質問したり、聞き手からの質問に答えることができる。

本時の主な評価

❶お話の内容や感想を伝える言葉を、話の中で使い、語彙を豊かにしている。【知・技】
❷話し手の知らせたいことや、自分が聞きたことを落とさずに聞き、話の内容を捉えている。【思・判・表】
❸話し手の好きなお話について、進んで質問をしている。【態度】

資料等の準備

・教科書の挿絵のコピー
・画用紙の短冊（「しりたい　こと　たからばこ」）15-03　・宝箱のイラスト 15-04

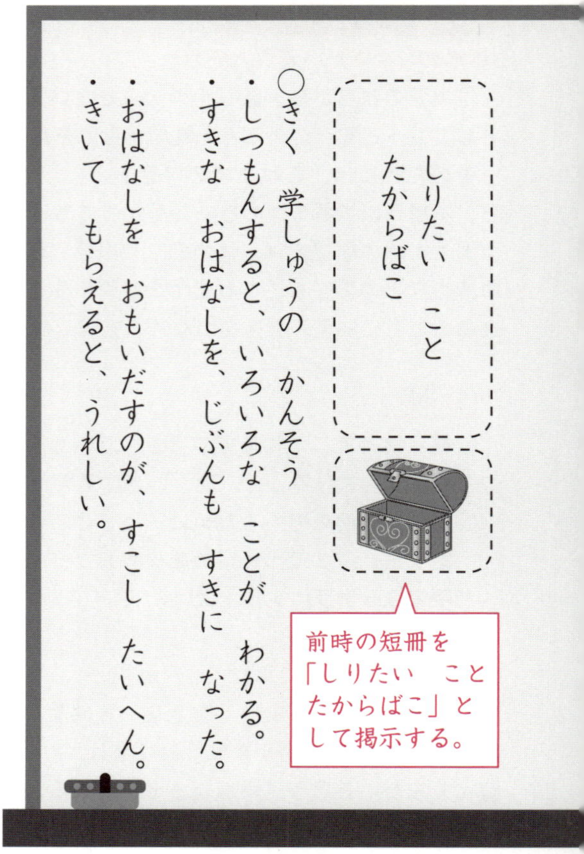

しりたい　こと
たからばこ
○きく　学しゅうの　かんそう
・しつもんすると、いろいろな　ことが　わかる。
・すきな　おはなしを、じぶんも　すきに　なった。
・おはなしを　おもいだすのが、すこし　たいへん。
・きいて　もらえると、うれしい。
前時の短冊を「しりたい　こと　たからばこ」として掲示する。

授業の流れ ▷▷▷

1 教師の好きなお話について聞き、質問する 〈第１時〉

○好きなお話を子供たちに発表させる。図書の時間の後などが望ましい。
T　友達が知っていても、自分が知らないお話がたくさんありますね。
○知らないお話のことを知りたい、という気持ちを子供たちにもたせる。
T　もっと知りたいことがあるときは、どうすればいいでしょうか。
・話した人に聞けばいいと思います。
T　先生が好きなお話について話すので、詳しく知りたいことを聞いてください。
○教師が話す内容を最小限にし、質問しやすくする。どんな質問をすると、自分の知りたいことが分かるか考えさせる。

2 好きなお話について聞き合う 〈第１時〉

○同じ班のメンバー（４人程度）と、好きなお話について聞き合わせる。
T　先生に質問したように、好きなお話について詳しく聞き合いましょう。まず、話し手の人が話し、次に聞き手の人が質問します。
○１人２分程度にし、次時への課題が出やすいようにする。
○聞き合った様子について振り返る。
T　もっと知りたいということを、しっかり聞けましたか。
・相手が言ってないことを聞くようにしました。
・何を聞いていいか、分かりませんでした。
→1の活動を振り返らせ、聞くことを確認する。

ききたいな、ともだちの　はなし

すきな　おはなし

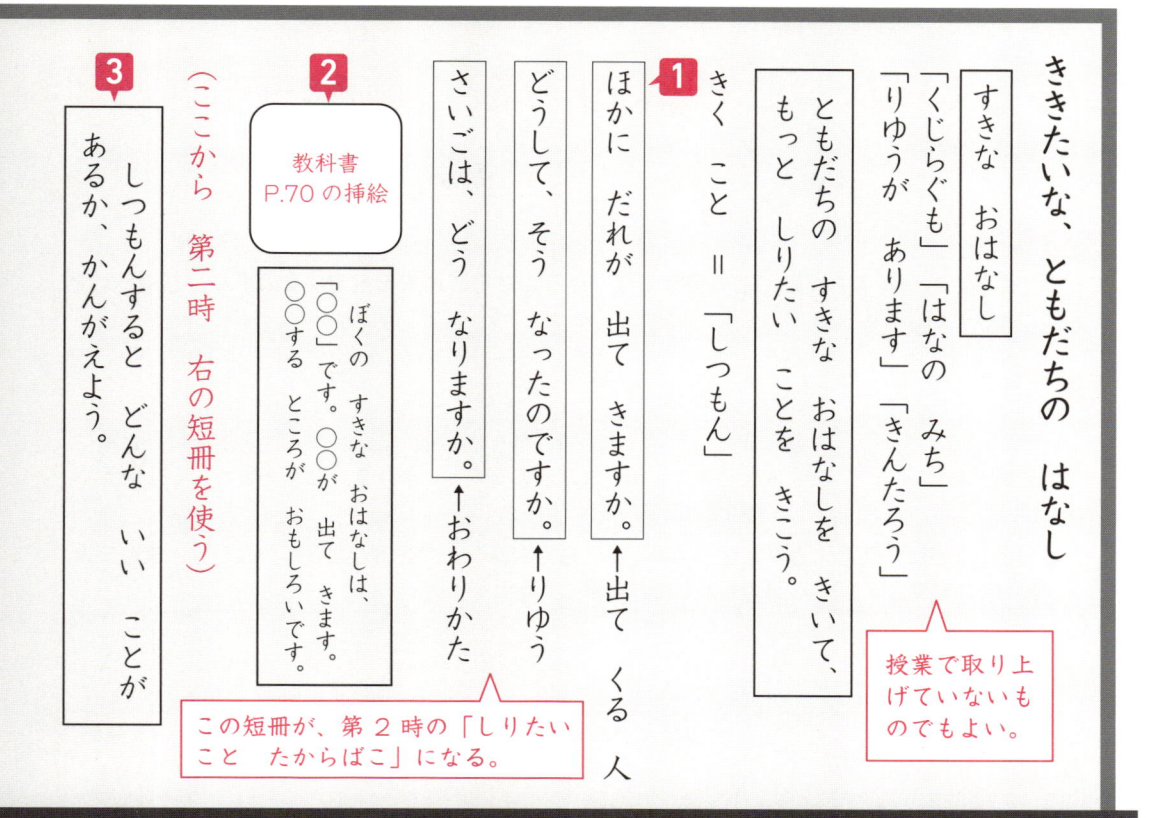

「くじらぐも」「はなの　みち」
「りゆうが　あります」「きんたろう」

授業で取り上げていないものでもよい。

ともだちの　すきな　おはなしを　きいて、
もっと　しりたい　ことを　きこう。

きく　こと　＝　「しつもん」

1

ほかに　だれが　出て　きますか。　↑出て　くる　人

どうして、そう　なったのですか。　↑りゆう

さいごは、どう　なりますか。　↑おわりかた

この短冊が、第２時の「しりたいこと　たからばこ」になる。

2

教科書
P.70 の挿絵

ぼくの　すきな　おはなしは、
「〇〇」です。〇〇が　出て　きます。
〇〇する　ところが　おもしろいです。

（ここから　第二時　右の短冊を使う）

3

しつもんすると　どんな　いい　ことが
あるか、かんがえよう。

3 前時を生かして、再度、好きなお話について聞き合う〈第２時〉

○前時の対話の課題を振り返る。

T　前の時間に、どんなことを聞けばいいか、たくさん話し合いましたね。それを生かして、いい質問をたくさんしてみましょう。

○同じメンバーで、再度好きなお話について聞き合わせる。

○学習のまとめをする。

T　前の時間と比べてどうでしたか。

・しっかり聞くと、質問すればいいことが分かりました。

・質問すると、お話のよさがたくさん分かりました。

・お話を読んでみたくなりました。

よりよい授業へのステップアップ

既習事項の確認

これまでも聞き方の学習はしてきている。それらを掲示しておくと、日常の中でも意識して聞く活動に取り組み、授業も充実したものになる。

好きなお話の紹介

友達の話を聞いて、読んでみたくなったお話を紹介させる。話したことが相手に伝わり、相手に響いたことを実感すると、より話す意欲にもつながる。

つづけよう③

たのしいな、ことばあそび

（2時間扱い）

〔知識及び技能〕(1)オ

単元の目標

・ある言葉に平仮名や濁点をつけて別の言葉を見つけることで、語彙を増やすとともに、言葉への興味を高めることができる。

評価規準

知識・技能	❶身近なことを表す語句の量を増やし、話の中で使うとともに、言葉には意味によるまとまりがあることに気付き、語彙を豊かにしている。（〔知識及び技能〕(1)オ）
主体的に学習に取り組む態度	❷学習課題に沿って、言葉変身クイズを出したり解いたりし、進んで言葉のおもしろさを感じようとしている。

単元の流れ

時	主な学習活動	評価
1	**学習の見通しをもつ** 一字増やして、変身する言葉があることを理解する。 言葉の変身クイズをする。（教師作成のもの、教科書掲載のもの）	 ❶
2	言葉の変身クイズを作る。 **学習を振り返る** 言葉の変身クイズを友達と出し合ったり、全体で発表したりする。	❷

授業づくりのポイント

〈本単元で育てたい資質・能力〉

本単元のねらいは、ある言葉に平仮名や濁点を付けて別の言葉を作る活動を通して、様々な言葉に触れ、語彙力を伸ばすとともに、言葉そのものへの興味を高めることである。

そのためには、言葉には意味による語句のまとまりがあることに気付くとともに、様々なものの名前に興味をもつことが必要である。

具体例

○今までの言葉遊びを振り返り、クイズ形式で楽しんだり、しりとりをしたりして、言葉遊びへの興味を高めてから授業を行う。

○教科書を読んだだけで、「こんなのも知っている」「こんなのもあるよ」など、自然に子供の中から言葉が出てくることが予想される。その際には、教師がそれらの言葉を記録し、模造紙などに書いて教室内に掲示しておくと、言葉への興味が高まる。

〈教材・題材の特徴〉

一字や二字、濁点を足して新しい言葉ができることは、子供にとってはなぞなぞのようで、興味をもって取り組みやすい教材である。初めはやり方が分からない子供もいるかもしれないが、問題を解くことよりも問題を作り、友達に出すことのほうが好きな子供も多く、楽しみながら語彙力を伸ばすこともできる。楽しむだけでなく、声に出したり、手をたたきながら読んだりし、発音や一字一音など、言葉のきまりも再度確認していくことが大切である。

具体例

○問題作りが苦手な子供のために、ヒントとなるイラストを教師が準備し、進んで学習に取り組めるよう工夫する。

○授業の始まりに言葉遊びの歌を歌ったり、クイズボックスなどを作って子供からクイズを集め、それらを紹介したりし、繰り返し言葉遊びに親しませる。

〈他教材との関連〉

『ほんとはスイカ』（昼田弥子　文　　高畠那生　絵　　ブロンズ新社）

ある日、イトウくんが歩いていると、そこにはイカがくねくねと歩いていた。そのイカは、「ほんとは、スイカなのだ。」と言い張るところから話が始まる。イトウの頭に「ス」がつき、「スイトウ」に、それがほどけてただのイトに……、と話が進んでいく。イカとの出会いから、様々な言葉がつながっていく、まさに教材と合致した内容の絵本である。

『ミライのミイラ』（くすのきしげのり　作　　広瀬克也　絵　　瑞雲舎）

教材の内容とは少し異なるが、アナグラム（言葉の入れ替え）を扱った絵本である。言葉のおもしろさを味わうという意味では、教材とは違った視点からアプローチできる作品である。

具体例

○教師が一方的に読むのではなく、「次は、何に変わるかな」などと子供に予想させながら読み聞かせをする。時間を空けて再度読み聞かせると、言葉のおもしろさを再認識する機会となる。

本時案

たのしいな、ことばあそび 1・2/2

本時の目標

・一字増やして、意味が変わる言葉があることを理解することができる。（第 1 時）
・言葉遊びをして、言葉への興味を高めることができる。（第 2 時）

本時の主な評価

❶身近なことを表す語句の量を増やし、話の中で使うとともに、言葉には意味によるまとまりがあることに気付き、語彙を豊かにしている。【知・技】
❷言葉がもつよさを感じようとしているとともに、言葉をよりよく使おうとしている。【態度】

資料等の準備

・教科書の挿絵　・教師自作の変身クイズ
・たい・いか・たき・椅子・アイスのイラスト
15-05～09

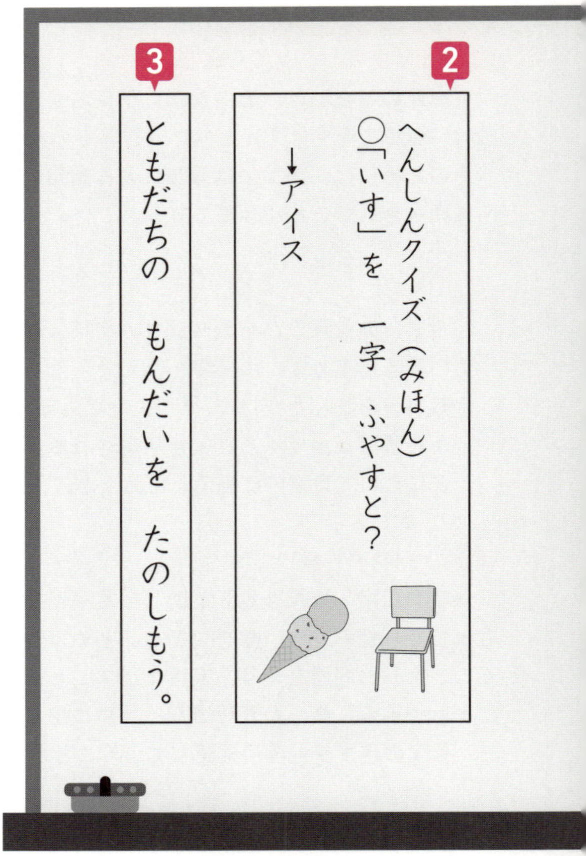

2
へんしんクイズ（みほん）
○「いす」を　一字　ふやすと？
↓アイス
3
ともだちの　もんだいを　たのしもう。

授業の流れ ▷▷▷

1 言葉の変身クイズをする〈第 1 時〉

○変身クイズのルールを説明し、教師自作のクイズを出す。
T　言葉を増やして別の言葉にする、言葉の変身クイズをします。例えば、「ふく」に「ろ」を増やすと。
・ふくろになります。
○教科書 P.72は元の言葉を提示し、教科書を開かずに解かせる。P.73は挿絵をヒントに、「どこに何を増やして、どうなるのか」を答えさせる。
・今、他の変身する言葉も思いつきました。
○思いついたものは、短冊などに書いておき、第 2 時に活用する。

2 言葉の変身クイズを作る〈第 2 時〉

○『ほんとはスイカ』の読み聞かせをし、言葉遊びへの興味を高める。
○前時の学習を基に、自分でクイズを作る。作れない子には、教科書や前時の発表を見せ、その中から選ばせるようにする。
・「かき」と「かぎ」もあります。
・「ほし」に二文字たして、「ものほし」。
T　他にもまだまだありそうですね。
○作った問題を、絵とともに画用紙に書かせる。
T　「一字ふやす」「゛をつける」など、どんな変身をするか書いて、ヒントの絵も書きましょう。

たのしいな　ことばあそび

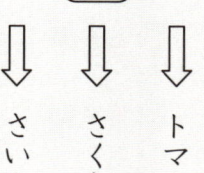

ことばの　へんしんクイズを　しよう。

1 教科書 P.72 上段の挿絵

と　まと ⇩ トマト

さ　く　ら ⇩ さくら

さい　ふ ⇩ さいふ

たい ⇩ たいこ　タイヤ

いか ⇩ すいか　いかだ　イルカ

たき ⇩ たきび　たぬき

教科書 P.72 下段の挿絵と P.73 の挿絵

子供が正解したら、言葉を書いたり、挿絵を貼ったりする。読むときには、挿絵と言葉を結び付けながら読む。

（ここから第二時）

ことばの　へんしんクイズを　つくって、あそぼう。

3 言葉の変身クイズを友達と出し合う〈第 2 時〉

〇ペア、班、自由に出歩いて、など、相手を変えながら繰り返し問題を解き合わせる。

・ヒントをよく見ると、分かります。

・下に増やしても上に増やしても別の言葉ができるものもあります。

T　たくさんの人と問題を出し合うと、なるほど、と思うものがたくさん見つかりますね。

〇楽しかった問題を全体で紹介する。

・〇〇さんのがよかったです。たくさん考えていました。

T　まだたくさんありそうですね。見つけたら、ぜひみんなの前で紹介してください。

よりよい授業へのステップアップ

拍子をつけて歌にする

リズム遊びは、子供たちが好きな遊びの 1 つである。教師が「『たい』の下に『こ』を増やして～♪」と言い、子供たちが「たいこ♪」と答えたり、役割を変えて繰り返したりすると、より楽しく活動できる。

隙間の時間の活用

帰りの会の前や、何かの待ち時間に、言葉遊びクイズを出したり、言葉遊びの歌を歌ったりして、繰り返し、様々な言葉に親しませる。

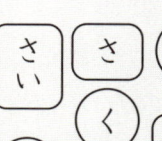

すきな　ところを　見つけよう

たぬきの　糸車

8時間扱い

〔知識及び技能〕(1)オ、ク　〔思考力、判断力、表現力等〕C読むことイ、エ　関連する言語活動例C(2)イ

単元の目標

・場面の様子について想像を広げ、好きなところを見つけながら読むことができる。
・たぬきの様子を想像しながら、登場人物同士の関係に気付くことができる。

評価規準

知識・技能	❶言葉には意味による語句のまとまりがあることに気付き、語彙を豊かにしている。(〔知識及び技能〕(1)オ) ❷擬音語や擬態語などの言葉の響きに気を付けながら、音読をしている。(〔知識及び技能〕(1)ク)
思考・判断・表現	❸「読むこと」において、場面の様子や登場人物の行動など、内容の大体を捉えている。(〔思考力、判断力、表現力等〕C(1)イ) ❹「読むこと」において、場面の様子に着目して、登場人物の行動を具体的に想像している。(〔思考力、判断力、表現力等〕C(1)エ)
主体的に学習に取り組む態度	❺進んで場面の様子や登場人物の行動などを想像するとともに、これまでの学習を生かしながら音読しようとしている。

単元の流れ

次	時	主な学習活動	評価
一	1	**学習の見通しをもつ** 読み聞かせを聞き、心に残った場面について感想を書いたり、発表したりする。	❸
二	2	音読したり、動作化をしたりしながら、山奥に住む夫婦やたぬきの様子について考える。	❹
	3	音読したり、動作化をしたりしながら、家の中の様子をのぞくたぬきや、それに気付いたおかみさんの様子について考える。	❹
	4	音読したり、動作化をしたりしながら、罠に捕まったたぬきや、それを逃がしてあげるおかみさんの様子について考える。	❹
	5	音読したり、動作化をしたりしながら、糸車を回すたぬきの様子や、それに気付いたおかみさんについて考える。	❹
	6	音読したり、動作化したりしながら、躍りながら帰っていくたぬきや、それを見送るおかみさんの様子について考える。	❷❹
三	7	好きな場面を選び、画用紙に文を視写したり、音読したりする。	❺
	8	**学習を振り返る** 好きな場面を班で交流したり、全体で発表したりする。	❶

授業づくりのポイント

〈単元で育てたい資質・能力〉

本単元のねらいは、場面の様子について登場人物の行動に着目して読み、表情や口調、様子などを具体的に想像する力を育むことである。そのためには、本文と挿絵を結び付けて読んだり、それぞれの場面の様子を想像して読んだりすることが大切である。

これまでの物語の学習において、場面の様子を想像する活動は行ってきている。そこで、これまでの学習を振り返り、それらを生かすことが大切である。これまで以上に文中の言葉に着目したり、書かれていないことを想像したりしながら学習を進めていくようにする。

具体例

○「二つの　目玉も、くるりくるりと　まわりました。」「おかみさんは、おもわず　ふき出しそうに　なりましたが、」などの二人の様子を、動作化したり、発表したりする。

○「ぴょんぴょこ　おどりながら」帰るとはどんな様子か、その言葉を抜かしたらどんな感じがするかなどについて話し合い、行動の理由について想像する。

〈教材・題材の特徴〉

おかみさんといたずらだぬきが交流する、心温まる話である。また、「キーカラカラ」などの擬音語、「目玉を、くるりくるり」などの擬態語など、音読をする際の楽しみも多くある作品である。

罠にかかったところを助けてもらったたぬきが、逃がしてくれたおかみさんへのお礼にと以前から興味があった糸車を使って糸をつむぐ。たぬきの会話文はないが、その様子からは、糸車に触れられたうれしさ、おかみさんの役に立っているといううれしさにあふれている。

作品世界に浸れば浸るほど、おかみさんのたぬきへの思い、たぬきのおかみさんへの思いの温かさを味わえる作品である。

具体例

○たぬきの思いに共感できるように、糸車を映像で見たり、実物を動かしたりして、回っている様子やおもしろさを子供たちが実感できるようにする。

○山奥という場所の設定にも注目し、その静けさの中での響く糸車の音を想像させる。

〈言語活動の工夫〉

単元の最後では、好きな場面の本文を書き抜き、友達と音読し合う活動を行う。選んだ場面について、選んだ理由も簡単に説明できるようにし、選んだ理由が相手に分かりやすく伝わるようにする。友達同士で違うところを選んでいれば、人によって心に響く場面が違うことを意識したり、作品の新たな魅力に気付いたりすることができる。同じところを選んでいた場合でも、理由が異なる場合もあり、自分の中で作品のおもしろさを見直すよい機会になることが期待できる。

具体例

○画用紙に選んだ場面の本文、場面のイラスト、選んだ理由をそれぞれ書く。交流の際には、選んだ理由を説明したうえで、イラストを見せながら、紙芝居のように読み聞かせる。

○それぞれの場面の魅力に気付けるよう、第二次の学習活動において、冬から春にかけての間やたぬきが帰った後など、本文に書かれていない部分の二人の様子も想像する。

本時案

たぬきの　糸車　1/8

本時の目標

・「たぬきの糸車」を読み、大体の内容を捉えて、感想をもつことができる。

本時の主な評価

❸場面の様子や登場人物の行動など、内容の大体を捉えている。【思・判・表】
・話についての感想を進んで書いている。

資料等の準備

・教科書 P.74～83の挿絵
・ワークシート① 16-01

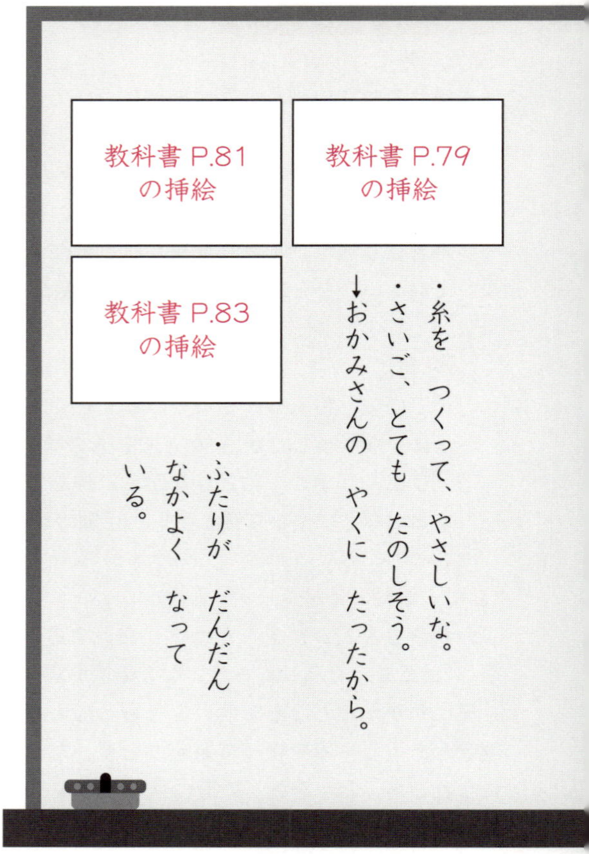

教科書 P.79 の挿絵
教科書 P.81 の挿絵
教科書 P.83 の挿絵
・糸を　つくって、やさしいな。
・さいご、とても　たのしそう。
→おかみさんの　やくに　たったから。
・ふたりが　だんだん　なかよく　なって　いる。

授業の流れ ▷▷▷

1 題名から話の内容を想像する〈10分〉

○これまでの学習を振り返らせる。
T　１年生になって、どんなお話を読んできましたか。また、どんなことをしましたか。
・「はなの　みち」では、絵をよく見て読みました。
・「くじらぐも」では、みんなでジャンプしました。
T　「たぬきの　糸車」という題名から、どんなお話だと考えられますか。
・たぬきが糸車を回すお話だと思います。
・糸車が何か分かりません。
→教科書や写真で確認する。

2 「たぬきの　糸車」を読み、内容の大体をつかむ〈15分〉

○「たぬきの　糸車」の読み聞かせをし、場所や登場人物を確認する。
T　お話に出てきた場所は、どんな場所でしたか。
・山奥でした。
T　山奥って、どんな場所かな。
・静かで、少し暗い。さびしい感じ。
T　誰が出てきましたか。
・おかみさんときこり。あと、たぬきも。
T　どんな出来事がありましたか。
・たぬきが罠に引っかかってしまいました。
・たぬきが糸車で糸を作りました。
○挿絵を黒板に貼っていく。

たぬきの　糸車

1
・たぬきが　糸車を　もって　いる。
・たぬきが　糸を　つくる　おはなし。（糸車ってなに？）

「たぬきの　糸車」を　よんで、かんそうを　かこう。

いつ・・・むかし
どこ・・・山おく
だれ・・・おかみさん　たぬき　きこり

教科書 P.74、75 の挿絵

2
・「キーカラカラ」音が　きれい。
・どんな　ふうに　うごかすのかな。

教科書 P.77 の挿絵

・たぬきを　にがして　あげて、やさしい。
・糸が　たくさん　できて、うれしかった。

教科書 P.78 の挿絵

3

3 「たぬきの　糸車」を読んだ感想を書いて、発表する　〈20分〉

T　「たぬきの　糸車」を読んで、「いいな」と思ったところや、「なぜ」と思ったところをワークシートに書きましょう。

○書き終えたら、近くの人と紹介し合うよう声掛けをする。

T　書いたことを、発表しましょう。

・たぬきの目がくるくる回るところが、かわいかったよ。
・最後、うれしそうに帰ることところがおもしろかったよ。

T　気になったところがたくさんありましたね。始めからみんなで読んでいきましょう。

よりよい授業へのステップアップ

既習事項の確認

「はなの　みち」や「くじらぐも」などの物語教材を読んだときの学習活動を振り返る。登場人物の行動や挿絵をよく見ることなどを確認する。

感想をつなぐ

感想を発表する際、一人の意見で終わらないようにする。「同じ場面を選んだ人はいますか」「その人はどんなふうに思いましたか」などと教師が聞き、感想を深みのあるものにする。

本時案

たぬきの　糸車　2/8

本時の目標

・本文や挿絵をもとに、たぬきの行動やきこり夫婦の様子を想像しながら、読むことができる。

本時の主な評価

❹場面の様子に気を付けて、山奥に住む夫婦やたぬきの行動を具体的に想像している。【思・判・表】

資料等の準備

・教科書 P.74、75の挿絵
・ワークシート②　16-02
・たぬきとおかみさんの挿絵　16-03・16-04

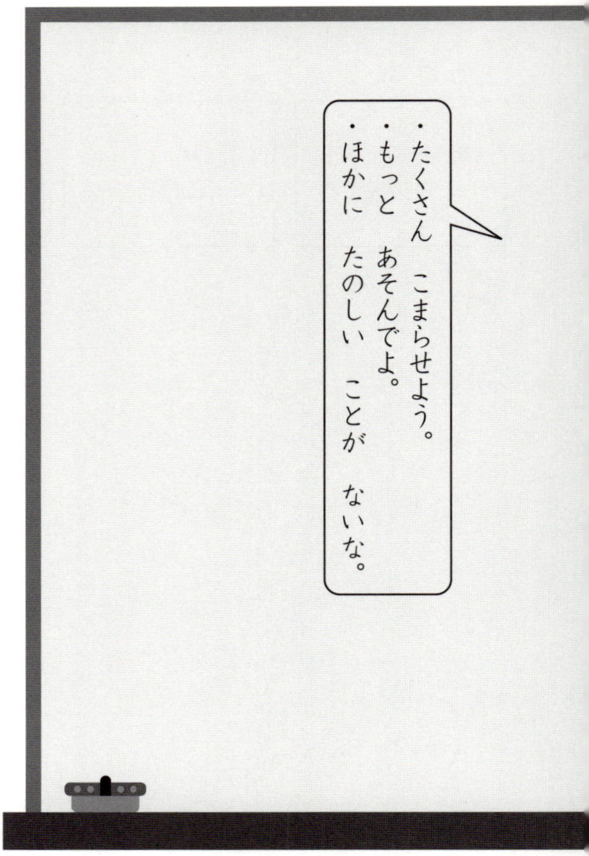

・たくさん　こまらせよう。
・もっと　あそんでよ。
・ほかに　たのしい　ことが　ないな。

授業の流れ▷▷▷

1 第一場面を音読し、場面の様子を確認する〈10分〉

T　今日は、始めから75ページ３行目までのところを読んで、たぬきやおかみさんのこと考えます。音読をするとき、どんなことに気を付けますか。
・点や丸に気を付けます。
・姿勢をよくし、口をしっかり開けます。
○場面の様子を本文や挿絵をもとに確認する。
T　山奥ってどんな様子ですか。絵を見てみましょう。音は聞こえるかな。
・虫の声は聞こえそう。がさがさとか。
・やっぱり少し怖い感じがします。
・たぬきがいたずらしやすそうです。

2 たぬきがどんないたずらをしていたのか、話し合う〈20分〉

○たぬきのいたずらについて考えさせる。
T　たぬきのいたずらって、どんなことでしょう。
・ドアをたたくとか。
T　それだけですか。もっとありそうですね。ペアで考えましょう。たぬきがどんな気持ちでやっていたかも考えましょう。
○たぬきの表情なども考えさせ、話し合った内容を全体で共有する。
・切ったまきをばらばらにしちゃう。
・ふざけている顔をしていそうです。
・困らせて、喜んでいそうです。

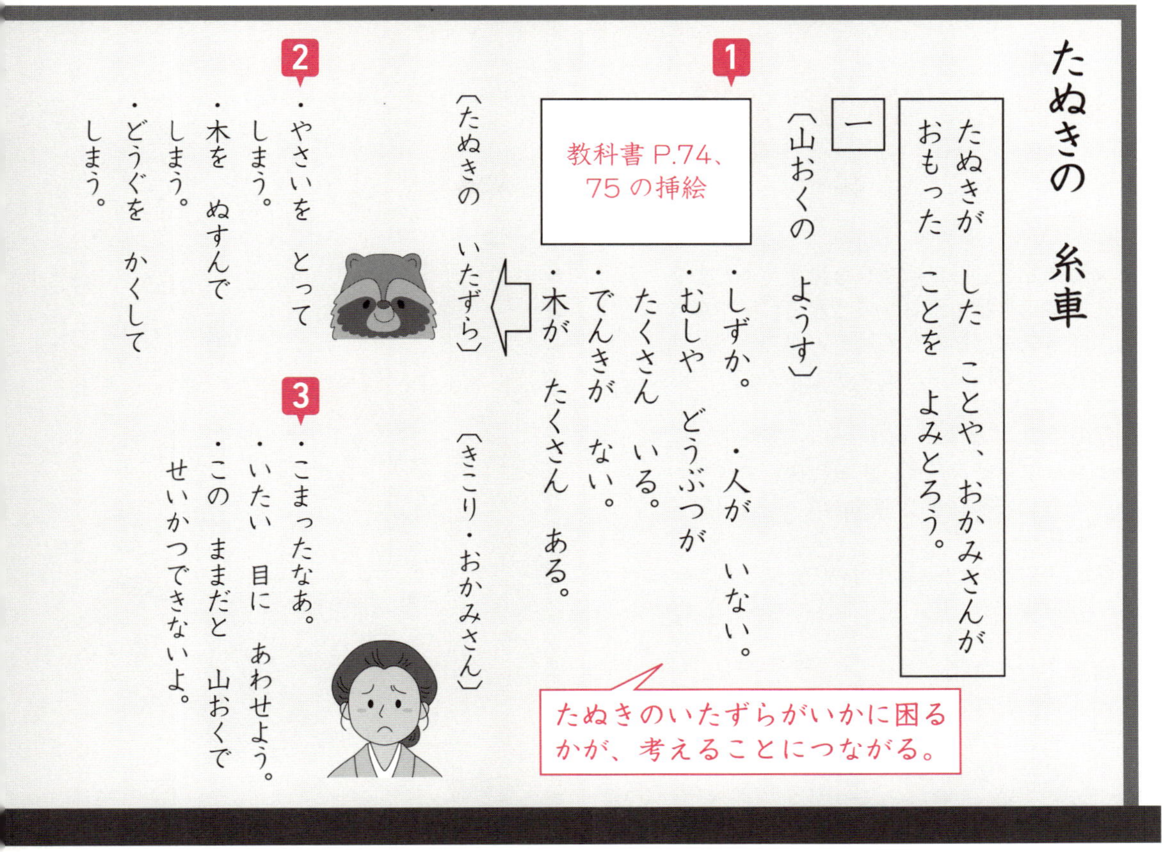
たぬきの 糸車
たぬきが した ことや、おかみさんが おもった ことを よみとろう。
一
1
〈山おくの ようす〉
・しずか。 ・人が いない。
・むしや どうぶつが たくさん いる。
・でんきが ない。
・木が たくさん ある。
教科書 P.74、75 の挿絵
〈たぬきの いたずら〉
2
・やさいを とって しまう。
・木を ぬすんで しまう。
・どうぐを かくして しまう。
〈きこり・おかみさん〉
3
・こまったなあ。
・いたい 目に あわせよう。
・この ままだと 山おくで せいかつできないよ。
たぬきのいたずらがいかに困るかが、考えることにつながる。

3 おかみさんやきこりの様子を想像する〈15分〉

T 次に、おかみさんやきこりの様子を考えましょう。たぬきにいたずらされて、どんなことを考えていたのでしょうか。

・たくさん罠をしかけなきゃな。
・いたずらが続くと、困るな。

◯たぬきに対しての、印象が悪かったことを捉えさせるようにする。

よりよい授業へのステップアップ

場面の想像

山奥の生活は子供たちには想像しにくい。山奥での音を聞かせたり、他の写真なども見せたりして、十分に作品世界を想像させる。

表情による動作化の工夫

たぬきがいたずらする様子や、それに困っているきこりの夫婦の様子について、顔の表情で表現させる。登場人物の心情理解が広がることが期待できる。

本時案

たぬきの　糸車　3/8

本時の目標

・本文や挿絵をもとに、糸車を見つめるたぬきやその様子を眺めるおかみさんの行動や様子を、想像を広げながら読むことができる。
・擬音語のよさに気付くことができる。

本時の主な評価

❹場面の様子に着目して、山奥に住む夫婦やたぬきの行動を具体的に想像している。【思・判・表】
・擬音語の言葉の響きに気を付けて音読している。

資料等の準備

・教科書 P.77の挿絵
・たぬきやおかみさんのお面
・段ボールなどで作ったやぶれ障子
・糸車（実物がなければ写真等）
・ワークシート③　16–05
・たぬきとおかみさんの挿絵　16–03・16–06

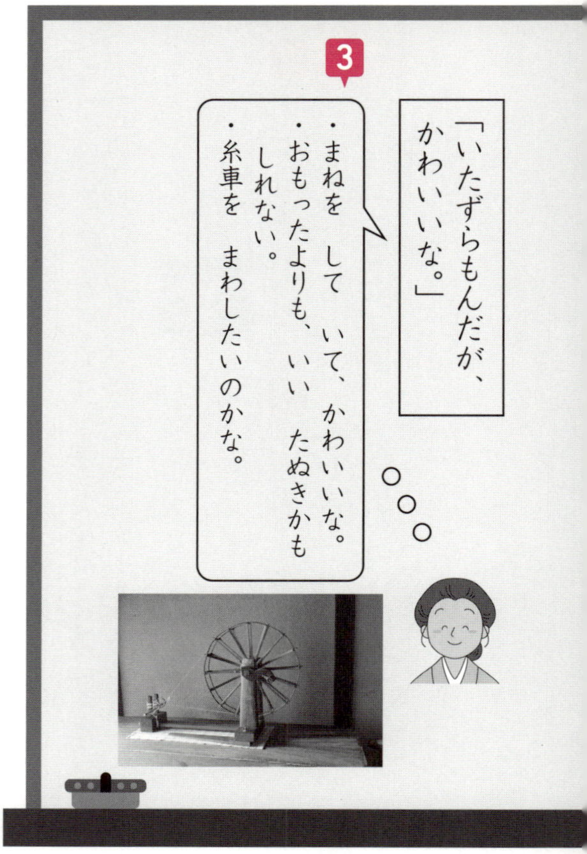
「いたずらもんだが、
かわいいな。」
3
・まねを　して　いて、かわいいな。
・おもったよりも、いい　たぬきかも
しれない。
・糸車を　まわしたいのかな。

授業の流れ ▷▷▷

1 第二場面を音読し、場面の様子を確認する　〈10分〉

T　今日は、75ページの４行目から77ページの７行目までのところを読んで、たぬきやおかみさんのこと考えます。それでは音読をします。

○登場人物の気持ちを考えるという目的をもって音読させる。

T　「月の　きれいな　ばん」は、どんな様子ですか。

・天気がいい。すごく月が明るい感じ。

○「キーカラカラ　キークルクル」の様子を捉えさせる。

・すごくゆっくり回っている感じがする。

・山奥で静かだと、よく聞こえそう。

○発言した子供に実際に言わせてみる。

2 たぬきの様子について、動作化しながら考える　〈15分〉

○たぬき役の子とおかみさん役の子を決め、前に出させ、破れ障子も使いながら、場面を再現する。

T　たぬきは、どんな様子で見ていましたか。

・目玉がくるりくるり回っています。

T　くるくるとどう違いますか。

・ゆっくりな感じがします。

T　たぬきのまねをしてみましょう。

○糸車の動きを見たり、まねしたりするたぬきの様子を捉えさせる。実際に糸車があれば、それを使う。

T　たぬきは、どんなことを考えていたのか、ワークシートに書きましょう。

たぬきの　糸車

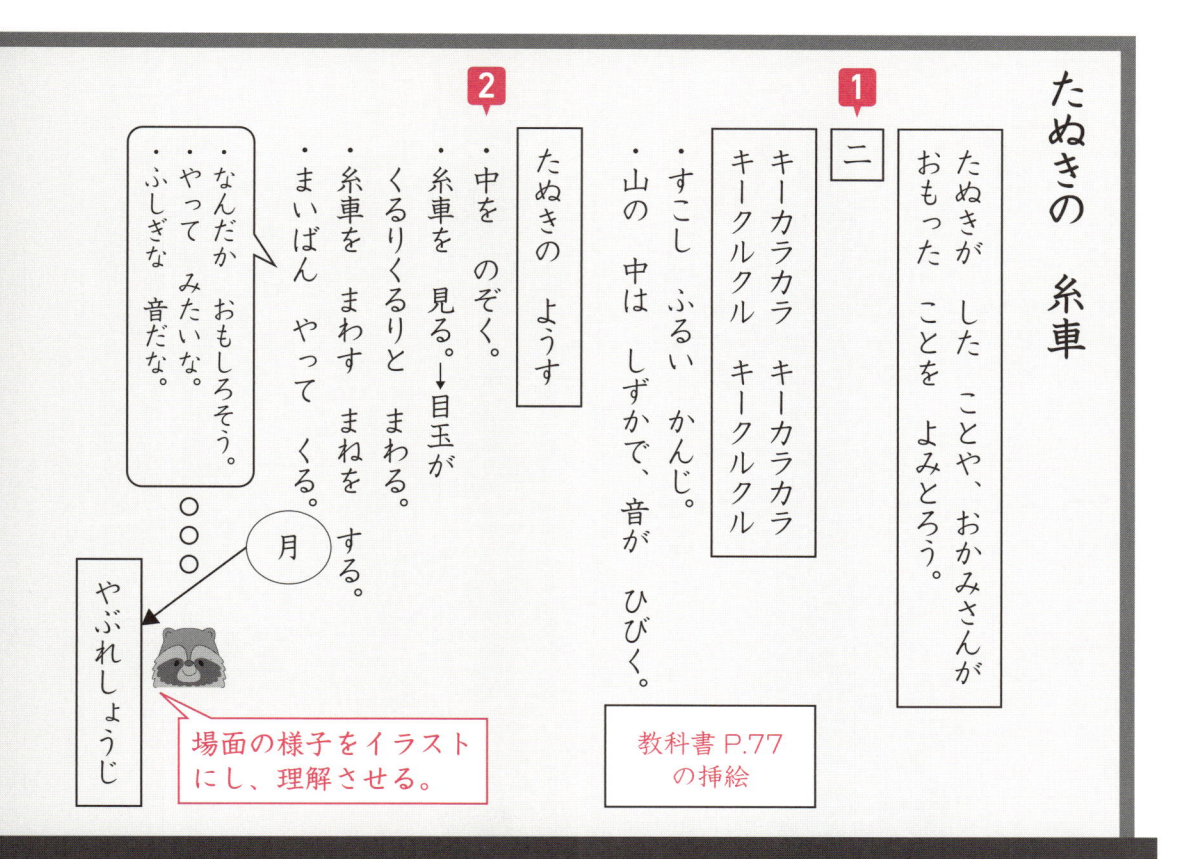

たぬきが　した　ことや、おかみさんが
おもった　ことを　よみとろう。

1 二

キーカラカラ　キーカラカラ
キークルクル　キークルクル

・すこし　ふるい　かんじ。
・山の　中は　しずかで、音が　ひびく。

教科書 P.77
の挿絵

2

たぬきの　ようす

・中を　のぞく。
・糸車を　見る。→目玉が
　くるりくるりと　まわる。
・糸車を　まわす　まねを　する。
・まいばん　やって　くる。

月

○○○

・なんだか　おもしろそう。
・やって　みたいな。
・ふしぎな　音だな。

やぶれしょうじ

場面の様子をイラストにし、理解させる。

3 「いたずらもんだが、かわいいな。」について考える　〈20分〉

T　どうして、かわいいと思ったのでしょうか。
・目玉が回っているからです。
・毎晩来ているからです。
・おかみさんのまねをしているからです。
T　前の時間に学習したところと、おかみさんの気持ちは変わりましたか。
○本文と挿絵をヒントにしながら、おかみさんの気持ちを想像させる。気持ちの変化を捉えさせ、次の場面へつながるようにしておく。
T　今日考えたことを思い出しながら、最後に今日の場面を音読しましょう。

よりよい授業へのステップアップ

糸車の体験

本作品における重要な道具が糸車である。糸車が出てくる始めの場面なので、全ての子供に実際に触らせたり、映像で見せたりし、その大きさや音、速さを理解させ、作品世界に浸れるようにする。

二人の様子の理解

この場面は、おかみさんは気付いているのに、たぬきは糸車に夢中というところがおもしろい。二人の位置関係も理解させたうえで、動作化をするようにする。

本時案

たぬきの　糸車　4/8

本時の目標

・本文や挿絵を基に、たぬきを逃がしてあげたおかみさんの様子や、逃がしてもらったたぬきの様子について、想像を広げながら読むことができる。

本時の主な評価

❹本文や挿絵に注目して、おかみさんやたぬきの行動や気持ちを読み取り、想像を広げている。【思・判・表】

資料等の準備

・教科書 P.78の挿絵
・おかみさんやたぬきのお面
・これまでの学習の記録（掲示物やワークシート）
・ワークシート④　16–07
・たぬきとおかみさんの挿絵　16–03、04、06、08

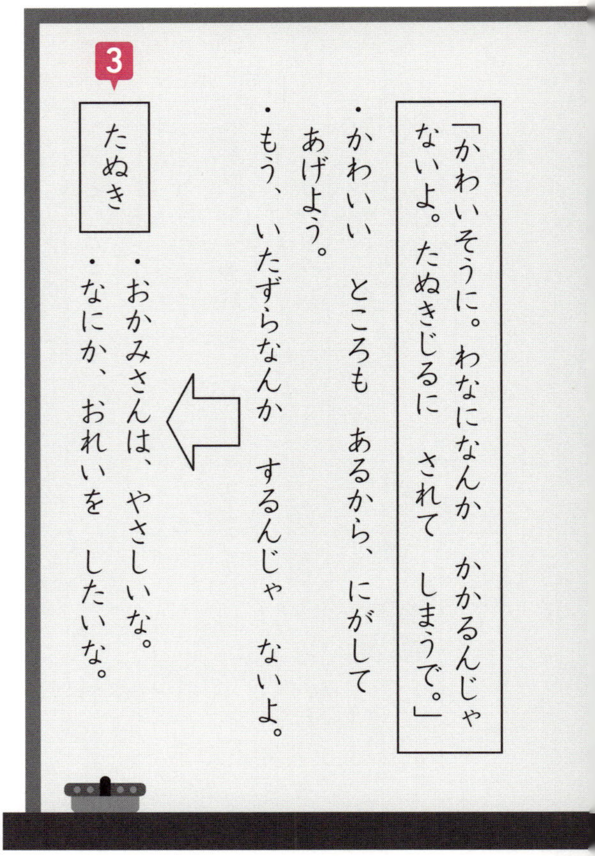

「かわいそうに。わなになんか　かかるんじゃないよ。たぬきじるに　されて　しまうで。」
・かわいい　ところも　あるから、にがしてあげよう。
・もう、いたずらなんか　するんじゃ　ないよ。
3
たぬき
・おかみさんは、やさしいな。
・なにか、おれいを　したいな。

授業の流れ ▷▷▷

1 第三場面を音読し、場面の様子を確認する〈10分〉

T　今日は、77ページ８行目から79ページ３行目までのところを読みます。
○音読は、全員で読んだり、役割を決めて読んだりし、様々なバリエーションで楽しませる。
T　「キャーッ」と叫んでいたのは、誰ですか。
・たぬきです。
T　なぜ、叫んでいたのでしょうか。
・きこりが仕掛けた罠に引っかかったからです。
○罠にかかってしまった様子を動作化させ、たぬきの気持ちを想像させる。

2 おかみさんの行動や様子について考える〈20分〉

T　おかみさんの様子はどうですか。
・こわいなと思っていきました。
・でもその後は「かわいそうに。」と言っている。
T　きこりの夫婦はたぬきに困っていたのに、なぜ「かわいそうに。」と言ったのですか。
・はじめはいたずらされて、嫌だと思っていたけど、「かわいいな。」と思うようになったからです。
・おかみさんの気持ちが、たぬきがのぞいていたところで変わったと思います。
○第二場面のおかみさんや、毎晩やってきたたぬきの様子を想起させる。

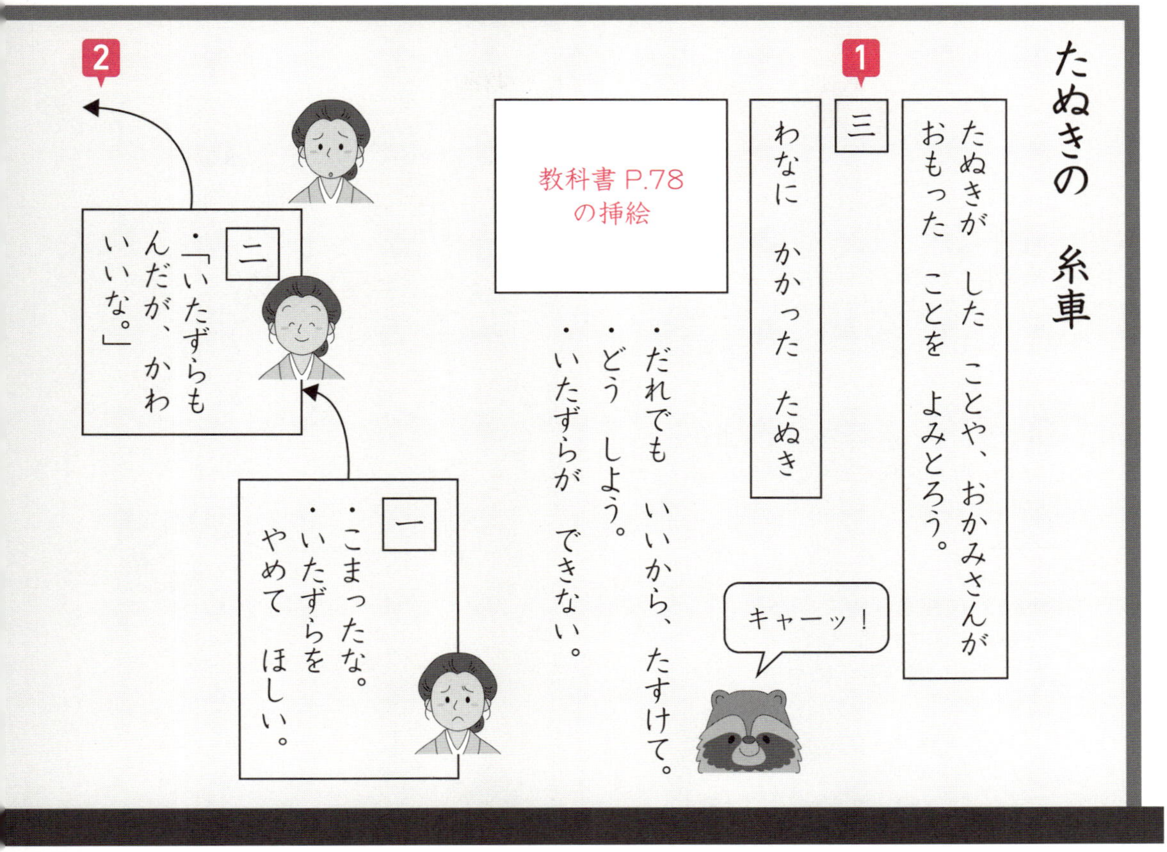
たぬきの　糸車
1
たぬきが　した　ことや、おかみさんが　おもった　ことを　よみとろう。
三
わなに　かかった　たぬき
キャーッ！
教科書 P.78 の挿絵
・だれでも　いいから、たすけて。
・どう　しよう。
・いたずらが　できない。
2
二
・「いたずらもんだが、かわいいな。」
一
・こまったな。
・いたずらを　やめて　ほしい。

3 逃がしてもらったたぬきの様子について考える 〈15分〉

T　おかみさんがしたことを、たぬきがどう思ったのか、ワークシートに書きましょう。

・助かった。おかみさん、ありがとう。

T　おかみさん役、たぬき役に分かれ、それぞれの気持ちを発表しましょう。

・おかみさん役（逃がしてあげたとき）→かわいいところもあるから、逃がしてあげるよ。もういたずらしないでね。

・たぬき役（逃げているとき）→おかみさん、ありがとう。おかみさんは、やさしいな。

よりよい授業へのステップアップ

音読の工夫

　おかみさんの言葉を、複数の子供たちに音読させる。その際、どんな気持ちを込めて読んだのかを発表させ、読み深めのヒントにする。

おかみさんの変化の視覚化

　おかみさんのたぬきに対する気持ちの変化が捉えられるよう、場面に応じたおかみさんの表情を描いたイラストを掲示する。

本時案

たぬきの　糸車　5/8

本時の目標

・本文や挿絵を基に、糸車を回すたぬきや、その様子を見つめるおかみさんの様子について、想像を広げながら読むことができる。

本時の主な評価

❹本文や挿絵に注目しながら、おかみさんやたぬきの行動や気持ちを読み取り、想像を広げている。【思・判・表】

資料等の準備

・教科書 P.79、81の挿絵
・たぬきやおかみさんのお面
・これまでの学習の記録（掲示物やワークシート）
・ワークシート⑤　16-09
・たぬきとおかみさんの挿絵
16-03・16-10

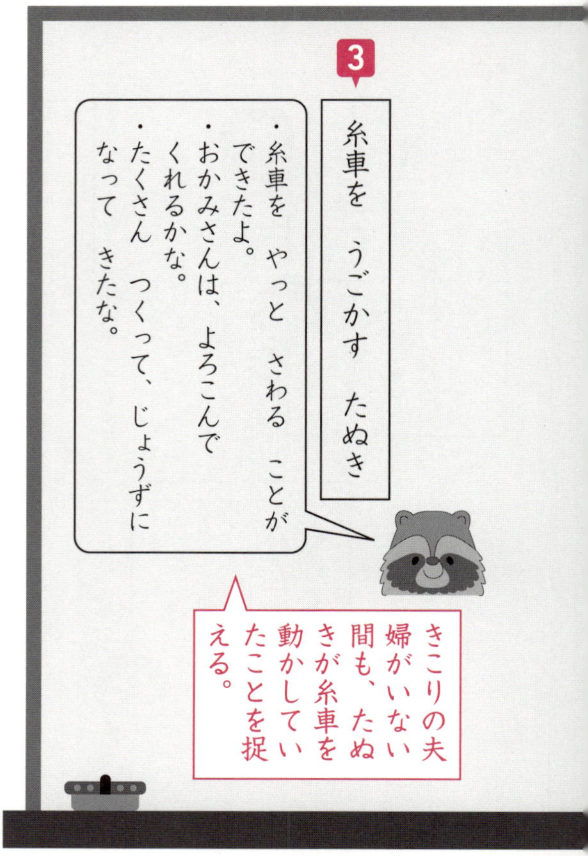
3
糸車を　うごかす　たぬき
・糸車を　やっと　さわる　ことが　できたよ。
・おかみさんは、よろこんで　くれるかな。
・たくさん　つくって、じょうずに　なって　きたな。
きこりの夫婦がいない間も、たぬきが糸車を動かしていたことを捉える。

授業の流れ ▷▷▷

1 第四場面を音読し、場面の様子を確認する〈15分〉

T　今日は、79ページの４行目から82ページの３行目までのところを読みます。前の時間からどれくらい経っていますか。

○冬から春への時間の経過を意識させる。

T　おかみさんはなぜ驚いたのでしょうか。

・糸がたくさんできていたからです。
・糸車がきれいだったからです。

○土間でご飯を炊く場面を想像化させ、そこに糸車の音を鳴らす。

T　どんな気持ちになりますか。

・なぜ糸車の音がするのかな、という気持ち。
・あれ、おかしいな。

2 おかみさんの行動や様子について考える〈15分〉

T　板戸の陰から茶色いしっぽが見えました。おかみさんは、どう思ったでしょうか。

・もしかしたら、たぬきかな。

T　そっとのぞいて分かった。「そっと」ってどんな様子ですか。

・ばれないように。静かに。

T　おかみさんは、どんなことを思ったのでしょうか。

・おっ、上手。すごいな。
・やっぱりかわいいな。

○少しずつ真相に近付く展開のおもしろさを味わいながら、発表させる。

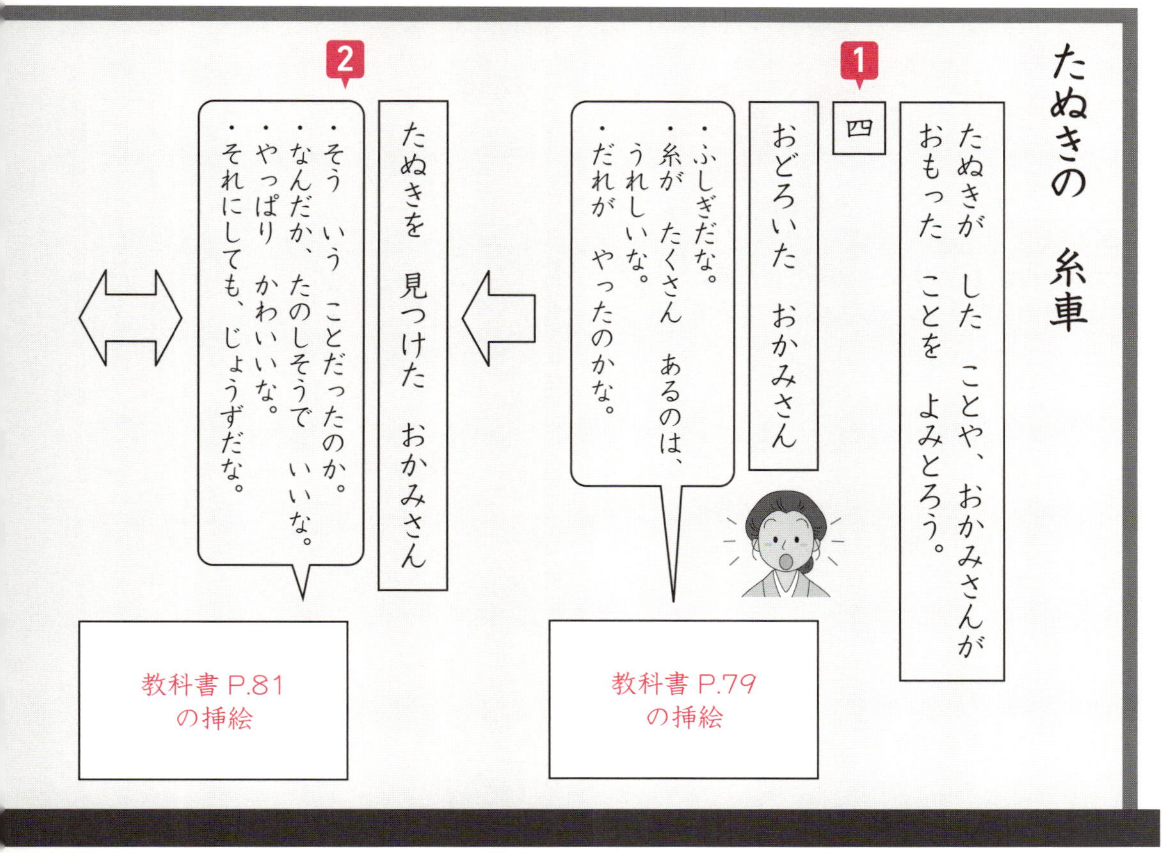
たぬきの　糸車
たぬきが　した　ことや、おかみさんが
おもった　ことを　よみとろう。
1
四
おどろいた　おかみさん
・ふしぎだな。
・糸が　たくさん　あるのは、
うれしいな。
・だれが　やったのかな。
教科書 P.79
の挿絵
2
たぬきを　見つけた　おかみさん
・そう　いう　ことだったのか。
・なんだか、たのしそうで　いいな。
・やっぱり　かわいいな。
・それにしても、じょうずだな。
教科書 P.81
の挿絵

3 糸を作るたぬきの様子について考える〈15分〉

T　おかみさんがいない間、たぬきはどんなことを考えながら、糸車を動かしていたのでしょうか。

・おかみさん、喜んでくれるかな。
・ずっとやってみたかったんだ。
・今日もたくさん糸を作ろう。
・だんだんうまくなてきたぞ。

T　おかみさんに助けられたことを覚えていたのですね。

○糸車に触れたうれしさと、おかみさんへの感謝の思いの両方について捉えるさせるようにする。

よりよい授業へのステップアップ

ワークシートの活用

おかみさんのたぬきへの思いを確認するため、前時までの二人の関係をワークシートで振り返る。学習を重ねてきているという自覚にもつながる。

前時までの振り返り

この場面は、たぬきやおかみさんの前時までの様子や思いを生かして読むことで、二人の思いを豊かに想像できる。掲示物などを活用し、気持ちの変化を振り返る。

本時案

たぬきの　糸車　6/8

本時の目標

・本文や挿絵を基に、たぬきの様子や行動について、想像を広げながら読むことができる。

本時の主な評価

❷「ぴょこんと」「ぴょんぴょこ」という言葉から、たぬきの気持ちを想像し、音読している。【知・技】

❹本文や挿絵に注目しながら、たぬきの行動や気持ちを読み取り、想像を広げている。【思・判・表】

資料等の準備

・教科書 P.83の挿絵
・たぬきやおかみさんのお面
・これまでの学習の成果物（掲示物やワークシート）
・ワークシート⑥　16–11

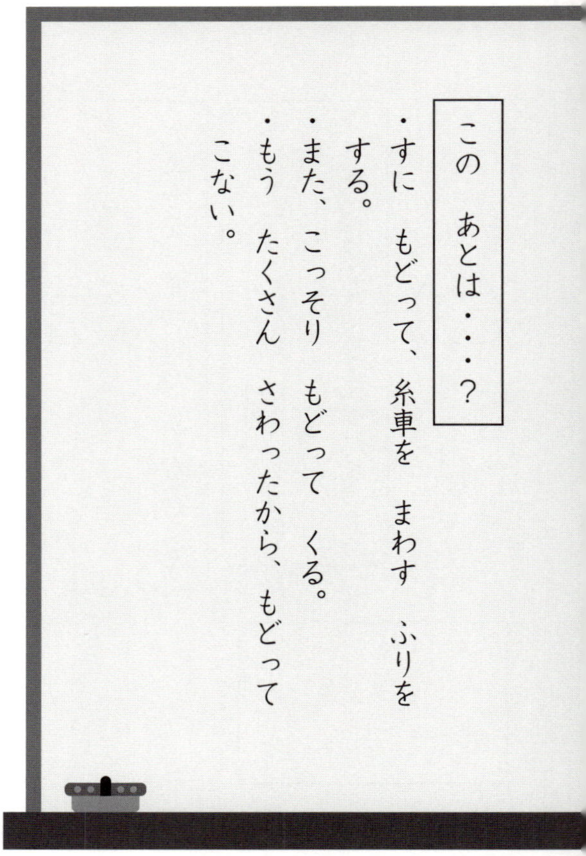

この　あとは・・・？
・すに　もどって、糸車を　まわす　ふりを
する。
・また、こっそり　もどって　くる。
・もう　たくさん　さわったから、もどって
こない。

授業の流れ ▷▷▷

1 第五場面を音読し、場面の様子を確認する〈10分〉

T　今日は82ページの４行目から９行目までのところを読みます。
○これまでの学習を生かし、読み方の工夫ができているか確認する。
T　「ふいに、」って、どんな様子ですか。
・「はっ」とする感じです。
・目が大きく開きそうです。
T　たぬきはどんなことも思ったでしょうか。
・見つかっちゃった。
・おかみさんの糸車だから、返さないと。

2 たぬきを見送るおかみさんの様子について考える〈10分〉

T　おかみさんは、どんな気持ちでたぬきを見送ったのかな。
・また来てほしいな、と思っている。
・糸を作ってくれて、ありがとう。
・驚かしちゃって、ごめんね。
○挿絵も見ながら、おかみさんの様子を想像させる。

たぬきの　糸車

たぬきが　した　ことや、おかみさんが　おもった　ことを　よみとろう。

1

五

おかみさんに　気が　ついた　たぬき

・おかみさんに　糸車を　わたさないと。
・にげないと。
・ぼくは　いない　ほうが　いいかも。

2

おかみさん

・おどろかして、ごめんね。
・また　きて　ほしいな。
・糸が　たくさん　あって、うれしいな。ありがとう。

3

たぬき

・おかみさん、よろこんで　くれるかな。
・やっぱり　糸車は　たのしかったな。
・また　糸車に　さわりたいな。

教科書 P.83
の挿絵

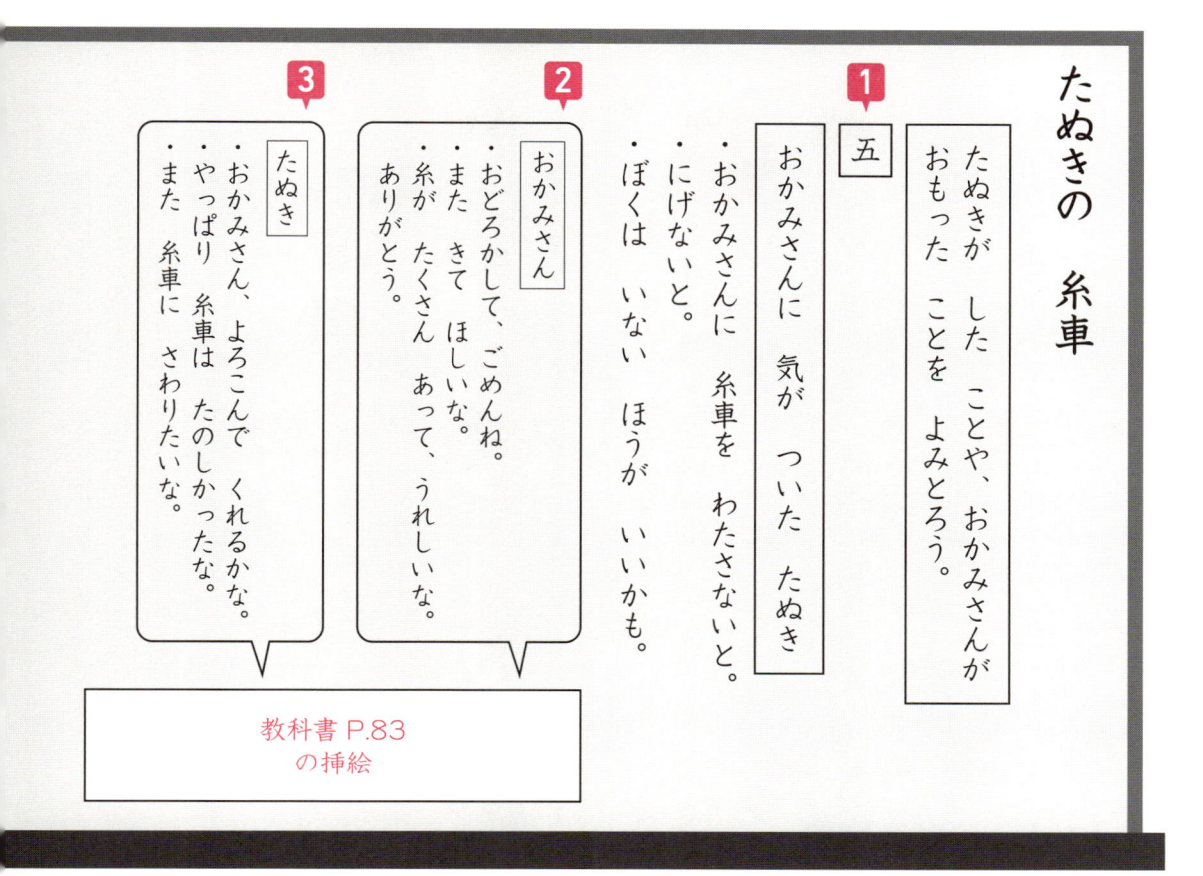

3 たぬきの行動や様子について考える〈15分〉

T　たぬきの気持ちを考えましょう。「ぴょこん」ってどんな様子ですか。
・なんかフワって感じ。
T　「ぴょんぴょこ」はどんな感じですか。動いてやってみましょう。
・スキップみたい。
・顔は笑っていそう。
○「ぴょんぴょこ」の様子を全員に動作化させ、たぬきの気持ちを想像させる。
・糸車に触れて、あんなにたくさん糸を作れて、うれしい。
・助けてもらったおかみさんに気付いてもらってよかった。

4 話の続きを想像する〈10分〉

T　たぬきはこの後、おかみさんの家にまたやってくるでしょうか。理由もつけて、ペアで話し合いましょう。
・糸車が触りたいから、またやってくると思います。
・ばれてしまったから、もう来ないと思います。
○これまでの話の展開を捉えたうえで想像させるようにする。話し合いの後、来る来ない両者の立場から意見を発表させ、共有する。

本時案

たぬきの　糸車　7/8

本時の目標

・「たぬきの　糸車」の中から、自分の好きな場面を選び、視写したり、音読したりすることができる。

本時の主な評価

❺「たぬきの　糸車」の中から、自分の好きな場面を選び、画用紙に文を視写したり、絵に描いたりするとともに、進んで音読しようとしている。【態度】

資料等の準備

・教科書 P.74～83の挿絵
・視写や絵をかいた見本
・画用紙（A４サイズ　１人１枚）
・「おんどくで　気を　つける　こと」の挿絵
16–12

3
おんどくで　気を　つける　こと
はなす　人
きく　人

授業の流れ ▷▷▷

1 話の内容を振り返る 〈５分〉

T　今日は、好きなところを選んで、音読の練習をします。まず、お話の内容を振り返ります。

○掲示物や子供のワークシートなどを基に学習を振り返らせる。

・はじめ、おかみさんはたぬきのことを嫌がっていたけど、変わりました。

・たぬきは糸車のことが好きになりました。

T　お話でおもしろいと思ったところを友達同士で伝えられるといいですね。新しいおもしろさにも気付けそうですね。

・やってみたいです。

2 好きな場面の文を視写したり、絵を描いたりする 〈25分〉

T　好きな場面を選んで、読みたい文と選んだ理由を画用紙の裏に書きましょう。表には、その場面に合った絵を描きましょう。

・たぬきがぴょんぴょこ帰っていったところにします。

・目玉がくるりくるりと回るところにします。

○長文を引用しないよう、教科書にサイドラインを引かせ、教師が確認した後で、視写させる。

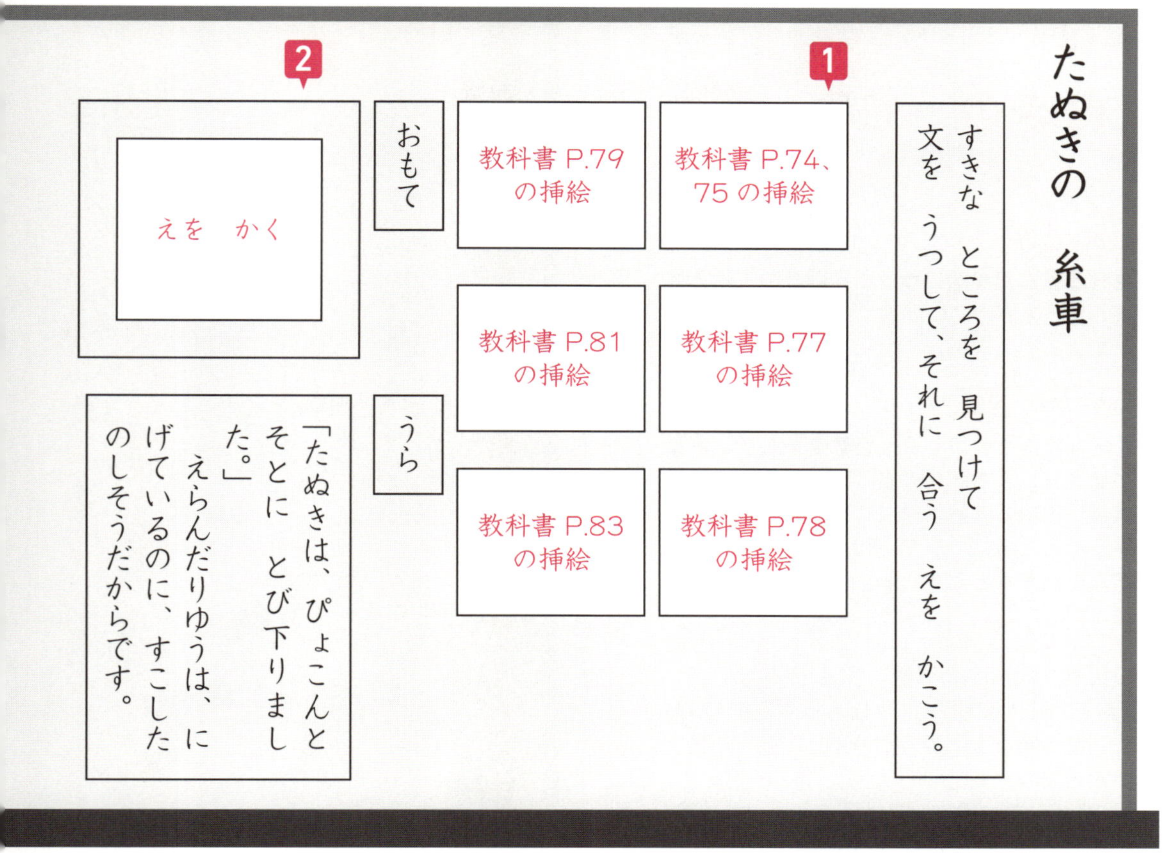
たぬきの　糸車
すきな　ところを　見つけて
文を　うつして、それに　合う　えを　かこう。
1
教科書 P.74、75 の挿絵
教科書 P.77 の挿絵
教科書 P.78 の挿絵
教科書 P.79 の挿絵
教科書 P.81 の挿絵
教科書 P.83 の挿絵
おもて
うら
2
えを　かく
「たぬきは、ぴょこんと
そとに　とび下りまし
た。」
えらんだりゆうは、に
げているのに、すこした
のしそうだからです。

3 音読の練習をする　〈15分〉

T　画用紙を持ちながら音読の練習をします。なぜ音読の練習をするのでしょうか。

・友達にしっかり伝わるようにするためです。
・言葉を間違えないようにするためです。
・声に出すと、楽しいからです。

○好きな場面を書いた画用紙を紙芝居のように見せながら、音読する練習をする。

T　どんなことに気を付けて、読みますか。

・声の大きさや速さに気を付けて読みます。

○誰が何場面を選んだのか把握し、次時の発表グループ作りに生かす。

よりよい授業へのステップアップ

子供への声掛け

好きな場面を選べない子には、「楽しく音読できたところはどこかな」「気持ちをたくさん書けたところはあるかな」などと聞き、心に残った場面を想起させる。

音読の練習について

これまでの学習の中で、音読には取り組んできている。読み方の工夫を発表させるだけでなく、実際に代表の子に読ませ、相手の聞きやすさについても意識させる。

本時案

たぬきの　糸車　8/8

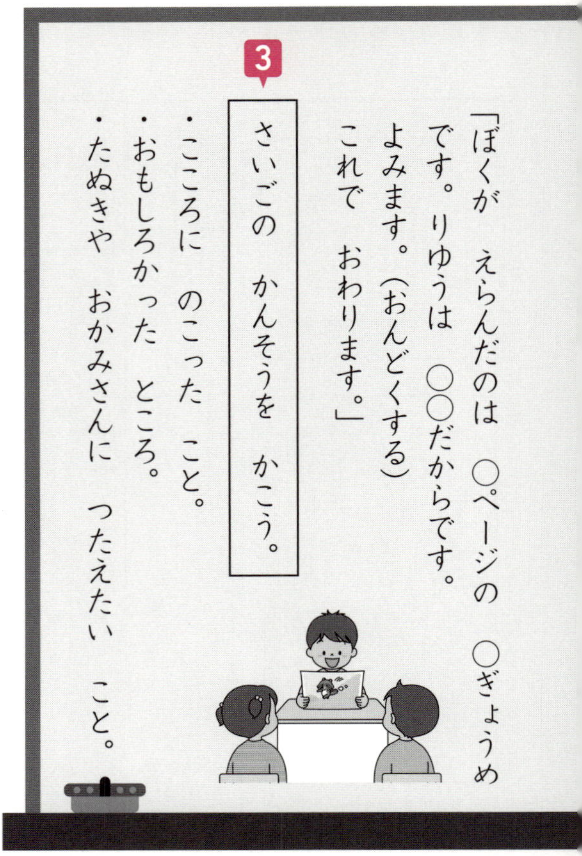
「ぼくが　えらんだのは　○ページの　○ぎょうめ
です。りゆうは　○○だからです。
よみます。（おんどくする）
これで　おわります。」
3
さいごの　かんそうを　かこう。
・こころに　のこった　こと。
・おもしろかった　ところ。
・たぬきや　おかみさんに　つたえたい　こと。

本時の目標

・自分が選んだ場面について、周りの友達と音読し合うとともに、学習の感想を考えることができる。

本時の主な評価

❶好きな場面を音読し合う活動を通して、言葉には意味による語句のまとまりがあることに気付いている。【知・技】
・好きなところについて、相手に伝わるように進んで話そうとしている。

資料等の準備

・教科書 P.74〜83の挿絵
・「おんどくで　気を　つける　こと」（前時に、模造紙などに書いておく）
・学習感想カード
・「おんどくで　気を　つける　こと」の挿絵
16–12

授業の流れ ▷▷▷

1 音読発表で気を付けることを確認する〈10分〉

○本時の活動に見通しをもつ。
T　今日はどんなことをするのでしたか。
・描いた絵を友達と見せ合います。
・音読をします。
○音読で気を付けることを確認する。
T　読む人はどんなことに気を付けますか。
・声の大きさや速さに気を付けます。
T　聞く人はどんなことに気を付けますか。
・終わりまで静かに聞きます。
・相手をよく見て聞きます。

2 グループの中で、場面順に好きなところを音読する〈20分〉

T　それでは、友達に向けて好きなところを紹介します。まず先生が見本を見せます。その次に、３人グループになって、紹介し合います。
○グループ分けは、極力場面が重ならないように配慮する。グループ全員の音読が終わったら、互いに絵を再度見せ合ったり、他に好きな場面があるか話し合ったりさせる。
T　音読してどうでしたか。また、聞いていて思ったことはありますか。
・聞いてもらって、緊張しました。
・知らなかったおもしろさに気付きました。

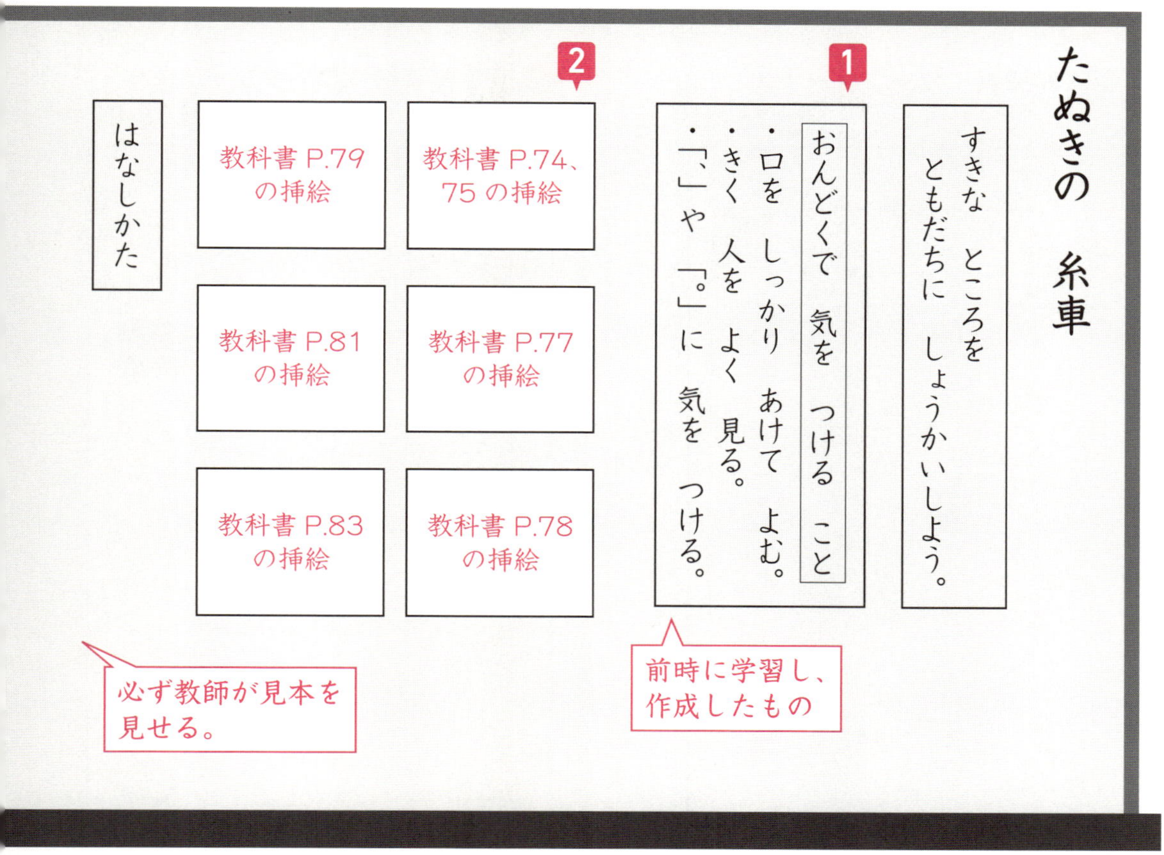

たぬきの 糸車
すきな ところを ともだちに しょうかいしよう。
1
おんどくで 気を つける こと
・口を しっかり あけて よむ。
・きく 人を よく 見る。
・「、」や「。」に 気を つける。
2
教科書 P.74、75 の挿絵
教科書 P.79 の挿絵
教科書 P.77 の挿絵
教科書 P.81 の挿絵
教科書 P.78 の挿絵
教科書 P.83 の挿絵
はなしかた
前時に学習し、作成したもの
必ず教師が見本を見せる。

3 学習のまとめをする 〈15分〉

T 好きなところを音読し合って、いろいろなおもしろさにまた気付けましたね。学習の最後に、もう一度、「たぬきの糸車」の感想を書きましょう。

○子供たちは、始めの感想を書いたときよりも、話の内容を理解できている。「どの言葉が心に残ったかな」「たぬきに言ってあげたいことはあるかな」など、学習したことを生かすための声掛けをする。

・たぬきは何も言わなくても、気持ちが分かりました。
・文に書かれたとおりに動いて、楽しかったです。

よりよい授業へのステップアップ

教師の見本

発表の見本を子供たちに見せる際、聞き方でよかったことを伝えたり、話し方でよかったことを聞いたりして、発表のイメージを具体化させる。

朝の会や帰りの会での紹介

本時の中では、時間の都合上、グループ内での発表しかしていない。朝の会や帰りの会などの時間を使い、一人一人のお気に入りを全員が共有することをあらかじめ伝えておく。そうすることでより多くの読みに触れることができるとともに、他の物語文を読む意欲にもつながる。

資 料

1 第１時資料　ワークシート①

16-01

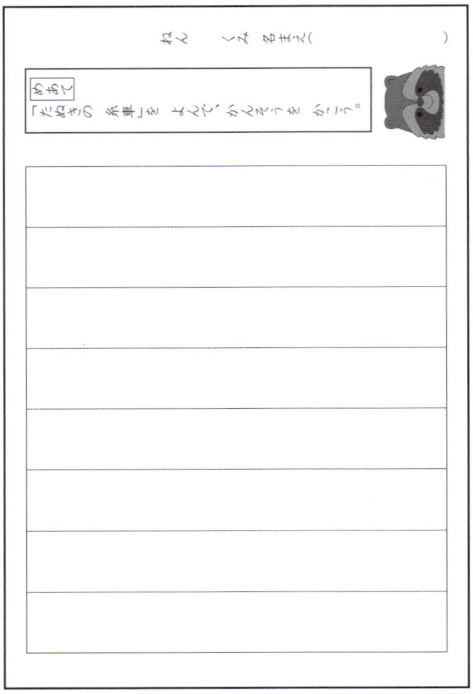
ねん　くみ　なまえ（　　　　）
めあて
「たぬきの　糸車」を　よんで、かんそうを　かこう。

2 第２時資料　ワークシート②

16-02

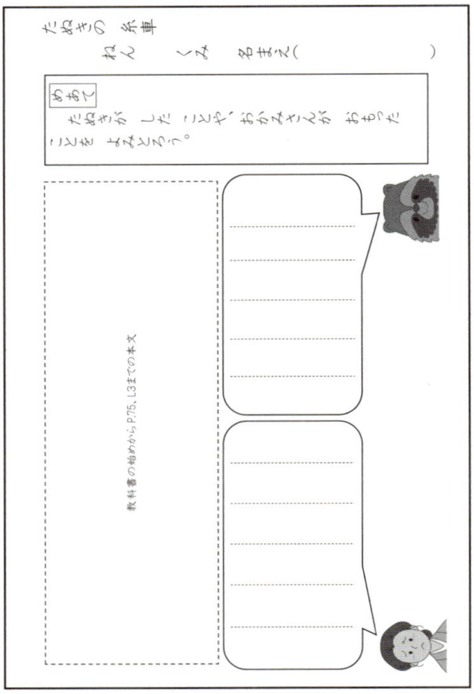
たぬきの　糸車
ねん　くみ　なまえ（　　　　）
めあて
たぬきが　した　ことや、おかみさんが　おもった　ことを　よみとろう。
教科書の始めからP.75, L3までの本文

3 第３時資料　ワークシート③

16-05

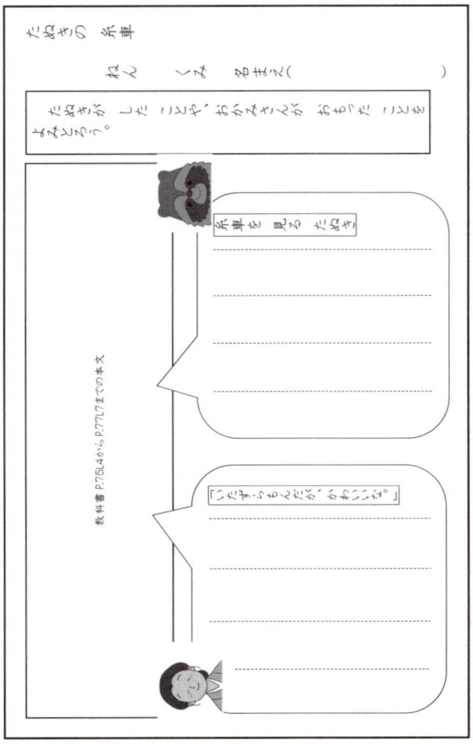
たぬきの　糸車
ねん　くみ　なまえ（　　　　）
たぬきが　した　ことや、おかみさんが　おもった　ことを　よみとろう。
教科書 P.75L4からP.77L7までの本文
糸車を　見る　たぬき
「いたずらもんだが、かわいいな。」

4 第４時資料　ワークシート④

16-07

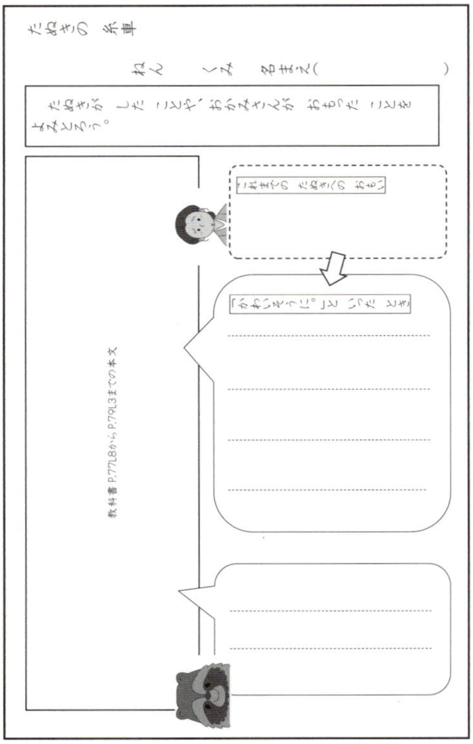
たぬきの　糸車
ねん　くみ　なまえ（　　　　）
たぬきが　した　ことや、おかみさんが　おもった　ことを　よみとろう。
教科書 P.77L8からP.79L3までの本文
これまでの　たぬきの　おもい
「かわいそうに。」と　いった　とき

5 第５時資料　ワークシート⑤

16-09

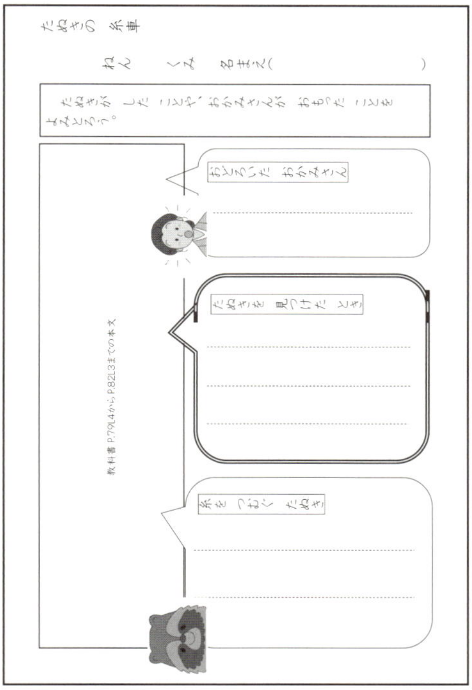
たぬきの 糸車
ねん くみ なまえ（　　　　　　　）
たぬきが した ことや、おかみさんが おもった ことを まとめよう。
おどろいた おかみさん
たぬきを 見つけた とき
糸を つむぐ たぬき
教科書 P.79L4からP.82L3までの本文

6 第６時資料　ワークシート⑥

16-11

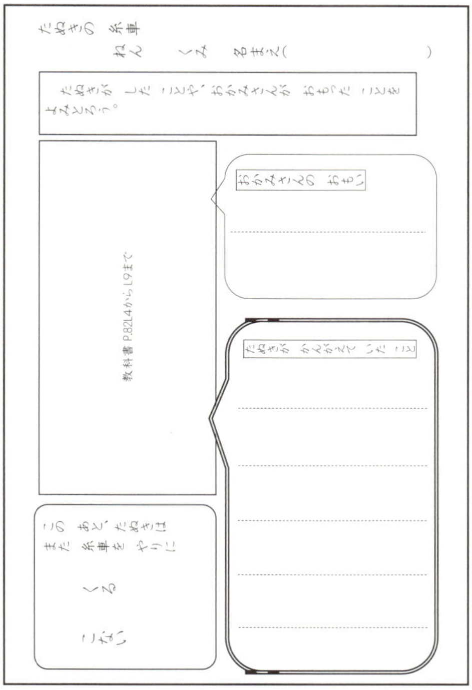
たぬきの 糸車
ねん くみ なまえ（　　　　　　　）
たぬきが した ことや、おかみさんが おもった ことを まとめよう。
教科書 P.82L4からL9まで
おかみさんの おもい
たぬきが かんがえて いた こと
この あと、たぬきは また 糸車を やりに
くる
こない

7 第３時資料　破れ障子とお面の参考資料

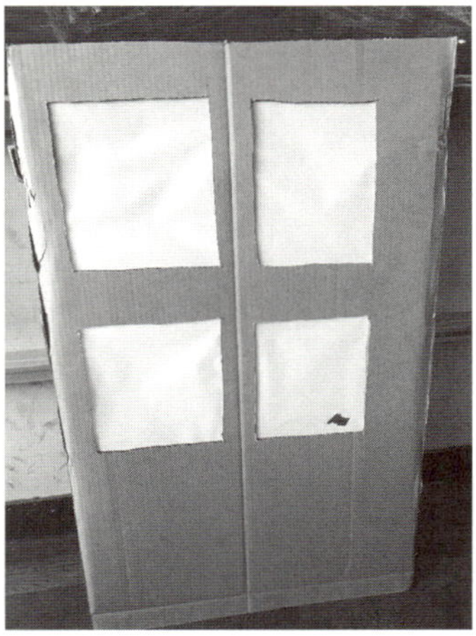

左：段ボールと半紙で作った破れ障子、右：工作用紙で作った「たぬき」と「おかみさん」のお面。どちらも、作品世界を想像するために大切なアイテムになる。

かたかなの　かたち　（3時間扱い）

〔知識及び技能〕(1)ウ　〔思考力、判断力、表現力等〕B書くことウ

単元の目標

・片仮名の形に注目をして、似ている文字を見つけたり、形に気を付けて書いたりすることができる。

評価規準

知識・技能	❶文字の形に気を付けて、片仮名を書いたり、片仮名を使った言葉を書いたりしている。（〔知識及び技能〕(1)ウ）
思考・判断・表現	❷「書くこと」において、片仮名を使った言葉であることを意識して、言葉や文を書いている。（〔思考力、判断力、表現力等〕Bウ）
主体的に学習に取り組む態度	❸進んで片仮名の形の違いを見付け、学習課題に沿って、言葉や文の中で片仮名を使おうとしている。

単元の流れ

次	時	主な学習活動	評価
一	1	**学習の見通しをもつ** 文字の中には、形の似ている文字があることを知る。	
二	2	形が似ていることを意識して、形に気を付けながら文字を書く。	❶
	3	**学習を振り返る** 形に気を付けながら、片仮名を使った言葉や文を書く。	❷❸

授業づくりのポイント

〈単元で育てたい資質・能力〉

本単元では、形の似ている文字を見つけたり、書くときに気を付けるポイントを考えたりする活動を通して、文字の形への関心を高め、間違えずに書く力を養う。

片仮名については、すでに学習済みであるが、今回は特に文字の形に意識を向けさせる。教科書にもあるように、形の似ている片仮名を書き誤ったり、一瞥して判断の付きにくい書き方をしていたりする子供は、中学年以降においても見られる。本単元で確実に、書き分けができるように指導をしておきたい。

具体例

○「シ」と「ツ」などは、始筆の方向を確かめる。そして、正しく書くことで、「シ」であるなら、文字の左側がそろうこと、「ツ」の場合は文字の上側がそろうことなどを確かめる。教科書にあるように、平仮名と対比させて、区別を理解させることも有効である。

〈言語活動の工夫〉

子供の気付きを大切にしながら学習を進めていく。形の似ている文字を見つける際には、子供の「あった！」という言葉が出るように、教師から多くを提示することのないように留意する。ただし、子供が何をもって似ているとしたのか、それは丁寧に言語化をさせたい。友達が気付いていないものを見つけたいと思うあまり、「こじつけて」しまうことも往々にしてあるからである。

間違えやすい文字の練習をする際にも、間違えやすいポイントの指摘が適切であるなら、練習方法は委ねるようにしたい。

具体例

○「シを書くときは、左左左。ツを書くときは、上上上と言いながら書く」のように、子供なりに間違えをなくしやすい方法を見いだせるようにしたい。

〈児童の文字に対する興味関心を高める工夫〉

平仮名と片仮名は、ともに漢字を成り立ちとしている文字である。「平仮名から、片仮名ができた」という素朴な勘違いをしている子供もいる。平仮名と片仮名では、形の似ているものも多いため、そのように考えることは自然であろう。

なぜこのように似ているのかという疑問をもつ子供もいるだろう。そういった疑問に対して、１年生だからとはぐらかさずに、丁寧に知識を教えるようにしたい。そうすることで、漢字学習の際にも形に対する意識を高めることが期待できる。

具体例

○平仮名と片仮名の形は、漢字の形がもとになっている。「あ」と「ア」が似ていないのは、もとになった漢字が違う（「安」と「阿」）からであり、「か」と「カ」が似ているのは、それぞれ「加」という漢字を基にしているからであることなどを、授業中の子供の反応に応じて説明をするといいだろう。

本時案

かたかなの かたち

1/3

本時の目標

・形の似ている字があることに気が付き、見つけることができる。

本時の主な評価

・形の似ている字があることが分かり、平仮名と片仮名の表から見つけている。

資料等の準備

・教科書 P.130〜131の平仮名と片仮名の一覧表を拡大したもの

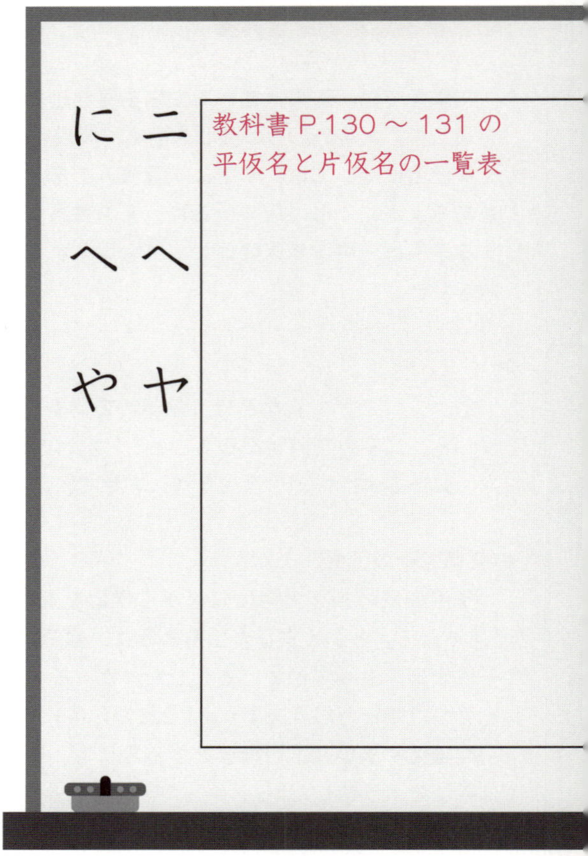

に ニ
へ ヘ
や ヤ
教科書 P.130 ～ 131 の
平仮名と片仮名の一覧表

授業の流れ ▷▷▷

1 片仮名の学習について振り返り、本時のめあてを理解する 〈15分〉

T　片仮名を使った言葉や文を書くことにも慣れてきましたか。

　書くのが好きな片仮名や、苦手な片仮名はありますか。

○子供の片仮名に対する意識を高めることを意図する。子供の実態や学級の実態に応じて、「片仮名で書く言葉」を想起させたり、子供が日記などで書いているものを提示させたりしてもよい。

T　今日は、片仮名の形に気を付けて、学習をしますよ。

2 形の似ている片仮名と平仮名を想起する 〈15分〉

T　片仮名の「カ」と平仮名の「か」は、形がよく似ています。

　他にも、似ている平仮名と片仮名を思い出してみましょう。

・「キ」と「き」や「セ」と「せ」など、形の似ている平仮名と片仮名を発言する。

○子供の発言の中で、「似ていない文字」が含まれていても板書をする。しかし、間違っていることを示すことが目的ではない。「実際に書くことで分かることがある」という学びにつなげるためである。

1 かたかなの　かたち

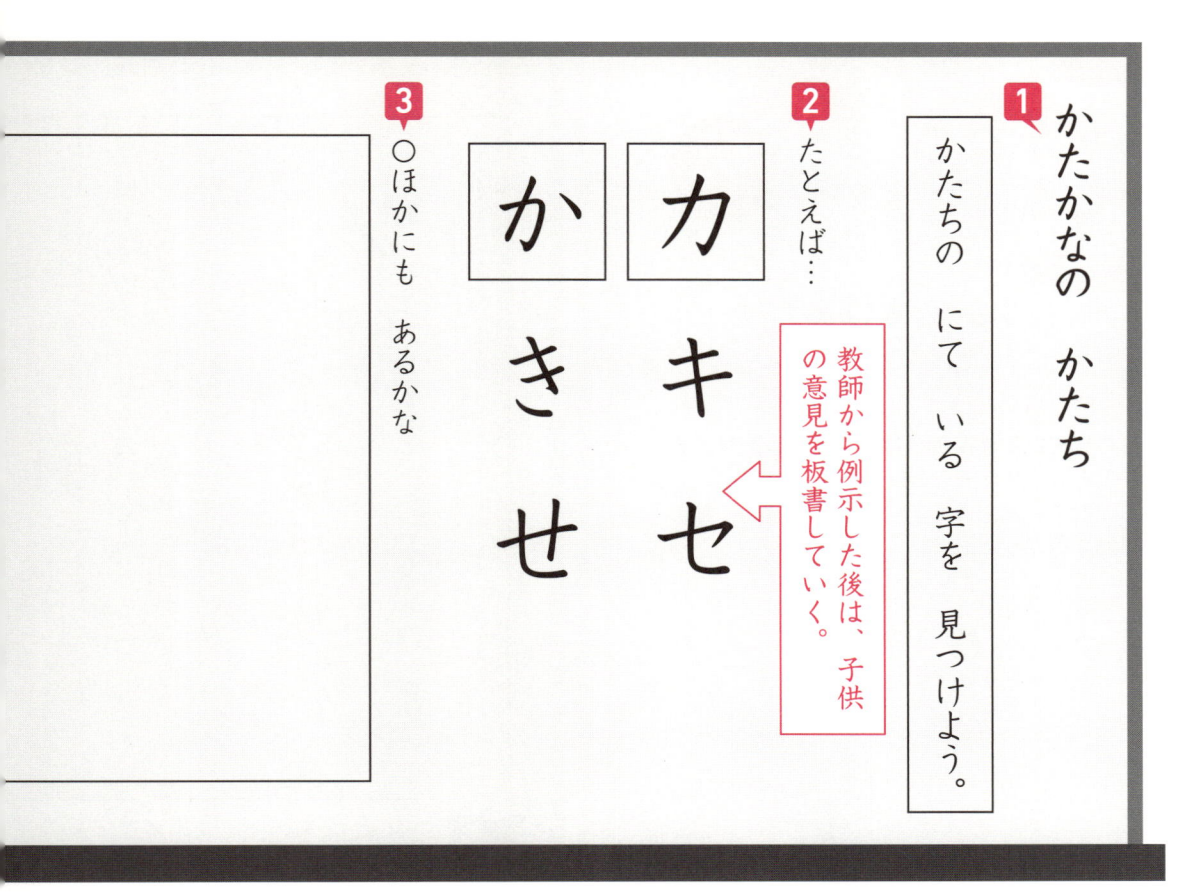

かたちの　にて　いる　字を　見つけよう。

2 たとえば…

カ　キ　セ

か　き　せ

教師から例示した後は、子供の意見を板書していく。

3 ○ほかにも　あるかな

3 平仮名と片仮名の一覧表を見て、形の似ている文字を見つける　〈15分〉

T　それでは、平仮名と片仮名の表を見て、形の似ている文字を探しましょう。

○子供たちの「あった」という思いを積極的に認めていくようにする。また、友達が見つけた字を自分で確かめようとしている姿も、同じように認めていくようにするとよい。

T　見つけた、似ている字を教えてください。

○子供たちの発見で、「ソ」と「ン」のような片仮名同士で似ている文字があった場合、その発見を基にして、次時の学習につなげていくとよい。

よりよい授業へのステップアップ

漢字の学習との関わり

学習を進めていく中で、形の似ている平仮名と片仮名と同時に、似ていない平仮名と片仮名にも、子供たちは気付いていくだろう。その際に子供たちの口から「どうしてかな」という疑問が出たならば、平仮名と片仮名のでき方について説明をしてもよい。

習っていない漢字もあるので、書けるようになる必要はまだなく、いつか、この漢字を学習するときに、「前に見たことがある」という程度でよいことを伝え、漢字を学んでいく期待を高めるようにするとよい。

本時案

かたかなの かたち

2/3

本時の目標

・形の似ている片仮名を書くときに、気を付けることを考えることができる。

本時の主な評価

❶形の似ている片仮名を書くときに気を付けることを考えている。【知・技】
・形の似ている片仮名、それぞれの特徴に気を付けて書こうとしている。

資料等の準備

・ワークシート 17-01
・ワークシートを拡大したもの

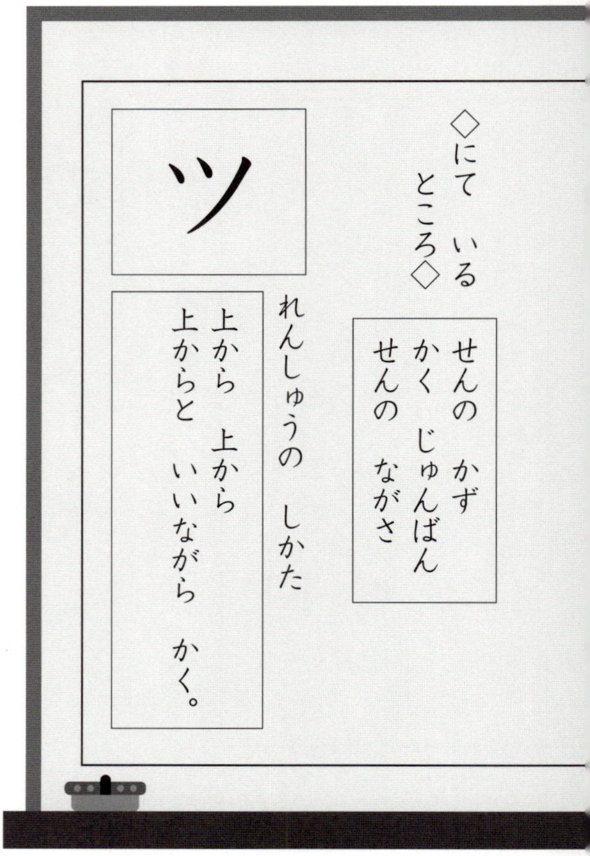

◇にて いる
ところ◇
せんの かず
かく じゅんばん
せんの ながさ
れんしゅうの しかた
上から 上から
上からと いいながら かく。
ツ

授業の流れ ▷▷▷

1 形の似ている片仮名を見つける 〈10分〉

T 前回は、形の似ている平仮名と片仮名を見つけました。今日は、形の似ている片仮名を探してみましょう。
・「ツ」と「シ」「ア」と「マ」など、形の似ている片仮名を発表する。
○教科書 P.130の表を見ながら探させる。前時に用いた、一覧表の拡大図を示してもよい。

2 形の似ている片仮名を間違えずに書く工夫を考える 〈15分〉

T まずはみんなで、「ツ」と「シ」を間違えずに書くための、工夫を考えましょう。
・「シ」と「ツ」の似ているところを言う。
・「シ」の形の特徴から、書くときの工夫を考える。
・「ツ」の形の特徴から、書くときの工夫を考える。
○子供の言葉を大切にしながら、板書をしていくようにする。ここで、大切なのは、子供の感覚である。形の特徴を押さえた言葉であれば、許容していくようにする。

かたかなの　かたち

1

かたちの　にて　いる　かたかなを
くふうして　れんしゅうしよう。

シ　と　ツ　　ア　と　マ
カ　と　ヤ　　ソ　と　ン

2

かたかなの　かたち
ねん　くみ　名まえ（　　　）

かたちの　にて　いる　かたかなを
くふうして　れんしゅうしよう。

子供の気付きを大切にしながら書き込んでいく。

れんしゅうの　しかた

シ

ひだりから　ひだりから
ひだりからと　いいながら
かく。

3 ワークシートに、似ている片仮名を間違えずに書く工夫を記述する〈20分〉

T　それでは、自分で練習をしたい片仮名を選んで、間違えずに書く工夫を考えましょう。

○ここでは、友達と同じ文字を選んでも構わないことを伝える。学級の実態に応じて、ペアや生活班で同じ文字について考えさせたり、同じ文字を選んだ子供同士で席の移動をさせたりしてもいいだろう。

○それぞれが全体で交流することは時間的に難しい。交流の方法として、自分の机にワークシートを置かせ、自由に見て回れる形などがある。

　ICT 機器を活用して、全体に紹介する方法もある。

よりよい授業へのステップアップ

子供の感覚的な言葉を大切にする

　本時は、形の似ている片仮名を間違えずに書く工夫を考える時間である。当然、教師は間違えずに書くための的確なポイントをもって授業に臨む。

　しかし、教師が「子供に言ってほしい言葉」を言わせようとするあまり、不必要な誘導や言い換えをしてしまうことのないようにしたい。

　ポイントさえずれていなければ、子供の感覚から発せられた言葉を大切にするべきであり、教師がここですることは、他の子供にその感覚を共有させるための支援である。

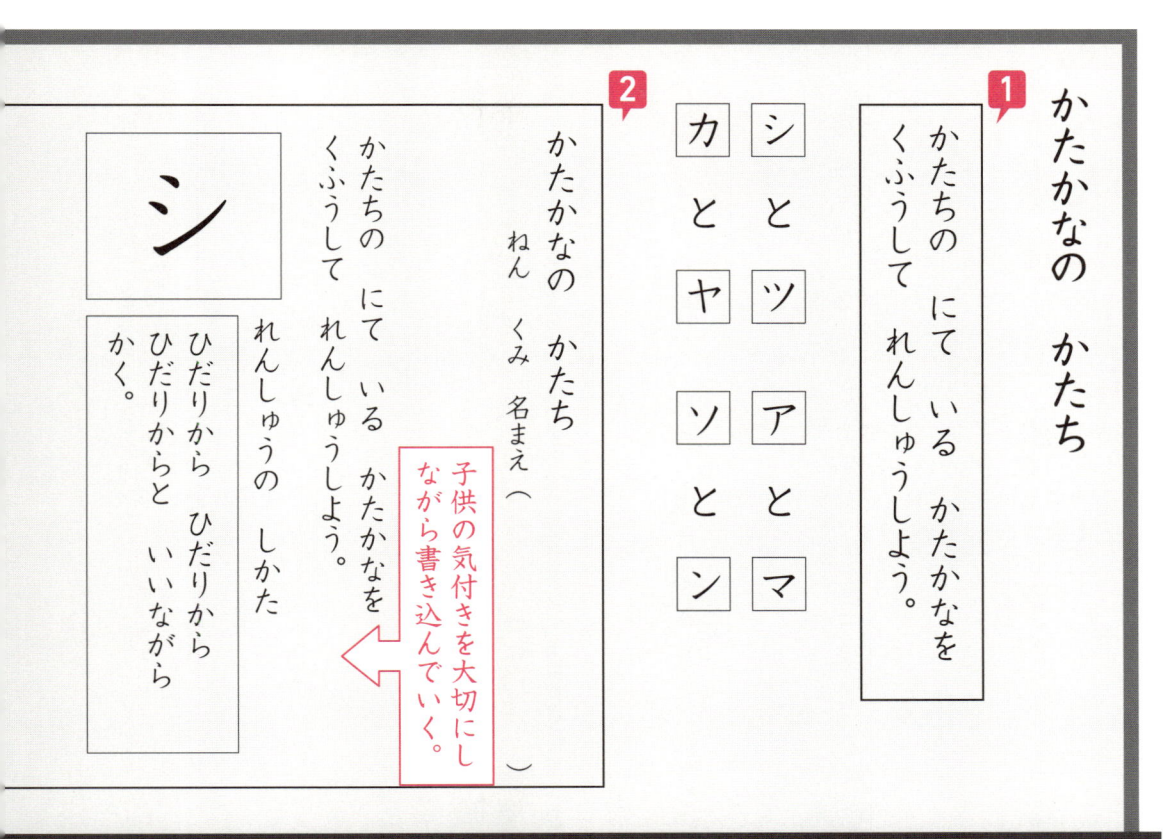

本時案

かたかなの かたち 3/3

本時の目標

・片仮名を、形に気を付けて書き、言葉や文の中で使うことができる。

本時の主な評価

❷片仮名で書く言葉に気を付けて、言葉や文を書いている。【思・判・表】
❸片仮名の形に気を付けて、言葉や文の中で使おうとしている。【態度】

資料等の準備

特になし

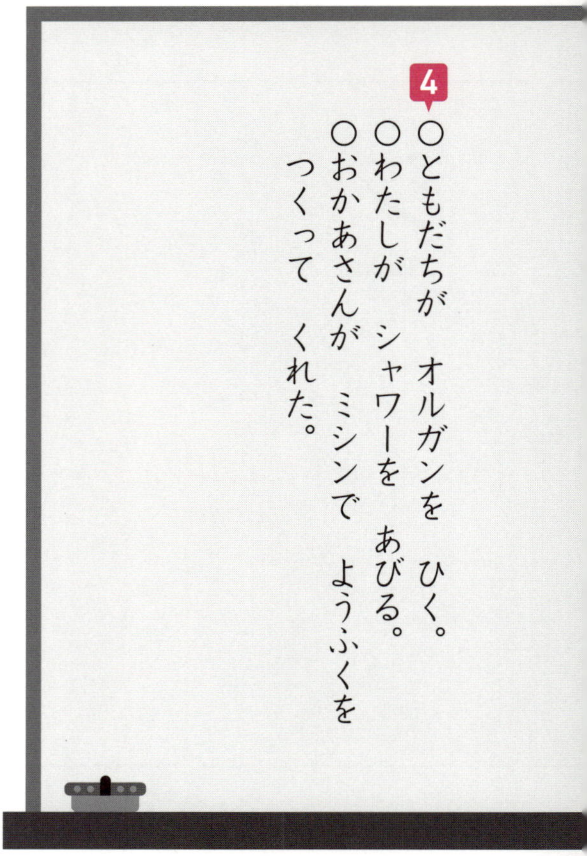
4
○ともだちが　オルガンを　ひく。
○わたしが　シャワーを　あびる。
○おかあさんが　ミシンで　ようふくを
つくって　くれた。

授業の流れ ▷▷▷

1 片仮名で書く言葉と、その形を確かめる〈10分〉

T　ネクタイ。テーブル。シャワー。
○教科書にある言葉を声に出して話したり、板書をしたりしていく。
・教師が書いている言葉が、全て片仮名で書かれたものであることに気付く。
・片仮名で書く言葉を発言する。
T　ネクタイの「ネ」という片仮名を書くときには、どんなことに気を付ければよいですか。
・線の形について言及をした発言をする。
・書き順に関わる発言をする。
○チョークの色を変えるなどして、子供の発言を板書に反映させる。

2 片仮名の形に気を付けて、練習をする〈10分〉

T　それでは、片仮名の形と書く順番に気を付けて練習をしましょう。
・片仮名一文字を繰り返し練習をする。
・片仮名で書く言葉の練習をする。
○学級の実態に応じて、子供に自分が練習をしたい文字や言葉を選ばせてもよいし、共通の文字や言葉の練習をさせてもよい。
○「ヲ」は1画目と3画目をつなげて書いてしまう子供もいるので、書き順を含めて、全体で確かめてもいいだろう。

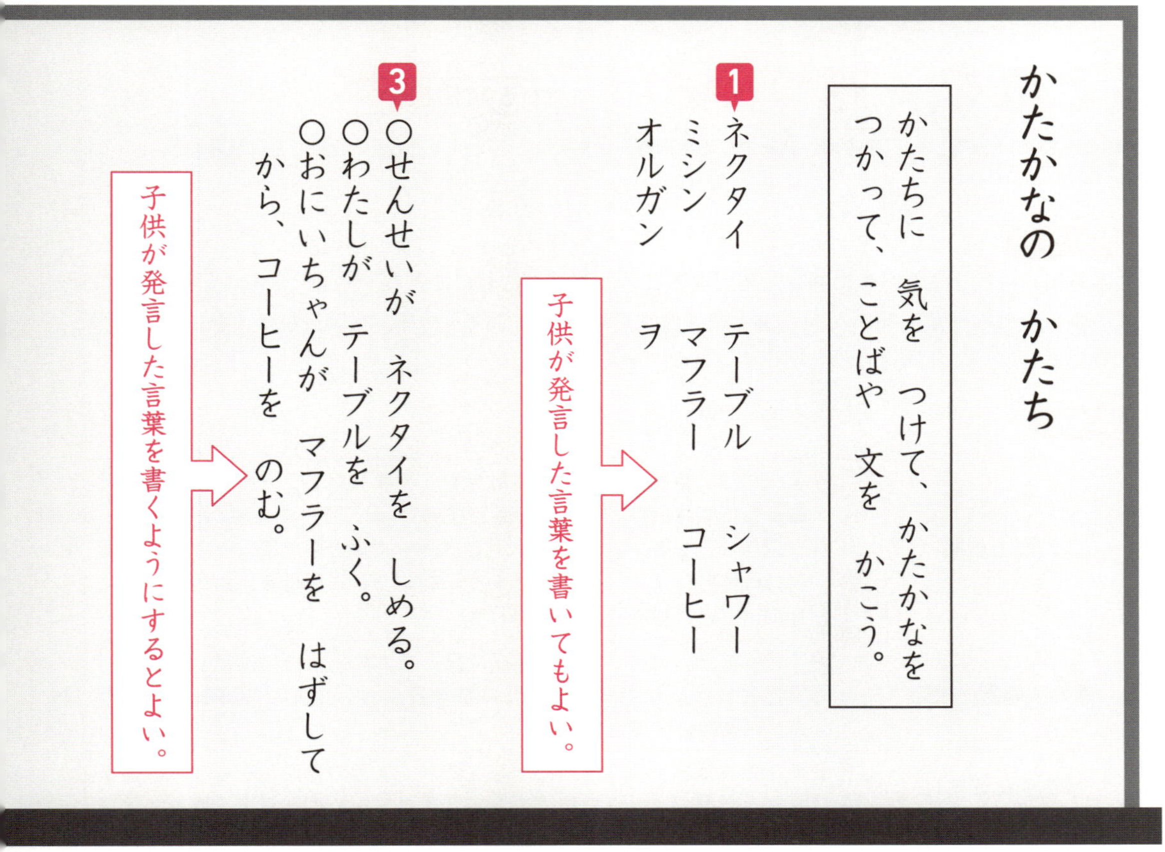
かたかなの　かたち
かたちに　気を　つけて、かたかなを
つかって、ことばや　文を　かこう。
1
ネクタイ　テーブル　シャワー
ミシン　マフラー　コーヒー
オルガン　ヲ
子供が発言した言葉を書いてもよい。
3
○せんせいが　ネクタイを　しめる。
○わたしが　テーブルを　ふく。
○おにいちゃんが　マフラーを　はずして
から、コーヒーを　のむ。
子供が発言した言葉を書くようにするとよい。

3　片仮名を使った文を書く〈15分〉

T　ネクタイという言葉を使った文を、考えてみましょう。

・言葉に合う主語と述語を発言する。

○主語と述語のある文の形を、子供に意識させるようにする。

T　それでは、自分で考えて文を書いてみましょう。

○机間指導を行い、片仮名の形や、片仮名で書く言葉であるか、主語と述語が言葉に合っているかなどを確認する。

○文に使う言葉は、教科書にあるものだけではなく、子供に選択をさせてよい。

4　考えた文の交流をする〈10分〉

T　作った文を発表しましょう。

○主語と述語に加えて、詳しくする言葉を使っている子供がいれば、積極的に評価するとよい。複数の片仮名で書く言葉を使っている場合も、同様に評価するといいだろう。

○全体発表だけではなく、隣の子供や周りの子供とノートを見せ合う時間を設けるようにする。

ことばを　見つけよう　6時間扱い

〔知識及び技能〕(1)ア、オ　〔思考力、判断力、表現力等〕Bウ

単元の目標

・文字を組み合わせると意味のある言葉になることに気付くことができる。
・文の中に隠れた言葉を補いながら言葉遊びの文を声に出して読んだり、言葉遊びの文をつくったりすることを通して、語句の量を増やすことができる。

評価規準

知識・技能	❶言葉には、事物の内容を表す働きや、経験したことを伝える働きがあることに気付いている。(〔知識及び技能〕(1)ア) ❷身近なことを表す語句の量を増し、話や文章の中で使うとともに、言葉には意味による語句のまとまりがあることに気付き、語彙を豊かにしている。(〔知識及び技能〕(1)オ)
思考・判断・表現	❸「書くこと」において、語と語や文と文との続き方に注意しながら、内容のまとまりが分かるように書き表し方を工夫している。(〔思考力、判断力、表現力等〕Bウ)
主体的に学習に取り組む態度	❹進んで言葉遊びの文を声に出して読み、学習の見通しをもって、言葉遊び大会を開いたり文集にまとめたりするために、言葉を集めて言葉遊びの文を作ろうとしている。

単元の流れ

次	時	主な学習活動	評価
一	1	文の中に隠れた言葉を見つけながら、言葉遊びの文を読む。	
二	2	**学習の見通しをもつ** 学習計画を立てる。	❹
	3 4	グループの友達と言葉を出し合って、言葉遊びの文を作る。	❶❸
	5	言葉遊び大会でお店屋さんを開き、作った文を紹介し合う。	❷
三	6	**学習を振り返る** 作った言葉遊びの文を文集にまとめる。	❷

授業づくりのポイント

〈単元で育てたい資質・能力〉

言葉の意味を考えながら文を自分で作ることで使える語句を増やし、さらに、友達と交流することで新たな語句を獲得し、自分の語彙として身に付けることのできる単元である。子供たちは、これまでに平仮名、片仮名、漢字の学習や読書などを学習し、多くの言葉に出合ってきた。文字の中から言葉を見つける学習は、「ひらがなあつまれ」で経験している。本単元では、言葉の中に隠れている言葉を見つけながら、言葉遊びの文を楽しんで読んだり、自分で言葉遊びの文を作ったり、友達と言葉を出し合ったりすることを通して、語句の量を増やしていきたい。

具体例

○「かばんの中には、［かば］がいる。」など、一つの言葉の中に、元の言葉とは結び付きにくい意外な言葉が隠れているおもしろさがある。例文を繰り返し音読することを通して、文字の組み合わせにより別の言葉になることや、言葉は事物を表すことなどに気付かせていく。

〈教材・題材の特徴〉

言葉遊びの文「（　　）の中には、［　　］がいる。／ある。」は、言葉（　　）の中に隠れた言葉［　　］を見つけながら、調子よく声に出して読み、意欲的に楽しんで取り組むことができる。「［　　］がいる」が使われた例文と「［　　］がある」が使われた例文を比べることで、生き物の言葉には「いる」、生き物ではないものには「ある」が使われることを確認することができる。楽しみながら繰り返し読むうちに、自分でも作れそうだという意欲がわいてくることであろう。言葉遊びを楽しみながら、それぞれの言葉の意味や、文字や言葉の役割について考えさせたい。

具体例

○「（　　）の中には、［　　］がいる。／ある。」の文型にあてはめながら、自分で言葉遊びの文を作ることは、書くことの学習になる。どのような語句には「ある」を使い、どのような語句には「いる」を使うのかを考えさせ、語句の種類によって適切な言葉を選んで使う力を養いたい。

〈言語活動の工夫〉

言葉遊びの文を自分で作り、単元のまとめに、大きめの短冊に言葉遊びの文を書いて、学級みんなで言葉遊び大会をしてもよい。言葉遊びのお店を開き、お客さんが「（　　）の中には、［　　］がいる。／ある。」と答える活動ができる。学級のみんなで言葉遊びの文集にまとめることもできる。

具体例

○まだ語句の量が少ない子供にとっては、言葉遊びの文を作ることに難しさを感じる子供もいる。ペアやグループの友達と言葉をたくさん出し合い、語句を増やし、作り方のヒントを得て、自分で作ってみようという意欲をもたせたい。

○言葉を集めたヒントカードを提示したり、言葉絵本などを参考にさせたりすることで、言葉遊びの文を数多く作ることができるようにしたい。

本時案

ことばを見つけよう 1/6

本時の目標

・言葉遊びの文を読み、隠れた言葉を見つけることができる。

本時の主な評価

・言葉遊びの中から隠れた言葉を見つけたり、声に出して読んだりしている。

資料等の準備

・教科書本文の拡大
・教科書本文の学習カード

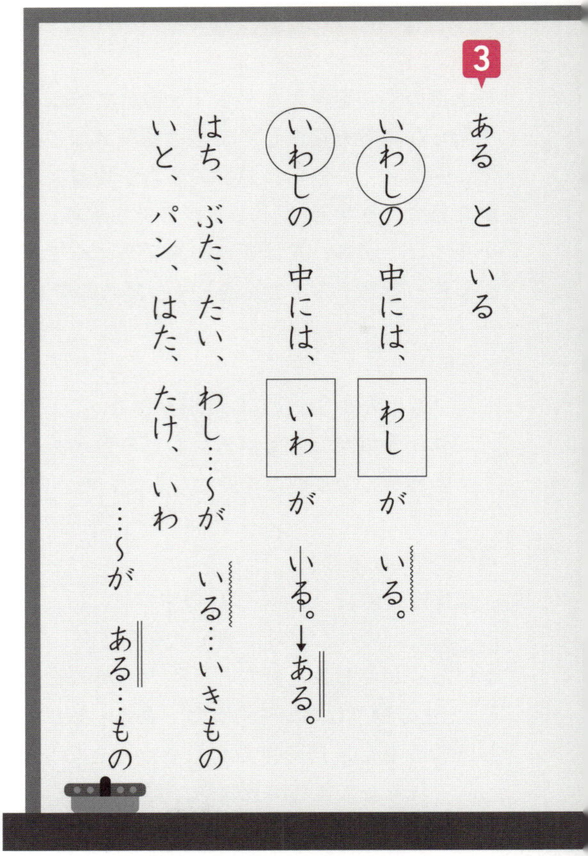
3
ある と いる
いわしの 中には、 わし が いる。
いわしの 中には、 いわ が いる。→ある。
はち、ぶた、たい、わし…〜が いる…いきもの
いと、パン、はた、たけ、いわ …〜が ある…もの

授業の流れ ▷▷▷

1 例文を読み、隠れた言葉を考える 〈5分〉

T 「かばんの 中には、かばが いる。」この文には、同じ言葉がかくれています。どんな言葉でしょう。
○ヒントに挿絵を見せて、自分で気付くことができるようにする。
・「かば」が2つあります。
・「かばん」の中にも、「かば」という言葉があります。
○「かばん」の「かば」を赤丸で囲み、気付くことができるようにする。

2 □に入る言葉を考える 〈20分〉

T 次の文にも同じ言葉が隠れています。○で囲って、□に言葉を書きましょう。
・はちまきの中には、「はち」がかくれています。
・２つの言葉が隠れている問題があります。
・ぶたいの中には、「たい」がかくれています。
・ぶたいの中には、「ぶた」もかくれています。
・いわしの中には、「わし」がかくれています。
・いわしの中には、「いわ」もかくれています。
・すいとうの中には、「いと」がかくれています。
・パンダの中には、「パン」がかくれています。
・はたけの中には、「はた」がかくれています。
・はたけの中には、「たけ」もかくれています。
○赤丸で囲みながら、隠れている言葉を探すようにする。

ことばを　見つけよう

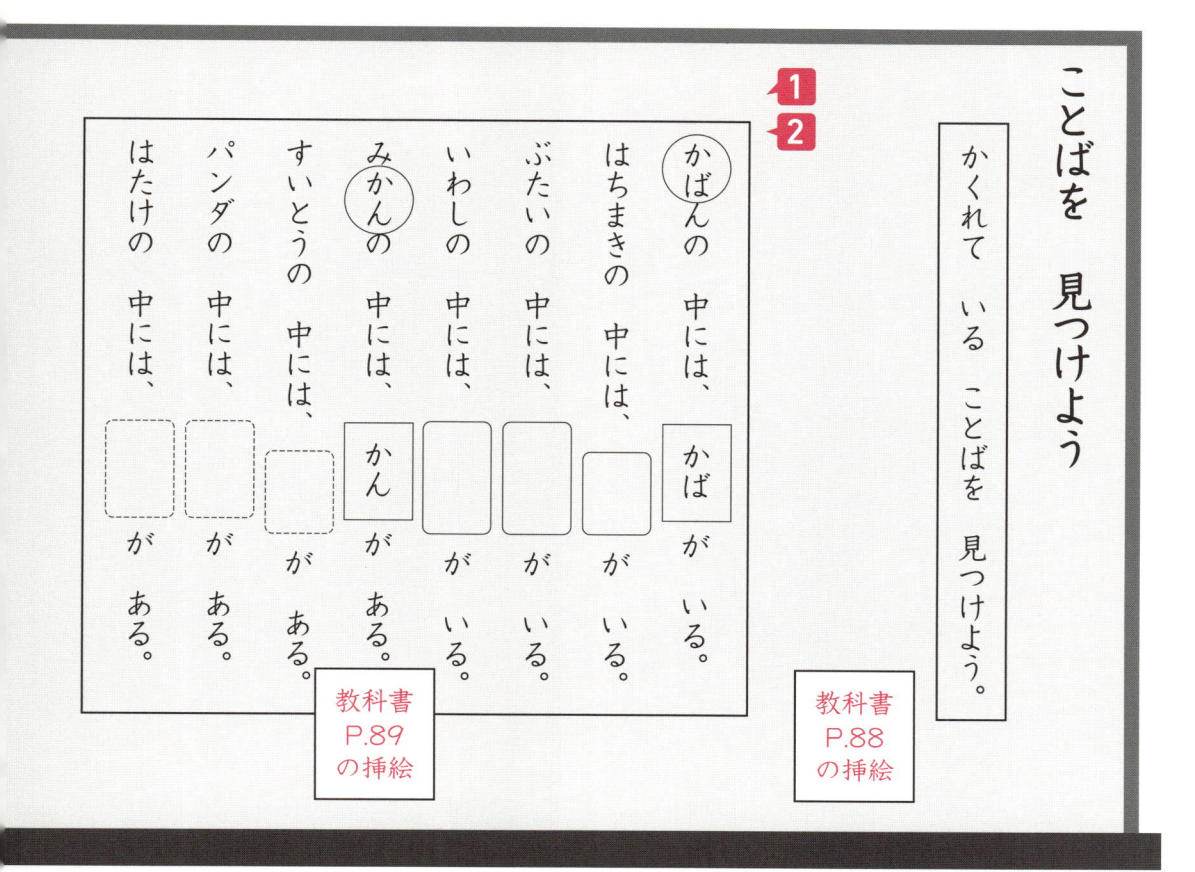

かくれて　いる　ことばを　見つけよう。

教科書P.88の挿絵

1
2

かばんの　中には、［かば］が　いる。
はちまきの　中には、［　］が　いる。
ぶたいの　中には、［　］が　いる。
いわしの　中には、［　］が　いる。
みかんの　中には、［かん］が　ある。
すいとうの　中には、［　］が　ある。
パンダの　中には、［　］が　ある。
はたけの　中には、［　］が　ある。

教科書P.89の挿絵

3 「いる」と「ある」の違いを考える 〈15分〉

T　言葉遊びの文を音読してみましょう。

○文末の「いる」と「ある」に気付かせる。

T　「いわしの　中には、［わし］が　いる。」
　「いわしの　中には、［いわ］が　ある。」
　文の終わりの言葉が違いますね。どんなときに「いる」、どんなときに「ある」を使うのでしょう。

・動くものと動かないものかなと考えました。
・でも、車は動くけれど、いるとは言いません。「車がある」と言います。
・生きているものが「いる」で、生きていないものが「ある」だと思いました。

○音読して、「ある」と「いる」の使い方の違いを確かめさせる。

4 学習を振り返り、次時の見通しをもつ 〈５分〉

T　この時間は、隠れている言葉を見つけました。この時間の学習を振り返りしましょう。

・隠れている言葉が分かりました。
・問題の解き方が分かりました。
・「ある」と「いる」の違いが分かりました。
・自分でも問題を作れるかもしれません。

本時案

ことばを見つけよう　2/6

本時の目標

・学習計画を立てることを通して、学習の見通しをもつことができる。

本時の主な評価

❹進んで言葉遊びの文を声に出して読み、学習の見通しをもって、言葉遊び大会を開いたり文集にまとめたりするために、言葉を集めて言葉遊びの文を作ろうとしている。【態度】

資料等の準備

・言葉遊びを作るためのヒントになる言葉図鑑や言葉絵本、ひらがな表等

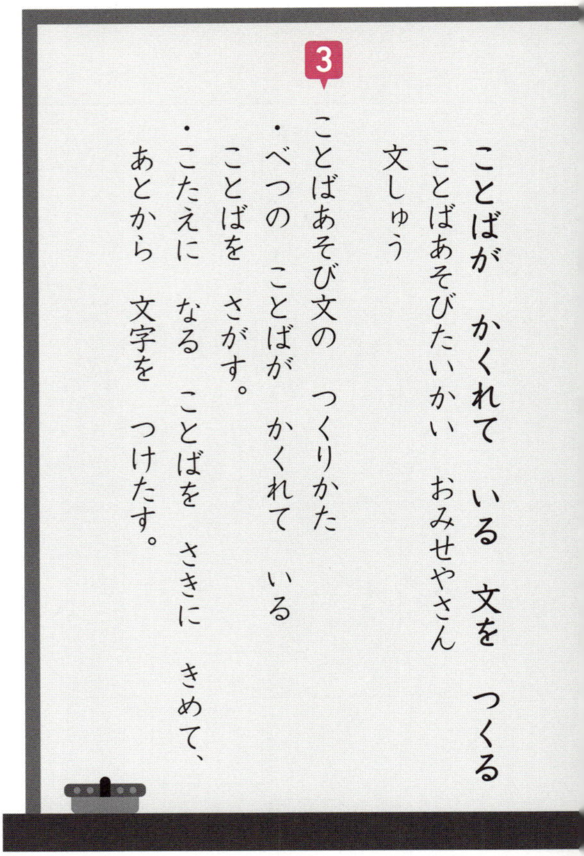

ことばが　かくれて　いる　文を　つくる
ことばあそびたいかい　おみせやさん
文しゅう
3
ことばあそび文の　つくりかた
・べつの　ことばが　かくれて　いる
ことばを　さがす。
・こたえに　なる　ことばを　さきに　きめて、
あとから　文字を　つけたす。

授業の流れ ▷▷▷

1　言葉遊びの文を音読し、「いる」「ある」の使い方を復習する　〈5分〉

T　前の時間に学習した「〜の中には、□がいる。／□がある。」の文を音読しましょう。

T　文の終わりが「ある」と「いる」には、どんなきまりがありますか。

・生きているものが「いる」です。

・生きていないものは「ある」です。

○前時に学習した言葉遊びの文や、「ある」と「いる」の使い方を思い出させる。

2　学習計画を立て、今後の学習を見通す　〈20分〉

T　これからどんな学習をしますか。みんなで学習の計画を立てましょう。

・「〜の中には、□がいる。／ある。」の文を自分で作ってみたいです。

T　自分で作るのが難しかったら、どうしますか。

・友達に相談します。

・本を見て、言葉を探せばいいと思います。

T　作った後、どうしますか。

・クイズみたいに、答えてもらいたいです。

・言葉遊び大会をしたいです。

・お店屋さんもできそうです。

・「自動車図鑑」のように、みんなの文を集めたら、文集ができると思います。

T　これからの学習計画を立てました。学習の見通しをもつことができましたか。

ことばを　見つけよう

1（教科書の言葉遊び　本文）

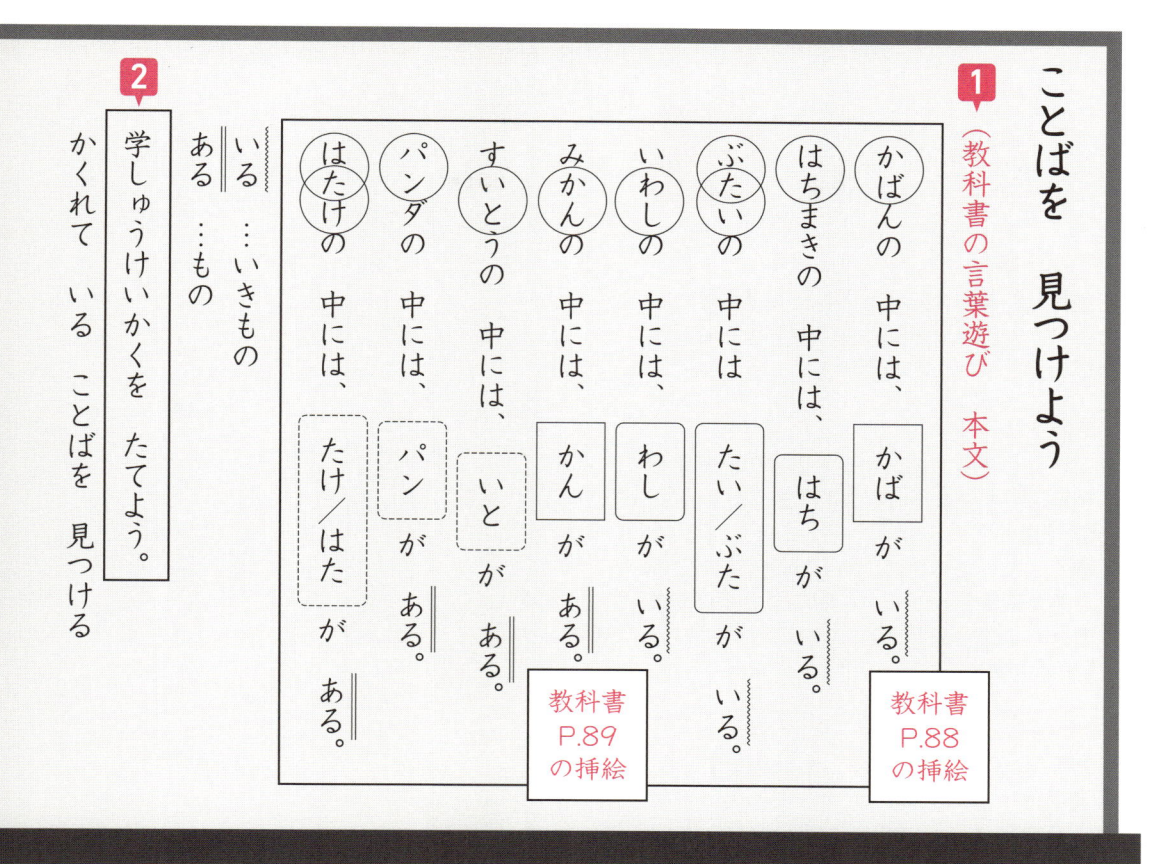

かばんの　中には、かば　が　いる。
はちまきの　中には、はち　が　いる。
ぶたいの　中には　たい／ぶた　が　いる。
いわしの　中には、わし　が　いる。
みかんの　中には、かん　が　ある。
すいとうの　中には、いと　が　ある。
パンダの　中には、パン　が　ある。
はたけの　中には、たけ／はた　が　ある。

教科書 P.88 の挿絵

教科書 P.89 の挿絵

いる　…いきもの
ある　…もの

2 学しゅうけいかくを　たてよう。

かくれて　いる　ことばを　見つける

3 言葉遊びの文の作り方を考える〈20分〉

T　言葉が隠れている文をどうやって作りますか。

・別の言葉が隠れている言葉を探します。例えば、「あいす」の中に「いす」があります。
・答えになる言葉を先に決めて、あとから文字を付け足します。例えば、「かめ」に「わ」を付けると「わかめ」になります。

よりよい授業へのステップアップ

主体的に取り組めるようにするための工夫

1　学習環境を整える

言葉遊びの問題を作るためのヒントになる言葉図鑑や言葉絵本、ひらがな表を用意して自分で言葉を調べたり見つけたりすることができるようにする。

2　既習の言語活動を生かす

「自動車図鑑」など各自が調べたことを１つにまとめた経験、「ものの名まえ」のお店屋さんをした経験等、これまでの学習経験を想起しながら、子供たちと学習計画を立てるようにする。

本時案

ことばを見つけよう　3・4/6

本時の目標

・言葉には、事物の内容を表す働きがあることに気付き、語のまとまりに注意しながら言葉遊びの文を作ることができる。

本時の主な評価

❶言葉には、事物の内容を表す働きや経験したことを伝える働きがあることに気付いている。【知・技】

❸「書くこと」において、語と語や文と文との続き方に注意しながら、内容のまとまりが分かるように書き表し方を工夫している。【思・判・表】

資料等の準備

・学習計画（模造紙等に書き、毎時間提示する）
・言葉図鑑や言葉絵本、言葉を集めたヒントカード等
・クイズ大会で使用したり、クイズ集にしたりするための短冊

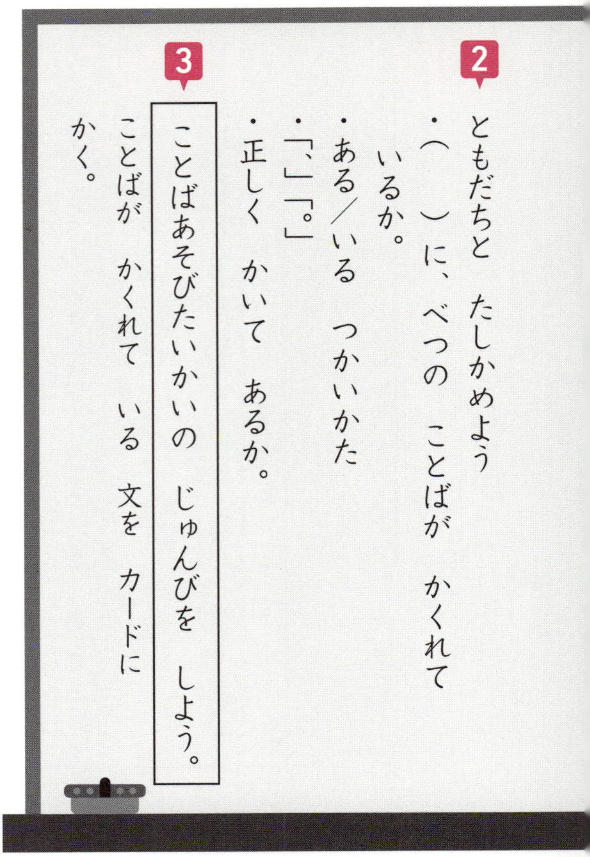
2
ともだちと　たしかめよう
・（　）に、べつの　ことばが　かくれて　いるか。
・ある／いる　つかいかた
・「、」「。」
・正しく　かいて　あるか。
3
ことばあそびたいかいの　じゅんびを　しよう。
ことばが　かくれて　いる　文を　カードに　かく。

授業の流れ ▷▷▷

1 言葉遊びの文の作り方を確認し、文を作る　〈第3時〉

T　前の時間は、学習計画を立てました。これから、言葉が隠れている文を作ります。どのように作ればよいでしょうか。
・別の言葉が隠れている言葉を探します。
・答えになる言葉を決めてから文字を足します。

T　どんなとき「〜がある。」、どんなとき「〜がいる。」になりますか。
・「〜がある」は生き物です。
・「〜がいる」は生きていないものです。

T　困ったらどうしますか。
・本で言葉を探します。
・隣の友達や、先生に聞きます。

○言葉が見つからない子供には、ヒントの挿し絵や言葉を集めたヒントカードを見せたりして、言葉を探せるようにする。

2 作った文をペアやグループの友達と読み合う　〈第3時〉

T　作った問題をペアやグループの友達と出し合いましょう。

○１つの言葉の中に、他の言葉が隠れているか、「ある」と「いる」の使い方が正しいか確認させる。グループの友達と確認し、うまく作れなかった問題を一緒に考えてもらったり、間違いを正したり、よりよい問題を選んだりする。

○「（　）の中には」の後に読点、文末の句点を書くことを確認する。

○「ある」「いる」の使い方や、句読点、文字の表記について、正しく書けているか、グループみんなで確かめることができるようにする。

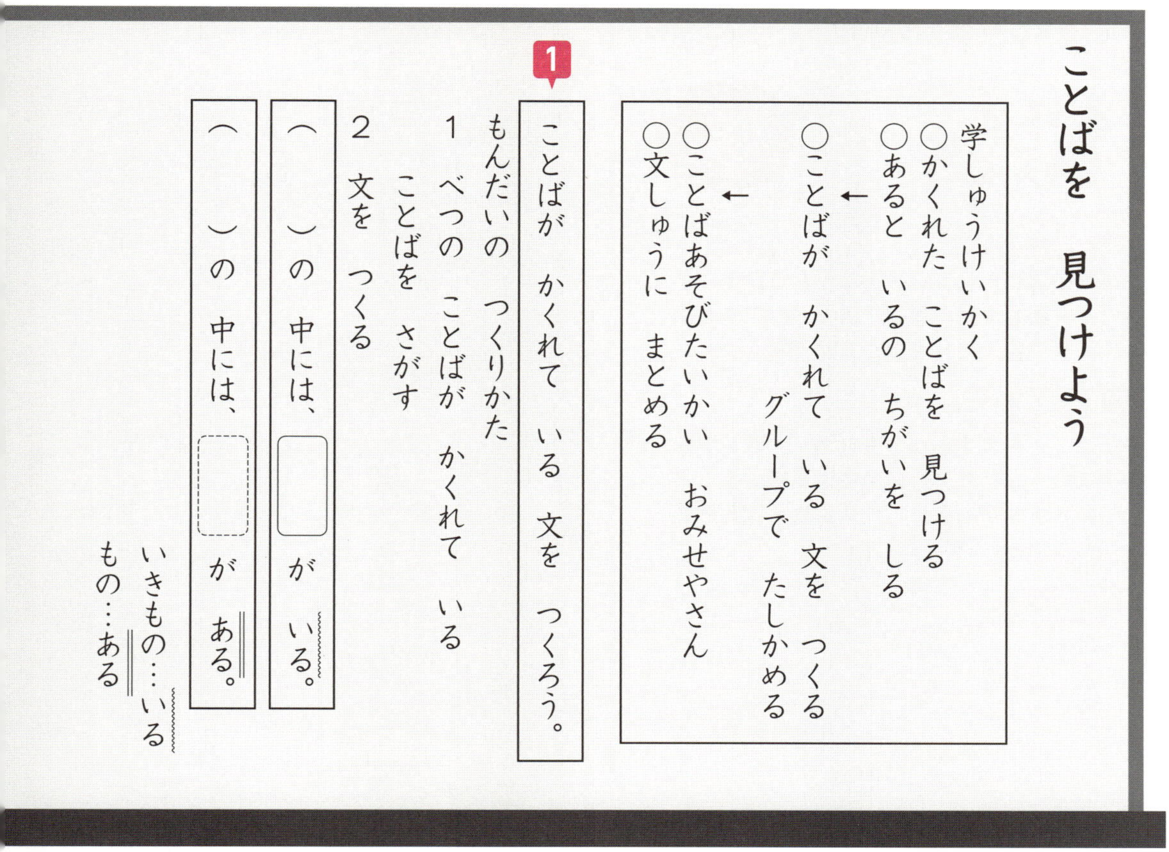
ことばを　見つけよう
学しゅうけいかく
○かくれた　ことばを　見つける
○あると　いるの　ちがいを　しる
○ことばが　かくれて　いる　文を　つくる
グループで　たしかめる
○ことばあそびたいかい　おみせやさん
○文しゅうに　まとめる
1
ことばが　かくれて　いる　文を　つくろう。
もんだいの　つくりかた
1　べつの　ことばが　かくれて　いる
ことばを　さがす
2　文を　つくる
（　）の　中には、　が　いる。
（　）の　中には、　が　ある。
いきもの…いる
もの…ある

3 言葉遊び大会のおみせ屋さんの準備をする 〈第４時〉

T　言葉遊びの文をカードに書きましょう。
（例）（あいす）の中には、［いす］がある。
書けたら、「ある」「いる」の使い方、「、」「。」、文字の間違いがないかを確認しましょう。

○個人やペア、グループでカードをたくさん書けるとよい。

○カードの下の空いたところに、文を表す挿絵を描いてもよいことにする。

○Ｂ５サイズの画用紙を縦三分の一程度に切った短冊を用意し、縦書きで書かせる。言葉遊び大会で使用した後、文集に貼り付けできるようにする。

○隠れている言葉の「あいうえお順」「大きさ順」等、言葉遊びの文を出す順番を考えてみる。

4 学習を振り返る 〈第４時〉

T　言葉が隠れている文を作って、グループの友達と読み合って、言葉遊び大会の準備をしました。学習を振り返りましょう。

・文をたくさん作って、カードをたくさん書くことができました。お店屋さんを開くのが楽しみです。

・○○さんの文がよかったです。

・「『、』『。』がないよ」と、○○さんが教えてくれました。見直しをして、気を付けたいです。

本時案

ことばを見つけよう

5・6/6

本時の目標

・文の中に隠れた言葉を補いながら言葉遊びの文を声に出して読んだり、言葉遊びの文を集めて文集を作ったりすることができる。

本時の主な評価

❷身近なことを表す語句の量を増し、話や文章の中で使うとともに、言葉には意味による語句のまとまりがあることに気付き、語彙を豊かにしている。【知・技】

資料等の準備

・学習計画
・場の設定を示す図

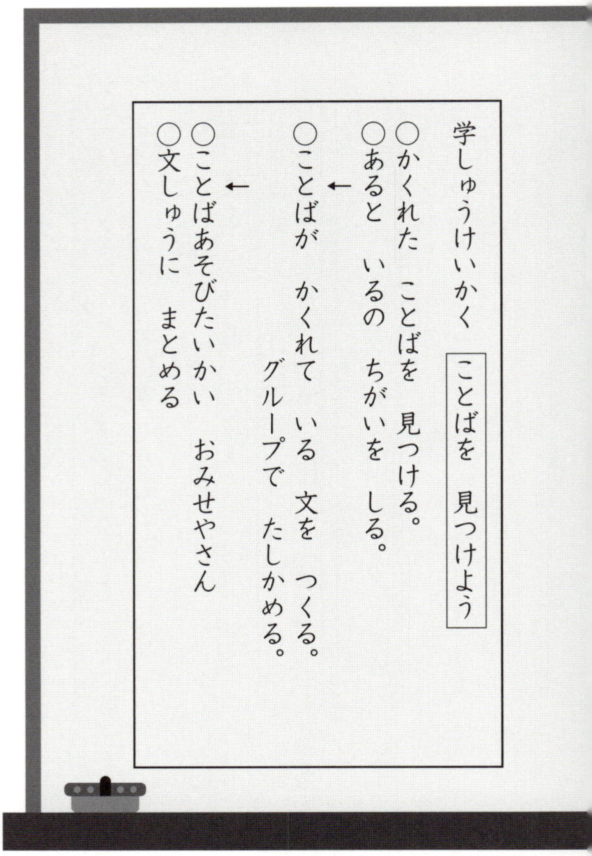

学しゅうけいかく
ことばを　見つけよう
○かくれた　ことばを　見つける。
○あると　いるの　ちがいを　しる。
←
○ことばが　かくれて　いる　文を　つくる。
グループで　たしかめる。
←
○ことばあそびたいかい　おみせやさん
○文しゅうに　まとめる

授業の流れ ▷▷▷

1 言葉遊び大会をする　〈第５時〉

T　言葉遊び大会で隠れた言葉を見つけましょう。
　もし、知らない言葉があったら、お店屋さんにその言葉の意味を尋ねましょう。

○言葉遊び大会のやり取りのモデルを見せる。
（例）お店屋さん：（カードを見せる）
　お客さん：「（　）の中には、□がある。」
　　※文を声に出して読む。
　お店屋さん：「正解です。」／「違います。」
○前半のお店屋さん、後半のお店屋さんのように、学級を半分に分ける。交代する時間をあらかじめ示し、音楽等で合図する。
○なるべくたくさんのお店屋さんを回れるように、場を設定する。

2 言葉遊び大会の学習を振り返る〈第５時〉

T　言葉遊び大会はどうでしたか。お客さんになって隠れている言葉を見つけることができましたか。お店屋さんとお客さんのやり取りができましたか。

・文を声に出して読みました。答えが分かりました。
・分からない言葉があったので、教えてもらいました。
・答えが２つある問題もありました。

○学習カードを用意し、新しく知った言葉や、気に入った文等を書かせる。

ことばを　見つけよう

1 ことばあそびたいかい

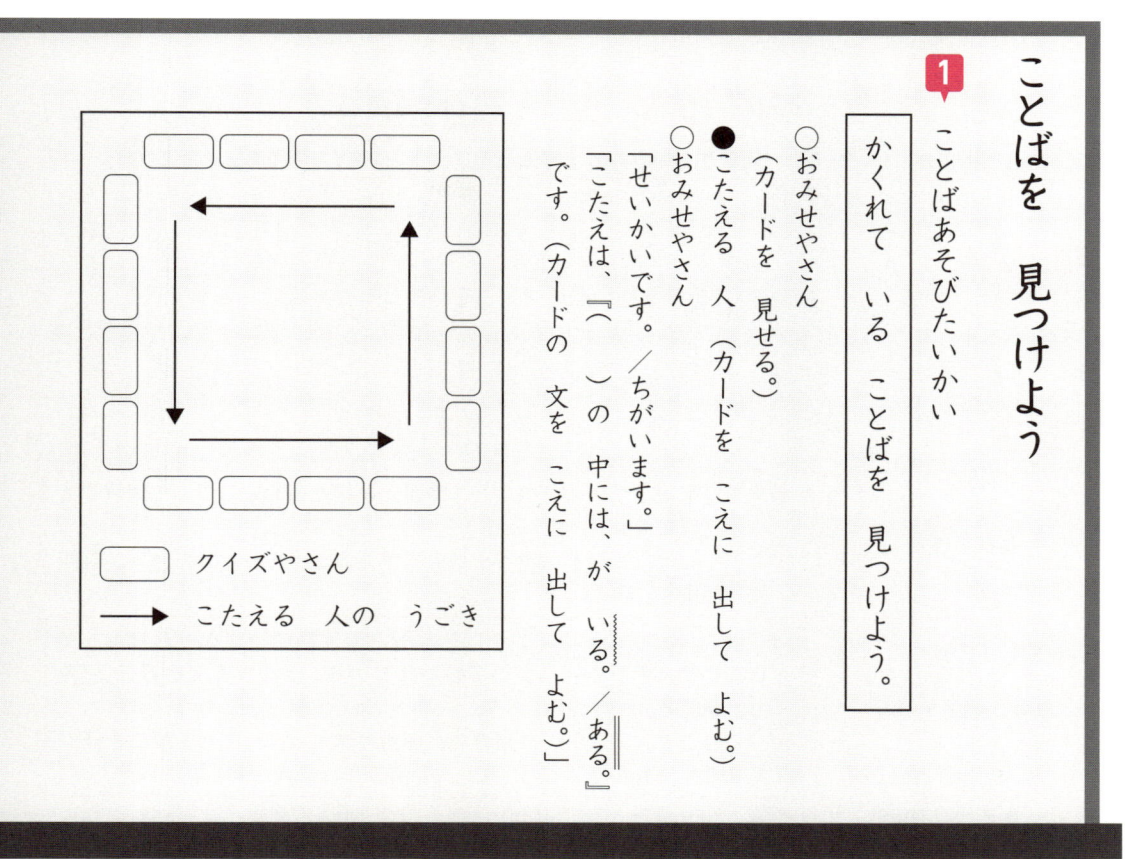

かくれて　いる　ことばを　見つけよう。

○おみせやさん
（カードを　見せる。）
●こたえる　人（カードを　こえに　出して　よむ。）
○おみせやさん
「せいかいです。／ちがいます。」
「こたえは、『（　）の　中には、が　いる。／ある。』です。（カードの　文を　こえに　出して　よむ。）」

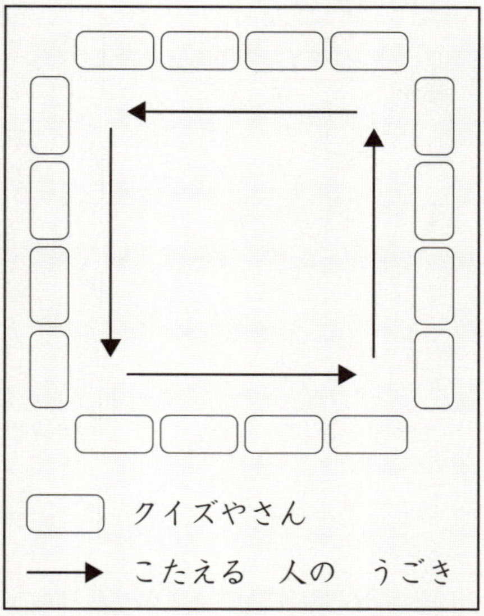

クイズやさん
こたえる　人の　うごき

3 文集を作る　〈第６時〉

T　「ことばを　見つけよう」の学習の最後に、言葉が隠れている文を集めて、文集を作りましょう。

○お店屋さんに使用した学習カードを貼り合わせて、文集にまとめる。カードに間違えがないか確認し、必要に応じて加除訂正、書き直しをさせる。

○文集は、子供の希望や学級の実態に応じて、個人やグループ、学級等でまとめる。

○文集の文の並び順を「生き物」「食べ物」「２文字の言葉」「３文字の言葉」等で考えてみる。

4 単元全体の学習を振り返る　〈第６時〉

T　「ことばを　見つけよう」の学習を振り返りましょう。

・１つの言葉の中に別の言葉があって、おもしろかったです。
・自分で言葉遊びの文を作ったり、お店屋さんを開いたりできて、よかったです。文集もできて、うれしいです。
・初めて聞いた言葉もありました。

くらべて　よもう

どうぶつの　赤ちゃん

（10時間扱い）

〔知識及び技能〕(2)ア(3)エ　〔思考力、判断力、表現力等〕C 読むことア、ウ　関連する言語活動例 C(2)ウ

単元の目標

・「どうぶつの　赤ちゃん」に書かれている事柄の順序や関係を理解しながら読むことができる。
・動物の赤ちゃんについて書かれた本を読み、動物の赤ちゃんの情報に関わる言葉や文の重要性に気付くことができる。

評価規準

知識・技能	❶共通、相違、事柄の順序など、情報と情報との関係について理解している。（〔知識及び技能〕(2)ア） ❷本の中には、お話とは違う種類の本があることを分かっている。（〔知識及び技能〕(3)エ）
思考・判断・表現	❸「読むこと」において、時間的な順序や事柄の順序などを考えながら、動物の赤ちゃんについて書かれていることを捉えている。〔思考力、判断力、表現力等〕C ア） ❹「読むこと」において、文章中の動物の赤ちゃんに関わる重要な語や文を考えて選んでいる。（〔思考力、判断力、表現力等〕C ウ）
主体的に学習に取り組む態度	❺進んで文章の中の、動物の赤ちゃんに関わる重要な語や文を選び出し、学習課題に沿って、分かったことを説明しようとしている。

単元の流れ

次	時	主な学習活動	評価
一	1	**学習の見通しをもつ** 全文を読み、簡単な感想をもつ。 動物の赤ちゃんについて書かれた本を読み、分かったことを友達に伝えるという学習の見通しをもつ。	
二	2 3 4	ライオンの赤ちゃんについて、生まれたばかりの様子や、大きくなっていくときの様子を読み取る。 ライオンの赤ちゃんについて読み取った事柄を表にまとめる。	❸❹
	5 6 7	しまうまの赤ちゃんについて、生まれたばかりの様子や、大きくなっていくときの様子を読み取る。 しまうまの赤ちゃんについて、読み取った事柄を表にまとめる。	❶ ❸❹
	8	カンガルーの赤ちゃんについて書かれた文章を読む。 これまでの学習を生かして、カンガルーの赤ちゃんについて読み取った事柄を表にまとめる。	❸❹
三	9 10	動物の赤ちゃんについて書かれた本を読む。 読み取った事柄を、自分で見出しを考えながら表にまとめる。 **学習を振り返る** 前時にまとめた事柄について、友達と交流をする。	❷ ❺

授業づくりのポイント

〈単元で育てたい資質・能力〉

本単元では、共通、相違、事柄の順序など、情報と情報との関係について理解しながら読む力と学習課題に沿って、情報に関わる重要な語や文を選び出す力。これらを高めることをねらって、学習を進めていくようにする。動物の赤ちゃんの、何について説明をしている文なのか、いつの状態を説明している文なのかを見出しをつけたりしながら、丁寧に読みを進めていくようにしたい。

文章構造に意識を向けさせることで、ライオンの赤ちゃんでの学びが、しまうまの赤ちゃんについての学習に生かされるようにし、カンガルーの赤ちゃんについて読み取る際に、自分の力で内容を読み取れるようにしていくように、学習を展開していくことが期待できる。

具体例

○「生まれたときの大きさ」「生まれたときのすがた」「いどうのしかた」「たべるもの」のように、見出しをつけていき、しまうまの赤ちゃんについてまとめる際に、ライオンの赤ちゃんのときと、見出しが同じになることに気が付かせる。

〈教材・題材の特徴〉

ライオンの赤ちゃんと、しまうまの赤ちゃんの生まれたときの様子を、同じ順序で説明をしている文章である。一段落では、動物の赤ちゃんの生まれたときの様子と、大きくなっていく様子が、これから説明されることが示唆されている。ここで、子供に読みの視点をもたせることができるだろう。

肉食動物と草食動物という異なる動物の赤ちゃんの様子を、同じ順序で説明をしているため、繰り返し読むことで、内容を捉えることが少しずつ容易になっていく構成になっている。前時の学びが次時に生かしやすくなっていると言える。

また、子どもたちにとって「強い動物」の象徴であるライオンが、赤ちゃんのときは弱々しい存在であり、そのライオンにとっては餌となるしまうまが、赤ちゃんのときはたくましいという対比は、子どもたちの興味関心を刺激するだろう。学級の実態に応じて、ライオンは「強い」が故にじっくりと育っていくことができ、しまうまは「弱い」が故に、早い自立が求められているという、自然の掟について触れることをしてもいいだろう。

具体例

○「ライオンの赤ちゃんは」「しまうまの赤ちゃんは」のように、書き出しにも注目させるとよい。

〈言語活動の工夫〉

説明的文章の情報整理の方法として「表」を提示する。複数の情報を整理し、まとめる際に、表は有効な手段である。本単元における学習に関わらず、活用できる場面は多岐に渡るので、ここで指導をしておくと、今後の学びをより豊かなものにすることが期待できる。

具体例

○見出しと内容とともに、ページ（P.　）、行（ℓ）なども指導をしておくとよい。その教材限定の学びではなく、今後も活用することができる学びを意識していくようにしたい。

本時案

どうぶつの赤ちゃん 1/10

本時の目標

・「どうぶつの　赤ちゃん」を読み、簡単な感想をもつことができる。
・学習の見通しをもつことができる。

本時の主な評価

・「どうぶつの　赤ちゃん」を読み、簡単な感想をもっている。
・動物の赤ちゃんについて学習をしていくという見通しをもっている。

資料等の準備

・教科書の挿絵を拡大したもの

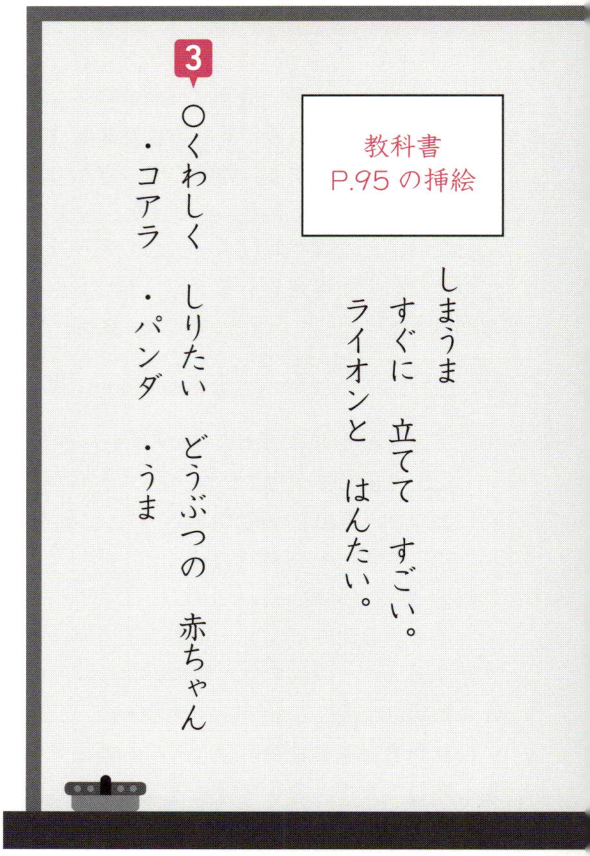

教科書
P.95 の挿絵
しまうま
すぐに　立てて　すごい。
ライオンと　はんたい。
3
○くわしく　しりたい　どうぶつの　赤ちゃん
・コアラ　・パンダ　・うま

授業の流れ ▷▷▷

1 動物の赤ちゃんについて知っていることを話す〈10分〉

T　みなさんは、動物の赤ちゃんを見たことがありますか。
・実際の体験を話す。
・本やテレビなどで見た映像の体験を話す。
T　動物の赤ちゃんについて知っていることがある人は教えてください。
・動物の赤ちゃんについて知っていることを話す。
○本単元で扱うのは「哺乳類」の赤ちゃんであるが、子供が爬虫類や鳥類、虫の赤ちゃんについて話したとしても、ここでは特に訂正をしなくてもよい。

2 教師の「どうぶつの　赤ちゃん」の範読を聞き、簡単な感想をもつ〈25分〉

T　これから読むお話に出てくるのは、この動物です。
○ライオンとしまうまの赤ちゃんの絵を見せる。教科書の挿絵を拡大したもので構わないが、用意ができる場合は、赤ちゃんの写真を提示してもよい。
T　お話を聞いて、どのようなことを思いましたか。
・知っていたことを話す。
・知らなかったことや驚いたこと、思っていたこととは違ったことなどを話す。
・ライオンとしまうまとの違いを話す。

どうぶつの　赤ちゃん

『どうぶつの　赤ちゃん』を
よんで　かんそうを　はなそう。

めあては、活動1が終わってから書く。

1

○見た　ことが　ある　どうぶつの　赤ちゃん
・いえに　いるよ。
いぬ　ねこ　ハムスター
・テレビで　見たよ。
とら　ぞう

○こんな　こと　しってるよ。
・いぬの　赤ちゃんは
たくさん　生まれる。

ねこもだよ。

・パンダの　赤ちゃんは、
生まれた　ときは　ピンク。

子供たちのつぶやきを、吹き出しなどで書き加えてもよい。

2

教科書
P.93の挿絵

ライオン
よわい　ことに　びっくり。
あるけない　ことに　おどろいた。

3 学習の見通しをもつ〈10分〉

T　これから、動物の赤ちゃんについて学習をしていきます。詳しく知りたいという動物はいますか。
・様々な動物の名前を挙げる。
T　それらの動物の赤ちゃんについては、このお話には書かれていません。他の本を読まなくてはいけません。
○ここで、教材文以外の図書資料を読む必要があることを意識させる。それらの本を読むために、これから学習をしていくことも合わせて意識させる。

よりよい授業へのステップアップ

対象への意欲を高める導入

単元の導入は、教材文との出合いだけではなく、教材の中で取り上げられている対象との出合いでもある。

対象と子供たちとの関わりを想起させ、教材文に対する興味・関心を高めるとともに、親しみをもたせるようにしたい。事前に様々な動物の赤ちゃんの写真を用意しておき、子供たちが調べたいと言った動物の写真を見せてもよい。また、写真から何の動物の赤ちゃんかを当てさせるクイズを、活動1で取り組んでもよいだろう。

本時案

どうぶつの赤ちゃん　2・3/10

本時の目標

・ライオンの赤ちゃんが生まれたときや、大きくなっていくときの様子を、書かれている順序に気を付けて読み取ることができる。

本時の主な評価

・ライオンの赤ちゃんが生まれたときや、大きくなったときの様子を、書かれている順序に気をつけて読み取っている。

資料等の準備

・教科書の挿絵を拡大したもの

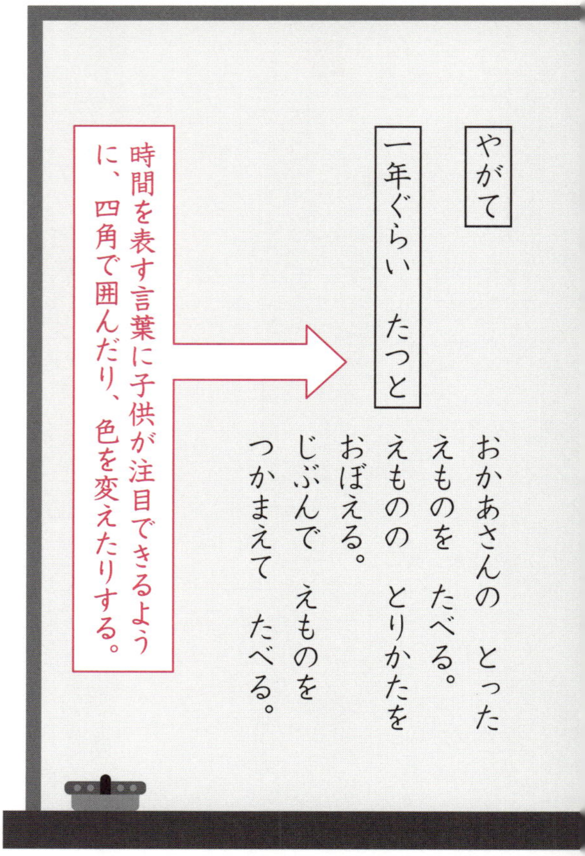

やがて
一年ぐらい　たつと
おかあさんの　とった
えものを　たべる。
えものの　とりかたを
おぼえる。
じぶんで　えものを
つかまえて　たべる。
時間を表す言葉に子供が注目できるように、四角で囲んだり、色を変えたりする。

授業の流れ ▷▷▷

1 学習のめあてを確認する〈第２時〉

T　（教科書 P.92を読む）
このお話にはどんなことが書かれていましたか。

・動物の赤ちゃんの生まれたばかりのときの様子。
・動物の赤ちゃんがどうやって大きくなっていくか。

T　今日は、ライオンの赤ちゃんについて読んでいきます。それでは、それぞれ声に出して読んでみましょう。

・教科書 P.93・94を音読する。

○学級の実態に応じて、教師の範読を聞かせてからでもよい。

2 ライオンの赤ちゃんが生まれたときの様子を読み取る〈第２時〉

T　ライオンの赤ちゃんが生まれたときの様子について書かれているのは、何ページの何行目から、何ページの何行目までですか。

・93ページの１行目から94ページの２行目まで。

○ページ数や行数の見つけ方を指導する。

T　ライオンの赤ちゃんは、生まれたときはどのような様子だと書いてありますか。

・子ねこぐらいの大きさ・目や耳は閉じている。
・弱々しい。　・お母さんとは似ていない。
・歩けない。

○ただ見つけたことを挙げていくのではなく、それに対する感想なども合わせて聞いていくようにする。

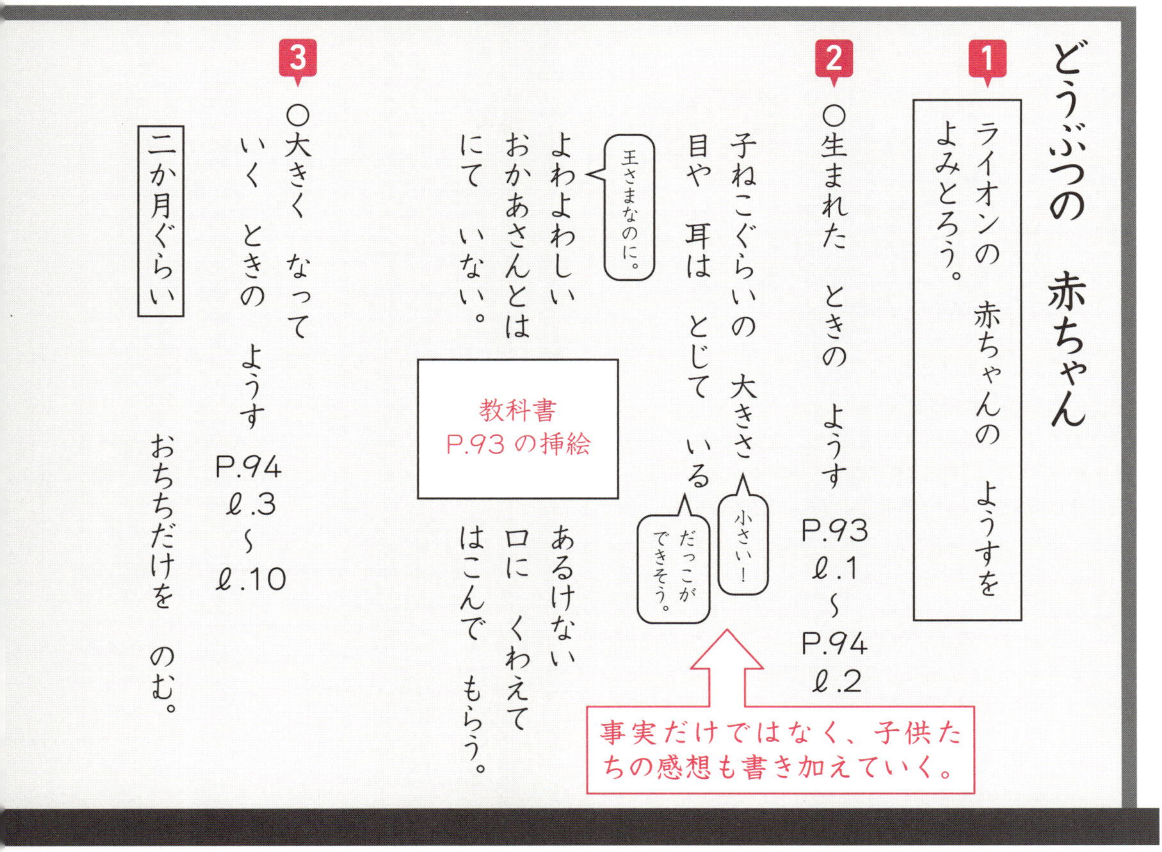
どうぶつの　赤ちゃん
1
ライオンの　赤ちゃんの　ようすを　よみとろう。
2
○生まれた　ときの　ようす
P.93 ℓ.1 ～ P.94 ℓ.2
子ねこぐらいの　大きさ
小さい！
目や　耳は　とじて　いる
だっこができそう。
王さまなのに。
よわよわしい
おかあさんとは　にて　いない。
教科書 P.93 の挿絵
あるけない
口に　くわえて　はこんで　もらう。
事実だけではなく、子供たちの感想も書き加えていく。
3
○大きく　なって　いく　ときの　ようす
P.94 ℓ.3 ～ ℓ.10
二か月ぐらい
おちちだけを　のむ。

3 ライオンの赤ちゃんが大きくなっていくときの様子を読み取る〈第３時〉

T　ライオンの赤ちゃんが大きくなっていくときの様子について書かれているのは、何ページの何行目から、何ページの何行目までですか。

・94ページの３行目から94ページの10行目まで。

○ページ数や行数の見つけ方を確認する。

T　ライオンの赤ちゃんが大きくなっていくときは、どのような様子だと書いてありますか。

・生まれて２か月くらいは、お母さんのお乳だけを飲む。

・やがて、お母さんの捕ったえものを食べる。

・１年ぐらいでえものを自分でつかまえて食べるようになる。

○時間を示す言葉に注目をさせる。

4 次の時間の見通しをもつ〈第３時〉

T　次の時間は、今日読み取ったことを、自分たちでまとめていきますよ。
　どのようなことに気を付けてまとめていくといいですか。

・生まれたときのことと、大きくなっていくときのことを分ける。

・時間のことに気を付ける。

本時案

どうぶつの赤ちゃん

4/10

本時の目標

・ライオンの赤ちゃんについて読み取ったことを、表にまとめることができる。

本時の主な評価

❸時間的な順序や事柄の順序を考えて、ライオンの赤ちゃんについて読み取ったことを表にまとめている。【思・判・表】
❹ライオンの赤ちゃんの様子に関わる語や文を考えて選んでいる。【思・判・表】

資料等の準備

・ワークシート 19–01
・ワークシートの見出しをかくすための白画用紙

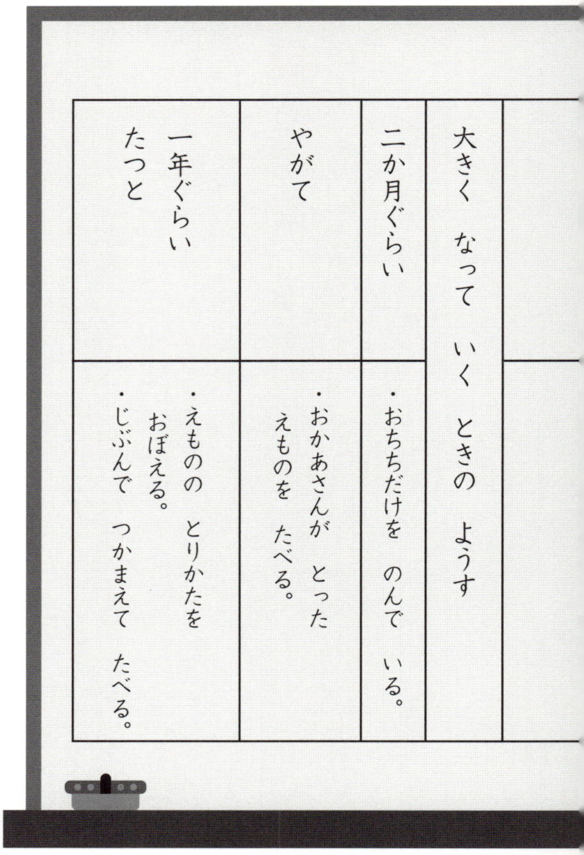

大きく なって いく ときの ようす
二か月ぐらい
・おちちだけを のんで いる。
やがて
・おかあさんが とった えものを たべる。
一年ぐらい たつと
・えものの とりかたを おぼえる。
・じぶんで つかまえて たべる。

授業の流れ ▷▷▷

1 表にまとめるという学習の流れを確認する 〈15分〉

T 前回までに、ライオンの赤ちゃんについて書かれていることを確かめました。今日は、それらが一目で分かるように、表の形にまとめてみましょう。
T これから、どのようにまとめていけばよいのかを確かめていきます。
○「生まれた ときの ようす」「大きく なって いく ときの ようす」以外の項目を隠した状態で、拡大したものを提示する。
T ライオンの赤ちゃんが生まれたときは、どのような様子でしたか。
○前時までの学習を想起しながら、見出し語を確かめていく。

2 ライオンの赤ちゃんについての情報を、表に書き込んでいく 〈20分〉

T それでは、表にまとめる活動に取り組みましょう。
・教科書を読みながら、見出しに合う内容を書き込んでいく。
○見出しと書き込まれた内容が適切であるかを、机間指導で確かめていく。
T それでは、表に書き込んだことをみんなで確かめていきましょう。
○表記の仕方などは、内容に誤りがなければ許容していく。一言一句、同じように書かなくてはいけないという誤解を、子供に与えない。

どうぶつの 赤ちゃん

1 ライオンの 赤ちゃんに ついて よみとった ことを ひょうに まとめよう。

『どうぶつの 赤ちゃん』
○ライオンの 赤ちゃんに ついて よみとった ことを ひょうに まとめよう。

年　くみ　名まえ（　　　）

生まれた ときの ようす		
大きさ	見た目 **2**	いどうの しかた
はじめは、これらの項目を白画用紙などで隠し、子供たちと確かめた後に、示すようにする。	・目や 耳は とじて いる。 ・よわよわしい ・おかあさんには にて いない。	・はじめは あるけない。 ・おかあさんに はこんで もらう。

3 表の形にまとめた感想を話す〈10分〉

T　今日は、読み取ったことを表の形にまとめました。でき上がった表を見て、どのような感想をもちましたか。

・一目で分かる。
・何についてのことなのかがよく分かる。
・何個書いてあったか、数が分かる。

○表の形にするよさを、ここで確かめておきたい。また、ここで作成した表は、教室に掲示しておく。しまうまについて学習する際に、比較を容易にするためである。

よりよい授業へのステップアップ

表の項目について

獲得した情報を表にまとめるという活動は、国語科に限らず、子供の理解を促すのに効果的である。

1年生という発達段階を考え、表の形や見出しはこちらで提示をする形としている。けれども、将来的には、表の形や見出しはもちろん、表にするほうがよい場合の判断などもできるようにしていきたい。継続的な取り組みとともに、子供に委ねる部分を少しずつ多くしていくなどの段階的な取り組みを意識していくとよい。

本時案

どうぶつの赤ちゃん　5·6/10

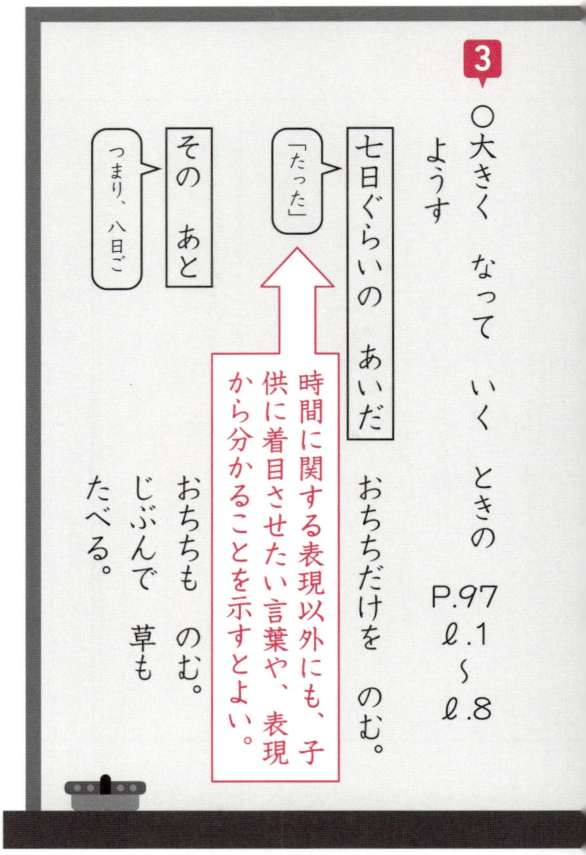
3
○大きく　なって　いく　ときの
ようす
P.97 ℓ.1〜ℓ.8
七日ぐらいの　あいだ
「たった」
おちちだけを　のむ。
時間に関する表現以外にも、子供に着目させたい言葉や、表現から分かることを示すとよい。
その　あと
つまり、八日ご
おちちも　のむ。
じぶんで　草も
たべる。

本時の目標

・しまうまの赤ちゃんが生まれたときや、大きくなっていくときの様子を、書かれている順序に気を付けて読み取ることができる。

本時の主な評価

❶ライオンの赤ちゃんの学習を想起し、書かれている事柄に順序があることが分かっている。【知・技】

・しまうまの赤ちゃんが生まれたときや大きくなったときの様子を、書かれている順序に気をつけて読み取っている。

資料等の準備

・教科書の挿絵を拡大したもの

授業の流れ ▷▷▷

1　学習のめあてを確認する　〈第５時〉

T　今日は、しまうまの赤ちゃんについて読んでいきます。それでは、それぞれ声に出して読んでみましょう。

・教科書 P.95〜97を音読する。

○学級の実態に応じて、教師の範読を聞かせてからでもよい。

T　ライオンの赤ちゃんについて学習したときと比べて、どのようなことが書かれていましたか。

・書かれている事柄が同じであることに気が付く。

・文章の書きぶりが似ていることに気が付く。

2　しまうまの赤ちゃんが生まれたときの様子を読み取る　〈第５時〉

T　しまうまの赤ちゃんが生まれたときの様子について書かれているのは、何ページの何行目から、何ページの何行目までですか。

・95ページの２行目から96ページの10行目まで。

○１行目が空白であるのは、説明しているものが変わるからであることを伝えてもよい。

T　しまうまの赤ちゃんは生まれたときはどのような様子だと書いてありますか。

・やぎぐらいの大きさ。　・目があいて、耳もぴんと立っている。　・しまもようがある。

・30分で立つ。　・次の日には走れる。

・すぐに走れる理由が書かれていることに気が付く（ライオンにはなかった情報）。

どうぶつの　赤ちゃん

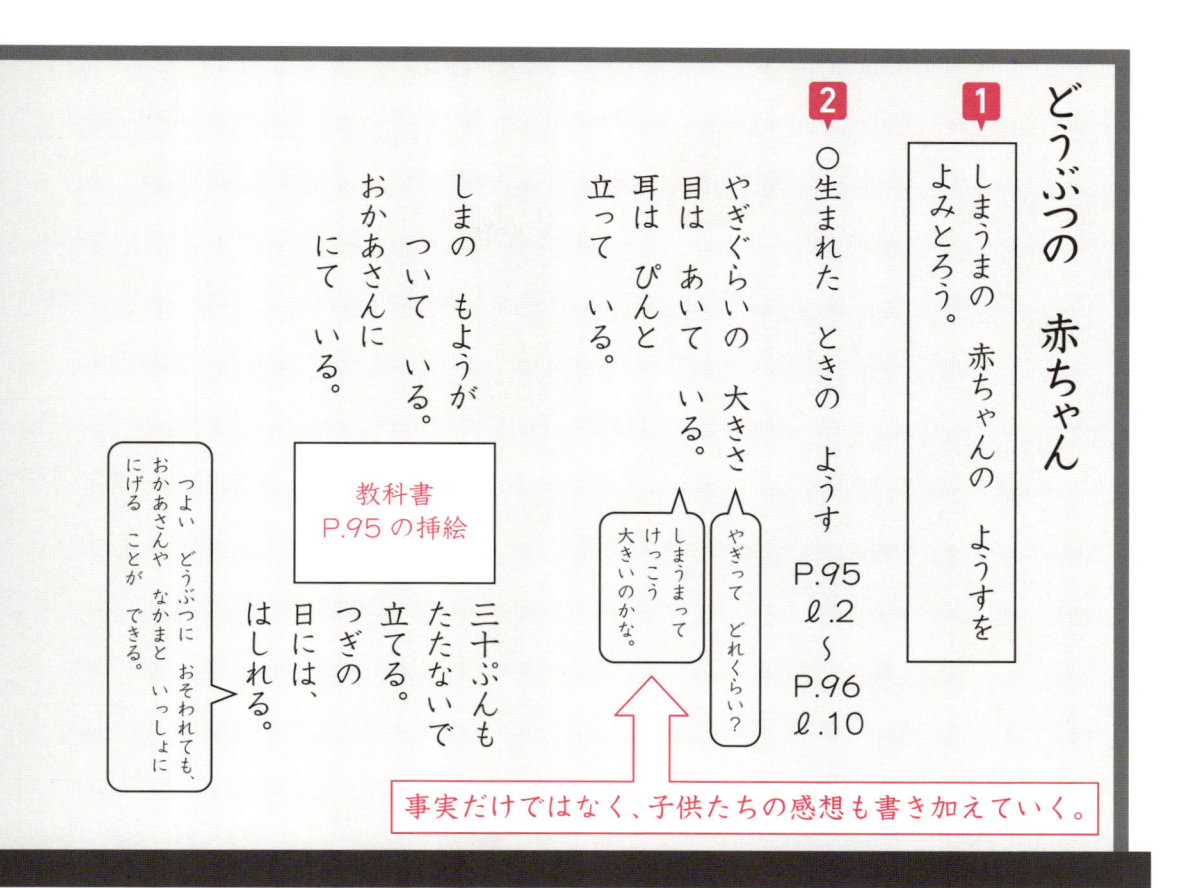

1 しまうまの　赤ちゃんの　ようすを
よみとろう。

2 ○生まれた　ときの　ようす

P.95 ℓ.2 ～ P.96 ℓ.10

やぎぐらいの　大きさ
目は　あいて　いる。
耳は　ぴんと
立って　いる。

やぎって　どれくらい？

しまうまって　けっこう　大きいのかな。

しまの　もようが
ついて　いる。
おかあさんに
にて　いる。

三十ぷんも
たたないで
立てる。
つぎの
日には、
はしれる。

教科書
P.95の挿絵

つよい　どうぶつに　おそわれても、
おかあさんや　なかまと　いっしょに
にげる　ことが　できる。

事実だけではなく、子供たちの感想も書き加えていく。

3 しまうまの赤ちゃんが大きくなっていくときの様子を読み取る〈第６時〉

T　しまうまの赤ちゃんが大きくなっていくときの様子について書かれているのは、何ページの何行目から、何ページの何行目までですか。

・97ページの１行目から８行目まで。

T　しまうまの赤ちゃんが大きくなっていくときはどのような様子だと書いてありますか。

・七日ぐらいはお乳を飲んでいる。

・その後は、草も食べるようになる。

○時間を示す言葉に注目をさせる。

○「たった」という言葉に着目をさせる。ライオンの赤ちゃんとの違いをより示す言葉である。

4 次の時間の見通しをもつ〈第６時〉

T　次の時間は、今日読み取ったことを、自分たちでまとめていきますよ。
　ライオンの赤ちゃんについてまとめたときは、どのようなことに気を付けましたか。

・生まれたときと、大きくなっていくときとを分けてまとめた。

・見出しと内容を考えながらまとめた。

○「見出し」という言葉の指導は学級の実態に応じてでよい。

本時案

どうぶつの赤ちゃん　7/10

本時の目標

・しまうまの赤ちゃんについて読み取ったことを、表にまとめることができる。

本時の主な評価

❸時間的な順序や事柄の順序を考えて、しまうまの赤ちゃんについて読み取ったことを表にまとめている。【思・判・表】
❹しまうまの赤ちゃんの様子に関わる語や文を考えて選んでいる。【思・判・表】

資料等の準備

・ワークシート　💿 19-02
・ワークシートの見出しをかくすための白画用紙
・第４時で使用したライオンの赤ちゃんの表を拡大したもの

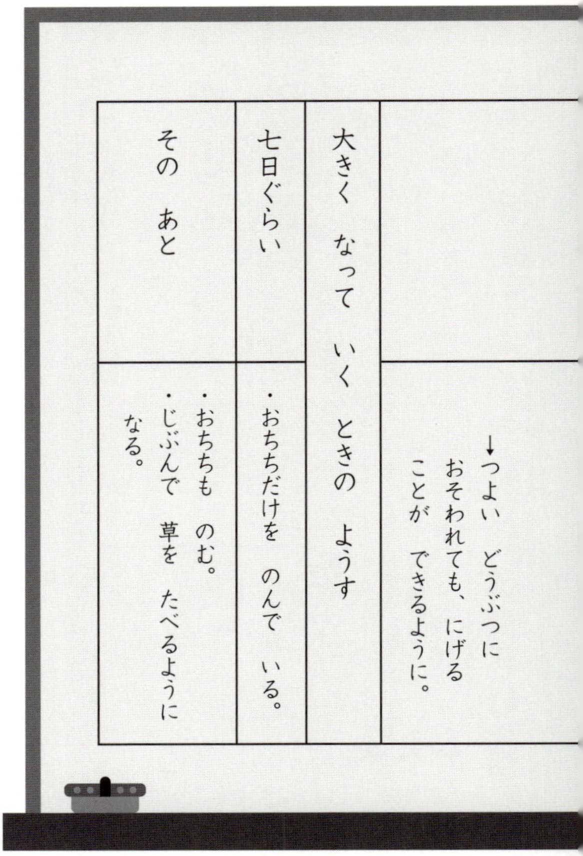
↓つよい　どうぶつに
おそわれても、にげる
ことが　できるように。
大きく　なって　いく　ときの　ようす
七日ぐらい
・おちちだけを　のんで　いる。
その　あと
・おちちも　のむ。
・じぶんで　草を　たべるように
なる。

授業の流れ ▷▷▷

1 表にまとめるという学習の流れを確認する　〈10分〉

T　前回までに、しまうまの赤ちゃんについて書かれていることを確かめました。今日は、それらが一目で分かるように、表の形にまとめてみましょう。

T　しまうまの赤ちゃんの場合は、どのようにまとめていけばよいでしょう。

○「生まれたときのようす」「大きくなっていくときの様子」以外の項目を隠した状態で、拡大したものを提示する。

○ライオンの赤ちゃんの表と比べながら見出しを考えさせる。

2 しまうまの赤ちゃんについての情報を表に書き込んでいく　〈20分〉

T　それでは、表にまとめる活動に取り組みましょう。

・教科書を読みながら、見出しに合う内容を書き込んでいく。

・すぐに立って走れるようになる理由をどこに、どのように書くか迷う。

○内容的には「移動の仕方」ではないので矢印で「理由」を示したり、ワークシートに線を引いて書く場所を増やしたりすることを確かめてもいいだろう。

T　それでは、表に書き込んだことをみんなで確かめていきましょう。

どうぶつの　赤ちゃん

1 しまうまの　赤ちゃんに　ついて　よみとった　ことを　ひょうに　まとめよう。

『どうぶつの　赤ちゃん』
○しまうまの　赤ちゃんに　ついて　よみとった　ことを　ひょうに　まとめよう。
年　くみ　名まえ（　　　）

生まれた　ときの　ようす	
大きさ	
見た目	**2** ・しまの　もようが　ついて　いる。 ・おかあさんと　そっくり。
いどうの　しかた	・三十ぷんも　たたない　うちに、じぶんで　立ち上がる。 ・つぎの　日には、はしれるように　なる。

はじめは、これらの項目を白画用紙などで隠し、子供たちと確かめた後に、示すようにする。

3 ライオンの赤ちゃんの表と比べた感想をはなす〈15分〉

T　しまうまの赤ちゃんについての表も完成しました。ライオンの赤ちゃんの表と見比べてみましょう。

- ライオンとしまうまの成長の速さの違いに気付く。
- 最初はお乳を飲むのは同じだが、その期間の違いに気付く。
- しまうまが速く成長する理由から、ライオンがゆっくりと成長しても大丈夫な理由を考える。

T　教科書には、もう１つ別の動物の赤ちゃんについて書かれたお話が載っています。これまでの学習を生かして、その動物について表にまとめてみましょう。

よりよい授業へのステップアップ

活動に対する充実感をもたせる工夫

本単元は、子供が読み取ったことを表にまとめるという活動が続く。教師側には、活動を積み重ねることで、力を磨いていくという意図があるが、同じ活動を単調に繰り返していっては、子供が活動に飽きてしまう。

子供に活動に対する充実感をもたせるために、表にすることで、読み取ったことが整理される、ライオンの学習がしまうまの学習に生かされているなど、活動を通して自分の読む力が高まっていることを感じさせたい。

本時案

どうぶつの赤ちゃん

8/10

本時の目標

・カンガルーの赤ちゃんについて読み取ったことを、表にまとめることができる。

本時の主な評価

❸時間的な順序や事柄の順序を考えて、カンガルーの赤ちゃんについて読み取ったことを表にまとめている。【思・判・表】
❹カンガルーの赤ちゃんの様子に関わる語や文を考えて選んでいる。【思・判・表】

資料等の準備

・ワークシート 19–03
・ワークシートの見出しをかくすための白画用紙
・第７時で使用したライオンとしまうまの赤ちゃんの表を拡大したもの

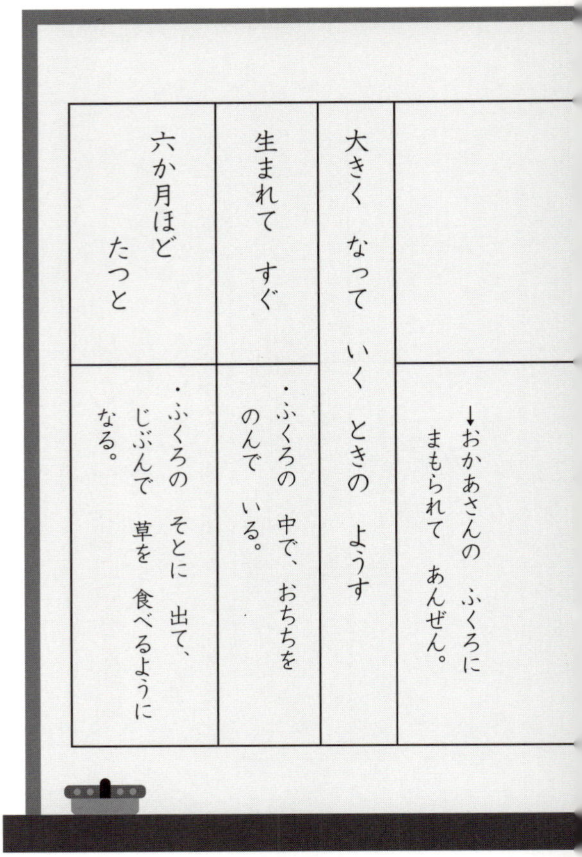
↓おかあさんの ふくろに まもられて あんぜん。
大きく なって いく ときの ようす
生まれて すぐ
・ふくろの 中で、おちちを のんで いる。
六か月ほど たつと
・ふくろの そとに 出て、じぶんで 草を 食べるように なる。

授業の流れ ▷▷▷

1 教科書 P.100、101のカンガルーの赤ちゃんについての文章を読む 〈５分〉

T 今日は、カンガルーの赤ちゃんについて書かれた文章を読んでいきます。これまで学習して上手になってきたことを生かせるといいですね。

T （教科書 P.100・101を範読する）
カンガルーの赤ちゃんについて書かれた文章を聞いて、どのような感想をもちましたか。

・内容に関わる感想。
・書かれている事柄や順序に関わる気付き。

○書きぶりに関わる気付きから、これまでの学習内容を生かせば、初見の文章でも表にまとめることができそうだという期待を子供にもたせる。

2 カンガルーの赤ちゃんについて書かれていることを確かめる 〈15分〉

T それでは、自分で文章を読んで、カンガルーの赤ちゃんについて書かれていることを確かめましょう。

○気付いたことは教科書に直接線を引かせてもよい。学級の実態に応じて、「生まれたときの様子」は赤鉛筆で線を引き、「大きくなっていくときの様子」は青鉛筆で線を引くことなどの指導も考えられる。

T どのように表をまとめていくといいですか。

・「おなかのふくろに入る」をどのような見出しにすればよいか考える。

○子供が迷うようであれば、教師から示してもいいだろう。ねらいは内容の読み取りであり、見出しを付けられることではない。

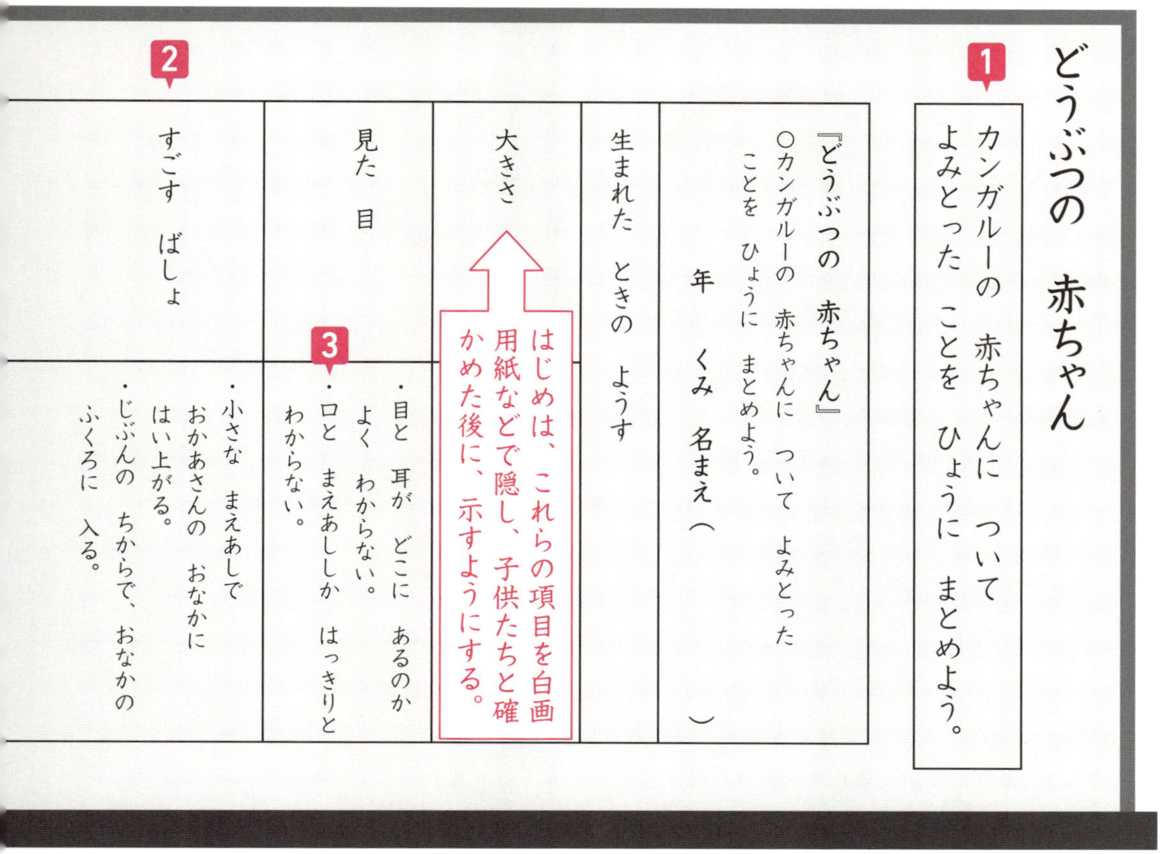
どうぶつの 赤ちゃん
1
カンガルーの 赤ちゃんに ついて
よみとった ことを ひょうに まとめよう。
『どうぶつの 赤ちゃん』
○カンガルーの 赤ちゃんに ついて よみとった
ことを ひょうに まとめよう。
年 くみ 名まえ（ ）
生まれた ときの ようす
大きさ
はじめは、これらの項目を白画用紙などで隠し、子供たちと確かめた後に、示すようにする。
見た 目
・目と 耳が どこに あるのか
よく わからない。
3
・口と まえあししか はっきりと
わからない。
2
すごす ばしょ
・小さな まえあしで
おかあさんの おなかに
はい上がる。
・じぶんの ちからで、おなかの
ふくろに 入る。

3 カンガルーの赤ちゃんについて読み取ったことを表にまとめる 〈20分〉

T それでは、表にまとめる活動に取り組みましょう。

・教科書を読みながら、見出しに合う内容を書き込んでいく。

T それでは、書き込んだ内容をみんなで確かめましょう。

○これまで、3時間かけて取り組んできたことを、1時間でできるようになったことなど、子供たちに成長を感じさせることのできるような声掛けを、ここではしたい。

4 次回の学習の見通しをもつ 〈5分〉

T この学習が始まったときに、詳しく知りたい動物の赤ちゃんについて聞いたことを覚えていますか。次回は、その動物についての本を読みますよ。

○事前に司書教諭と連携をし、子供たちが自分で読むことのできる資料の用意を依頼しておく。教科書 P.99にある本は、教材文と筆者が同じものもあり、構成や書きぶりも似ている部分があるので、積極的に活用していくとよい。

本時案

どうぶつの赤ちゃん　9・10／10

本時の目標

・動物の赤ちゃんについて書かれた本を探して読み、書かれていることを整理することができる。
・動物の赤ちゃんについて分かったことを、友達に説明することができる。

本時の主な評価

❷本の中には、物語とは違う種類の本があることを分かっている。【知・技】
❺進んで文章の中の、動物の赤ちゃんに関わる重要な語や文を選び出し、学習の目的に沿って、分かったことを説明しようとしている。【態度】

資料等の準備

・動物の赤ちゃんについて書かれた図書資料
・ワークシート　19–04

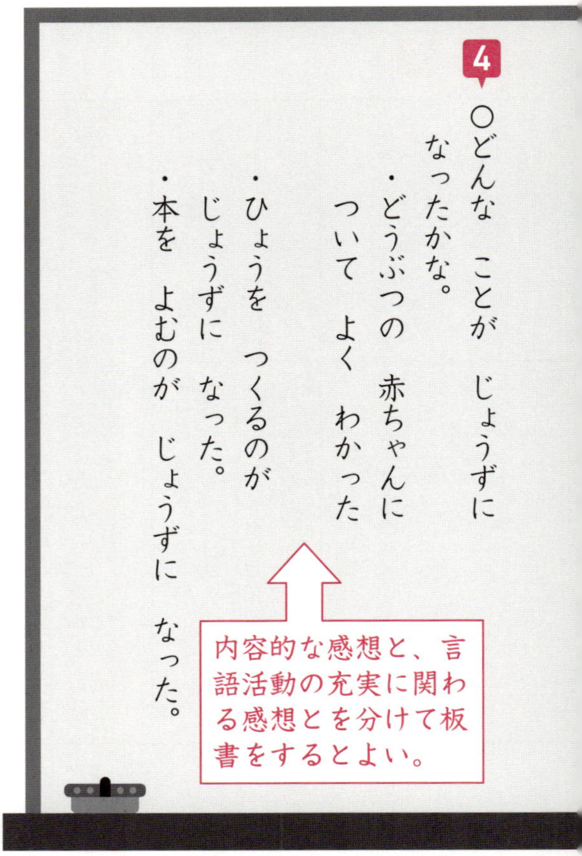
4
○どんな　ことが　じょうずに
なったかな。
・どうぶつの　赤ちゃんに
ついて　よく　わかった
・ひょうを　つくるのが
じょうずに　なった。
・本を　よむのが　じょうずに　なった。
内容的な感想と、言語活動の充実に関わる感想とを分けて板書をするとよい。

授業の流れ ▷▷▷

1 自分が調べたい動物の赤ちゃんについて書かれた本を探して読む〈第9時〉

T　今日は、動物の赤ちゃんについて書かれた本を読んで、分かったことを表にまとめます。
○可能であれば、すぐに本を手に取ることのできる学校図書館などで取り組むようにしたい。
T　動物の赤ちゃんが生まれたときと、大きくなっていくときの様子に気を付けて読みましょう。
○視点として上記の2つは最低限示す。
・動物の赤ちゃんについて書かれた本を探して読む。
○友達と同じ本を共有してもよい。1人で読むことが不安な子供は安心をするだろう。また、教師が適宜読み聞かせてもよい。

2 本を読んで分かったことを表にまとめる〈第9時〉

T　それでは表にまとめていきます。まとめ方に迷ったときは、先生を呼んでくださいね。
・表にまとめる活動に取り組む。
○あらかじめ支援が必要な子供について把握しておき、声を掛けられるようにしておくとよい。
○見出しについては、書き終えてから考えてもよいことを伝える。また、教師が適切なものを示してもよい。

どうぶつの　赤ちゃん

3

本を　よんで　わかった　ことを　ともだちに
せつめいしよう。

○せつめいを　する　ときは…

・だまって　よまないように　しましょう。

・本を　よんだ　ときの　気もちも
つたえて　みよう。

○どんな　ことが　わかったかな。

・さるの　赤ちゃん　四十センチくらい
一か月ぐらいで
あるく。

・おおかみの
赤ちゃん　目は　とじて　いる。
じぶんでは
あるけない。

・きりんの　赤ちゃん　二メートル
すぐに　立ち上がる。

3 調べて分かったことを友達に説明する〈第10時〉

T　それでは、調べて分かったことを友達に説明をしましょう。

○はじめは、ペアやグループで交流をし、できるだけ多くの友達の学習成果を共有させるとよい。

○ワークシートを黙々と読み合う時間にならないようにする。ワークシートに書かれていない、調べたときの感想なども合わせて話させる。

T　今度は、みんなの前で本を読んで分かったことを説明しましょう。

○見出しの適切さよりも、内容を重視したやり取りをする。

4 学習を振り返る〈第10時〉

T　「どうぶつの　赤ちゃん」の学習もこれで終わりです。自分でどんなことが上手になったと思いますか。

・動物の赤ちゃんについて詳しくなった。

・表を作るのが上手になった。

・いろいろな本があることが分かった。

・友達の説明を聞くのが楽しかった。

○動物の赤ちゃんに対する情報についての感想と、言語活動の充実に関わる感想を分けて板書をする。

資料

1 第４時資料　ワークシート　19-01

『どうぶつの　赤ちゃん』

○ライオンの　赤ちゃんに　ついて　よみとった
ことを　ひょうに　まとめよう。

年　くみ　名まえ（　　　　　）

生まれた　ときの　ようす				大きく　なって　いく　ときの　ようす			
大きさ	見た　目	いどうの　しかた		二か月ぐらい	やがて	一年ぐらい　たつと	

2 第７時資料　ワークシート　19-02

『どうぶつの　赤ちゃん』

○しまうまの　赤ちゃんに　ついて　よみとった
ことを　ひょうに　まとめよう。

年　くみ　名まえ（　　　　　）

生まれた　ときの　ようす			大きく　なって　いく　ときの　ようす	
大きさ	見た　目	いどうの　しかた	七日ぐらい	その　あと

3 第８時資料　ワークシート 19-03

『どうぶつの 赤ちゃん』

○カンガルーの 赤ちゃんに ついて よみとった ことを ひょうに まとめよう。

年　くみ　名まえ（　　　　　）

生まれた ときの ようす	大きさ	
	見た 目	
	すごす ばしょ	
大きく なって いく ときの ようす	生まれて すぐ	
	六か月ほど たつと	

4 第９・10時資料　ワークシート 19-04

『どうぶつの 赤ちゃん』

○どうぶつの 赤ちゃんに ついて よみとった ことを ひょうに まとめよう。

年　くみ　名まえ（　　　　　）

生まれた ときの ようす	大きさ	
	見た 目	
大きく なって いく ときの ようす	生まれた とき	

これは、なんでしょう　4時間扱い

〔知識及び技能〕(2)ア　〔思考力、判断力、表現力等〕A 話すこと・聞くことア、オ　関連する言語活動例 A(2)ア、イ

単元の目標

・自分の考えを話したり友達の考えを聞いたりしながら、一緒にクイズを作ることができる。
・順序を考えて、クイズを出すことができる。

評価規準

知識・技能	❶共通・相違・事柄の順序など情報と情報との関係について理解している。(〔知識及び技能〕(2)ア)
思考・判断・表現	❷「話すこと・聞くこと」において、身近なことや経験したことなどから話題を決め、伝え合うために必要な事柄を選んでいる。(〔思考力、判断力、表現力等〕Aア) ❸「話すこと・聞くこと」において、互いの話に関心をもち、相手の発言を受けて話をつないでいる。(〔思考力、判断力、表現力等〕Aオ)
主体的に学習に取り組む態度	❹今までの学習を生かして、進んでヒントを考えたりクイズをしたりしようとしている。

単元の流れ

次	時	主な学習活動	評価
一	1	**学習の見通しをもつ** クイズを作ることを知り、今後の見通しをもつ。	
二	2	クイズの作り方を考え、話し合いを通してヒントを考える。	❷❸
	3	話し合いを通してヒントを3つに絞り、ヒントを出す順番を決める。	❶❸
三	4	**学習を振り返る** クイズ大会をする。	❹

授業づくりのポイント

〈単元で育てたい資質・能力〉

本単元のねらいは、クイズ作りを通して自分の考えを話したり友達の考えを聞いたりしながら合意形成をしていく力を養うことである。1年生での最後の話し合いの学習になる。何よりも、クイズ作りという子供たちが興味をもてる題材を通して、「話し合ってよかった」「話し合いは楽しい」という気持ちを育てたい。

具体例

○学習の振り返りを、「今日の話し合いでよかったこと、うれしかったこと」とする。そうすることで、「○○というのは、どう」と聞かれて自分の思いを大切にされていると感じた気持ちや、「いいね」と認められてうれしかった気持ちなども積極的に見つけさせる。一緒に作ったことで心が満たされ、満足するヒントを作れたという達成感を味わわせることを大事にして話し合うことのよさに気付かせていきたい。

〈教材・教具の特徴〉

この教材は、話し合いを通して意見をまとめることを学ぶ教材である。1年生の発達段階に合わせて1対1での話し合いの場を設定している。教科書にはペアで3ヒントクイズを作り、出題する活動が示されている。身近なものを題材にクイズを作らせることで、子供が物についてイメージしやすくなる。また、実物を見て考えることもでき、詳しいヒントが出せるようになる。

具体例

○クイズにする物が決まったら、その物を見ながら特徴を書き出していくようにする。特徴の中には、たくさんの物が想定される物と、想定される物が限定できる特徴がある。子供たちは作る側の気持ちになっているため、答えを当てられないようにクイズを作る場合がある。そこで、当ててもらえるクイズがよいクイズだと伝えることが大切である。3ヒントめで、答えを当ててもらえるクイズを目指して、ヒントを出す内容や順番を考えさせる。

〈言語活動の工夫〉

クイズのヒントを決めるために話し合う言語活動を行う。そのためには、話し合いの基礎となる、自分の考えと相手の考えの共通点や相違点を捉える力、譲り合ったり相手の意見を受け入れたりする力が必要になる。

賛成反対を伝えたり、相手の思いを尋ねたりする言葉を増やし、意見をまとめる方法を学ぶ。

具体例

例えば、話し合いの活動では、「○○というのは、どう」「○さんの考えを聞かせて」といった問いかけ場面や、賛成反対を伝える言葉では、「いいね」「こうしたら、どうかな」「付け足して…にしたら、いいと思う」などが考えられる。子供たちの話合いの中で出てきた「話し合いがうまくいく言葉」「言われてうれしかった言葉」を教員が板書し、全体に共有していく。

本時案

これは、なんでしょう　1/4

本時の目標

・クイズ作りに興味をもち、学習計画を考えることができる。

本時の主な評価

・クイズ作りに興味をもち、作り方について考えようとしている。

資料等の準備

・黒板消しの写真
・ヒントの短冊

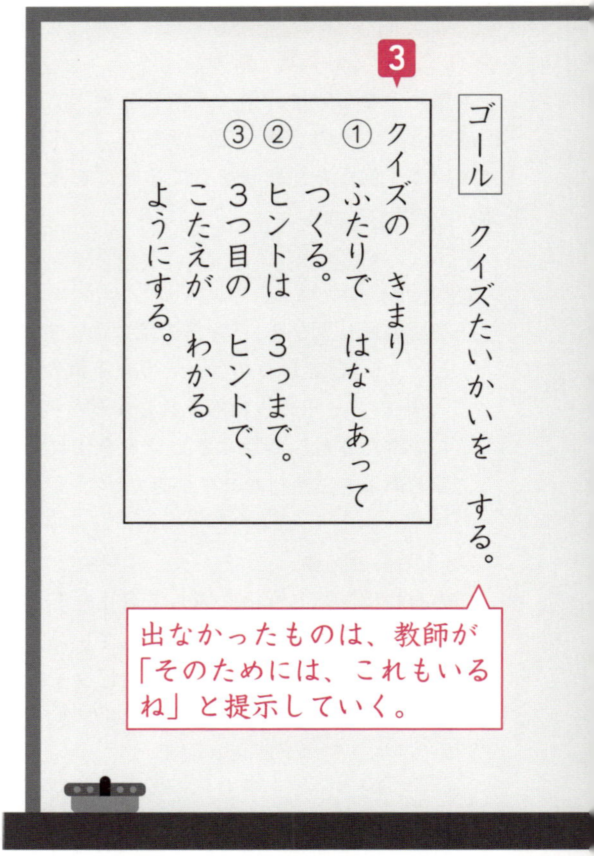
ゴール　クイズたいかいを　する。
3
クイズの　きまり
①　ふたりで　はなしあって
つくる。
②　ヒントは　3つまで。
③　3つ目の　ヒントで、
こたえが　わかる
ようにする。
出なかったものは、教師が「そのためには、これもいるね」と提示していく。

授業の流れ ▷▷▷

1 教師が出題するクイズを楽しみ、興味をもつ 〈10分〉

○教師が3ヒントクイズを3問出題する。

T　学校にあるもの3ヒントクイズを考えました。分かるかな。

① 四角い形をしています。
② 字を消します。
③ チョークと仲良しです。

・黒板消し！　字を消すから、絶対そう。
・おもしろい。

T　どうやってクイズを作ったと思いますか。よく見て黒板消しの形や、特別なところを考えました。

・作れそう。
・作ってみたい。

T　みんなも作ってみましょうか。

2 学習計画を立てる 〈20分〉

○ゴール設定後、子供と一緒に学習計画を立てたい。

T　学習計画を立てます。クイズを作って、最後は何をしたいですか。

・クイズ大会がしたい。
・クイズブックを作るのが楽しそう。

T　では、まずはクイズ大会を目指してクイズを作りましょう。何をクイズにしようか。

・教室にあるものにしよう。

T　どうやって作りますか。

・クイズにする物を決めてヒントを考える。

T　相談したいですか。

・したい人もいるから、ペアでやろう。

これは、なんでしょう

1

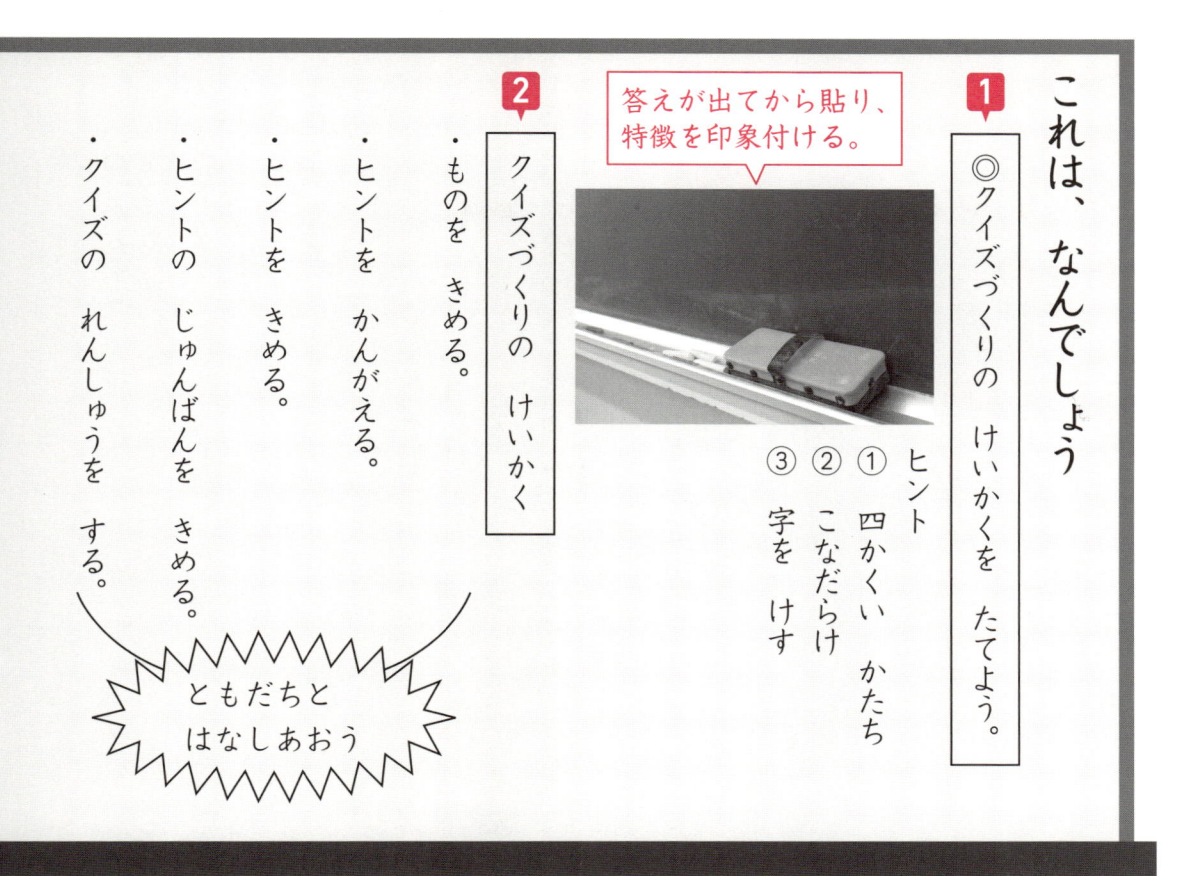

◎クイズづくりの　けいかくを　たてよう。

ヒント
① 四かくい　かたち
② こなだらけ
③ 字を　けす

答えが出てから貼り、特徴を印象付ける。

2

クイズづくりの　けいかく

・ものを　きめる。
・ヒントを　かんがえる。
・ヒントを　きめる。
・ヒントの　じゅんばんを　きめる。
・クイズの　れんしゅうを　する。

ともだちと
はなしあおう

3 クイズのきまりを知り、クイズにする物を決める〈15分〉

T　決まりは、この３つです。２人で作るので、よく話し合って素敵なクイズを作りましょう。

T　では、二人でクイズを作るために、物を決めてください。学校にある物３ヒントクイズなので、学校にある物から考えましょう。

・磁石なんか、いいんじゃないかな。
・のりでも、作れそうだよ。

T　今日の学習を振り返って、感想を教えてください。

・クイズを作るのが楽しみです。
・物が決まって、ワクワクしています。

よりよい授業へのステップアップ

主体的に活動するための工夫

主体的に学習に取り組むためには、子供が「できそう」「やりたい」という気持ちをもつことが一番である。やりたいことのために自分たちの考えた計画で学習を進めることができるとき、主体性が発揮される。自分たちで「どんな順番で作っているか」「どうしたらできるか」と考えて、学習の計画を立てる。教師は、順番を整理したり不足していることに目を向けさせたりすることを意識するとよい。学習のゴールもクイズブック作りやクイズ屋など、子供の提案を大切にしたい。

本時案

これは、なんでしょう　2/4

本時の目標

・クイズの作り方を考え、話し合いを通してヒントを考えることができる。

本時の主な評価

❷物をよく見て、その物だと分かるために必要な情報を選んでいる。【思・判・表】
❸相手の意見に関心をもって聞き、話を受けて意見しながらヒントを考えている。【思・判・表】

資料等の準備

・1時で出したクイズ
・新しいクイズ
・ヒントを書くワークシート（児童用）

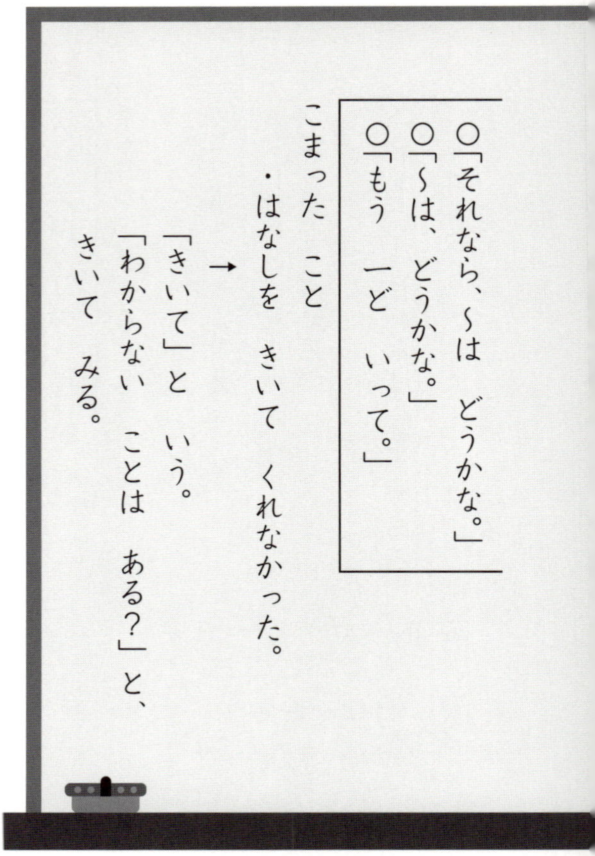
○「それなら、〜は　どうかな。」
○「〜は、どうかな。」
○「もう　一ど　いって。」
こまった　こと
・はなしを　きいて　くれなかった。
→
「きいて」と　いう。
「わからない　ことは　ある？」と、
きいて　みる。

授業の流れ ▷▷▷

1 クイズのヒントの作り方を考える〈10分〉

○前に出した3ヒントクイズを黒板に貼る。
T　どんなヒントにしたらいいでしょう。もう一問出すので、考えてください。
○2つのクイズに触れ、どんな情報を集めたらいいか、イメージをもてるようにする。
T　どんなヒントがありましたか。
・両方、形を言っていた。付いている物も。
T　形や見て分かる物をヒントにしたらいいですね。どのヒントでこれだ！と思いましたか。
・「時間を知らせます」で、時計だと分かった。
・「字を消します」です。
T　その物の仕事とか、働きがヒントにあると、答えが分かりますね。では、よく見て、それを見つけましょう。

2 話し合って、クイズのヒントを考える〈25分〉

T　クイズのヒントを考えましょう。ペアの友達の考えもよく聞いて、物の特徴や仕事をたくさん紙に書き出しましょう。
・消しゴムは、四角いよ。
・色が白い物が多いね。かすが出るのも、消しゴムらしいね。
○「いいね」と賛成したり、「それなら」と話を続けたりしているペアの話し合いは、途中でも取り上げてやってもらい、紹介する。
T　○さんたちの話し合いを見て、よかったところを教えてください。
・「いいね」と言っていた。
T　いいねと言われるとうれしいね。「それなら」と、友達の考えから自分の考えを話していたペアもいました。やってみましょう。

これは、なんでしょう

はなしあって、ヒントを　きめよう。

1

ヒントの　つくりかた

ヒント
①四かくい　かたち
②こなだらけ
③字を　けす

ヒント
①まるい　かたち
②はりが　ついて　いる
③じかんを　しらせる

1時のクイズと、新しいクイズ、2問並べることで、共通点を見つける手立てにする。

「たいせつ」
①かたちや　いろ　＋　しごと
②こたえが　わかる　ヒントを　いれる。

2

はなしあって、ヒントを　かんがえる。

○できるだけ、たくさん　かんがえよう。

3

「はなしあいの　コツ」
○「いいね。」　○「さんせい。」

子供たちの話し合い活動から拾ったり、発言から拾ったりして増やしていく。

3 話し合いを振り返る　〈10分〉

T　たくさんの特徴や仕事が出てきましたか。では、話し合いがうまくいったところは、よかったことを教えてください。困ったことがあった人は教えてください。

・「いいね」「なるほどね」と言ってくれたから、うれしい気持ちで話し合えました。
・同じことを考えていたとき、「同じだよ」と言えました。
・こんなのはどうかと聞いたら「いいね」と言ってくれて、話し合いがうまくいきました。
・話を聞いてくれなくって困りました。

T　そういうとき、みんなだったらどうしますか。

○話し合いのコツをみんなで集めていく。困ったものも、みんなのアイデアで解決したい。

よりよい授業へのステップアップ

話し合いを上達させる工夫

話し合いに対して意識をもたせるため、話し合いの振り返りを行う。1年生の子供は、理由も言わずに「いやだ」と断ったりする場合もあるので、「いいね」と言ったり、嫌なときには理由を言ったり他のアイデアを出したりするなどのやり方も、場面に応じて教えていきたい。できるだけ、子供たちの話し合いの中から例を拾っていけると、自分たちのやり方に自信をもつことができ、意欲につながりやすい。

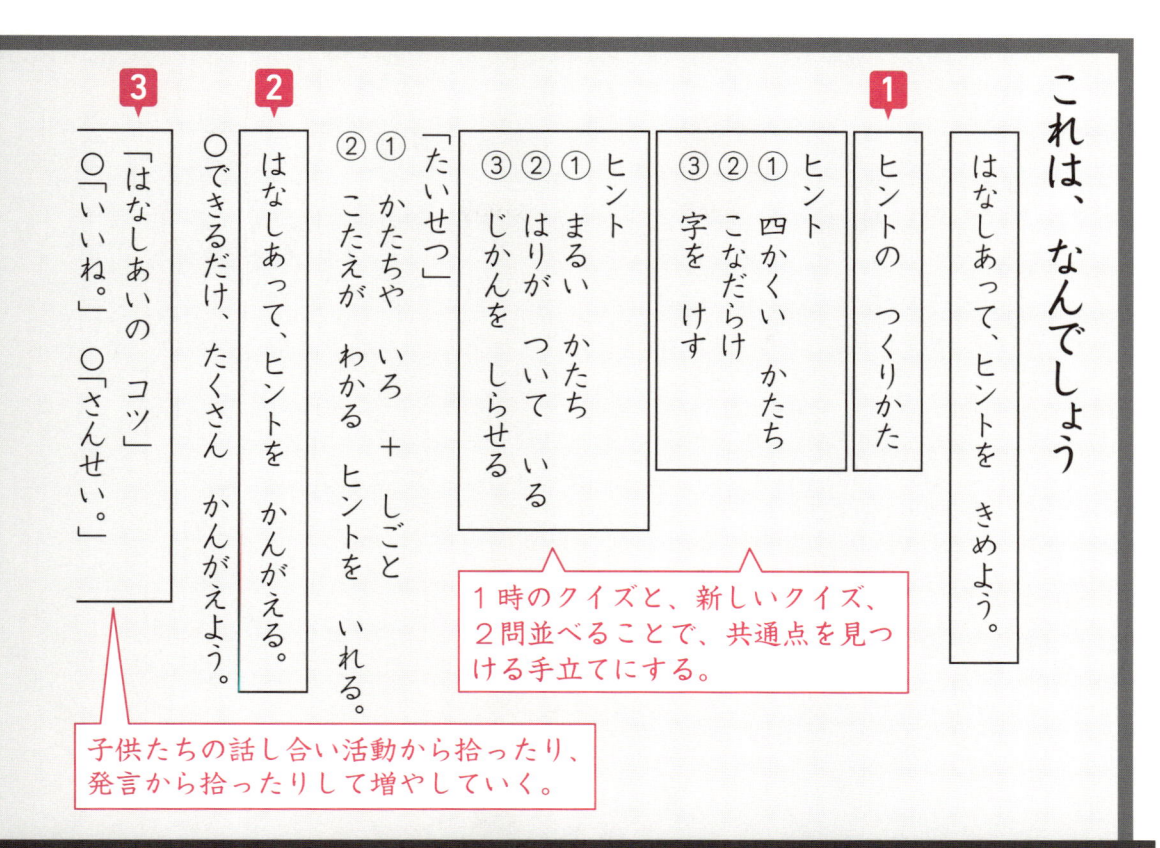

本時案

これは、なんでしょう　3/4

本時の目標

・話し合いを通してクイズのヒントや出す順番を決め、クイズを完成させることができる。

本時の主な評価

❶情報と情報の関係について理解し、ヒントの順を考えている。【知・技】

❸相手の意見に関心をもち、相手の話を受けて意見を伝えようとしている。【思・判・表】

資料等の準備

・ヒント候補の例示の拡大
・短冊（児童用）
・２時の、「話し合いのコツ」

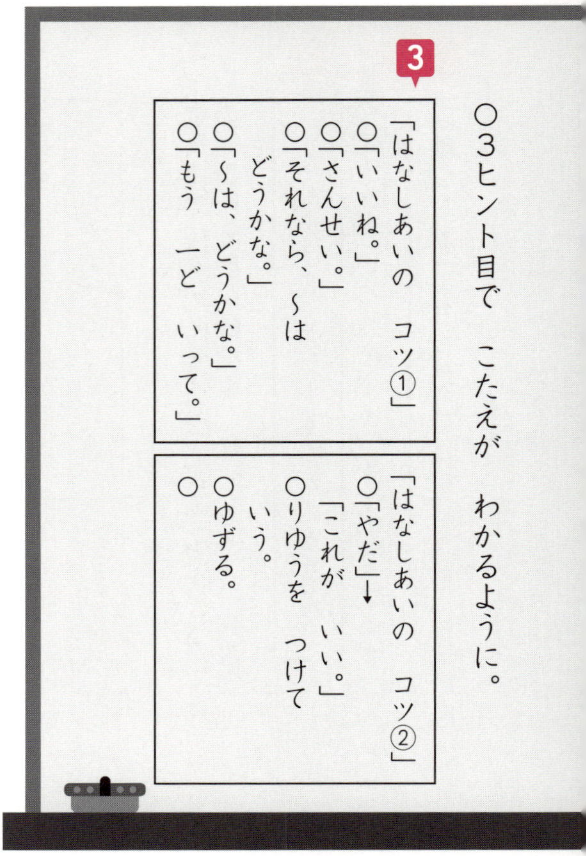
3
〇3ヒント目で　こたえが　わかるように。
「はなしあいの　コツ①」
〇「いいね。」
〇「さんせい。」
〇「それなら、～は　どうかな。」
〇「～は、どうかな。」
〇「もう　一ど　いって。」
「はなしあいの　コツ②」
〇「やだ」→「これが　いい。」
〇りゆうを　つけて　いう。
〇ゆずる。
〇

授業の流れ ▷▷▷

1　学習課題を知り、３つのヒントの選び方ついて考える　〈７分〉

T　今日は、３ヒントを決めます。たくさん出した中から３つ選びます。先生はこれにしました。

・形や色ばっかり。

T　では、どうやって選んだらいいですか。

・形や色もいるけど、仕事もほしい。

・「ああ、分かる」っていうのを一つは入れないと。

・３ヒントで分かるようにしないといけない。

T　形や色、物の仕事を入れるといいんですね。おもしろいクイズになるように３つのヒントをよく話し合って選び、短冊に書きましょう。

・形は一つ入れよう。

・これを言われたら、答えが分かるね。

2　ヒントを出す順番について考える　〈８分〉

T　次はヒントの順番を話し合いましょう。たしか、こんな順番でしたね。

〇わざと、答えが分かりやすい物から並べて、だんだん答えに近づくよさを確認する。

・違う。最初に答えが分かるとおもしろくない。

・３個目で答えが分かるほうがおもしろい。

T　どんな順番で並べるとおもしろいですか。

・最初は、形や色がいい。

・最後に答えが分かるヒント。

T　だんだん答えに近づくようにするとおもしろいのですね。では、最後に答えが分かるように、どれをヒントにするか、どんな順番にするか考えましょう。

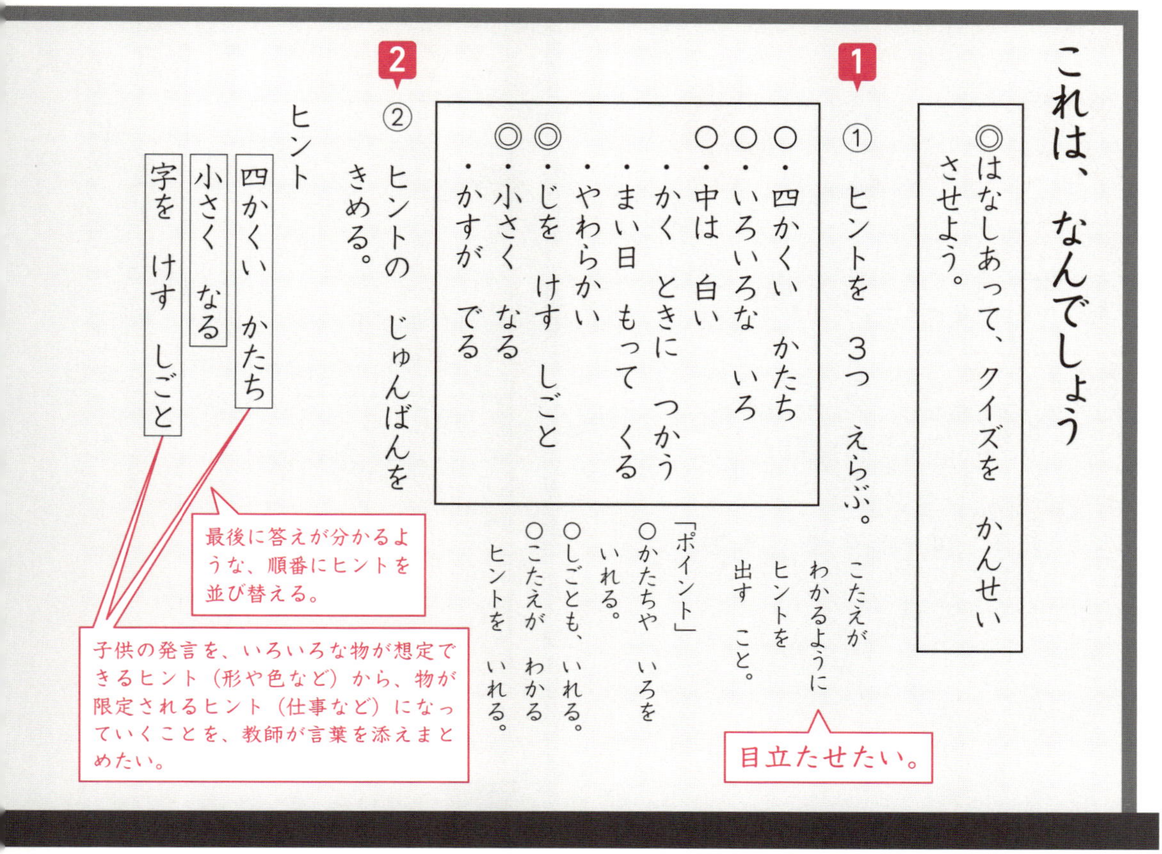
これは、なんでしょう
◎はなしあって、クイズを かんせい させよう。
1
① ヒントを 3つ えらぶ。
○・四かくい かたち
○・いろいろな いろ
○・中は 白い
・かく ときに つかう
・まい日 もって くる
・やわらかい
◎・じを けす しごと
◎・小さく なる
・かすが でる
こたえが わかるように ヒントを 出す こと。
「ポイント」
○かたちや いろを いれる。
○しごとも、いれる。
○こたえが わかる ヒントを いれる。
目立たせたい。
2
② ヒントの じゅんばんを きめる。
ヒント
四かくい かたち
小さく なる
字を けす しごと
最後に答えが分かるような、順番にヒントを並び替える。
子供の発言を、いろいろな物が想定できるヒント（形や色など）から、物が限定されるヒント（仕事など）になっていくことを、教師が言葉を添えまとめたい。

3 話し合いのポイントを振り返り、話し合う 〈15分〉

○前回の「話し合いのコツ」を振り返る。

T 今日は決める話し合いなので、「やだ」と思うこともあるでしょう。でも、「やだ」だけ言うのはどうでしょう。

・悲しい。なんで「やだ」か分からない。

・どれがいいか知りたい。

T では、いやな場合は「やだ」ではなく、自分の考えを「これがいい」と伝え、そう思った理由を話しましょう。「いいね」のときも理由を言ってみましょう。他にも、コツを見つけたら後で教えてください。話し合いを始めます。

○活動の途中でも、譲っていた子供、納得して意見を変えていた子供などがいたら積極的に紹介する。

4 話し合いを振り返り、まとめの話し合いをする 〈15分〉

T 話し合いがうまくいったところ、よかったことを教えてください。困ったことがあった人は教えてください。

・考えが違ったけど、譲ってくれました。

・２人とも同じ意見だったので、やっぱりそれがいいと思いました。

・考えが違って決まらなかったとき、どうすればいいかと思った。

T そういうとき、みんなだったらどうしますか。

○困ったことも、みんなのアイデアで解決し、コツを増やしたい。

T では、みんなにアイデアをもらったので、最後３分はまとめの話し合いです。決まっていない人は決め、決まった人はいいか確かめます。

本時案

これは、なんでしょう

4/4

本時の目標

・クイズを出し合うことを楽しむとともに、話し合いのよさに気付くことができる。

本時の主な評価

❹今までの学習を生かし、クイズを出し合うことを楽しもうとしている。【態度】

資料等の準備

・ヒントの短冊（子供が前時に書いたもの）
・話し合いのコツ
・クイズ大会ルールの紙

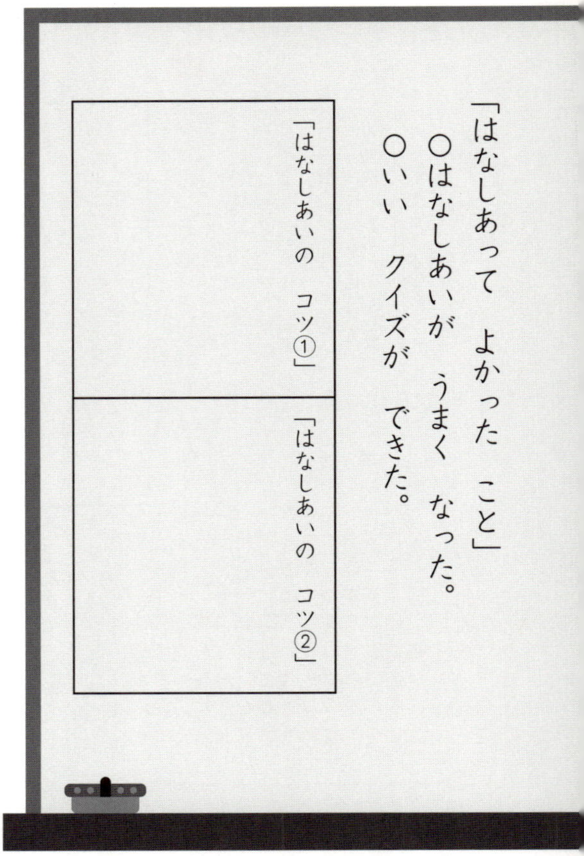

「はなしあって　よかった　こと」
○はなしあいが　うまく　なった。
○いい　クイズが　できた。
「はなしあいの　コツ①」
「はなしあいの　コツ②」

授業の流れ ▷▷▷

1 クイズ大会のルールを知る 〈5分〉

T　今日はいよいよクイズ大会です。みんなが一生懸命考えたヒントをよく聞いて、全問正解するように、頑張りましょう。ヒントは3つ出します。答えが分かっても、3つヒントを言い終わってから手を挙げます。

○クイズを出題するために練習時間が必要な場合は、練習時間を取ってもよい。

2 クイズ大会をする 〈30分〉

T　3つのヒントでみんなが分かるのが、よいクイズです。大きくはっきりと、ヒントを出しましょう。

○3つのヒントを全部一度に聞かせることで、自分たちの考えたヒントを全て言うことができ、途中で答えられてしまうことがないのでクイズの出題者も満足できる。回答者も、ヒント①から、答えが限定されていく様子を楽しむことができる。

○手提げなどに、答えの物を入れて、正解紹介の際に見せられるようにすると、ヒントの確認ができて盛り上がる。

これは、なんでしょう

◎クイズたいかいを　しよう。

〈出す　人〉

① 3つの　ヒントを　出す。

②「これは、なんでしょう。」

③ こたえを　きく。

④ せいかいを　おしえる。

〈ポイント〉

・大きな　こえで

・はっきり

・ゆっくり

〈こたえる　人〉

① ヒントを　ぜんぶ　きく。

② みんなで、こたえを　いう。

かんそう

○クイズが　たのしかった。

○また　やりたい。

3 学習を振り返る 〈10分〉

T　クイズを作って、クイズ大会をしました。感想を教えてください。

・クイズがたくさんできて楽しかったです。

・2人で話し合っていいクイズができました。

・またやりたいです。

T　友達と一緒に話し合って、クイズを作りました。できるようになったこと、勉強になったことなど、感想を教えてください。

・ヒントは、最後に仕事がくるとおもしろいと分かりました。

・話し合うと、いいものが考えられました。

・考えを「いいね」と言われてうれしかったです。

T　話し合いのコツも発見し、上手になりましたました。これからも使っていきましょう。

よりよい授業へのステップアップ

学習感想の工夫

ただ感想を聞くと、子供はクイズ大会の楽しかったことばかりになることが多い。先にクイズ大会をした感想を聞き、その後友達とクイズを作って勉強になったこと等を聞くと、クイズ作りや話し合いなど学習について振り返ることができる。

よんで　かんじた　ことを　はなそう

ずうっと、ずっと、大すきだよ　8時間扱い

〔知識及び技能〕(1)オ、ク　〔思考力、判断力、表現力等〕C 読むことエ、カ　主な言語活例 C(2)イ

単元の目標

・想像を広げて感じたことを読むことができる。
・読んで心に残った箇所とその理由や、自らの経験を比較して感じたことを伝え合うことができる。

評価規準

知識・技能	❶身近なことを表す語句の量を増し、話や文章の中で使うとともに、言葉には意味による語句のまとまりがあることに気付き、語彙を豊かにしている。(〔知識及び技能〕(1)オ) ❷語のまとまりや言葉の響きなどに気を付けて音読している。(〔知識及び技能〕(1)ク)
思考・判断・表現	❸「読むこと」において、場面の様子に着目して、登場人物の行動を具体的に想像している。(〔思考力、判断力、表現力等〕C エ) ❹「読むこと」において、文章を読んで感じたことや分かったことを共有している。(〔思考力、判断力、表現力等〕C カ)
主体的に学習に取り組む態度	❺お話を読んで心に残ったところ等を紹介するしおりを作るという学習の見通しをもって進んで書いたり、伝え合ったりしようとしている。

単元の流れ

次	時	主な学習活動	評価
一	1	「ずうっと、ずっと、大すきだよ」の範読を聞き、感想を書く。	
	2	**学習の見通しをもつ** 感想を全体で交流し、感想を基に読みの課題・学習計画を話し合って決める。	❺
二	3	登場人物を確認したり、挿絵を並び替えたりし、内容の大体を捉える。	❷
	4	一番悲しいと感じた文とそのわけについて話し合う。	❸
	5	一番優しいと感じた文とそのわけについて話し合う。	❸
	6	心に残った文とその気持ちについて書く。	❸
三	7	話し合ったことを基に、心に残ったところを紹介する文章をしおりに書く。	❶
	8	**学習を振り返る** 友達のしおりの文章を読んで、思ったことや感じたことを伝え、学習を振り返る。	❹

授業づくりのポイント

〈単元で育てたい資質・能力〉

本単元のねらいは、友達と話し合い、読んで感じたことを共有する力を育むことである。そのために、登場人物の行動に着目して読んだり、行動の理由を考えたりすることが必要である。物語を読んで、友達と話し合うことで自分の考えが広がったり深まったりすることに気付かせていきたい。また、友達の思いに共感したり、感じ方や考え方を知ったりすることで、友達と感じたことや分かったことを話し合いながら読む楽しさを味わわせていく。感じ方や考え方を認め合うことが、主体的・対話的に学ぶ姿勢につながる。

具体例

○自分の感じたことや考えたことを話し合うことを通して、それぞれの感じ方や見方に違いがあること、自分とは異なる考えの人がいること、今まで気付かなかった叙述のおもしろさに気付くことができる。ぼくがエルフのことを大好きであることを自分の経験と比べて、話し合うことで深い学びになることを期待する。自分の経験と比べてどうか、なぜ友達はそのように考えたのかという友達の考えの背景にある経験も話し合うことができるとさらによい。

〈教材・題材の特徴〉

「ぼく」が愛犬「エルフ」をいかに大切にしていたかが、回想の形で展開されている。物語は、起承転結で構成されている。起ではエルフの紹介、承では「ぼく」とエルフの心の交流、転ではエルフの老いと死、結では後日談となっている。このうち、エルフが年を取っていき、やがて死んでしまうという転がこの物語のクライマックスである。題名にもある「大すき」という言葉を核にして「ぼく」とエルフの関係や思いを具体的に想像することができる。

具体例

○題名にもある「大すき」という言葉をキーワードにして「ぼく」とエルフの関係を読んでいく。初発の感想ではエルフが死んでしまったことに対する悲しさや、ぼくのエルフへの愛情に対する優しさなど「悲しい」「優しい」といった感じ方が予想される。その感じ方の違いから読みの課題を子供とともにつくっていけるとよい。ぼくがエルフのことを大好きであることを自分の生き物との関わりとの経験と比べて話し合うことで、対話的で深い学習へとつながる。

〈言語活動の工夫〉

話し合ったことを基に、心に残ったところを紹介する文章を書く活動で、その文章をしおりに書かせる活動を行う。心に残ったところにそのしおりを挟んで共有することができると考える。物語を読んで、友達の考えや感じたことを聞くことを楽しみにする姿を育てたい。

具体例

○しおりを書かせる際には、本文のどの一文で「悲しい」「優しい」と感じたのかを書かせる。単元を通して登場人物の行動を大切に進めていく。

本時案

ずうっと、ずっと、大すきだよ　1/8

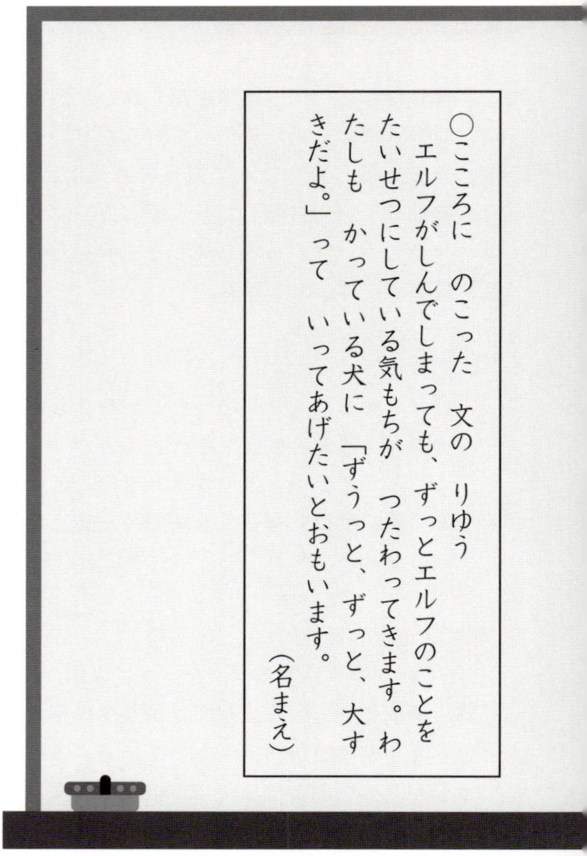
○こころに　のこった　文の　りゆう
エルフがしんでしまっても、ずっとエルフのことを
たいせつにしている気もちが　つたわってきます。わ
たしも　かっている犬に　「ずうっと、ずっと、大す
きだよ。」って　いってあげたいとおもいます。
（名まえ）

本時の目標

・「ずうっと、ずっと、大すきだよ」の範読を聞き、感想を書くことができる。

本時の主な評価

・語のまとまりや言葉の響きなどに気を付けて、「ずうっと、ずっと、大すきだよ」の音読をしている。

資料等の準備

・「おはなしの　しおり」の見本　21-01
・気持ちの語彙表　21-02

授業の流れ ▷▷▷

1 題名からどんな内容の話か想像し、教師の範読を聞く　〈20分〉

T　「ずうっと、ずっと、大すきだよ」の題名からどんなことを考えましたか。

・誰のことが大好きなのかな。
・好きと大好きは違うと思います。もっと好きだということだと思います。
・ずっとではなく、ずうっとだから気持ちが強いと思います。
・「ずっと」という言葉が繰り返されています。

○題名から想像できることを自由に発表させ、物語の興味・関心を高めるようにする。

T　お話を先生が読みます。その後、みんなで音読しましょう。みんなが心に残ったこととどんな気持ちになったかを後で書きます。考えながら聞きましょう。

2 教師の範読を聞いて、感想を書く　〈20分〉

T　「ずうっと、ずっと、大すきだよ」のお話を読んで、どんな気持ちになりましたか。心に残ったこととどんな気持ちになったかを書きましょう。

・エルフが死んでしまって、悲しい気持ちになりました。
・エルフは死んでしまったけれど、ぼくはいつまでもエルフのことを大切に思っていて優しい気持ちになりました。

○気持ちの語彙表を掲示する。また、教師の範読や音読の後、語彙表の中のどの気持ちなのかを結び付け、物語を読み返せる時間、感想を書く時間をなるべく多く取っておくとよい。

ずうっと、ずっと、大すきだよ

1 「ずうっと、ずっと、大すきだよ」を
きいて、かんそうを　かこう。

1 「ずうっと、ずっと、大すきだよ」
・すきと　大すきは　ちがう。
もっと　すきだと　いう　こと。
・ずっとでは　なく、ずうっとだから　気もちが
つよい。
・「ずっと」と　いう　ことばが　くりかえされて
いる。
・やさしい　気もちが　つたわる。

2 かんそう
・エルフが　しんで　しまって、かなしい
気もちに　なりました。

おはなしの　しおり

「おはなしの　しおり」を提示する。

3 教科書 P.115 の挿絵

○本の　だいめい
「ずうっと、ずっと、大すきだよ」
○こころに　のこった　文
なにを　かっても、まいばん、
きっと　いって　やるんだ。
「ずうっと、ずっと、大すきだよ。」って。

3 お話のしおりを紹介する　〈5 分〉

T　先生は、「ずうっと、ずっと、大すきだよ」のお話を読んでしおりを作ってきました。
・先生が心に残った文が書いてあるんだね。
・どうして、好きなのか理由も書いてあるよ。
・私もしおりを作りたい。
○しおりを見た感想を自由に発表させ、第 3 次でしおりを作りたいという意欲を高めるとともに、これから学習する「ずうっと、ずっと、大すきだよ」の物語の楽しさへの期待を高める。
T　次回は、書いた感想をクラスで交流しましょう。

よりよい授業へのステップアップ

活動のゴールの提示
学習で作成する「おはなしの　しおり」を子供に提示すると、イメージをもちやすく、学習への意欲が高まる。また、その物語への興味・関心も高めることができる。

初発の感想
初発の感想を書かせる際には、ただ書かせるのではなく、学習のねらいにそって視点を示すとよい。また、範読の前に視点を示すことで、考えながら物語を聞くことができ、書くことの活動もスムーズになる。

本時案

ずうっと、ずっと、大すきだよ

2/8

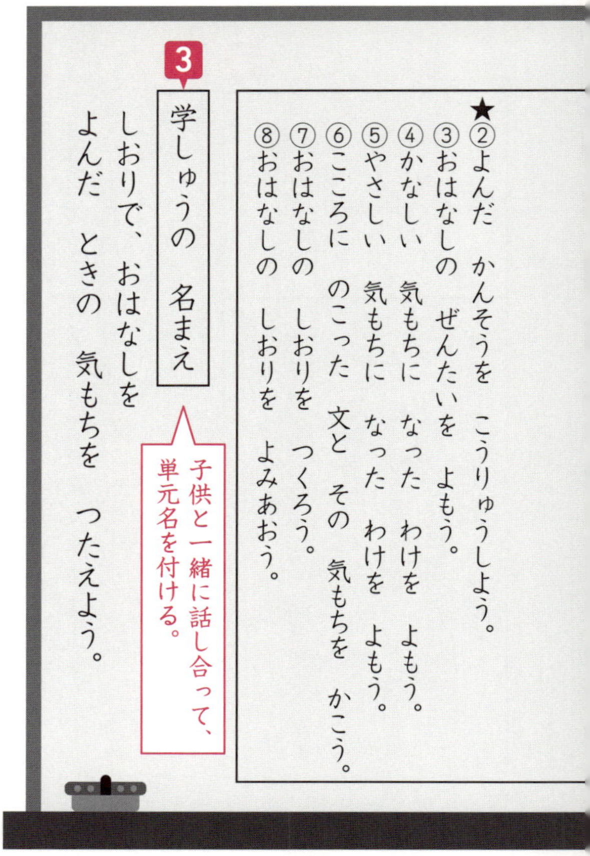
★②よんだ　かんそうを　こうりゅうしよう。
③おはなしの　ぜんたいを　よもう。
④かなしい　気もちに　なった　わけを　よもう。
⑤やさしい　気もちに　なった　わけを　よもう。
⑥こころに　のこった　文と　その　気もちを　かこう。
⑦おはなしの　しおりを　つくろう。
⑧おはなしの　しおりを　よみあおう。
3
学しゅうの　名まえ
子供と一緒に話し合って、単元名を付ける。
しおりで、おはなしを
よんだ　ときの　気もちを　つたえよう。

本時の目標

・感想を全体で交流し、感想を基に読みの課題・学習計画を話し合って決めることができる。

本時の主な評価

❺お話を読んで、心に残ったところ等を紹介するしおりを作るという、学習の見通しをもとうとしている。【態度】

資料等の準備

・気持ちカード　21-03
・学習計画用の模造紙　21-04

授業の流れ ▷▷▷

1 初発の感想の交流をする〈15分〉

T　前回の授業で書いた感想をみんなで交流しましょう。

・エルフが死んでしまって、悲しい気持ちになりました。
・エルフは死んでしまったけれど、ぼくはいつまでもエルフのことを大好きに思っていて優しい気持ちになりました。
・私もおうちで犬を飼っていてとても可愛がっています。エルフが死んで、とても悲しかったです。
・ぼくは、エルフに優しくできていて、いいなと思いました。

○前時に書いた物語を読んだ気持ちとその理由を発表させ、整理して板書する。

2 初発の感想から読みの課題をつくる〈15分〉

T　友達と交流をして、どんなことに気付きましたか。

・人によって、気持ちが違うね。
・ぼくが悲しいと思ったところは、他の人も同じかな。
・私は優しい気持ちになったけど、○○さんは、私と違って悲しい気持ちになったんだね。
・しおりを作ると、いろいろなしおりができそうだね。

○物語を読んで、人によって読んだときの気持ちが違うことに気付かせる。これからお話を読んでいく意味をもたせる。

ずうっと、ずっと、大すきだよ

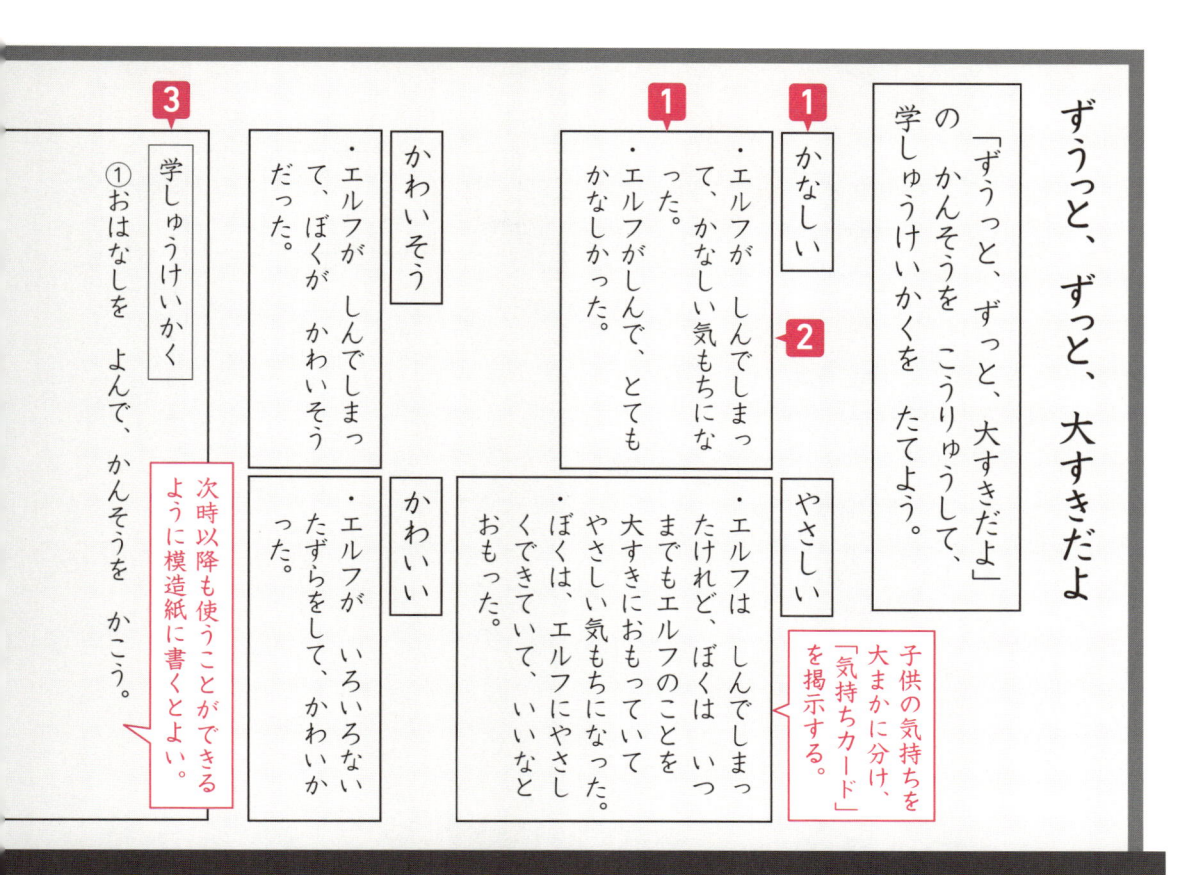

「ずうっと、ずっと、大すきだよ」の　かんそうを　こうりゅうして、学しゅうけいかくを　たてよう。

1 1

かなしい

・エルフが　しんでしまって、かなしい気もちになった。
・エルフがしんで、とてもかなしかった。

2

やさしい

・エルフは　しんでしまったけれど、ぼくは　いつまでもエルフのことを大すきにおもっていてやさしい気もちになった。
・ぼくは、エルフにやさしくできていて、いいなとおもった。

子供の気持ちを大まかに分け、「気持ちカード」を掲示する。

かわいそう

・エルフが　しんでしまって、ぼくが　かわいそうだった。

かわいい

・エルフが　いろいろないたずらをして、かわいかった。

3

学しゅうけいかく

①おはなしを　よんで、かんそうを　かこう。

次時以降も使うことができるように模造紙に書くとよい。

3 学習計画を立てる 〈15分〉

T 「ずうっと、ずっと、大すきだよ」のお話を読んで、どのような学習にしますか。

・みんなの気持ちが違ったから、そこを話し合いたい。

・同じ気持ちでも、理由が違ったから、そこを知りたいな。

・お話のしおりを作りたい。いろいろなしおりができそう。

○しおりを作るために必要な学習を話し合い、子供と一緒に学習計画を立て、単元名を付ける。

T お話のしおりを作って、お話を読んだ気持ちを伝える学習にしていきましょう。振り返りを書きましょう。

よりよい授業へのステップアップ

初発の感想を生かす

子供の初発の感想から読みの課題をつくっていくときには、整理して板書することが大切である。キーワードを出していくと読みの課題をつくりやすい。

学習計画を立てる

子供と一緒に学習計画を立てたり、単元名を付けたりすることで、主体的な学習になる。1時間目に学習のゴールを提示しているので、「おはなしのしおり」を作るためにどんな学習をしていきたいかを話し合うとよい。

本時案

ずうっと、ずっと、大すきだよ

3/8

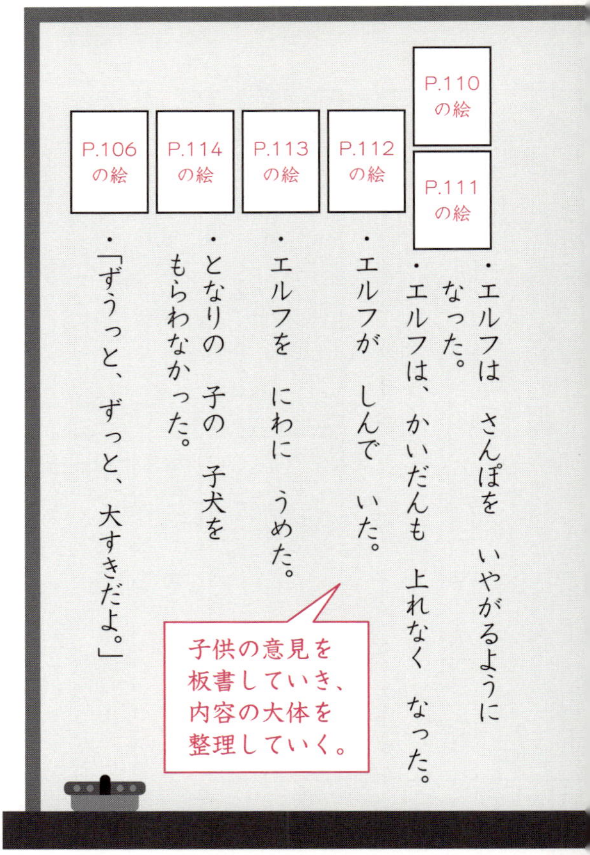
P.110の絵
P.111の絵
P.112の絵
P.113の絵
P.114の絵
P.106の絵
・エルフは　さんぽを　いやがるように　なった。
・エルフは、かいだんも　上れなく　なった。
・エルフが　しんで　いた。
・エルフを　にわに　うめた。
・となりの　子の　子犬を　もらわなかった。
・「ずうっと、ずっと、大すきだよ。」
子供の意見を板書していき、内容の大体を整理していく。

本時の目標

・登場人物を確認したり、挿絵を並び替えたりして、内容の大体を捉えることができる。

本時の主な評価

❷「ずうっと、ずっと、大すきだよ」の本文や挿絵から登場人物と場面の様子など内容の大体を読んでいる。【思・判・表】

資料等の準備

・学習計画用の模造紙　21-04
・教科書の挿絵の拡大カラーコピー（10枚）

授業の流れ ▷▷▷

1 登場人物を確認する　〈15分〉

T　今日からの学習では、みんなの感想を生かしてお話を読むために、お話の全体を読んでいきましょう。「ずうっと、ずっと、大すきだよ」には、誰が出てきましたか。
・ぼくです。
・エルフです。
・兄さんや妹です。
・ぼくの家族です。
・ママです。
・獣医さんです。
・隣の子です。
○物語を音読し、全体で登場人物について出させ、確認する。このときに、中心人物についても確認するとよい。

2 挿絵を並び替えて、物語の内容の大体を捉える　〈15分〉

T 「ずうっと、ずっと、大すきだよ」は、ぼくとエルフのお話ですね。これは、教科書の挿絵です。どのような順番だったか並び替えてみましょう。
・最初は、小さなぼくとエルフが遊んでいる絵です。ぼくとエルフは一緒に大きくなっていったんだよ。
・だんだんエルフが年をとっていったんだね。エルフを抱っこしてあげているよ。
・エルフが死んでしまった。
・隣の子から子犬をもらわなかったよ。
○ぼくとエルフの成長を軸にして、挿絵を並び替えていく。物語の順序を確認することで、内容の大体を確かめる。

しおりで、おはなしの　気もちを　つたえよう

ずうっと、ずっと、大すきだよ

1

「ずうっと、ずっと、大すきだよ」の　とうじょう人ぶつと　おはなしの　ながれを　たしかめよう。

学しゅうけいかく

①おはなしを　よんで、かんそうを　かこう。
②よんだ　かんそうを　こうりゅうしよう。
★③おはなしの　ぜんたいを　よもう。
④かなしい　気もちに　なった　わけを　よもう。
⑤やさしい　気もちに　なった　わけを　よもう。
⑥こころに　のこった　文と　その　気もちを　かこう。
⑦おはなしの　しおりを　つくろう。
⑧おはなしの　しおりを　よみあおう。

2

挿絵を掲示する。

P.106の絵
・小さい　ときから　いっしょ。

P.107の絵
・あったかい　おなかを　まくらに　して　いる。

P.108の絵
・花だんを　ほりかえす。

P.109の絵
・エルフが　年を　とった。

とうじょう人ぶつ
・ぼく
・エルフ
・にいさんや　いもうと
・ぼくの　かぞく
・ママ
・じゅういさん
・となりの　子

3 音読し、物語の全体を確かめる〈15分〉

T　挿絵を並び替えることができましたね。「ずうっと、ずっと、大すきだよ」を音読して、お話を確認しましょう。

・エルフがどういうふうに変わっていくかが分かったよ。
・ぼくが、どんなにエルフのことが大好きなのかがよく分かった。
・音読をして、挿絵のとおりだったよ。
・お話の全体が分かりました。

○再度、音読をすることで、物語全体を確認させる。

T　お話の全体が分かりましたね。次回は、悲しい気持ちについて読んでいきましょう。振り返りを書きましょう。

よりよい授業へのステップアップ

登場人物

子供は、登場人物を挙げるときに、物語の中に出てくる人や動物をすべて挙げる可能性があるので、登場人物は、中心人物を助けたり支えたりする人物であるという定義をする。

挿絵の活用

挿絵を並び替えることで、場面の様子をつかんだり、内容の大体を捉えたりすることができる。挿絵から登場人物の行動や表情も読み取ることができ、読みの手助けとなる。大いに活用していきたい。

本時案

ずうっと、ずっと、大すきだよ

4/8

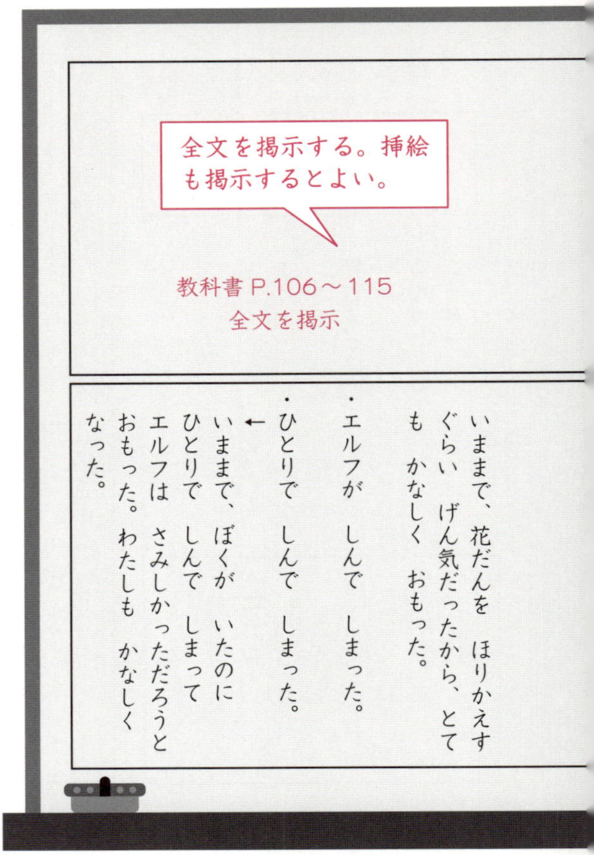
全文を掲示する。挿絵も掲示するとよい。
教科書 P.106～115
全文を掲示
いままで、花だんを　ほりかえすぐらい　げん気だったから、とても　かなしく　おもった。
・エルフが　しんで　しまった。
・ひとりで　しんで　しまった。
↓
いままで、ぼくが　いたのに
ひとりで　しんで　しまって
エルフは　さみしかっただろうと
おもった。わたしも　かなしく
なった。

本時の目標

・自分が一番悲しいと感じた文とそのわけについて話し合うことができる。

本時の主な評価

❸場面の様子に着目して、悲しいと感じる登場人物の行動を具体的に想像している。【思・判・表】

資料等の準備

・学習計画用の模造紙　21-04
・全文の模造紙
・教科書の挿絵（子供の意見に合わせて必要であれば掲示する。）

授業の流れ ▷▷▷

1 子供の初発の感想を振り返る 〈5分〉

T 「ずうっと、ずっと、大すきだよ」を読んで、最初の感想に悲しい気持ちになったと書いた子がいましたね。
・エルフが死んでしまって、悲しい気持ちになりました。
・私もおうちで犬を飼っていてとても可愛がっています。エルフが死んで、とても悲しかったです。
T なぜ、悲しいと感じたのか、そのわけについて話し合っていきましょう。
○初発の感想で、悲しい気持ちを感じた子供の感想をいくつか取り上げ、全体の課題として共有する。「悲しい」に似たような気持ちも取り上げるとよい。

2 一番悲しいと感じた叙述を見つける 〈15分〉

T 一番悲しいと感じたところに、青色の線を引きましょう。
・「ある　あさ、目を　さますと、エルフが、しんで　いた。」のところです。
・「よるの　あいだに　しんだんだ。」のところです。
・「エルフは、年を　とって、ねて　いる　ことが　おおく　なり、さんぽを　いやがるように　なった。」のところです。
・「まもなく、エルフは、かいだんも　上れなく　なった。」のところです。
○物語の全文を1枚で見ることができる掲示を作成し、物語のどの叙述で多くの人が悲しいと感じたのかが一目で分かるようにする。挿絵も活用するとよい。

しおりで、おはなしの　気もちを　つたえよう

ずうっと、ずっと、大すきだよ

1

一ばん　かなしいと　かんじた　文と　その　わけを　つたえよう。

学しゅうけいかく

①おはなしを　よんで、かんそうを　かこう。
②よんだ　かんそうを　こうりゅうしよう。
③おはなしの　ぜんたいを　よもう。
★④かなしい　気もちに　なった　わけを　よもう。
⑤やさしい　気もちに　なった　わけを　よもう。
⑥こころに　のこった　文と　その　気もちを　かこう。
⑦おはなしの　しおりを　つくろう。
⑧おはなしの　しおりを　よみあおう。

とうじょう人ぶつ

・ぼく　・ママ
・エルフ　・じゅういさん
・にいさんや　いもうと　・となりの　子
・ぼくの　かぞく

2

3

・エルフが　かいだんも　上れなく
なった。
←

3　一番悲しいと感じた叙述のわけを話し合う　〈25分〉

T　なぜ一番悲しいと感じたのか、そのわけを話し合いましょう。

・やっぱりエルフが死んでしまったことはとても悲しいです。
・夜の間に死んだということは、１人で死んでしまったということで、エルフはさみしかっただろうなと思います。それを考えると私も悲しいです。
・あんなに追いかけるのが好きだったエルフが階段も上れなくなって、ぼくはとても悲しい気持ちになりました。

○ぼくとエルフの行動から想像したことを発表させ、その叙述の付近に板書する。

よりよい授業へのステップアップ

初発の感想から課題をつくる

「ずうっと、ずっと、大すきだよ」の初発の感想では、エルフの死に対する悲しさを感じた感想と、ぼくのエルフに対する愛情に優しさを感じた感想に大きく絞られる。同じ物語を読んでいても、心に残る部分が違うということに気付かせていく。

全文の掲示

物語全体を把握するために、物語を１枚にまとめるとよい。共有もしやすい。黒板一枚に掲示することが難しいので、ホワイトボードや教室側面などを活用するとよい。

本時案

ずうっと、ずっと、大すきだよ

5/8

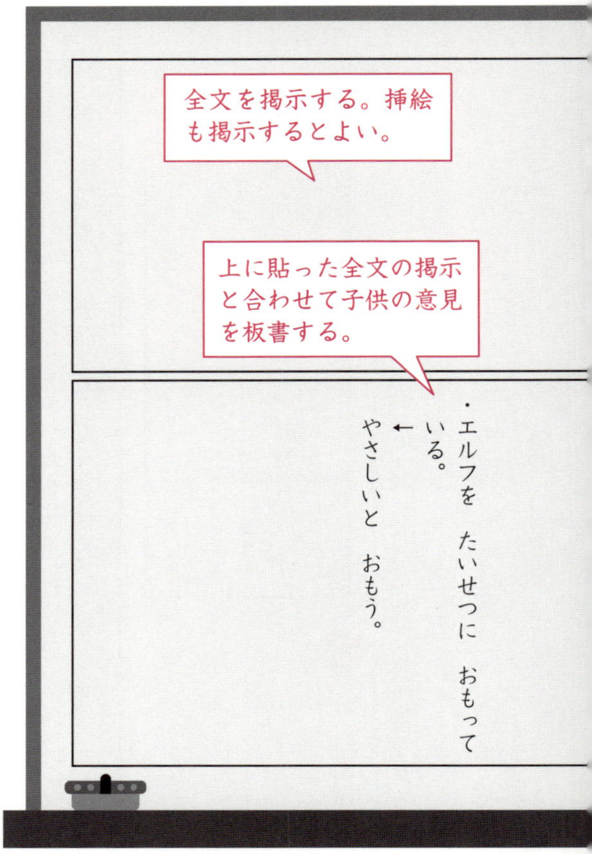
全文を掲示する。挿絵も掲示するとよい。
上に貼った全文の掲示と合わせて子供の意見を板書する。
・エルフを　たいせつに　おもって
いる。
←
やさしいと　おもう。

本時の目標

・自分が一番優しいと感じた文とそのわけについて話し合うことができる。

本時の主な評価

❸場面の様子に着目して、優しいと感じる登場人物の行動を具体的に想像している。【思・判・表】

資料等の準備

・学習計画用の模造紙　21-04
・全文の模造紙（前時で使用したもの）
・教科書の挿絵（子供の意見に合わせて必要であれば掲示する。）

授業の流れ ▷▷▷

1 子供の初発の感想を振り返る 〈5分〉

T 「ずうっと、ずっと、大すきだよ」を読んで、最初の感想に優しい気持ちになったと書いた子がいましたね。

T なぜ、優しいと感じたのか、そのわけについて話し合っていきましょう。

・エルフは死んでしまったけれど、ぼくはいつまでもエルフのことを大好きに思っていて優しい気持ちになりました。

・ぼくは、エルフに優しくできていて、いいなと思いました。

○初発の感想で、優しい気持ちを感じた子供の感想をいくつか取り上げ、全体の課題として共有する。「優しい」に似たような気持ちも取り上げるとよい。

2 一番優しいと感じた叙述を見つける 〈15分〉

T 一番優しいと感じたところに、赤色の線を引きましょう。

・「ぼくは、エルフの　あったかい　おなかを、いつも　まくらに　するのが　すきだった。」のところです。

・「ぼくは、エルフに　やわらかい　まくらを　やって、ねる　まえには、かならず、『エルフ、ずうっと、大すきだよ。』って、いって　やった。」のところです。

○前時で使った物語の全文を1枚で見ることができる掲示に書き加えていく。物語のどの叙述で多くの人が優しいと感じたのかが一目で分かるようにする。挿絵も活用するとよい。

しおりで、おはなしの　気もちを　つたえよう

ずうっと、ずっと、大すきだよ

1

一ばん　やさしいと　かんじた　文と　その　わけに　ついて、はなしあおう。

学しゅうけいかく

①おはなしを　よんで、かんそうを　かこう。
②よんだ　かんそうを　こうりゅうしよう。
③おはなしの　ぜんたいを　よもう。
④かなしい　気もちに　なった　わけを　よもう。
★⑤やさしい　気もちに　なった　わけを　よもう。
⑥こころに　のこった　文と　その　気もちを　かこう。
⑦おはなしの　しおりを　つくろう。
⑧おはなしの　しおりを　よみあおう。

とうじょう人ぶつ
・ぼく
・エルフ
・にいさんや　いもうと
・ぼくの　かぞく
・ママ
・じゅういさん
・となりの　子

2

全文の掲示

・なかよしだと　おもう。
・すてきだと　おもう。

3

3 一番優しいと感じた叙述のわけを話し合う〈25分〉

T　なぜ一番優しいと感じたのか、そのわけを話し合いましょう。

・「いっしょに　大きく　なった。」というところから、ずっと一緒にいて優しいと思います。
・「いっしょに　ゆめを　見た。」っていうところがすてきだなと感じました。
・エルフが死んでしまったことは悲しいことだけれど、ぼくがエルフを大切に思っている気持ちがよく伝わってきます。ぼくは優しいなと思います。

○ぼくとエルフの行動から想像したことを発表させ、その叙述の付近に板書する。

よりよい授業へのステップアップ

初発の感想から課題を作る

前時と同様に「ずうっと、ずっと、大すきだよ」の初発の感想を生かす。ぼくのエルフに対する愛情や優しさを扱うことにより、互いに比べて読むことができる。同じ物語を読んでいても、心に残る部分が違うということに気付かせていく。

全文の掲示

前時で使用した模造紙に色を変えて書き加えていく。悲しさと優しさについて比較でき、全体が分かりやすくなり、共有もしやすくなる。

本時案

ずうっと、ずっと、大すきだよ　6/8

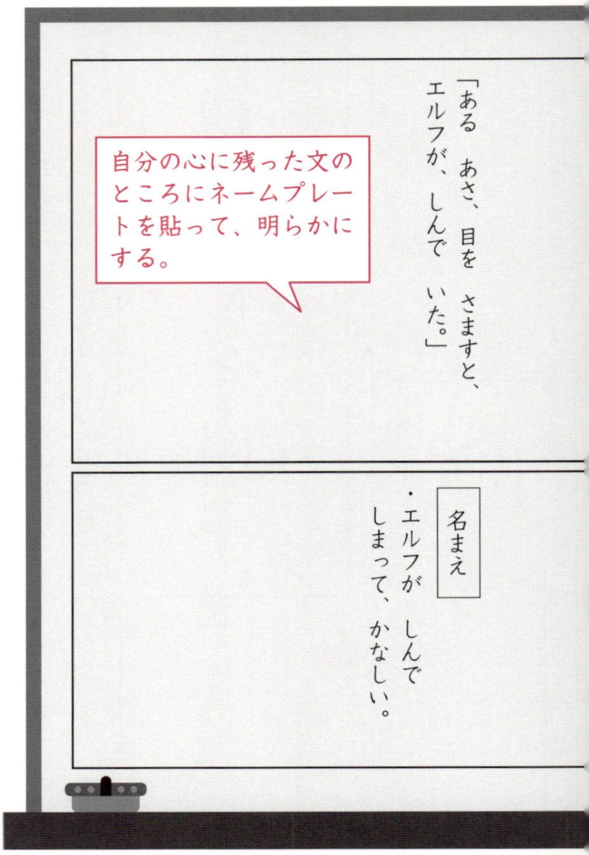

「ある　あさ、目を　さますと、
エルフが、しんで　いた。」
自分の心に残った文のところにネームプレートを貼って、明らかにする。
名まえ
・エルフが　しんで
しまって、かなしい。

本時の目標

・心に残った文とその気持ちについて書くことができる。

本時の主な評価

❸場面の様子に着目して、登場人物の行動を具体的に想像し、心に残った一文とその気持ちを書いている。【思・判・表】

資料等の準備

・学習計画用の模造紙　21-04
・全文の模造紙（前時で使用したもの）
・教科書の挿絵（子供の意見に合わせて必要であれば掲示する。）

授業の流れ ▷▷▷

1 前時の学習を振り返り、心に残った文が違うことを確認する〈5分〉

T　「ずうっと、ずっと、大すきだよ」を読んで、悲しいや優しいといった気持ちを感じる部分が、同じ物語を読んでいても違いましたね。

・「ぼくは、エルフの　あったかい　おなかを、いつも　まくらに　するのが　すきだった。」のところが優しいと思いました。
・「ぼくは、エルフに　やわらかい　まくらを　やって、ねる　まえには、かならず、『エルフ、ずうっと、大すきだよ。』って、いって　やった。」のところが優しいと思いました。

○第4・5時で使った模造紙を生かして、学習を振り返り、同じ物語を読んでいても、心に残る部分が違うことに気付かせる。

2 心に残った文を選び、そのときの自分の気持ちを書く〈10分〉

T　お話を読んで、自分が心に残ったところを選び、ネームプレートを貼りましょう。また、その文から感じた自分の気持ちをノートに書きましょう。

・「ぼくは、エルフに　やわらかい　まくらを　やって、ねる　まえには、かならず、『エルフ、ずうっと、大すきだよ。』って、いって　やった。」のところが優しいと思いました。
・「ある　あさ、目を　さますと、エルフが、しんで　いた。」のところが悲しいと感じました。

○前時で使った物語の全文を1枚で見ることができる掲示を生かし、自分の心に残った文とそこから感じた気持ちを書いていく。

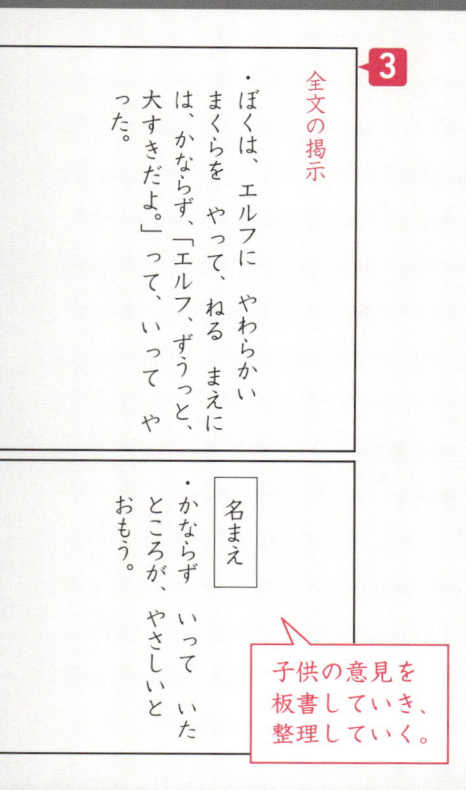

しおりで、おはなしの　気もちを　つたえよう

ずうっと、ずっと、大すきだよ

1

こころに　のこった　文と　その　気もちを　かこう。

学しゅうけいかく

①おはなしを　よんで、かんそうを　かこう。
②よんだ　かんそうを　こうりゅうしよう。
③おはなしの　ぜんたいを　よもう。
④かなしい　気もちに　なった　わけを　よもう。
⑤やさしい　気もちに　なった　わけを　よもう。
★⑥こころに　のこった　文と　その　気もちを　かこう。
⑦おはなしの　しおりを　つくろう。
⑧おはなしの　しおりを　よみあおう。

3

全文の掲示

・ぼくは、エルフに　やわらかい　まくらを　やって、ねる　まえには、かならず、「エルフ、ずうっと、大すきだよ。」って、いって　やった。

名まえ

・かならず　いって　いた　ところが、やさしいと　おもう。

子供の意見を板書していき、整理していく。

3 心に残った文とそのときの自分の気持ちを発表する　〈30分〉

T　心に残った文とそのときの自分の気持ちを発表しましょう。

・「ある　あさ、目を　さますと、エルフが、しんで　いた。」のところで、とても悲しくなりました。
・ぼくは、「よるの　あいだに　しんだんだ。」のところで、とても悲しくなりました。同じ悲しい気持ちだけど違うね。
・「まもなく、エルフは、かいだんも　上れなく　なった。」のところがとても悲しくなったよ。これから死んでしまうなんて悲しい。

〇ぼくとエルフの行動から想像したことから同じ気持ちごとに発表を整理していくとよい。

よりよい授業へのステップアップ

読むことを学習することの意味

全体で課題を共有し、交流することで、同じ物語を読んでいても、心に残る部分が違うことに気付かせる。みんなで物語を学習することの楽しさも味わえる。

自分の経験や体験

なぜその文が心に残ったのかを交流するときに、ただ自分の気持ちや考えを述べるのではなく、自分の経験や体験を交えて話すことができると深い学びへとつながる。

本時案

ずうっと、ずっと、大すきだよ

7/8

本時の目標

・話し合ったことを基に、心に残ったところを紹介する文章をしおりに書くことができる。

本時の主な評価

❶自分の思ったことや感じたことなどの気持ちを表す言葉を増やし、使っている。【知・技】

資料等の準備

・学習計画用の模造紙 21-04
・教科書の挿絵（子供の意見に合わせて必要であれば掲示する。）
・教師作成の「おはなしの　しおり」の見本 21-01

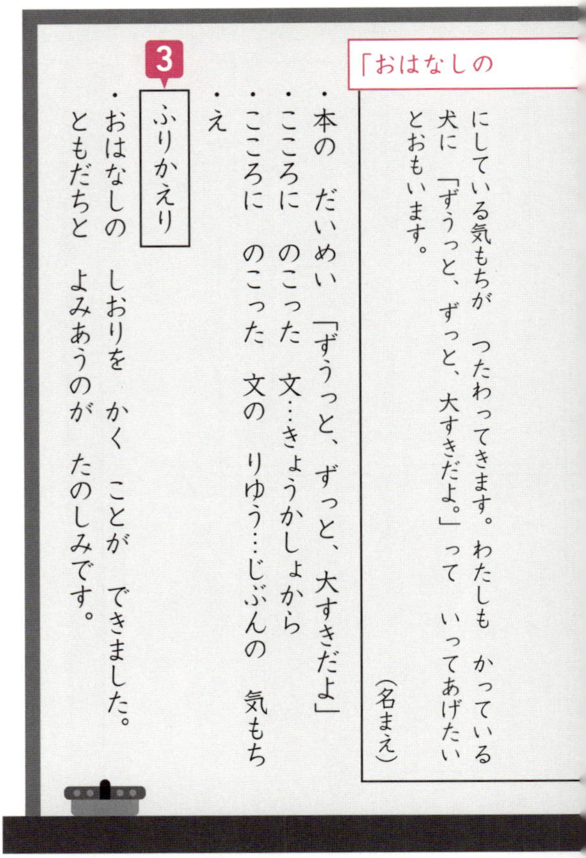

「おはなしの
にしている気もちが　つたわってきます。わたしも　かっている
犬に「ずうっと、ずっと、大すきだよ。」って　いってあげたい
とおもいます。
（名まえ）
・本の　だいめい「ずうっと、ずっと、大すきだよ」
・こころに　のこった　文…きょうかしょから
・こころに　のこった　文の　りゆう…じぶんの　気もち
・え
3
ふりかえり
・おはなしの　しおりを　かく　ことが　できました。
ともだちと　よみあうのが　たのしみです。

授業の流れ ▷▷▷

1 「おはなしの　しおり」を作ることを確認する〈5分〉

T　みなさんは、「ずうっと、ずっと、大すきだよ」のお話を読んできましたね。
・私もおうちで犬を飼っていてとても可愛がっています。エルフが死んで、とても悲しかったです。
・エルフは死んでしまったけれど、ぼくはいつまでもエルフのことを大好きに思っていて優しい気持ちになりました。
・優しい気持ちと悲しい気持ちがありました。
○前時までの学習を振り返り、同じ物語を読んでも人によって、いろいろな読み方、感じ方をしていることを確認する。
T　みんなで読んで話し合ったことを生かし、「おはなしの　しおり」を作りましょう。

2 「おはなしの　しおり」の書き方を知る〈10分〉

T　先生の「おはなしの　しおり」を見て、どんなことが書いてありますか。
・本の題名です。
・心に残った文です。
・心に残った文の理由です。
・絵も描いてあります。
T　みなさんは、一番悲しい文や一番優しい文とそのわけを考えてきましたね。それを心に残った文に書けるといいですね。
・「ある　あさ、目を　さますと、エルフが、しんで　いた。」のところです。
・「ぼくは、エルフの　あったかい　おなかを、いつも　まくらに　するのが　すきだった。」のところです。

しおりで、おはなしの　気もちを　つたえよう

ずうっと、ずっと、大すきだよ

1

「ずうっと、ずっと、大すきだよ」の　おはなしの　しおりを　つくろう。

学しゅうけいかく

①おはなしを　よんで、かんそうを　かこう。
②よんだ　かんそうを　こうりゅうしよう。
③おはなしの　ぜんたいを　よもう。
④かなしい　気もちに　なった　わけを　よもう。
⑤やさしい　気もちに　なった　わけを　よもう。
⑥こころに　のこった　文と　その　気もちを　かこう。
★⑦おはなしの　しおりを　つくろう。
⑧おはなしの　しおりを　よみあおう。

2

おはなしの　しおり

○本の　だいめい
「ずうっと、ずっと、大すきだよ」

○こころに　のこった　文
なにを　かっても、まいばん、きっと　いって　やるんだ。「ずうっと、ずっと、大すきだよ。」って。

教科書 P.115 の挿絵

○こころに　のこった　文の　りゆう
エルフがしんでしまっても、ずっとエルフのことを　たいせつ

しおり」を提示する。

3 「おはなしの　しおり」を書く〈30分〉

T　「おはなしの　しおり」を書きましょう。

・ぼくは、エルフが死んでしまって、悲しい気持ちになったところを、心に残ったところに書こう。

・私は、エルフは死んでしまったけれど、ぼくはいつまでもエルフのことを大切に思っていて優しい気持ちになったことを書くよ。自分が大切に飼っている金魚のことも書こう。

○まずは、文章を書く時間を十分に取るとよい。文章を書き終わってから、絵を描かせるとよい。

T　次回は、書いたしおりをクラスで読み合いましょう。振り返りを書きましょう。

よりよい授業へのステップアップ

ゴールの活動へつなぐ

第二次では、ぼくやエルフの行動から想像し対話的に読んできた。作成する「おはなしの　しおり」の心に残った文やそのわけにも生かすことができるように学習を振り返ることができるとよい。

自分の体験

しおりを書く際、第６時に書いたことを生かす。自分の感じた気持ちとそのわけを詳しく書けるとよい。自分の読みを書くことへとつなげ、友達の考えや感じたことを聞く楽しみにする姿も育てたい。

本時案

ずうっと、ずっと、大すきだよ　8/8

本時の目標

・友達のしおりの文章を読んで、思ったことや感じたことを伝え、学習を振り返ることができる。

本時の主な評価

❹「おはなしの　しおり」の文章を読んで感じたことや分かったことを共有している。【思・判・表】

資料等の準備

・学習計画用の模造紙　21-04
・教科書の挿絵（子供の意見に合わせて必要であれば掲示する。）
・教師作成の「おはなしの　しおり」の見本　21-01

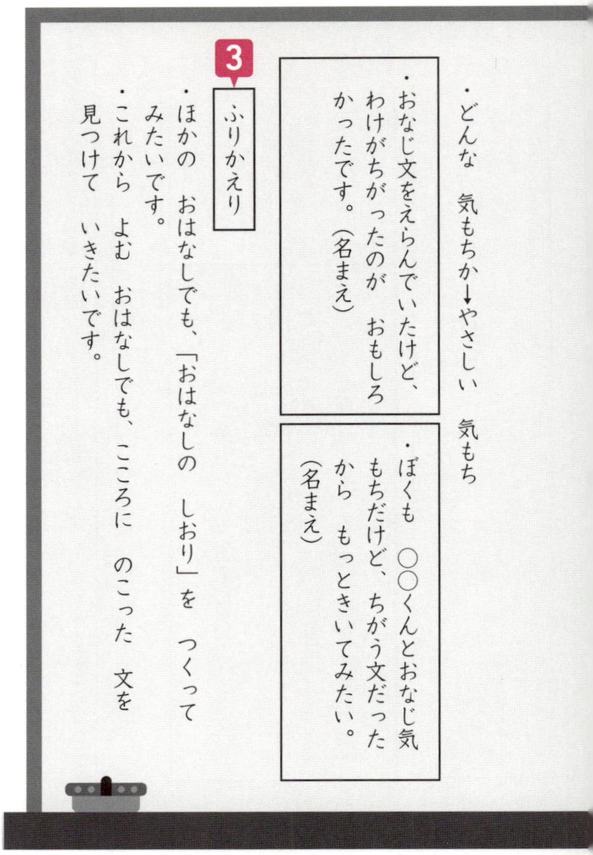

・どんな　気もちか↓やさしい　気もち
・おなじ文をえらんでいたけど、わけがちがったのが　おもしろかったです。（名まえ）
・ぼくも　○○くんとおなじ気もちだけど、ちがう文だったから　もっときいてみたい。（名まえ）
3
ふりかえり
・ほかの　おはなしでも、「おはなしの　しおり」を　つくってみたいです。
・これから　よむ　おはなしでも、こころに　のこった　文を見つけて　いきたいです。

授業の流れ ▷▷▷

1 書いた「おはなしの　しおり」から書く観点を思い出す　〈5分〉

T　いよいよ書いた「おはなしの　しおり」を読み合います。どんなことを書きましたか。

・本の題名です。
・心に残った文です。
・心に残った文の理由です。
・絵も描きました。

○教師のモデルの「おはなしの　しおり」を掲示し、書いた観点を確認する。

T　このようなことを書きましたね。「ずうっと、ずっと、大すきだよ」を読んで書いた「おはなしの　しおり」を読み合いましょう。心に残った文とそのわけについて、友達とどんなところが違うか比べながら読み合いましょう。

2 書いた「おはなしの　しおり」を読み合う　〈30分〉

T　「おはなしの　しおり」を生活班で回して読み合いましょう。読み終わったら心に残った文とそのわけについて、付箋紙に書いて伝えましょう。内容についてよかったところを伝えましょうね。では、友達と読み合いましょう。

・飼っている犬のことについて書いてあったので、大切にしている優しい気持ちを読んだことがよく分かったよ。
・ぼくも、この文が心に残ったよ。優しい気持ちが伝わってくるよね。

○「おはなしの　しおり」の内容でよかったところを付箋紙に書くことを確認する。

しおりで、おはなしの　気もちを　つたえよう

ずうっと、ずっと、大すきだよ

1 「ずうっと、ずっと、大すきだよ」の　おはなしの　しおりを　よみあおう。

学しゅうけいかく

①おはなしを　よんで、かんそうを　かこう。
②よんだ　かんそうを　こうりゅうしよう。
③おはなしの　ぜんたいを　よもう。
④かなしい　気もちに　なった　わけを　よもう。
⑤やさしい　気もちに　なった　わけを　よもう。
⑥こころに　のこった　文と　その　気もちを　かこう。
⑦おはなしの　しおりを　つくろう。
★⑧おはなしの　しおりを　よみあおう。

おはなしの　しおり

○本の　だいめい
「ずうっと、ずっと、大すきだよ」

○こころに　のこった　文
なにを　かっても、まいばん、きっと　いってやるんだ。「ずうっと、ずっと、大すきだよ。」って。

教科書 P.115 の挿絵

「おはなしの　しおり」を提示する。

○こころに　のこった　文の　りゆう
エルフがしんでしまっても、ずっとエルフのことを　たいせつにしている気もちが　つたわってきます。わたしも　かっている犬に「ずうっと、ずっと、大すきだよ。」って　いってあげたいとおもいます。

（名まえ）

3　交流したことを振り返って、単元の振り返りをする　〈10分〉

T　この学習では「おはなしの　しおり」を作ってきました。学習全体を振り返りましょう。

・他のお話でも、「おはなしの　しおり」を作ってみたいです。
・ぼくは友達と同じ文を選んでいたんですけど、わけが違ったのがおもしろかったです。
・○○さんは、「ずうっと、ずっと、大すきだよ」を読んで、悲しい気持ちになったと書いてあったけど、わたしは優しい気持ちになって違いました。でも、しおりを読んだら○○さんの考えも納得できました。

○単元全体の振り返りをする。

T　これから読むお話でも、心に残った文やそのわけを見つけていきましょう。

よりよい授業へのステップアップ

付箋紙の活用

感想をただ伝え合うのではなく、カードや付箋紙に感想を書かせ、その場で交流するとよい。交流の様子も残るので、評価もしやすい。

読書への好奇心

本単元での学びを通して、読書への好奇心を高めることへもつなげていきたい。読書に進んで取り組んだり、感じたことを表現したりすることができるようにしていくことができる。様々な「おはなしの　しおり」を作って、その本を紹介する活動も考えられる。

資料

1 第1時資料 「おはなしの　しおり」の見本 21-01

おもて

教科書 P.115 の挿絵

○本の　だいめい
「ずうっと、ずっと、大すきだよ」
○こころに　のこった　文
なにを　かっても、まいばん、きっと　いって
やるんだ。「ずうっと、ずっと、大すきだよ。」
って。

うら

○こころに　のこった　文の　りゆう
エルフがしんでしまっても、ずっとエルフのことを　たいせつ
にしている気もちが　つたわってきます。わたしも　かっている
犬に　「ずうっと、ずっと、大すきだよ。」って　いってあげた
いとおもいます。

年　くみ　名まえ（　　）

2 第１時資料　気持ちの語彙表 21-02

いろいろな　気もち

年　くみ　名まえ（　　　　）

- □ うれしい
- □ おもしろい
- □ よろこぶ
- □ わくわくする
- □ ほっとする
- □ 気もちが　いい
- □ よかったな
- □ おどろく
- □ どきどきする
- □ 気もちが　わるい
- □ しんぱいする
- □ こわい
- □ さびしい
- □ かなしい
- □ くるしい
- □ わるかったな
- □ つまらない
- □ ざんねん
- □ あんしん
- □ すき
- □ しあわせ
- □ うきうきする
- □ こまる
- □ くやしい
- □ おそろしい
- □ あわてる
- □ いやだな

にて　いる　かん字　（3時間扱い）

〔知識及び技能〕(1)エ

単元の目標

・形の似ている漢字の形や筆順に気を付けて、正しく読んだり書いたりすることで、第1学年で学習する漢字について理解を深めることができる。

評価規準

知識・技能	❶学年別漢字配当表に配当されている漢字を読み、漸次書き、文や文章の中で使っている。(〔知識及び技能〕(1)エ)
主体的に学習に取り組む態度	❷これまでの学習を生かして、進んで形の似ている漢字や筆順を間違えやすい漢字を見つけ、文の中で使おうとしている。

単元の流れ

時	主な学習活動	評価
1	**学習の見通しをもつ** 形の似ている漢字や筆順を間違えやすい漢字を正しく読んだり書いたりする。	❶
2 3	**学習を振り返る** 既習の漢字を正しく使って、1年生のまとめ漢字ブックを作成する。	❷

授業づくりのポイント

〈単元で育てたい資質・能力〉

本単元は、漢字を学習する1年生最後の単元に当たる。読んだり書いたりできる漢字も増えてきている。しかし、それらをばらばらに覚えるのでは、漢字への興味・関心をもちにくく、記憶にも残りにくい。本単元では、漢字を互いに関連付けて学習する。漢字同士の意味や形の関係を捉えたり、間違えやすい漢字の筆順を確認したりして、それぞれの漢字に興味・関心をもたせ、意欲的に学習できるようにすることが大切である。そして、1年生の既習の漢字の定着をより確かなものにする。

具体例

○ただ新出漢字を書かせるだけでなく、似ている2つの漢字の違いを言語化したり、例文を声に出して音声化したりすることを大切にしたい。文字の形に終始することなく、その漢字の表す意味についても考えさせるようにする。漢字の似ている部分に気を付けながら、区別して文の中で正しく使えるようにしていきたい。

〈教材・題材の特徴〉

漢字には、形が似ているものがあることに気付かせることのできる教材である。それぞれ2つの漢字を比べることで、漢字の形や筆順の違いをより鮮明に捉えることができるようになっている。形の似ている漢字として、「貝」「見」、「人」「入」、「右」「石」、「早」「草」、「学」「字」、筆順を間違えやすい漢字として、「右」「左」、「土」「上」が取り上げられている。まず、2つの漢字の似ているところと違うところ、筆順を確認する。次に、例文を通して新出の漢字を正しく読んだり、意味を確認したりする。さらに、自分で漢字を使った文を作ることで、定着を図ることができるようにする。

具体例

○2つの漢字を見比べることで、似ている漢字や間違えやすい漢字があることに気付かせる。2つの漢字の「どこが似ているか」「どこが違っているか」について、似ているところを囲みながら、クイズ形式で楽しく学習を進めたい。「「貝」「見」では上の「目」の部分が似ている」「7画目は違っている」「『貝』の7画目は『とめ』」「『見』の7画目は『まがった後にはね』ている」「『貝』と『見』は、よく見ると6画目の長さが少し違う」など、子供たちは、2つをよく見て比べることで、画の長さや向きにまで気付くことができるであろう。

〈言語活動の工夫〉

似ている2つの漢字について自分で説明できるようにしたい。さらに、既習の漢字の中から似ている漢字などを自分で見つけたり、その漢字を使った文を書いたりすることで、文の中で適切に漢字を使う力を高め、1年生の漢字学習のまとめとしたい。

具体例

○既習の漢字を関係付けて捉えさせたい。巻末の付録などを見ながら、例えば、「形が似ている漢字」、「筆順を間違えやすい漢字」、「同じ部分をもつ漢字」、「似た意味の漢字」、「反対の意味の漢字」などの視点を示し、関連付けることのできる漢字を集める。そして、1年生のまとめとして「漢字まとめブック」を作成する活動を行う。

○2つの漢字の似ているところや、筆順を説明するとき、上、下といった位置を表す言葉だけでなく、「はね」「はらい」「とめ」「曲がり」「何画目」等の言葉を使って話せるようにしていきたい。

本時案

にて　いる かん字　1/3

本時の目標

・形の似ている漢字の形や筆順を間違えやすい漢字の筆順に気を付けて、正しく読んだり書いたりすることができる。

本時の主な評価

❶学年別漢字配当表に配当されている漢字を読み、漸次書き、文や文章の中で使っている。【知・技】

資料等の準備

・十字リーダー線の入ったますめの黒板

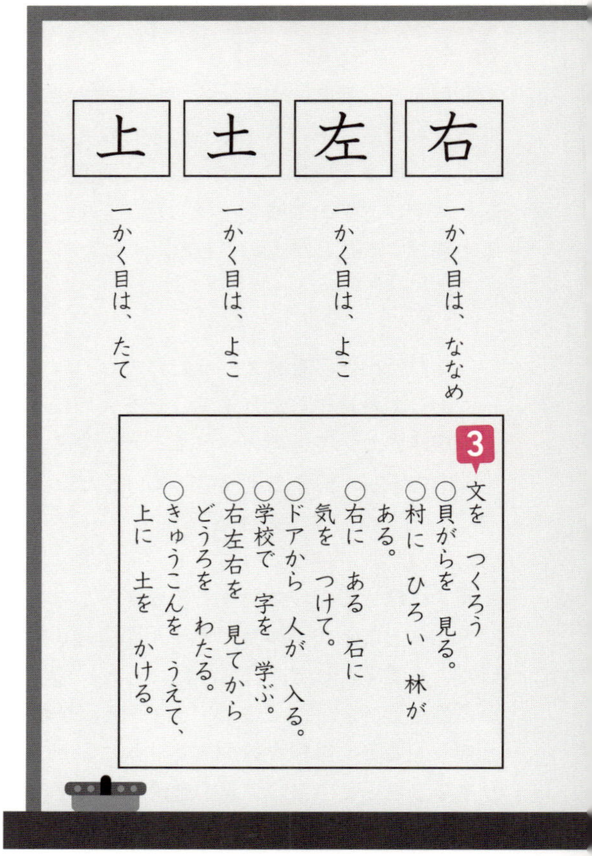

右
一かく目は、ななめ
左
一かく目は、よこ
土
一かく目は、よこ
上
一かく目は、たて
3
文を　つくろう
○貝がらを　見る。
○村に　ひろい　林が　ある。
○右に　ある　石に　気を　つけて。
○ドアから　人が　入る。
○学校で　字を　学ぶ。
○右左右を　見てから　どうろを　わたる。
○きゅうこんを　うえて、上に　土を　かける。

授業の流れ ▷▷▷

1 形の似ている漢字の似ているところと違うところを見つける〈10分〉

T　「貝」と「見」では、どこが似ていますか。どこが違っていますか。似ているところを赤鉛筆で、違っているところを青鉛筆で囲んでみましょう。

・上の部分「目」が同じです。

・下の部分が違います。

・「貝」の７画目はななめで、とめです。「見」の７画目は下におりて横に曲がって最後は上にはねています。

○「何画目」、「はね」「はらい」「とめ」などの言葉を使って説明できるようにしていく。

T　「村」と「林」、「右」と「石」、「人」と「入」、「学」と「字」も似ているところを赤鉛筆で、違っているところを青鉛筆で囲んでみましょう。

2 筆順を間違えやすい漢字の筆順を予想する〈10分〉

T　間違えやすいか書き順をたしかめましょう。

「右」と「左」の１画目はそれぞれどこでしょうか。１画目を赤鉛筆で囲んでみましょう。

・「右」は左はらいから書きます。「左「は横画から書きます。

T　「土」と「上」の１画目はそれぞれどこでしょうか。１画目を赤鉛筆で囲んでみましょう。

・「上」はたて画から、「土」は横画から書きます。

○正しい筆順を覚えられるように、指でなぞったり、空書きしたりして確かめたりする。

にて いる かん字

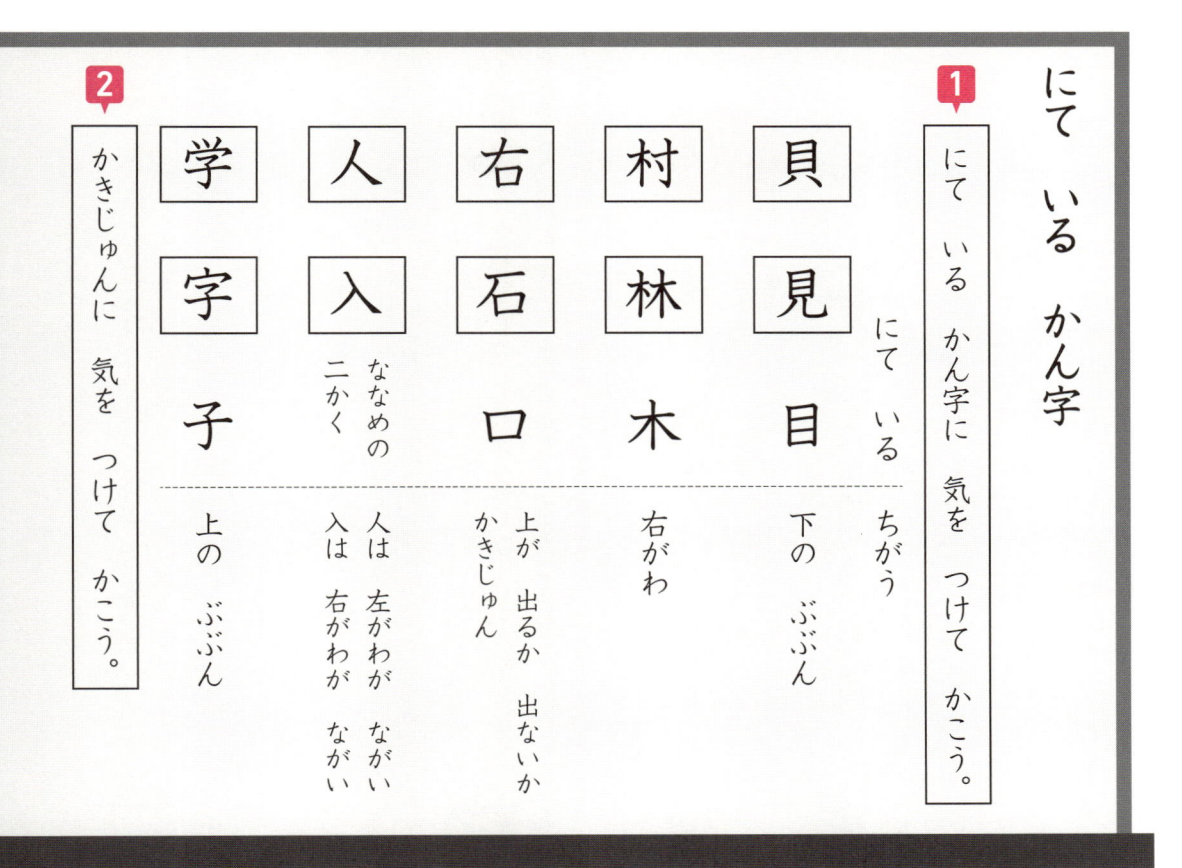

1 にて いる かん字に 気を つけて かこう。

にて いる			ちがう
貝	見	目	下の ぶぶん
村	林	木	右がわ
右	石	ロ	上が 出るか 出ないか かきじゅん
人	入	ななめの 二かく	人は 左がわが ながい 入は 右がわが ながい
学	字	子	上の ぶぶん

2 かきじゅんに 気を つけて かこう。

3 形の似ている漢字や筆順を間違えやすい漢字を使った文を作る〈15分〉

T　形の似ている漢字や、筆順を間違えやすい漢字を使って、文を作りましょう。

・貝がらを見る。
・村にひろい林がある。
・右にある石に気をつけて。
・ドアから人が入る。
・学校で字を学ぶ。
・右左右を見てからどうろをわたる。
・きゅうこんの上に土をかける。

○一文の中に似ている漢字２つを使えたらよいが、１つでもよいことにする。

4 作った文を発表し合い、学習を振り返る〈10分〉

T　今日は、形や書き順が似ている漢字を学習しました。形や書き順に気を付けて書くことができましたか。

・筆順は間違えていることがあるので、気を付けたいです。
・他にも形の似ている漢字や間違えやすい書き順があると思います。

T　１年生の漢字の学習のまとめとして、「じどうしゃくらべ」の「車図鑑」のように、形や筆順を間違えやすい漢字などを集めて、１冊にまとめて「漢字まとめブック」ができそうですね。

本時案

にて　いる かん字

2・3/3

本時の目標

・「漢字まとめブック」の作成を通して、1年生で学習した漢字への理解を深めることができる。

本時の主な評価

❷これまでの学習を生かして、進んで形の似ている漢字や筆順を間違えやすい漢字を見つけ、文の中で使おうとしている。【態度】

資料等の準備

・似ている漢字や間違えやすい漢字を集めた本や、1年生の漢字を集めた本など
・「漢字まとめブック」にするための学習カード

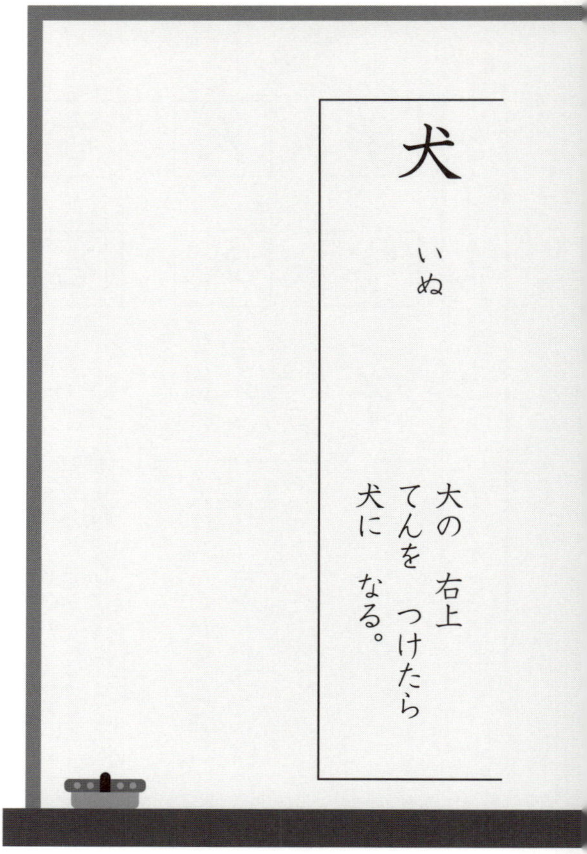
犬
いぬ
大の　右上
てんを　つけたら
犬に　なる。

授業の流れ ▷▷▷

1 「漢字まとめブック」の作り方や内容について意見を出し合う 〈第2時〉

T 「漢字まとめブック」の作り方や内容について、考えましょう。

・間違えやすい漢字を、教科書や漢字ドリルから探したらいいと思います。
・漢字の本でも調べられると思います。
・漢字だけでなく、読み方も取り入れたいです。
・間違えないようにするために、気を付けることや覚え方を取り入れたらいいと思います。
・前の時間に作った、その漢字を使った文も取り入れたいです。

○個人で作ったものをグループでまとめたり、学級でまとめたりして、「漢字まとめブック」にする。

2 漢字を集め、文や覚え方を考える 〈第2時〉

T 「漢字まとめブック」に載せる漢字を集めて、覚え方や例文などを考えましょう。

・教科書にある漢字は間違えやすいので、載せたいと思います。
・「大」と「犬」はよく似ています。「大」と「犬」の覚え方は、「大の右上　点を付けたら犬になる」。文は、「大きな犬にあう」。
・「天」も「大」と似ています。

○「形が似ている漢字」、「筆順を間違えやすい漢字」の他に、「同じ部分をもつ漢字」、「似た意味の漢字」、「反対の意味の漢字」等の視点も示し、漢字をたくさん集めることができるようにする。

○ペアやグループで相談したりアドバイスしたりしながら考える。

にて いる かん字

1

「かん字ブック」を つくろう。

つくりかた

○かん字を あつめる。

…きょうかしょ、ドリル、本から しらべる。

…かたちが にて いる かん字

かきじゅんを まちがえやすい かん字

にた いみの かん字

はんたいの かん字 など

○よみかた、れいぶん、おぼえかた などを

かく。

○「かん字ブック」に まとめる。

3 2

かたちの にて いる かん字

かん字	よみかた	文・おぼえかた
大	おお（きい）	大きな 犬に あう。

3 「漢字まとめブック」にまとめるためのカードを書く 〈第３時〉

T 集めた漢字、読み方、文や覚え方をカードに書きましょう。

○でき上がった覚え方や文を音読して確かめましょう。

T でき上がったカードを友達と読み合いましょう。

・○○さんのが「大」と「小」や、「上」「下」という反対の意味の漢字をカードに集めていたのが、いいと思いました。

・「右」と「左」は、間違えやすい書き順の漢字ですが、反対の意味の漢字でもありました。

・「漢字まとめブック」を作って、間違えやすい漢字がよく分かりました。

よりよい授業へのステップアップ

漢字のまとめの学習にするための工夫

1 言語活動

これまで学習したことのまとめとして、「漢字まとめブック」を作る、漢字カルタを作るなど、主体的に取り組めるような活動にしたい。

2 例文作り

自分で覚え方を考えたり、例文を作ったりすることで、文の中で正しく適切に漢字を使えるようにする。

3 字形

漢字の字形を意識して丁寧に書けるようにするために、十字リーダー線の入ったますめを使用する。

いい　こと　いっぱい、一年生　（10時間扱い）

〔思考力、判断力、表現力等〕Ｂ書くことア、イ　関連する言語活動例Ｂ(2)ア

単元の目標

・１年間を振り返り、心に残ったことの中から伝えたい話題を選ぶことができる。
・心に残ったことを、今までの学習した書く力を生かして書くことができる。

評価規準

知識・技能	❶言葉には、物事の内容を表す働きや、経験したことを伝える働きがあることに気付いている。（〔知識及び技能〕(1)ア）
思考・判断・表現	❷「書くこと」において、経験したことや想像したことなどから書くことを見つけ、必要な事柄を集めたり確かめたりして、伝えたいことを明確にしている。（〔思考力、判断力、表現力等〕Ｂア） ❸「書くこと」において、自分の思いや考えが明確になるように、事柄の順序に沿って簡単な構成を考えている。（〔思考力、判断力、表現力等〕Ｂイ）
主体的に学習に取り組む態度	❹進んで一年間を思い出して自分の伝えたいことを見つけ、学習の見通しをもって文章に書いて伝えようとしている。

単元の流れ

次	時	主な学習活動	評価
一	1	**学習の見通しをもつ** １年生の１年間を振り返り、どんないいことがあったかを思い出す。 新１年生のために「おもい出ブック」を作ることを知る。	
二	2	「おもい出ブック」の文章イメージを共有し、自分が書きたいテーマを決める。	❷❹
	3	思い出の出来事を思い出し、メモに書き起こす。	❸
	4	書き方や順序を考えて、下書きする。	❸❹
	5	友達と読み合い推敲し、清書する。	❶❸
	6	２枚目のページに書くものを決め、メモを作る。	❸
	7	構成を考えて下書きする。	❸❹
	8	友達と読み合い推敲し、清書する。	❶❷
	9	書いた文章を読み合い、一年間を振り返る。	❹
三	10	**学習を振り返る** 「おもい出ブック」を仕上げる。	❶

授業づくりのポイント

〈単元で育てたい資質・能力〉

本単元のねらいは、１年間の成長や出来事を振り返り、よかったことやできるようになったことなど、心に残った伝えたい思いを見つけ、言葉や順番を選びながら書く力を育てることである。また、自分の１年を振り返ることで、いろいろなことができるようになったことに気付き、成長を喜ぶ気持ちを感じさせたい。

具体例

○１時間目の時間では、全体で１年生を振り返り、発表をさせてよかったことや成長したことで黒板をいっぱいにしたい。自分で思い出せない子供もいるので、友達の発表を聞いてあったことを思い出したり、自分も成長していたことに気付くきっかけにする。

〈教材・教具の特徴〉

この教材は、１年生の学習の総まとめとなる学習である。１年間を思い出し、自分の成長したことや感じたことを、伝えたい思いをもって書けるようにしたい。長音、拗音、促音、撥音などの表記、助詞の「は」「へ」及び「を」の使い方、句読点の打ち方、かぎの使い方などを振り返ったり使ったりすることができる。

具体例

○表記の問題や助詞は書いていると自然と出てくるが、主述や「」は意図的に使う場面を作ったり声を掛けたりしないと出てこないことがある。「おうちの人と話したことや、友達に言われたことを入れよう」と条件を提示すると、子供も意識して使うことができる。

〈言語活動の工夫〉

書きたい話題を決めて書き、読み直してページを完成させる。全員のページを集めて「１年生のおもい出ブック」としてまとめる。次の１年生や、お父さんお母さんなどにも読んでもらいたいという思いを原動力に、主体的に学習に取り組めるようにする。

具体例

○書いた文章を本にすることで読み手が意識され、意欲をもって書くことに取り組むことができる。

○１年生の子供は書いたことで満足してしまい、気持ちが推敲に向かないことが多い。そこで、読んでもらう人がいることを思い出させ、書き間違いがないか気を付けて読み返す必然性を感じさせることで、書いたものを読み返す意欲につなげることができる。

本時案

いい こと いっぱい、一年生

1/10

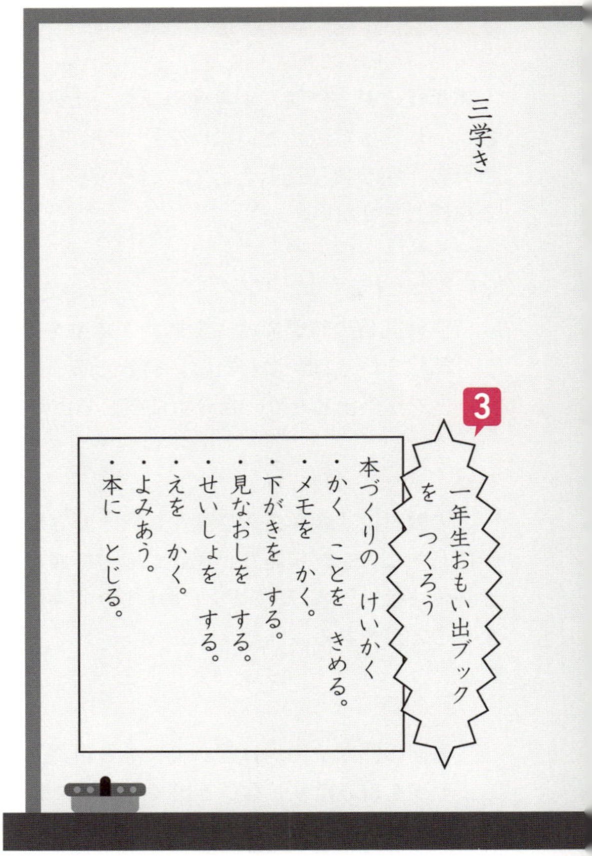
三学き
3
一年生おもい出ブック を つくろう
本づくりの けいかく
・かく ことを きめる。
・メモを かく。
・下がきを する。
・見なおしを する。
・せいしょを する。
・えを かく。
・よみあう。
・本に とじる。

本時の目標

・1年生でどんないいことがあったか思い出し、新1年生のために思い出ブックを作る意欲をもつことができる。

本時の主な評価

・1年間を振り返って、楽しかったことやできるようになったことを思い出し、みんなに伝えようとしている。

資料等の準備

・思い出の短冊 23-01
・一年間の写真など

授業の流れ ▷▷▷

1 1年生の1年間を振り返る 〈15分〉

T 小学校に入学して、もうすぐ2年になります。初めてやったことや、楽しかったこと、できるようになったことがたくさんありましたね。どんなものがありましたか。
・運動会が楽しかった。
・給食がおいしくて、みんなで食べて楽しかった。
・平仮名が書けるようになってうれしかった。
T 1年生で楽しかったこと、できるようになったことを、思い出してワークシートに書きましょう。
○心に残っているものを表出させるため、書かせる。思い出せない子供には、写真を参考にするよう声を掛ける。

2 自分の1年間のよかった思い出を発表する 〈20分〉

T 1年生で楽しかったこと、できるようになったことには何がありますか。
・プールで、顔を水につけられるようになった。
・そら豆の皮むきが楽しかった。
・みんなで考えた花丸パーティーが楽しかった。
・6年生に遊んでもらったのも、楽しかった。
○子供の発言を、次回も使えるように短冊に書いていき、教員は1年間の流れで分類をしながら貼っていく。
○子供から出てこなくても、思い出してほしいものについては、教員から、「こんなこともあったね」と、声を掛けるようにする。

いい こと いっぱい、一年生

◎一年生の 一年を、ふりかえろう。

2 1

一学き

たのしかった こと

- にゅう学しき
- 一年生を むかえる かい
- きゅうしょく
- 学校たんけん
- とうもろこしの かわむき
- うんどうかい
- せきがえ
- 六年生と あそぶ
- えんそく
- たてわりはんあそび
- よみきかせ
- プール
- ねん土
- おりがみ

できるようになった こと

- あさの したく
- 名ふだつけ
- そうじ
- ひらがな
- たしざん ひきざん
- ダンス
- ボールなげ
- かかり
- はっぴょう
- スピーチ
- ノートを かく

二学き

1年の撮りだめてきた写真を黒板の周りに張り巡らしておくと、思い出す手助けになる。

学期ごとにあったことを並べて板書することで、本にする際の並べ方の手助けになる。また、短冊にすることで間に増やしたり、分担する際に短冊を渡して割り振ることができる。

3 来年の1年生のためにできることを考え、学習計画を立てる 〈10分〉

T 入学した頃の自分は、小学校に来ることをどんなふうに思っていましたか。

・楽しみ。早く勉強したい。

・できるかな？ 初めてで怖くてドキドキする。

T 1年生の楽しいこと、できるようになったことがこんなにありました。もうすぐ、次の1年生が入学します。ワクワクしてたり、不安だったりします。できることはありますか。

・楽しいことを知らせたい。

・できるようになって楽しいと知らせたい。

T では、1年生思い出ブックを作って、プレゼントしましょう。「1年生は楽しい」ということを、伝えましょう。

○子供とやり取りしながら学習計画を立てる。

よりよい授業へのステップアップ

1年間を思い出しやすくする工夫

教室に1年間を振り返る写真コーナーを作り、思い出すきっかけにしたい。

教師は、1年間でやったことの下調べをしておき、子供から出たものを短冊にし順番に並べられるようにしておく。また、出なかったもので思い出させたいものについては、声を掛けていく。

主体的な活動に導く工夫

「新1年生の役に立ちたい」という気持ちが主体的な学習の機動力になる。自分たちの思いで学習が始まったと思えるように、教師の言葉掛けを工夫したい。

本時案

いい　こと　いっぱい、一年生

2/10

本時の目標

・「おもい出ブック」の文章の内容を考え、伝えたい内容を考えることができる。

本時の主な評価

❷「おもい出ブック」の文章の構成を考え、どのようなメモが必要か考えている。【思・判・表】

❹自分の経験の中から書きたいテーマを決めようとしている。【態度】

資料等の準備

・前回の短冊
・一年間の写真など
・メモのワークシート（拡大、子供用） 23-02
・例文

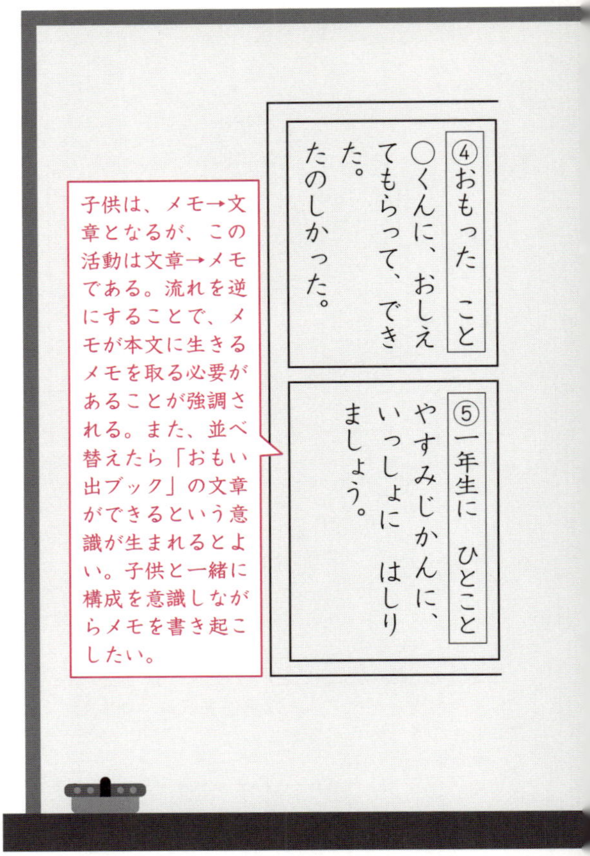

④おもった　こと
○くんに、おしえてもらって、できた。
たのしかった。
⑤一年生に　ひとこと
やすみじかんに、いっしょに　はしりましょう。
子供は、メモ→文章となるが、この活動は文章→メモである。流れを逆にすることで、メモが本文に生きるメモを取る必要があることが強調される。また、並べ替えたら「おもい出ブック」の文章ができるという意識が生まれるとよい。子供と一緒に構成を意識しながらメモを書き起こしたい。

授業の流れ ▷▷▷

1 「おもい出ブック」に書く内容を確認する 〈15分〉

T　1年生の「おもい出ブック」に、書くことを考えましょう。自分にしか書けない、最高の1ページにしたいですね。運動会について書いてみました。どうですか。

○簡素な例文を出し、どのようなページや文章にしたらよいかを考え、肉付けさせる。

・何が楽しかったのか詳しく書いたほうがいい。
・絵もないと、読めない子もいると思う。

T　詳しく思い出しました。「腕を振って走るといいよ」と、○君がコツを教えてくれたんですね。「」で書くのはどうですか。

・いいね。1年生に一言もあったらいいです。

○どんな内容があると、新1年生がうれしいか、分かりやすくなるか確認し、内容をまとめる。

2 思い出メモの書き方を学ぶ 〈15分〉

T　1年間で一番楽しかったこと、できるようになったことを思い出して、本を書くためのメモを作りましょう。先生とみんなで作ったかけっこのページを見てみましょう。

○拡大ワークシートを用意する。子供とやり取りしながらメモを完成させ、モデルとする。

T　お部屋が5つあります。「運動会のかけっこが楽しかった」のは、どこに入りますか。

○一文ずつ読んで、どの項目の情報かを意識させる。教師がワークシートに書き込み、例文を作ることで次回のメモ作りに生かす。

T　このようなメモがあると、「おもい出ブック」が書けそうですね。

いい こと いっぱい、一年生

1

◎おもい出ブックに かく ことを かんがえよう。

本に かく こと

○つたえたい こと → ○りゆう ○くわしく
○いった こと
○いわれた こと
○おもった こと
○一年生に ひとこと

（　　　　　）
うんどうかいの、かけっこがたのしかったです。どうしてかというと、はやく はしれたからです。◯くんに、「うでをふってはしるといい。」とおしえてもらって、はやくなりました。
みんなも、やすみじかんに、いっしょに はしりましょう。

黒字部分の例文で提示をし、「理由」「くわしく」等の子供の意見により赤字部分を付け足して、完全版の例文をみんなで作る。その際、新1年生への一言等も意見が出なければ、あるとどうか比較させて提示していくとよい。

2

一年生 おもい出ブック メモ

①つたえたい こと
うんどうかいの かけっこが たのしかった。

②りゆう
はやく はしれる ようになったから。

③いった・いわれた
「うでを ふると いいよ。」といわれて、やったらはやくなった。

3 「おもい出ブック」に書く題材を決める〈15分〉

T みなさんも新1年生のために、どの思い出を伝えたいか、決めましょう。楽しかったことでもできるようになったことでもいいですね。いろいろ思い出せそうなものがいいですね。決まったら、「伝えたいこと」に書きます。

○2枚目も書くので、今回は伝えたい思い出を重視し、思い出が重なっていても問わない。

T 書きたいことが決まった人は、発表してください。伝えたい理由も言いましょう。

・学芸会の劇を書きます。力を合わせて歌って、ワクワクしたからです。

○こうした友達の発表を聞いて、決められない子供の手立てにしたい。次回までに考える時間も与えたい。

よりよい授業へのステップアップ

主体的な「書く」の活動を促す工夫

「書くこと」について子供たちは1年間学習を重ねてきた。内容については教師が提示するのではなく、子供と一緒にどうしたらよいかを考える時間をもつ。自分たちで考えた内容であると、注意して書いたり、よりよく工夫して書いたりする意識が高まる。

1年生なので、出てこない部分は教師が提案し、「なるほど」「あったほうがよい」等、子供の同意を得たうえで補足するようにする。

本時案

いい　こと　いっぱい、一年生

3/10

本時の目標

・伝えたいことの様子を思い出して、メモに書くことができる。

本時の主な評価

❸自分の経験を思い出して書くことを見つけ、伝えたいことを明確にしてメモしている。【思・判・表】

資料等の準備

・思い出の短冊
・メモのワークシート（拡大、子供用）

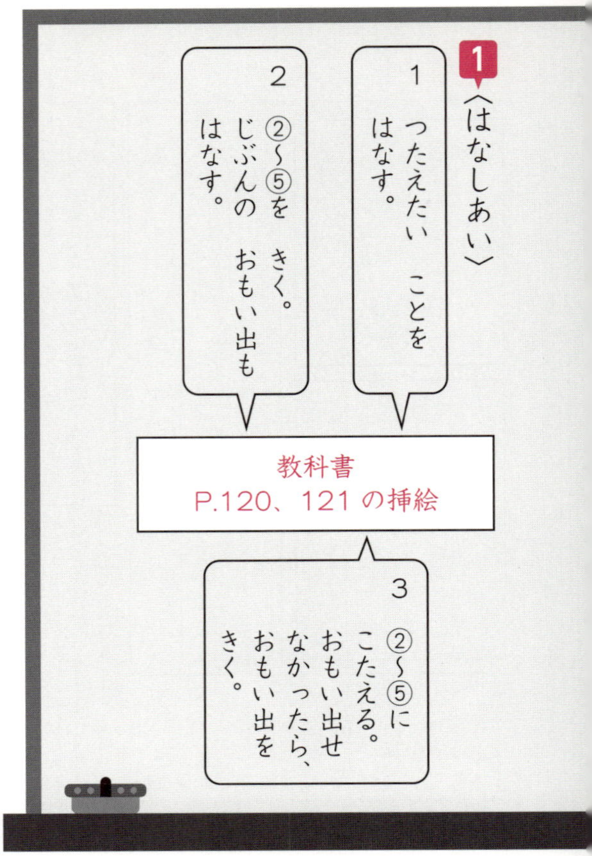

1
〈はなしあい〉
1 つたえたい　ことを はなす。
2 ②～⑤を　きく。 じぶんの　おもい出も はなす。
教科書
P.120、121 の挿絵
3 ②～⑤に こたえる。 おもい出せ なかったら、 おもい出を きく。

授業の流れ ▷▷▷

1 友達と話し、自分が伝えたいことについて、詳しく思い出す〈15分〉

T　「おもい出ブック」のメモを書きます。みんなは「おもい出ブック」を作ってどうしたいですか。

・新1年生に読んでもらって小学校の楽しいことを知ってほしい。

T　では、伝えたいことを伝わるようにそのときのことを思い出しましょう。お隣さんに何を伝えたいか話します。お隣さんは、②～⑤を聞きましょう。自分の、そのときの話しをしてあげると、思い出しやすいです。

〇子供とデモンストレーションをする。教師が質問者に回る。

T　では、思い出しタイム始めです。２人でそのときのことを思い出してみましょう。思い出せないことが多い人は、変えてもいいです。

2 思い出したことを思い出メモに書く〈20分〉

T　今思い出したことをメモに書きます。思い出せなくて困っている人は、みんなにそのときのことを聞けますから手を挙げましょう。

・学校探検のときに言ったことや言われたことはないかな。

・私は２年生に「分からなかったらまた案内してあげるよ」と言われてうれしかったよ。

・図工室では絵が描けると聞いてうれしかったんだった。思い出したよ、ありがとう。

〇考え付かない子供の声をみんなに届ける場を作ることで思い出しやすい状況にしたい。

〇手が挙げられない子供には教師が机間指導をして、聞き取り困っていることを全体に伝えるなど工夫したい。できた子供は、積極的にアドバイス役をさせるとよい。

いい こと いっぱい、一年生

1 おもい出して、くわしく メモを かこう。

1 一年生 おもい出ブック メモ

①つたえたい こと
うんどうかいの かけっこが たのしかった。

②りゆう
はやく はしれる ようになったから。

③いった・いわれた
「うでを ふると いいよ。」といわれて、やったらはやくなった。

④おもった こと
○くんに、おしえて もらって、できた。たのしかった。

⑤一年生に ひとこと
やすみじかんに、いっしょに はしりましょう。

3 学習を振り返り、次回への見通しをもつ〈10分〉

T　自分の書いたメモを読み返しましょう。次に、お隣さんにメモを読んで、自分の伝えたいことを伝えましょう。番号順に読むといいですね。

T　今日のメモ作りの感想を発表しましょう。

・みんなに相談したら、②～⑤の全部を思い出せました。
・話しながら思い出すのが楽しかったです。
・伝えたいことが書けました。
・友達のも知ることができて楽しかったです。

T　今日はメモができました。次回は、メモを使って下書きをしましょう。

よりよい授業へのステップアップ

困ったときの解決の工夫

書きぶりが分からない、思い出せない、何を書いていいか分からない、書くことが見つからないなど、1年生には様々な悩みがある。できるだけ、子供同士のやり取りで解決できるよう導いていきたい。今回は、話し合いと、全体に向かって投げかける方法を取った。また、早く終わった子供が巡回をして、困っている子供を助けることも可能である。それでも解決しない場合には、教師の支援が必要である。

本時案

いい　こと いっぱい、一年生

4/10

本時の目標

・自分の思いが伝わるように事柄の順序を考えて、文章を書くことができる。

本時の主な評価

❸自分の思いが伝わるように、構成を考えて文章を書いている。【思・判・表】
❹自分の伝えたいことを伝えるために、進んで書こうとしている。【態度】

資料等の準備

・メモのワークシート（拡大←5項目で切り分ける、子供用）
・下書き用紙
・例文の紙

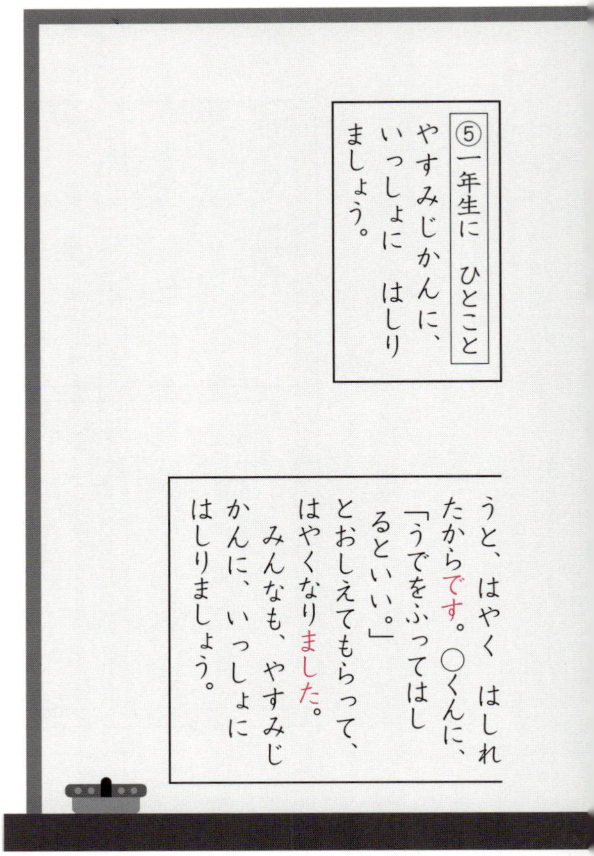

⑤一年生に　ひとこと
やすみじかんに、
いっしょに　はしり
ましょう。
うと、はやく　はしれ
たからです。〇くんに、
「うでをふってはし
るといい。」
とおしえてもらって、
はやくなりました。
みんなも、やすみじ
かんに、いっしょに
はしりましょう。

授業の流れ ▷▷▷

1 書く内容を振り返り、書く順序を考える 〈10分〉

T　今日は、メモを使って下書きをします。どうして「おもい出ブック」を作るのでしたか。
・新1年生が学校が楽しくなるようにです。
T　では、新1年生が読んだり聞いたりして、分かりやすいように書きましょう。前回書いたメモを見ましょう。こんな順序で書くのはどうでしょう（⑤②④①③等並べてみる）。
・1年生に一言から始めるのは、変です。
・伝えたいことから書くのが分かりやすいです。
T　では、どんな順序が分かりやすいですか。
・伝えたいことと理由をつなげるとよいです。
・一言は最後がいいと思います。
〇全体で考えて順序を決めることで、順序に意味があることを意識付ける。

2 メモを並び替えて順序を決め、下書きをする 〈30分〉

T　このまま書けば、いいかな。読んでみましょう。
・です、ますとしたほうがいい。
・なぜならとか、入れるといい。
T　書いていないものも付け足したり、ちょっと変えたりすることが必要なんですね。「です」「ます」を使って書いてみましょう。
〇始めは1字分空けること、「」は、新しい行から書くことを確かめる。例文の紙を示しながら確認し、分からなくなった際に、例文に立ち戻ることができるようにする。
〇下書きができた子供には、ちびっこ先生となって、困っている友達にアドバイスをするように声を掛ける。

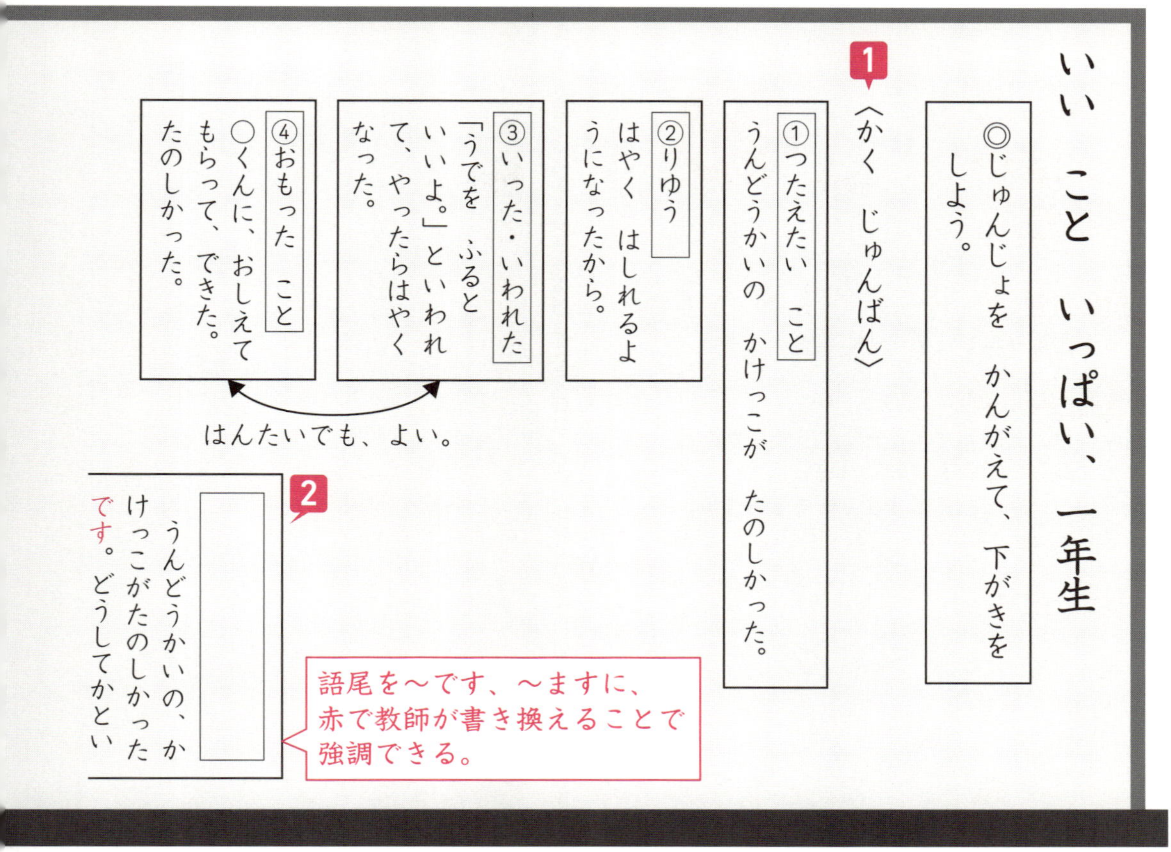

いい こと いっぱい、一年生
◎じゅんじょを かんがえて、下がきを しよう。
1
〈かく じゅんばん〉
①つたえたい こと
うんどうかいの かけっこが たのしかった。
②りゆう
はやく はしれるようになったから。
③いった・いわれた
「うでを ふると いいよ。」といわれて、やったらはやくなった。
④おもった こと
○くんに、おしえてもらって、できた。たのしかった。
はんたいでも、よい。
2
うんどうかいの、かけっこがたのしかったです。どうしてかとい
語尾を～です、～ますに、赤で教師が書き換えることで強調できる。

3 学習を振り返り、次回の見通しをもつ 〈5分〉

T　下書きを読み直しましょう。下書きを発表してください。

○2、3人の書いた下書きを聞くことで、参考にできるようにする。

T　今日の学習の感想を発表してください。

・玉入れのおもしろかったことが書けました。

・みんなが書いたものが楽しみです。

・1年生に早く読んでほしいです。

T　次回は、今日書いた下書きが、新1年生に伝わるかなと考えたり、もっとよくならないか考えたりします。清書もしたいですね。

よりよい授業へのステップアップ

文の構成を意識させる工夫

前時に全体で作成したメモを、並べ替え文章化する。そうすることで、メモから文にする方法が分かる。わざと順序を変えると、子供が文の違和感に気付き、書くことの構成に目を向けるきっかけとなる。

複数枚書くことを考えて段階的に指導し、徐々に子供に任せていくとよい。1枚目は、「伝えたいこと」「理由」は、そろえて書くことができると、書くことが苦手な子供には安心である。うまく書けている子供の作品をどんどん紹介して、書き方の参考にしたい。

本時案

いい　こと　いっぱい、一年生

5/10

本時の目標

・下書きを読み直し、清書することができる。

本時の主な評価

❶言葉には、経験したことを伝える働きがあることに気付いている。【知・技】

❸自分の思いが伝わるように、構成を考えている。【思・判・表】

資料等の準備

・思い出の短冊
・下書き（教師のもの、子供のもの）
・清書用紙
・見直しポイントの紙

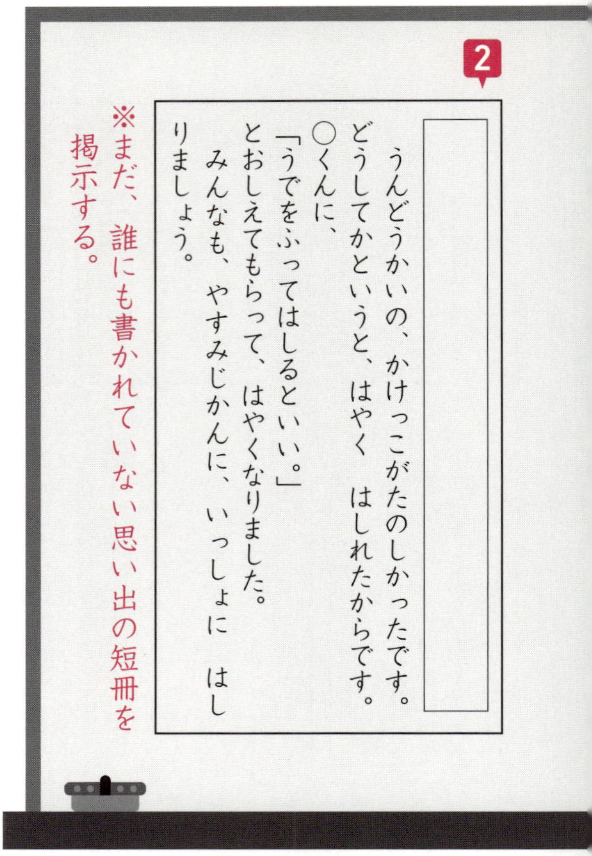
2
うんどうかいの、かけっこがたのしかったです。
どうしてかというと、はやく　はしれたからです。
○くんに、
「うでをふってはしるといい。」
とおしえてもらって、はやくなりました。
みんなも、やすみじかんに、いっしょに　はし
りましょう。
※まだ、誰にも書かれていない思い出の短冊を
掲示する。

授業の流れ ▷▷▷

1 下書きを読み直す 〈10分〉

T　今日は、見直し探偵になって、間違いがないか探しましょう。お仕事は３つです。①字の間違いを探します。「です、ます」も見ましょう。②順番は、分かりやすくなっているかを見ます。③よいところを探します。まず、自分で声に出して読みます。直すところを見つけたら赤で直しましょう。

T　次は、お隣さんの作品にアドバイスをしましょう。①分からないところがあったら聞きましょう。②直したほうがよいところがあったら、優しく教えてあげましょう。③思い出がよく伝わったら、「ここがよかったよ」と伝えましょう。

2 見直しを振り返り、清書をする 〈30分〉

T　アドバイスをもらって、直したいことがある人は、直しましょう。

○直せたことを認め、褒める。

T　見直したり、アドバイスをもらったりしてよかったことはありますか。

・褒めてもらえました。

・間違いを教えてもらってよかったです。

T　では、清書をします。本になるので、きれいな字でゆっくり落ち着いて書きましょう。

　最初に１マス、新１年生に一言で１マス、空けるのを忘れないようにしましょう。

いい　こと　いっぱい、一年生

◎ともだちに　よんで　もらい、文しょうを
かんせいさせよう。

1

「見なおしたんてい」の　しごと
① 字の　まちがいを　さがす。
② じゅんばんが　わかりやすいか
見る。
③ いい　ところを　さがす。

アドバイス
① わからない　ことを　きく。
② まちがいは　おしえる。
③ よかった　ところを　つたえる。

きいて　もらって　よかった　こと
○ほめて　もらえた。
○まちがいに　気づけた。
○わかりやすく　なった。

3　学習を振り返る　〈5分〉

T　清書できましたか。今日の学習の感想を発表してください。

・見直したので、よい文が書けました。
・1年生が読んでくれるといいと思います。

T　これで、みんな1ページずつできました。みんなが書いていないものがこんなにありますが、どうしますか。

○子供たちが書いていないものの短冊だけ並べて示す。

・もう1ページずつ書けそうです。
・次は、どれを書こうかな。みんな違うのがいいと思います。

T　次回は2ページ目の内容を決めましょう。

よりよい授業へのステップアップ

推敲の工夫

1年生は書いて満足してしまうので、「探偵の仕事」として間違いを探す、友達に声を出して読んでもらうなどの方法での推敲が考えられる。1年生は、文の内容までは難しい。語尾、誤字などが訂正できるとよい。

子供によっては、アドバイスに対して意地悪を言われたと認識する場合もある。アドバイスしてもらってよかった、直せたという子供の発言を大いに称賛し、よりよくするために友達の言葉を受け入れられたことを認め、親切にされているという印象をもたせたい。

本時案

いい　こと　いっぱい、一年生

6/10

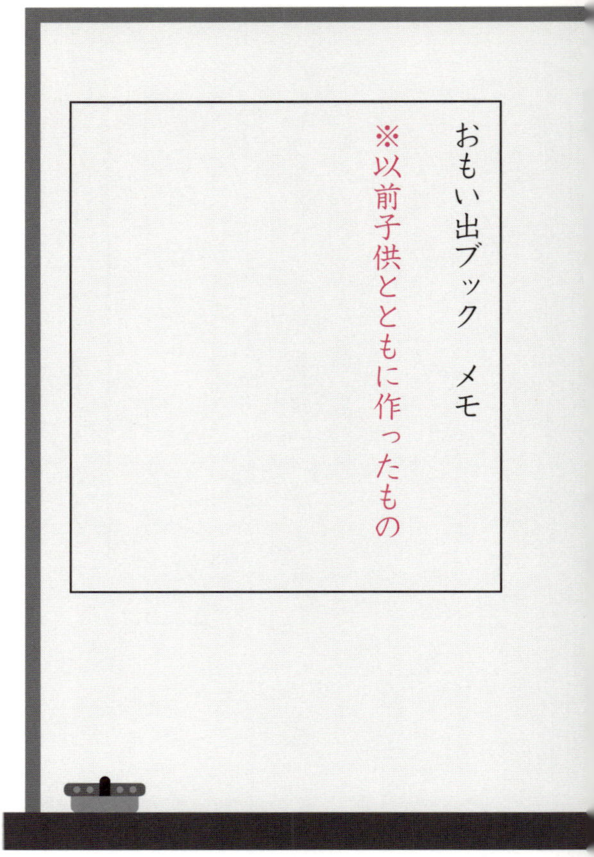
おもい出ブック　メモ
※以前子供とともに作ったもの

本時の目標

・下書きを基に、構成を考えて文章を書くことができる。

本時の主な評価

❸自分の経験を思い出して書くことを見つけ、伝えたい事を明確にしてメモしている。【思・判・表】

資料等の準備

・思い出の短冊
・メモ（教師見本、子供用）

授業の流れ ▷▷▷

1 自分が本に書きたい話題を決める〈10分〉

○書かれていない思い出短冊が分かるように掲示しておく。

T　２ページ目を作ります。「楽しかったこと」「できるようになったこと」の書いてないほうを書きます。新１年生にいろいろ教えてあげられるようにできるだけ別々の事を書きましょう。

・そら豆の皮むきのことを書きたいな。
・運動会は、たくさんの人が書いているから、書き初めにしようかな。

○思い出の短冊に、１枚目を書いた人の名前を入れておくと、重なりにくい。

T　決まった人は、名前マグネットを貼りに来ましょう。ボール投げの思い出が、まだ誰もいません。書く人はいますか。

2 題材について、友達と話をしながら思い出す〈10分〉

T　書きたいことが決まったので、思い出メモを作ります。前のメモに何を書きましたか。

○「伝えたいこと＝楽しかったことや成長したこと」「理由」「言ったこと言われたこと」「思ったこと」「１年生に一言」の項目を確認する。

T　お隣さんに何を伝えたいか話して思い出します。お隣さんは、②～⑤を聞きましょう。自分の、そのときの話をしてあげると、思い出しやすいです。

○友達同士で話すことで、出来事を詳しく想起できるようにする。

・そら豆をむいたとき、どんな話をしたかな。同じ班だった○君に、聞いてみよう。

いい　こと　いっぱい、一年生

◎かく　ことを　きめて、おもい出メモを　かこう。

1年生の思い出一覧表
※1時に子供たちが出したものを表にしておく。短冊をそのまま貼ってもいい。

3 思い出メモを書き、学習の振り返りをする〈25分〉

T　話して思い出したことや決めたことをメモに書きましょう。困っていることがある人は手を挙げましょう。

○困っているが聞けない子供については代わりにみんなに聞くなど工夫する。早くできた子供は読み直し後、ちびっ子先生として友達にアドバイスするよう声をかける。

T　メモができましたか。①から順に、お隣さんに読んで聞かせましょう。

T　みんなに聞かせてください。

○2、3人発表させ、イメージさせる。

T　次回は、メモを使って下書きをしましょう。

よりよい授業へのステップアップ

経験したことを想起させるための工夫

1時に出た思い出を1覧表にしておく。名前も入れると書いてない項目がすぐ分かる。1人では思い出すことが難しい子供には、友達に聞くように声を掛けたい。そのときのことを話しているうちに、思い出したり考え付いたりすることがある。「○○のことについて覚えていることのある人はいますか」と、全体に向けて聞き、全体からそのときのことを教えてもらうことも考えられる。メモを書き終えた子供も同様、困っている友達と一緒に思い出すのを手伝う係として活躍させたい。

本時案

いい　こと　いっぱい、一年生

7/10

本時の目標

・自分の思いが伝わるように事柄の順序を考えて、文章を書くことができる。

本時の主な評価

❸自分の思いが伝わるように、構成を考えて文章を書いている。【思・判・表】
❹自分の伝えたいことを伝えるために、進んで書こうとしている。【態度】

資料等の準備

・下書き用紙（例文、子供用）
・メモ（拡大、子供用）

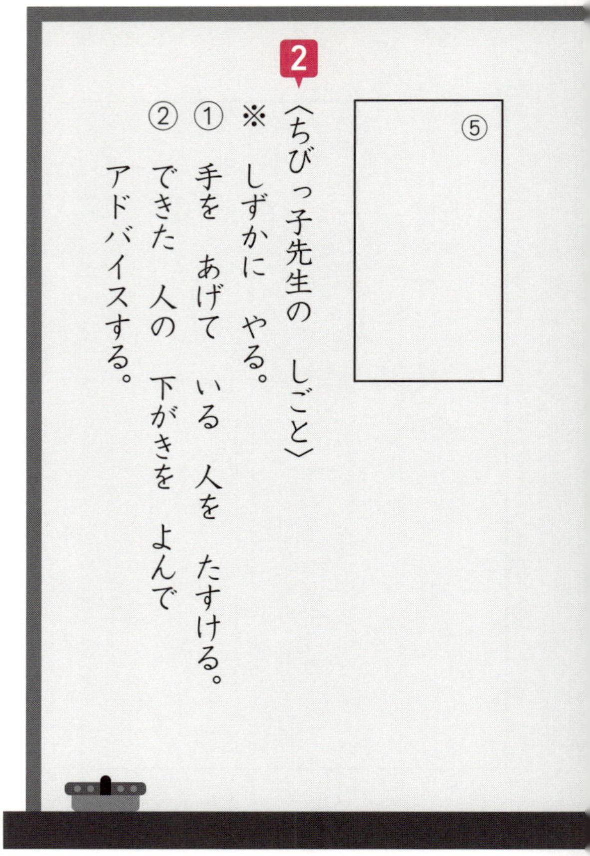

2
⑤
〈ちびっ子先生の　しごと〉
※　しずかに　やる。
①　手を　あげて　いる　人を　たすける。
②　できた　人の　下がきを　よんで
アドバイスする。

授業の流れ ▷▷▷

1 下書きの書き方を思い出す〈10分〉

T　下書きをします。どんな順番で書きましたか。
〇下書きの例文を掲示し、４時の①～⑤の流れを確認する。
T　下書きで、気を付けることは何でしたか。
・始めと、一言は、１マス開ける。
・「です、ます」に書き換える。
・「」は、行を変える。「　は、一番上のマス。
〇覚えていない子供も多いので、下書きのポイントを黒板に掲示する。

2 思い出メモを使って、下書きをする〈25分〉

T　下書きを始めましょう。途中で困ったことがあった人は、手を挙げましょう。
T　下書きができた人は、よく読み直します。完成した人は、静かにちびっ子先生をしましょう。手を挙げている友達を助けたり、できた人の下書きを読んで間違いがないか探したりしましょう。
〇２回目なので、やり方が分かっている子供も出てくる。積極的にアドバイスをさせたい。人数が多くなりにぎやかになってしまう場合は、本の絵の部分の下書きをさせるなど、工夫して取り組ませたい。

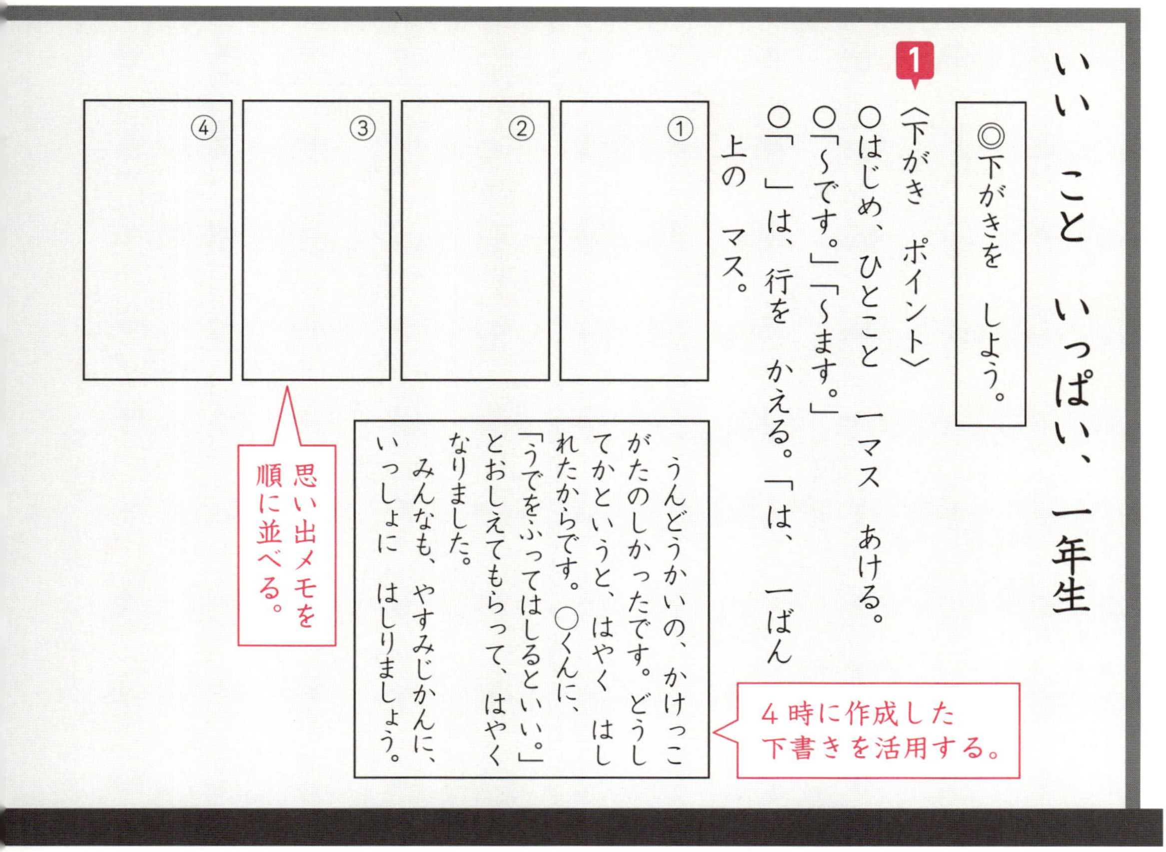

いい こと いっぱい、一年生
1
◎下がきを しよう。
〈下がき ポイント〉
○はじめ、ひとこと 一マス あける。
○「～です。」「～ます。」
○「 」は、行を かえる。「は、一ばん 上の マス。
① ② ③ ④
うんどうかいの、かけっこがたのしかったです。どうしてかというと、はやく はしれたからです。○くんに、「うでをふってはしるといい。」とおしえてもらって、はやくなりました。
みんなも、やすみじかんに、いっしょに はしりましょう。
4時に作成した下書きを活用する。
思い出メモを順に並べる。

3 学習を振り返る 〈10分〉

T 下書きができましたか。下書きをして、うまくいったことや、困ったことはありましたか。

・メモから付け足して書けました。
・思ったことをどこに入れようか、悩みました。「」の前に入れてみました。

T 友達を助けていた人もいたし、アドバイスをもらって、もっとよくなるように工夫していた人もいて、とってもよかったです。では、どんなふうに書けたのか、下書きを声に出して読みましょう。

T 次回は、清書をするので、ポイントを思い出しておきましょう。

よりよい授業へのステップアップ

前時までの学習を活用するための工夫

下書きも2回目となるので、前回の経験を生かして取り組ませる。掲示も前回のものを使い、困ったときに自分でモデル文に立ち戻れる場とする。1枚目の下書きなどが書き方の見本として有効な場合もあるのですぐに出せるようにしておく。

友達と関わって自分の作品を作り上げていく経験を重ねることで、自然にアドバイスがし合えたり、友達の言葉を素直に受け止められるようになったりすることを心掛けたい。友達との関わりに価値を感じさせたい。

本時案

いい　こと　いっぱい、一年生　8/10

本時の目標

・下書きを読み直し、清書することができる。

本時の主な評価

❶言葉には、経験したことを伝える働きがあることに気付いている。【知・技】
❷自分の思いが伝わるように、構成を考えている。【思・判・表】

資料等の準備

・思い出の短冊
・下書き（教師のもの、子供のもの）
・清書用紙
・見直しポイントの紙

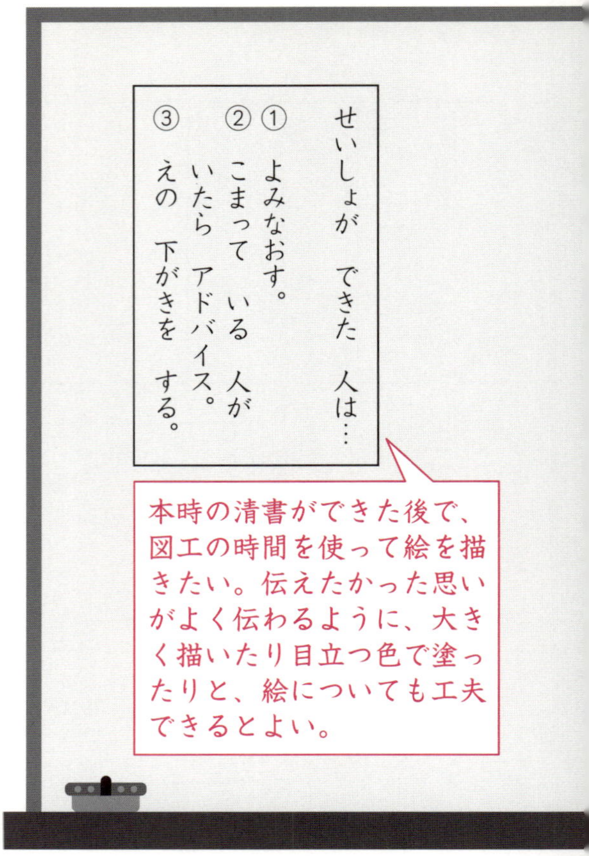

せいしょが　できた　人は…
① よみなおす。
② こまって　いる　人が
いたら　アドバイス。
③ えの　下がきを　する。
本時の清書ができた後で、図工の時間を使って絵を描きたい。伝えたかった思いがよく伝わるように、大きく描いたり目立つ色で塗ったりと、絵についても工夫できるとよい。

授業の流れ ▷▷▷

1　下書きを読み直す　〈10分〉

T　清書をします。まずは、見直し探偵になって下書きの間違いを探すのでしたね。おしごとは３つです。①字の間違いがないか。「です、ます」も見ましょう。②順番は、分かり易くなっているか。③よいところを探す、です。
・前と一緒だな。できそうだ。
T　次は、お隣さんの作品をお願いします。①分からないところがあったら聞きましょう。②直したほうがよいところがあったら、優しく教えてあげましょう。③思い出がよく伝わったら、「ここがよかったよ」と伝えましょう。

2　見直しを振り返る　〈５分〉

T　直したいことがある人は、直しましょう。
○直せたことを認め、褒める。
T　見直して、アドバイスをもらってよかったことはありますか。
・「です、ます」を忘れていたのを直せました。
・よく分かったと言ってもらって、うれしかったです。
T　友達の話を聞いて気付いたり、気付いたのをそのままにしないで直したりできて、素敵です。自分一人で完成させるより、もっとよいものができ上がりますね。

いい こと いっぱい、一年生

1

◎おもい出が つたわるように せいしょを しよう。

「見なおしたんてい」の しごと
① 字の まちがいを さがす。
② じゅんばんが わかりやすいか 見る。
③ いい ところを さがす。

〈せいしょ ポイント〉を、この紙に大きく○を付けたり、書き足したりして書きこむと、分かりやすい。

うんどうかいの、かけっこが たのしかったです。どうしてかというと、はやく はしれたからです。○くんに、「うでを ふってはしるといい。」とおしえてもらって、はやくなりました。
みんなも、やすみじかんに、いっしょに はしりましょう。

2

〈せいしょ ポイント〉
・はじめ ひとこと 一マス あける。
・「」は いちばん 上から。
・きれいな 字。
・大きな 字。
・こころを こめて。

3 清書をする 〈25分〉

T 見直したら次は何をしますか。
・次は清書です。
T 清書のポイントを思い出しましょう。前回は、何に気を付けましたか。
・きれいな字で書くこと。
・「」は、行を変える。「 は、一番上からでした。
・マスを空けるところがありました。
○清書のポイントに注意を向け、確認する。
T よく見て書きましょう。できた人は、困っている人がいたらアドバイスしてください。絵の下描きをしてもいいです。

4 学習の振り返りをする 〈5分〉

T 清書が書けましたか。読んで発表しましょう。
○何人かに読ませ、共有する。
T 上手に書けていましたね。今日の学習を振り返りましょう。
・2回目だから、よくできました。
・もっと書きたくなりました。
T 次回は、みんなが書いた1年生の思い出を読んで、1年間を振り返りましょう。

本時案

いい　こと　いっぱい、一年生

9/10

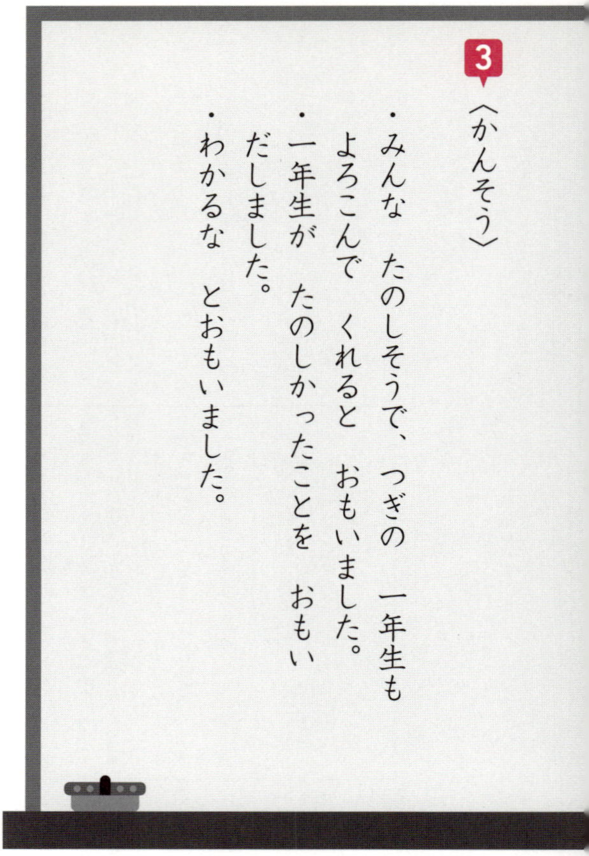
3
〈かんそう〉
・みんな　たのしそうで、つぎの　一年生も
よろこんで　くれると　おもいました。
・一年生が　たのしかったことを　おもい
だしました。
・わかるな　とおもいました。

本時の目標

・作った本をページを進んで読み合うことで、友達の伝えたいことを知ることができる。

本時の主な評価

❹１年間の思い出を読み、共感したり思い出したりしながら楽しんで読もうとしている。【態度】

資料等の準備

・絵と清書をつなぎ合わせた作品
・男女ペアのイラスト　23–03

授業の流れ ▷▷▷

1 交流の仕方を共通理解する〈５分〉

T　本のページが完成しました。今日は、書いた思い出を読み合って、みんなで１年間を振り返りましょう。

T　お店やさん形式にします。読みに行く人（お客さん）は、立って、読みに行きます。座っている人（お店やさん）は、お客さんが来るので、２枚から選んで１枚を一緒に読みましょう。読み終わったら、どうしますか。

・よかったことを伝えたいな。
・他も読みたいです。

T　では、読み終わったらよかったところを伝えましょう。合図があったら次の人のところにいきます。時間があったら２枚目も読んでいましょう。

2 みんなの書いた思い出を読む〈35分〉

T　新しい１年生にプレゼントする本の内容が、よく分かるように、たくさん読みましょう。

・そのときのことをよく思い出しました。
・うれしかった気持ちが分かりました。

T　友達にもらった感想で嬉しかったものはありましたか。

・気持ちが伝わったと言われてうれしかったです。
・楽しかったことを思い出したと言ってもらいました。

○前半後半をそれぞれ15分ずつとり、５分ほどゆとりをもたせて、お客さんとお店やさんを交代する。間の５分で、感想のやり取りを活発にしているペアは、取り上げて紹介する。活発な交流を促したい。

いい こと いっぱい、一年生

1 ◎ともだちの おもい出ページを よもう。

2 〈ともだちの おもい出を よむ ときは……〉

① おとなりさんが くる。
② おもい出ページを 一まい えらぶ。
③ ふたりで いっしょに よむ。
④ よかった ところを つたえる。
⑤ あいずで、つぎの 人と かわる。

3 学習を振り返る 〈5分〉

T 友達の思い出でおすすめを発表しましょう。
・○さんの△の思い出は、ぼくと一緒だと思いました（○さんに読んでもらう）。
T 友達の「おもい出ブック」のページを読んでみてどうでしたか。感想を教えてください。
・みんな楽しそうで、次の１年生も喜んでくれると思いました。
・１年生が楽しかったことを思い出しました。
・分かるなと思いました。
T 次回はいよいよ仕上げです。文章に題名を付けましょう。

よりよい授業へのステップアップ

書いたものを読み合うことの価値

「おもい出ブック」のそれぞれのページを読み合うことで、みんなで作っているというイメージが湧く。「書く」活動は読まれて内容が伝わった経験を積み重ねることが大切である。繰り返すことで、言葉は思いを伝えるための手段であることが体感され、書いたものを読まれ認められて書くことが楽しくなる。そのような機会を増やしたい。本ができたら、クラスの本棚に置き、進んで手に取れるようにしたい。自分の書いたものが友達の作品と一緒になって役立っていることを実感できる。

本時案

いい　こと　いっぱい、一年生

10/10

本時の目標

・「おもい出ブック」の仕上げをし、学習活動を振り返りをして学習感想をもつことができる。

本時の主な評価

❶言葉を通して思い出したり、気持ちを伝えたりすることができると気付いている。【知・技】

資料等の準備

・絵と清書をつなぎ合わせた作品

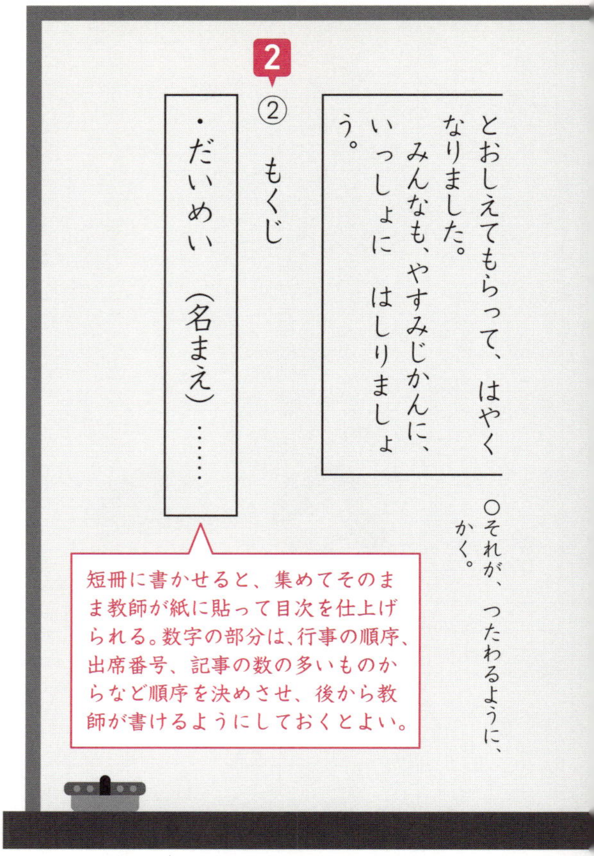

○それが、つたわるように、かく。
とおしえてもらって、はやく
なりました。
みんなも、やすみじかんに、
いっしょに　はしりましょ
う。
2
②　もくじ
・だいめい　（名まえ）……
短冊に書かせると、集めてそのまま教師が紙に貼って目次を仕上げられる。数字の部分は、行事の順序、出席番号、記事の数の多いものからなど順序を決めさせ、後から教師が書けるようにしておくとよい。

授業の流れ ▷▷▷

1 学習内容を知り、題名をつける、絵を描く 〈20分〉

T　ページの仕上げをします。自分の書いた文章に題を付けましょう。目次を作り、本を完成させましょう。

T　題名は、一番伝えたいことが伝わるようにしましょう。先生のだと、「うんどうかい」は、どうですか。

・伝えたいのは、かけっこじゃないかな。

T　「かけっこ」なら、一番伝えたいことが伝わりますか。どんな題名を考えましたか。

・「うでをふってはしったよ」「はやくはしれた、ヤッホー！」「はやくはしれたかけっこ」

T　どれもセンスがありますね。では、自分の文章の題名を考えて書きましょう。

○２枚書き終わったら、絵を描かせる。

2 「おもい出ブック」に載せる順序を決める 〈10分〉

T　みんなのページをどんな順番に並べて本にするかを考えましょう。

・１年生のことが分かる順がいいと思います。

・人気の行事の順番だと、１年生が楽しく読めると思います。

・４月から順に並べていくと、順番に読んでいったらいいから、便利だと思います。

○いくつかの意見にまとまり、それぞれよい理由が認められるなら、コピーして並べ方の違う２冊を作るという方法もある。

T　新１年生の気持ちになって考えられましたね。短冊に、題名、名前を書きましょう。

いい こと いっぱい、一年生

◎本の し上げを して、学しゅうの まとめを しよう。

〈する こと〉
① だいめいを つける。
② もくじを かく。
③ 先生に 出す。
④ ノートに、学しゅうの まとめを かく。

黒板が文字でいっぱいになってしまう場合は、黒板でなくてもよいが、学習計画に目を向けさせる。全体で作った学習計画を振り返り、学習が最終段階に来たことを確認し、頑張りを喜びたい。

1

おもい出ブックを つくろう

本づくりの けいかく
・かく ことを きめる。
・メモを かく。
・下がきを する。
・見なおしを する。
・せいしょを する。
・えを かく。
・よみあう。
・本に とじる。

① だいめい

うんどうかいの、かけっこが たのしかったです。どうしてかというと、はやく はしれたからです。〇くんに、「うでをふって はしるとい い。」

うでをふって はしったよ

はやく はしれた、ヤッホー！

はやく はしれた かけっこ

〈ポイント〉
〇一ばん つたえたい ことを、かんがえる。

3 単元を振り返り、学習をまとめる〈15分〉

T これで本は完成です。１年生の素敵な「おもい出ブック」ができました。「おもい出ブック」を作った学習を振り返りましょう。

・思い出が上手に書けるようになった。

・書くのが上手だと、友達に褒めてもらえた。

T この学習で、できるようになったことや、できたこと、よかったことなどをノートに書きましょう。発表してください。

・新１年生にこの本を楽しんでほしいです。

・１年を振り返っていろんなことができるようになりました。２年生でも頑張りたいです。

〇よかったこと、成長したことを振り返りにしたい。

〇児童作品をコピーして製本し、完成とする。

よりよい授業へのステップアップ

学習の成果をしっかり受け止める工夫

新１年生の入学の教室掲示として使う場合は、コピーを本用、書いた人用に用意し、原本は掲示する方法も考えられる。コピー本を何冊か作って順番に家庭に持って帰り読んでもらうと、子供たちの成長、新１年生への思いの芽生えなどを伝えられる。新１年生からは感想がもらえないため、保護者に感想をもらい共有することで、自分たちの作り上げたものの価値を確認する機会になる。自分たちの学習が人のためになるという、つながりや有用感を感じる機会となる。

資料

1 第1時資料　思い出の短冊 23-01

- にゅう学しき
- 一年生を　むかえる　かい
- きゅうしょく
- 学校たんけん
- とうもろこしの　かわむき
- うんどうかい
- せきがえ
- 六年生と　あそぶ
- えんそく
- たてわりはんあそび
- よみきかせ
- プール
- ねん土
- おりがみ
- あさの　したく
- 名ふだつけ
- そうじ
- ひらがな
- たしざん　ひきざん
- ダンス
- ボールなげ
- かかり
- はっぴょう
- スピーチ
- ノートを　かく

2 第2時資料　メモのワークシート掲示用 23-02

1年生　おもい出ブック　メモ

①うれしかった　こと

うんどうかいの　かけっこが　たのしかった。

②りゆう

はやく　はしれるように　なったから。

③いった・いわれた

「うでを　ふるといいよ。」と
いわれて、やったら　はやく　なった。

④おもった　こと

○くんに、おしえて　もらって、できた。
たのしかった。

⑤1年生に　ひとこと

やすみじかんに、いっしょに　はしりましょう。

監修者・編著者・執筆者紹介

[監修者]

中村　和弘（なかむら　かずひろ）　東京学芸大学教授

[編著者]

岡﨑　智子（おかざき　ともこ）　杉並区立八成小学校教諭

福田　淳佑（ふくだ　じゅんすけ）　文教大学付属小学校教諭

[執筆者] ＊執筆順。所属は令和２年７月現在

		[執筆箇所]
中村　和弘	（前出）	●まえがき　●「主体的・対話的で深い学び」を目指す授業づくりのポイント　●「言葉による見方・考え方」を働かせる授業づくりのポイント　●学習評価のポイント　●板書づくりのポイント
福田　淳佑	（前出）	●第１学年の指導内容と身に付けたい国語力　●くじらぐも　●むかしばなしを　よもう　おかゆの　おなべ　●かたかなの　かたち　●どうぶつの　赤ちゃん
清浦　夕樹	（大田区立六郷小学校教諭）	●しらせたいな、見せたいな　●てがみで　しらせよう
鈴木　隆	（世田谷区立武蔵丘小学校主任教諭）	●まちがいを　なおそう　●かたかなを　かこう
松波　智恵	（豊島区立池袋本町小学校教諭）	●ことばを　たのしもう　●ことばを　見つけよう　●にて　いる　かん字
綿田　恭子	（世田谷区立松原小学校主任教諭）	●かん字の　はなし　●日づけと　よう日
岡﨑　智子	（前出）	●じどう車くらべ　●　じどう車ずかんを　つくろう　●ものの　名まえ　●わらしべちょうじゃ
山下　美香	（東京学芸大学附属大泉小学校）	●ともだちの　こと、しらせよう　●ずうっと、ずっと、大すきだよ
赤堀　貴彦	（大田区立都南小学校主任教諭）	●つづけよう③　●たぬきの　糸車
梅澤　梓	（中央区立日本橋小学校教諭）	●これは、なんでしょう　●いい　こと　いっぱい、一年生

『板書で見る全単元の授業のすべて　国語　小学校１年下』付録 DVD について

・各フォルダーには、以下のファイルが収録されています。
　①　板書の書き方の基礎が分かる動画（出演：成家雅史先生）
　②　授業で使える短冊類（PDF ファイル）
　③　学習指導案のフォーマット（Word ファイル）
　④　児童用のワークシート（Word ファイル、PDF ファイル）
　⑤　黒板掲示用の資料、写真、イラスト等
・DVD に収録されているファイルは、本文中では DVD のアイコンで示しています。
・これらのファイルは、必ず授業で使わなければならないものではありません。あくまで見本として、授業づくりの一助としてご使用ください。
※フォルダ及びファイル番号は、単元の並びで便宜的に振ってあるため、欠番があります。ご了承ください。

【使用上の注意点】
・この DVD はパソコン専用です。破損のおそれがあるため、DVD プレイヤーでは使用しないでください。
・ディスクを持つときは、再生盤面に触れないようにし、傷や汚れ等を付けないようにしてください。
・使用後は、直射日光が当たる場所等、高温・多湿になる場所を避けて保管してください。
・PDF ファイルを開くためには、Adobe Acrobat もしくは Adobe Reader がパソコンにインストールされている必要があります。
・PDF ファイルを拡大して使用すると、文字やイラスト等が不鮮明になったり、線にゆがみやギザギザが出たりする場合があります。あらかじめご了承ください。

【動作環境　Windows】
・〔CPU〕Intel® Celeron® プロセッサ360J1. 40GHz 以上推奨
・〔空メモリ〕256MB 以上（512MB 以上推奨）
・〔ディスプレイ〕解像度640×480、256色以上の表示が可能なこと
・〔OS〕Microsoft Windows10以降
・〔ドライブ〕DVD ドライブ

【動作環境　Macintosh】
・〔CPU〕Power PC G4 1.33GHz 以上推奨
・〔空メモリ〕256MB 以上（512MB 以上推奨）
・〔ディスプレイ〕解像度640×480、256色以上の表示が可能なこと
・〔OS〕Mac OS 10.12（Sierra）以降
・〔ドライブ〕DVD コンボ

【免責事項】
・この DVD の使用によって生じた損害、障害、被害、その他いかなる事態についても弊社は一切の責任を負いかねます。

【お問い合わせについて】
・この DVD に関するお問い合わせは、次のメールアドレスでのみ受け付けます。 tyk@toyokan.co.jp
・この DVD の破損や紛失に関わるサポートは行っておりません。
・パソコンやアプリケーションソフトの操作方法については、各製造元にお問い合わせください。

板書で見る全単元の授業のすべて
国語 小学校１年下
〜令和２年度全面実施学習指導要領対応〜

2020（令和２）年８月23日　初版第１刷発行

監 修 者：中村　和弘
編 著 者：岡﨑　智子・福田　淳佑
発 行 者：錦織　圭之介
発 行 所：株式会社東洋館出版社
〒113-0021　東京都文京区本駒込５丁目16番７号
営 業 部　電話 03-3823-9206　FAX 03-3823-9208
編 集 部　電話 03-3823-9207　FAX 03-3823-9209
振　　替　00180-7-96823
U　R　L　http://www.toyokan.co.jp

印刷・製本：藤原印刷株式会社
編集協力：株式会社あいげん社

装丁デザイン：小口翔平＋岩永香穂（tobufune）
本文デザイン：藤原印刷株式会社
イラスト：赤川ちかこ（株式会社オセロ）
画像提供：PIXTA
DVD 製作：秋山広光（ビジュアルツールコンサルティング）
株式会社オセロ

ISBN978-4-491-04018-9　　Printed in Japan